高等院校旅游学科21世纪规划教材

旅游法规与政策（第二版）

田勇　主编

上海人民出版社　格致出版社

作者简介

田勇，江西师范大学旅游学院副院长，教授，中国旅游未来研究会常务理事。曾任江西省吉安市旅游局副局长，著有《旅游法规概论》、《旅游法规与职业道德概论》、《旅游景观开发与研究》等，主持国家旅游局“东南沿海后花园旅游圈区域旅游战略规划研究”等课题。

内容提要

本书是高等院校旅游学科主干课程通用教材。全书分为14章，详细介绍了我国旅游法规的背景、内容和实施情况，结合最新的法律法规条文，用具体案例说明法律条文的内涵，还适当介绍了国际旅游相关法律法规，并配有案例分析、练习题和法律原文，方便学生使用。本书可作为高等院校旅游学科本科生教材，亦可作为高职高专院校旅游管理专业教学参考用书和旅游企业培训教材。

目录

第一章 旅游法规概述

内容提要

本章包括法的基本知识、旅游法概述、旅游法律关系等内容。本章内容能为学生学好旅游法律、法规打下理论基础，增强学生的法律意识和法制观念，树立正确的法律观。这就要求学生了解法的产生、法的本质、法的类型和法律责任等法律常识；掌握旅游法的概念和特征、我国旅游立法的背景与现状；理解旅游法的作用、旅游法律关系的确立、变更、消灭与保护。

第一节　法的基本知识

一、法的产生

法是人类文明历史的产物，法的起源过程就是人类从初民社会对不可知领域的神圣敬畏、对图腾的崇拜，到对专制君权的宿命服膺，再到“天赋人权”、“人民主权”的自觉意识和自由追求的演进历史。

法作为与国家密不可分的社会现象，是在一定条件下产生和发展的，有着深刻的经济和阶级根源。

在生产力极其低下的原始社会里,人们以血缘为纽带结合在一起,形成氏族。氏族社会通常被称为原始共产主义社会。原始社会有自己的社会调整系统,其内容十分广泛,涵盖了当时的主要社会关系领域,如,氏族推选酋长和军事将领;氏族的任何成员都不得在氏族内部通婚;死者的财产转归其余的同氏族人所有;同氏族人必须相互援助、保护,实行"血亲复仇";专有本族的信仰和宗教仪式,每一氏族都专有自己所崇拜的图腾;氏族有议事会等。

到了原始社会末期,随着生产力的发展,生产关系的变化,尤其是三次社会大分工,开始出现了私有财产,进而出现了私有制。氏族成员之间有了贫富差别,一些贫穷者由于无力偿还债务而沦为奴隶,富有者渐渐脱离生产,并在经济上使生产者服从自己,社会分裂为利益不同甚至对立的阶级。私有制和阶级的产生,最终导致了国家的产生。掌握了国家政权的统治者,为了维护其统治地位,使之具有神圣不可侵犯的性质,需要一种有别于原始社会行为规范的"特别的法律"。于是,伴随着国家的产生,作为表现国家意志、国家实行阶级统治重要工具的法就此产生了。

总之,法的产生是生产力和生产关系这一社会基本矛盾发展的必然结果。法是人类社会发展到一定历史阶段的产物,是在原始社会生产力的发展引起生产关系变革的情况下,随着私有制、阶级和国家的产生而产生的。

二、法的本质

法的本质即法的根本属性,是指法这一事物内在的、必然的联系。人类对法的本质的认识经历了漫长的历史过程,思想家和法学家们都试图回答法是什么,但众说纷纭。只有运用辩证唯物主义和历史唯物主义,人类才开始真正科学地揭示了法的本质。

法在本质上表现为一种意志,它主要包括如下三方面含义。

(一)法是国家意志的表现

这表现的是法的初级本质。马克思主义认为,通过法律形式获得集中表达的统治阶级的意志,就是国家意志。这一论断十分重要,它告诉我们:第一,统治阶级只有把自己的共同意志变成国家意志,才能上升成为法律,从而获得人人必须承认和遵守的一般形式;第二,统治阶级意志除法律外,还有诸如风俗习惯、伦理道德、宗教信仰等,这些东西虽然也是统治阶级意志的表现,但它不是国家意志,不是法律。

（二）法是掌握国家政权的阶级意志的体现

这表现的是法的二级本质。我们要着重把握以下三个问题：第一，法所体现的是统治阶级的“阶级意志”，即统治阶级的整体意志，而不是个别统治者的意志或任性，也不是统治者个人，或各个人意志的机械的总和；第二，法所体现的统治阶级意志，不是统治阶级意志的全部，而是其中上升为国家意志的那部分，即马克思、恩格斯所指出的“被奉为法律”的那部分统治阶级意志；第三，法只能体现统治阶级的意志，而不可能体现被统治阶级的意志，这是阶级对立社会中法的阶级性的集中体现。

（三）法的内容由统治阶级的物质生活条件决定

这表现的是法的深层本质。法是建立在一定经济基础之上的上层建筑的重要组成部分，归根结底是由其经济基础和通过其经济基础反映出来的生产力的发展水平来决定的。任何一个统治阶级都不能离开其物质生活条件而随心所欲地提出要求或制定法律。物质生活条件包括地理环境、生产方式、人口等方面，其中生产方式是决定社会面貌、性质和发展方向的主要因素，也是决定法律内容的主要因素。

三、法的类型

按照不同的标准，可以将法分成不同的类别。经常用到的一种分类方法是按照不同的社会形态来划分，可分为四类：奴隶制法、封建制法、资本主义法和社会主义法。

（一）奴隶制法

奴隶制法是人类社会最早出现的以私有制为基础的法的历史类型。它是随着原始社会的解体，私有制、阶级和国家的产生而产生的。世界上大部分民族都经历过奴隶制时期，相应地，也都有过奴隶制法。其中比较典型的有古埃及、巴比伦、印度、希腊、罗马及中国的法律制度。这些法律制度是奴隶制时期社会关系的体现和反映，也是人类社会法律的最初形态。

1. 奴隶制法的本质。

奴隶制法是奴隶主阶级意志的体现，这是由奴隶制社会的物质条件，特别是经济基础决定的。奴隶制法的产生是人类社会历史发展的必然产物。奴隶制法是奴隶制国家指定或认可、凭借国家强制力保证实施的行为规范，其目的是维护有利于奴隶主阶级的社会关系和社会秩序。奴隶制法确认奴隶主拥有一切权力。奴隶不受法律保护，不被当作人看待。为了巩固奴隶主阶级的统治，奴隶制法也调整奴隶主与自由民之间的关系。

2. 奴隶制法的特征。

第一，确认和维护奴隶制社会的经济基础及奴隶主对奴隶的人身占有关系，使奴隶主阶级的统治合法化。

第二，公开规定自由民之间的不平等。

第三，惩罚方式极其残酷，带有任意性。

第四，大量带有原始习惯的残余。

（二）封建制法

封建制法是继奴隶制法之后又一以私有制为基础的法的历史类型。封建法律制度的典型是西欧中世纪法律制度和中国封建法律制度。

1. 封建制法的本质。

封建制法是封建地主阶级意志的体现，是建立在封建经济基础之上的上层建筑的重要组成部分。封建制社会的经济基础是地主占有土地和部分占有农民，以地租的形式进行剥削，由此决定了封建社会的基本阶级关系是地主阶级和农民阶级的斗争。地主阶级与农民阶级的矛盾是封建社会内部的主要矛盾。

封建制法反映封建主阶级的意志，巩固有利于封建主利益的社会关系和社会秩序。它的根本任务是保护封建土地所有制和等级特权，确认农民对封建主的人身依附关系和政治上的无权地位，并以极其残酷的刑罚镇压他们的反抗。它是实现封建主阶级统治的工具。

2. 封建制法的特征。

第一，君主是最高立法者，又是最高司法者。

第二，公开确认和维护封建等级特权制度。

第三，确认和维护封建地主阶级对土地的占有关系，并维护地主与农民通过土地形成的人身依附关系。

第四，刑罚残酷，野蛮擅断。

（三）资本主义法

资本主义国家是17、18世纪在欧洲大陆、北美等地相继产生的。资本主义法是在资产阶级夺取国家政权过程中逐步确立起来的，与资产阶级国家政权的建立是同步的、互动的，而且，资产阶级国家政权的形成方式不同，对各国资本主义法的产生方式和内容也有不同的影响。

1. 资本主义法的本质。

资产阶级法是建立在资本主义私有制基础上的上层建筑，是代表资产阶级利益和意志的法律。

资产阶级法代表的是资产阶级的整体利益。在资产阶级内部、各垄断集团之间，也存在着不可调和的矛盾，彼此之间不断地进行争夺和妥协。在资本主义国家中，受法律制裁的人一般是劳动人民。在资产阶级的法律中，在不同程度上也含有广大人民群众同资产阶级斗争的成果，如规定保护人民的一些基本权利等。但就其实质而言，它只能是代表资产阶级利益的法律。

2. 资本主义法的特征。

第一，宣布私有财产神圣不可侵犯。

第二，确认契约自由。

第三，规定法律面前人人平等。

第四，确认法制原则。

（四）社会主义法

社会主义法的产生是社会物质生活条件发展的必然结果，具有客观的历史必然性。它是无产阶级运用国家政权的力量积极创建的。由于各国的具体国情并不完全相同，无产阶级革命面临的历史背景也不相同，因此，社会主义各国创建法的具体过程也各具特色。但是，它们也遵循某些共同的规律，如，无产阶级夺取政权是社会主义法产生的基本前提；摧毁旧法体系是社会主义法产生的必然要求；批判地继承旧法是社会主义法产生的必要条件等。

1. 社会主义法的本质。

社会主义法是社会主义国家意志的体现，是工人阶级领导的最广大人民意志的体现。社会主义法所体现的意志是由社会主义的物质生活条件决定的。

2. 社会主义法的特征。

社会主义法是人类社会最高历史类型的法，与以往的剥削阶级类型的法相比，它具有以下新的特征。

第一，广泛的人民性。

第二,广泛的社会性。

第三,真正的民主性。

第四,高度的科学性。

第五,真正的正义性。

除了上述分类外,法还可以有如下分类:按照法的创立和表现形式分为成文法(如宪法、刑法、地方性法规等)和不成文法(如习惯法和判例等);按照法的制定主体和适用范围分为国内法和国际法;按照法律内容和效力的大小分为宪法性法律和普通法律;按照法律的内容分为实体法(如刑法、民法)和程序法(主要是指诉讼法,如刑事诉讼法、民事诉讼法等);按照法律效力分为一般法和特别法。

四、法律责任

(一)法律责任的概念

法律责任是指由于违法行为、违约行为或者由于法律规定而应承受的某种不利的法律后果。它包含以下几方面的内容。

第一,法律责任首先表示一种因违反法律上的义务(包括违约等)关系而形成的责任关系,它是以法律义务的存在为前提的。

第二,法律责任具有内在逻辑性,即存在前因与后果的逻辑关系。

第三,承担法律责任的主体是一切违法者,包括公民、法人、国家机关、公务人员和国家等。

第四,国家对违法者的否定,是通过专门的国家机关予以认定和追究的。

第五,法律责任的追究是由国家强制力实施或者潜在保证的。

(二)法律责任的类型

在法律实践中,法律责任最基本的分类方法是根据法律责任的类型所作的分类,即把法律责任分为民事法律责任、行政法律责任、刑事责任和违宪法律责任四种。

1. 民事法律责任。

民事法律责任是指违反民事法律规范,无正当理由不履行民事义务或因侵害他人合法权益所应承担的法律责任。它是现代社会常见的法律责任,主要为补偿性的财产责任。其承担者是具有民事责任能力的自然人和法人。同时,在法律规定的某些条件下,国家也是民事责任的主体。民事责任主要是由违法行为或违约行为引起，这种违法行为、违约行为除了民事违法行为和违约行为外，还包括部分刑事违法行为和行政违法行为。

2. 行政法律责任。

行政法律责任是指因违反行政法律或因行政法规定的事由而应当承担的法定的不利后果。行政法律责任既包括行政机关及其工作人员、授权或委托的社会组织及其工作人员在行政管理中因违法失职、滥用职权或行政不当而产生的行政责任，也包括公民、社会组织等行政相对人违反行政法律而产生的行政责任。

3. 刑事责任。

刑事责任是指因违反刑事法律而应当承担的法定的不利后果。刑事责任的主体，不仅包括公民，也包括法人和其他社会组织。刑事责任的方式为惩罚，即责任主体受到国家强制力的制裁。刑事责任是最严厉的一种法律责任。

4. 违宪责任。

违宪责任是指因违反宪法而应当承担的法定的不利后果。现代宪法一般都有“合宪性”的规定，即明确规定宪法具有最高的法律地位和法律效力，因而任何一种违宪的法律、法规、规章和活动都是无效的，都必须承担违宪责任。在我国，全国人民代表大会常务委员会负责监督宪法实施，认定违宪责任。

（三）法律责任的实现方式

法律责任的实现方式，是指承担或追究法律责任的具体形式，包括惩罚、补偿和强制三种。

1. 惩罚。

惩罚即法律制裁，是国家通过强制力对责任主体的人身、财产和精神实施制裁的责任方式。惩罚是最严厉的法律责任方式，主要针对人身进行。国家使用强制力对责任主体的人身、精神施加痛苦，限制或剥夺财产，使责任主体受到压力、损失和道德非难，从而起到预防和矫正的作用，平衡社会关系，实现社会的有序发展，维持社会主义社会秩序。惩罚包括：民事制裁、行政制裁、刑事制裁和违宪制裁。

2. 补偿(赔偿)。

补偿是通过国家强制力或当事人要求责任主体以作为或不作为的形式弥补或赔偿所造成损失的责任方式。补偿的作用在于制止对法律关系的侵害以及通过对被侵害的权利进行救济，使被侵害的社会关系恢复原态。补偿的方式除了对不法行为的否定、精神慰藉外，主要为财产上的赔偿、补偿。在我国，补偿主要包括民事补偿和国家赔偿两类。

3. 强制。

强制是指国家通过强制力迫使不履行义务的责任主体履行义务的责任方式。其功能在于保障义务的履行,从而实现权利,使法律关系正常运作。包括对人身的强制和对财产的强制。前者有拘传、强制传唤、强制戒毒、强制治疗、强制检疫等方式,后者有强制划拨、强制扣缴、强制性拆除、强制拍卖、强制变卖等方式。强制是承担行政责任的主要方式。

第二节 旅游法概述

一、旅游业的发展及法律问题

(一) 旅游业的发展

1841 年 7 月 5 日,托马斯·库克包租了一列火车,运送了 570 人从莱斯特前往拉夫巴勒参加禁酒大会,往返行程 22 英里,团体收费每人 1 先令,免费提供带火腿肉的午餐及小吃,这次活动在历史上被认为是现代旅游的开端。其后,托马斯·库克创办了世界上第一家旅行社——托马斯·库克旅行社(即通济隆旅行社),标志着近代旅游业的开端,托马斯·库克也成为世界上第一位专职的旅行代理商。进入 20 世纪,特别是第二次世界大战以后,长期的国际和平环境及以计算机为标志的现代科学技术革命,使战后世界经济获得飞速发展,喷气式飞机的出现标志着旅游业进入了现代旅游发展阶段。

1. 旅游业正式成为一项经济产业。

旅游业具有创汇率高、投资回报高、提供就业机会多等特点,因此,无论是发达国家还是发展中国家,都致力于发展旅游业。目前,北美、欧洲是国际旅游业最发达的地区,在一些发展中国家,旅游业也取得了长足的进步,在其国民经济中占有重要的地位,发展速度也位居其他产业之首。

2. 旅游活动助推旅游业的发展。

由于人们可自由支配收入和闲暇时间的增加,区际间交通、通讯的日益发达,加上很多国家实行带薪休假制度，旅游从一个少数人的消遣活动发展为公众广泛参与的社会文化活动。据统计，西欧各国每年约有 1/3 的人出境旅游，美国每年出国旅游的人次超过 6 000 万，消费在 1 000 亿美元以上。即使在第三世界国家，也有相当一部分人具备了支付旅游费用的能力。另外，各国公民的国内旅游蓬勃发展，国内旅游人数随之不断上升。旅游已成为一种群体性的社会活动，逐步成为一种现代生活方式的体现。

（二）旅游业的发展所遇到的法律问题

旅游业的蓬勃发展给人类社会带来了巨大的利益，同时也给社会造成了一些消极的负面影响。在现代旅游业的发展过程中，由于旅游规模和范围的扩大，旅游内容的增加，旅游方式的改变，产生了一系列错综复杂的社会关系，诸如，旅游者和旅游经营者之间的关系，旅游经营者之间的相互关系，旅游活动与生态平衡和环境保护之间的关系，旅游业的发展与社会政治、经济、文化生活之间的关系，国际旅游业发展的协作与竞争等。为了调整旅游活动中形成的复杂的社会关系，保护旅游业的健康发展，抑制旅游业发展过程中产生的消极因素，解决旅游业发展过程中遇到的矛盾和问题，不少国家的政府逐步认识到用法律手段规范旅游业发展的必要性以及调整旅游活动相关复杂关系的紧迫性和重要性。

二、旅游法的概念、特征及作用

（一）旅游法的概念

旅游法是调整旅游活动领域中各种社会关系的法律规范的总称，即以旅游法律关系为调整对象的各种法律规范的总和。这是广义的旅游法的概念。就我国而言，广义的旅游法应当包括：全国人民代表大会制定的旅游法律，国务院制定的旅游行政法规，国家旅游行政主管部门制定的部门规章，地方旅游法规以及我国政府缔结、承认的国际旅游公约和规章等。

有时人们也从狭义上使用“旅游法”的概念，狭义的旅游法是指旅游基本法，即国家立法机构通过法定程序制定和实施的旅游法律制度，规定了一个国家发展旅游事业的根本宗旨、根本原则、旅游活动各主体基本权利义务关系和旅游监管部门的职能等内容的法律。我国的旅游基本法由全国人民代表大会及其常务委员会负责制定并于 2013 年 10 月 1 日起正式实施。

本书所涉及的旅游法规都是广义的范畴。

(二) 旅游法的特征

旅游法是用以调整旅游活动中各种社会关系的,因而体现了旅游活动的特点,这是旅游法区别于其他部门法的一个基本标志。旅游法的特点主要有以下几点。

1. 旅游法是一系列单行法律规范所构成的部门法体系。

目前,即使在一些旅游业发达的国家,也还没有一部完整的旅游法典。各国调整旅游活动的法律规范多以单行法形式出现。中国立法机关虽然在2013年制定、实施了《中华人民共和国旅游法》,但迄今为止,中国的旅游法律、法规还远远没有形成完整的体系。

2. 旅游法既包括实体法规范,又包括程序法规范。

按传统的法律部门划分,实体法和程序法是两个截然不同的法律部门,其区别在于权利义务的性质不同。但旅游法是以旅游为主线统一起来的。既然旅游活动中的权利义务既有实体性的,也有程序性的,那么,旅游法律规范便突破了传统的部门法分类,集实体性、程序性规范为一个统一整体,共同调整旅游活动中的各种社会关系。

3. 旅游法是一个多元化、多层次的法律规范体系。

由于旅游活动是一种国际范围的社会经济文化活动,加之各国旅游发展水平不同,法律制度不同,社会经济制度不同,文化背景不同,这决定了旅游法律规范不会局限于单一形式,而是形成一种多元化、多层次的法律规范体系。所谓多元化,是指旅游法的渊源可以有法律、法规、条例、法令、判例、国际条约、国际旅游组织决议或宣言以及国际惯例等多种形式。所谓多层次,指制定旅游法律规范的机构不同而形成的地方立法、国家立法、区域立法和国际立法等不同层次。

(三) 旅游法的调整对象

旅游法的调整对象是旅游活动领域内的各种社会关系,主要有以下几种。

1. 国家旅游行政管理机关与旅游经营者之间的关系。

这是一种纵向法律关系。国家旅游行政管理机关除了制定和贯彻旅游业发展的方针、政策之外,对旅游经营者的经营活动也负有监督、管理的责任,它同旅游经营者之间的关系主要表现为领导与被领导、管理与被管理、监督与被监督的关系。前者主要表现为权力的行使,后者主要表现为义务的履行,双方的主体地位是不平等的。

2. 旅游者与旅游经营者之间、旅游经营者与相关部门之间、旅游经营者相互之间的关系。

这是一种横向的法律关系，参与法律关系各主体之间的法律地位是平等的，主体间的关系一般应以合同的形式加以确立，各主体在履行义务的同时享有相应的权利，或者说，在享有权利的同时，应承担相应的义务。因此，各主体在参与旅游活动时，相互之间应当遵循自愿、平等、公平和诚实信用的原则。

3. 旅游企业内部的关系。

这是一种综合的法律关系，既有横向的，也有纵向的，包括企业决策机构与执行机构之间的关系、执行机构相互之间的关系、监督机构与其他机构之间的关系、职工和企业之间的关系等。

4. 具有涉外因素的法律关系。

这种法律关系主要包括外国旅游经营者、旅游者在中国的法律地位，中国旅游经营者与外国旅游经营者之间的关系，中外合资、合作旅游企业中的中外各方合作经营关系，外商独资旅游企业与中国政府之间的关系等。这些法律关系除了涉及我国政府参加的国旅公约以及国际惯例以外，都应由我国法律进行调整。

（四）旅游法的作用

旅游法对促进各国和国际旅游活动以及旅游业的发展发挥重要的作用，概括起来主要有以下内容。

1. 对旅游事业的发展进行宏观调控，促进社会的和谐发展。

国家通过制定旅游法律法规，确定旅游业发展的基本原则、基本方针和产业政策，对旅游业进行有效的宏观调控，把旅游业纳入整个社会和经济发展之中，使旅游业的发展能够起到促进社会和经济发展的作用。

2. 对旅游业经营进行宏观控制，保障旅游者权益。

在旅游业的投资、企业设立、经营管理、信贷、税收等方面制定必要的法律法规，形成一个旅游法网。

3. 规定旅游各主体的权利义务责任，推动旅游业的健康发展。

旅游法对各主体权利义务责任的规定主要有两个作用：一是划定它们的应为、可为和勿为，为其提供一个法律允许的活动范围；二是将这些规定作为一种衡量标准，判断各主体的行为合法、有效性。在旅游活动领域中，凡属合法有效的行为，其主体都可在法律的保护下顺利实现其利益和目标。反之，凡属违法无效的行为，法律将不予保护，而且如果这种行为侵犯了其他主体的合法权益，法律将会给予必要的制裁。

4. 为旅游业的发展提供法律保障,创设良好的法律环境,把旅游业纳入法治轨道。

旅游法明确规定了各主体的权利、义务、责任和行为规范,对旅游活动中的各种社会关系起到了恰当合理的调整作用,维护了旅游业发展的正常秩序,为旅游业的发展奠定了法律基础。

5. 产生了新的部门法,丰富了国家的法律体系。

旅游立法建立起来的法律规范在事实上形成了一个相对独立的法律部门。在国际法分支上,也逐渐形成了一个发展中的新分支——国际旅游法,从而使法律体系得以丰富和发展。

三、我国旅游法律法规概述

中国旅游业是一个新兴产业,它虽然起步较晚,但在改革开放中,伴随着国民经济的腾飞而迅猛发展起来,形成了较为完善的产业结构。然而,与之形成对比的是我国旅游立法的滞后,旅游法制的不完善,阻碍了旅游业更进一步健康快速的发展,因此,加快旅游业法律体系建设就随之摆上了重要议事日程。

(一)我国旅游法制建设的现状特征

1. 滞后性。

我国旅游业第一部旅游法规是 1985 年 5 月颁布的《旅行社管理暂行条例》,2013 年正式实施《中华人民共和国旅游法》(以下简称《旅游法》)。我国与《旅游法》相关的诸如《饭店法》、《旅游安全法》、《旅游景区安全管理法》等法规至今尚未出台,使旅游发展存在的许多问题尚不能得到有效解决。

2. 实用性不强,不够具体。

存在的问题如,旅游安全事故的处理及其赔付标准等问题没有明确的表述,在实际工作中缺乏操作依据。

3. 实用范围较窄。

存在的问题如,在旅游过程中,涉及航空、旅游景区(点)、酒店、餐厅等出现的许多问题,旅游行政管理部门难以实施有效的监管。

4. 制约力度较小。

存在的问题如,在旅游过程中涉及航空、道路交通、宗教、文物古迹、景区(点)

等方面的问题，无法依据现有的旅游法规来实施有效管理。

（二）我国旅游立法概述

1. 旅游立法的含义。

旅游立法是国家为加强对旅游事业的管理，由立法机关制定、修改、废止旅游法律法规的活动。这一概念有三层含义。

第一，旅游立法是广义的概念，其涉及范围是调整旅游社会关系的一系列法律和法规，而不单指旅游基本法。

第二，旅游立法活动不仅仅包括新法律法规的制定，也包括对原有法律法规进行修改和宣布废除，还包括在关于旅游的法律法规发展到较为理想的完善程度时进行的法典编纂。

第三，与旅游立法活动的广义概念相适应，旅游立法机关也是个广义的概念。在我国，旅游立法机关既包括国家最高权力机关全国人民代表大会及其常务委员会，也包括国家最高行政机关国务院及其授权的各部、委、办、局，还包括地方立法机关和行政机关，如省、自治区、直辖市的人民代表大会和人民政府。

旅游立法是一项专业性很强的工作。因此，应注意充分发挥旅游专业部门的作用，否则很可能会脱离实际而无法施行。一般而言，专业性较强的立法工作，往往是先由主管该项事业的机构提出草案，再由立法机关审批、通过并颁布执行。

2. 我国旅游立法的基础。

我国旅游立法工作有着坚实的社会经济基础、政策基础和法律基础。具体表现如下。

第一，改革开放后，我国旅游事业迅速发展，政府认识到必须加强对旅游的宏观调控，其手段之一就是运用法律手段调整旅游社会关系，旅游业的发展对上层建筑提出了立法要求，说明专门的旅游立法工作的社会经济基础已经具备。

第二，党的十一届三中全会以后，党和国家改革开放的总政策和加强社会主义民主与法制建设的基本方针为旅游立法指明了方向，同时党和国家还制定了一系列发展旅游事业的政策。这些政策不仅对旅游立法工作具有重要指导意义，而且也为旅游立法奠定了政策基础。

第三，《中华人民共和国宪法》和其他各部门法为旅游立法提供了法律依据。

3. 我国旅游立法要注意的问题。

第一，旅游立法应以旅游者为核心。这既符合科学发展观的基本要求，也符合保护旅游者权益的精神。但要注意的是，旅游立法要在保护旅游者权益的同时，对其权利和义务进行规范，比如，旅游者出境旅游时不准带什么、不准滞留等都要予以明确。

第二，在旅游综合立法过程中，如何处理好各部门的关系是旅游立法的一个重要内容。要将旅游法与涉及相关部门的法律法规进行科学结合，形成一个整体。

第三，旅游立法有必要解决旅游业中市场产品和公共产品关系的问题，在处理两者的关系上应有突破。对公共服务应该有一个定位，只有这样，政府的投入才有依据。

4. 我国现行的旅游法律法规。

从旅游业发展初期到现在，我国已公布的旅游法规、条例、规定等不下百余项，除此之外，还有一些地方性法规(如，1996 年海南省人大通过了全国第一个地方旅游法规——《海南省旅游管理条例》)。从范围来看，已涉及旅游业的方方面面。这些法规、条例在调整旅游业结构、规范旅游市场、解决旅游纠纷、保护旅游法律关系主体各方权利义务等方面起了一定的作用。

首先，在旅游基本法方面。1982 年国家旅游局成立了《中华人民共和国旅游法》起草领导小组和工作小组，先后多次向国务院提交送审稿，多次提出正式的征求意见稿。2013 年，为保障旅游者和旅游经营者的合法权益，规范旅游市场秩序，保护和合理利用旅游资源，促进旅游业持续健康发展，《中华人民共和国旅游法》正式颁布实施，将我国的旅游立法工作向前推进了一大步。

其次，在旅游行业管理法律法规方面。旅行社管理方面：国务院制定的《旅行社条例》；导游人员管理方面：国务院制定的《导游人员管理条例》、《中国公民出国旅游管理办法》，国家旅游局制定的《导游员职业等级标准》、《导游证管理办法》、《导游人员管理实施办法》等；旅游饭店管理方面：国家旅游局制定的《旅游饭店星级的划分与评定》；出境旅游管理方面：国家旅游局制定的《出境旅游领队人员管理办法》和《旅行社出境旅游服务质量》等；旅游资源管理方面：国务院制定的《风景名胜区条例》、《自然保护区条例》等。

最后，在与旅游业相关的法律法规方面。由于旅游业具有很强的综合性，因此与其相关的法律法规非常多。主要有：《中华人民共和国食品安全法》、《中华人民共和国合同法》、《中华人民共和国文物保护法》、《中华人民共和国民航法》、《中华人民共和国铁路法》、《中华人民共和国消费者权益保护法》、《中华人民共和国反不正当竞争法》等。

四、外国旅游立法概况

从旅游发达国家的情况看，旅游法律的建设是与旅游业的发展紧密结合的。旅游发达国家的旅游业起步较早，因此，相适应的旅游立法也发展较早，尤其是第二次世界大战后全球旅游业如雨后春笋般的快速发展，旅游业日益成为一个国民经济的主要和独立的产业，其形式、规模和内容均发生了根本性的变化，出现了不少需要规范的新矛盾和亟需解决的新问题。

正是在这种背景下，20 世纪五六十年代，一些旅游发达国家正式提出了“旅游法”这一概念，旅游法作为一个新兴的法律部门在旅游发达国家应运而生，成为源于民法、商法等法律体系而又相对独立的部门法。目前，世界上已经有 60 多个国家(其中还包括一些发展中国家)颁布了《旅游法》。比如，1963 年日本制定了《旅游基本法》，1966 年巴西制定了《联邦共和国旅游组织法》，1967 年韩国颁布了《旅游振兴法》，1969 年英国制定了《旅游发展法》，1979 年美国制定了《全国旅游政策法》，1996 年俄罗斯颁布了《旅游法》等。下面选取美国和日本两个国家，对其旅游立法情况做一下介绍。

(一) 美国的旅游立法

旅游业多年以来一直是支撑美国经济发展的主要产业之一。美国政府对发展旅游事业十分重视。为保证旅游事业的健康发展，协调和妥善处理旅游企业与旅游者之间及与政府之间的关系，美国政府制定了一系列的法律、法令和条例，既有作为美国旅游基本法律的《全国旅游政策法》，也有各种单行的法规法案。

1. 美国旅游基本法。

1979 年 5 月，美国政府颁布了本国旅游基本法《全国旅游政策法》，该法共设立三编，从国家发展旅游业的作用、设立全国旅游政策委员会的政策、旅游资源的保护、旅行游览发展公司的政策、旅游者的政策五个方面做出了规定。美国政府希望通过立法，在联邦政府、州和地方政府以及其他有关公众和私人组织之间建立起一种合作方式，并采取了一些行之有效的措施和方法，来执行全国旅游政策。

2. 关于旅游的单行法规、法案。

美国政府制定了各种关于旅游的单行法规、法案，从多方面保证了旅游事业的健康发展。这些法规、法案，有的是关于保护公园和游览地的法律，对旅游资源的开发、利用和游览地的环境保护做了具体规定;有的是关于食宿业方面的法律,对旅馆、餐馆的开业、经营做了具体规定;有的是关于旅行社行业的法律,对旅行社的经营、开办等都做了规定。此外,旅游相关行业也有单行法规,如运输业法、商业法等,它们从不同侧面保证了美国旅游产业的健康发展。

(二)日本的旅游立法

第二次世界大战后,日本的经济逐步复苏并迅速发展,旅游业的入境旅游、国内旅游、出境旅游三大市场随之全面发展。在这种情况下,迫切要求旅游涉及行业及交通运输、旅游资源开发和保护等相关部门迅速提高工作质量和服务质量。为此,日本政府制定了包括旅游行业法、与旅游相关的法律和旅游基本法在内的一系列法律,形成了一套完整的旅游法律法规体系。日本的旅游法律分为旅游基本法、旅游行业法和与旅游相关的法律三类。

1. 旅游基本法。

20 世纪 60 年代,日本国民的旅游人数迅速增加,旅游业在国民经济中的意义日趋重要,然而长期以来,旅游业在日本并未作为一项经济文化产业来对待。为了尽快确立旅游业在国民经济中的地位,确定发展旅游业的基本方针,日本政府在总结旅游工作经验的基础上,于 1963 年 6 月制定了《旅游基本法》。

日本旅游基本法确定的政策目标是发展国际旅游并普及正常的国民观光旅游,加强国际友好、发展国民经济、提高国民生活水平和帮助改变日本各个地区之间存在的各种差异。

为了顺利地落实这些政策,法律有专门条款要求地方公共团体在行动上,要求政府在法制方面、财政方面和金融方面协助这些对策的实施。法律还要求政府每年向国会提交旅游状况及政府将要采取旅游对策的相关报告书,并且在听取旅游政策审议会意见的基础上,将希望在下一年采取的措施明确地制作成文件提交国会审议。

在旅游基本法的制定上,日本走在了世界其他国家的前列,这是日本旅游业得以快速发展的一个重要原因。

2. 旅游行业法。

日本战后经济复苏及旅游业的逐步发展,促使在日本出现了许多专门从事旅游的商人。在旅游产品的早期开发和服务过程中,出现了欺骗旅游消费者、损害旅游消费者权益的事件,严重影响了刚刚起步的日本旅游业。为此,1952 年,日本政府颁布了《旅行社联络法》，规定对旅游商人进行注册登记，进行必要的监督。这部法律在对旅游业依法经营、维护旅游者合法权益方面起到了重要作用。

随着旅游事业的发展以及不断商品化，《旅行联络法》已经不能适应时代发展的需要了，为了加强对旅游商人的管理，日本政府于 1971 年制定了《旅行业法》，以取代《旅行联络法》。在这部新法中，增加了关于交易的内容，在旅游业种类、交易形式、旅游业务、各营业部门的设置、契约条款的认可和达成交易的书面交付等方面，都做出了明确而又具体的规定。

3. 与旅游相关的法律。

为了适应旅游活动和旅游业的发展，日本一些与旅游相关的行业也制定了相应的法律。早在第二次世界大战以前，日本为了有目的地保护旅游资源，就制定了一系列的法律，包括《历史古迹名胜天然纪念物保护法》(1911 年)、《国宝保护法》(1929 年)、《国立公园保护法》(1931 年)、《重要美术品保护法》(1933 年)等，这些法律对于有效地保护日本的旅游资源起到了重要作用。

第二次世界大战以后，日本政府继续制定了一系列与旅游相关行业的法律，主要有《国际旅游温泉法》(1950 年)、《出入国境管理法令》(1951 年)、《进入国内检疫法》(1951 年)、《自然公园法》(1953 年)等。

第三节　旅游法律关系

法律关系是法律规范在调整人们行为的过程中所形成的法律上的权利和义务关系。旅游法律关系是法律关系的一种，是发生在旅游活动中的各种法律关系的总称。

一、旅游法律关系的概念与特征

(一) 旅游法律关系的概念

旅游法律关系是旅游法律规定所确认和调整的，是人们在旅游活动中以及在保护、培育与合理开发、利用旅游资源和旅游经营过程中形成的，以权利义务为内容的社会关系。

人们在进行旅游活动的过程中,会发生各种各样的联系,结成各种各样的社会关系,如旅游资源的所有权、使用权关系,风景名胜区的相邻关系、朋友关系、恋爱关系等。但是,并不是所有的社会关系都能成为旅游法律关系,而得到旅游法规确认和保护。只有经过旅游法规确认的社会关系才是旅游法律关系,才能产生法律上的权利和义务。

在我国,法律关系一般分为三大类,即行政法律关系、民事法律关系和刑事法律关系。因此,我们相应地也把旅游法律关系分为旅游行政法律关系、旅游刑事法律关系和旅游民事经济法律关系三种。

(二) 旅游法律关系的特征

旅游法律关系与其他一般的社会关系相比,具有以下四个方面的特征。

1. 旅游法律关系的产生以旅游法律规范为前提。

旅游法律关系是经过旅游法规调整的社会关系,要使某种社会关系成为旅游法律关系,必须首先制定调整这种社会关系的旅游法律规范。如果没有旅游法律规范,旅游法律关系就无从产生。

2. 旅游法律关系以权利和义务为内容。

旅游法律规范规定了人们在旅游活动中以及合理开发、利用旅游资源和旅游经营过程中的权利义务关系。权利和义务是统一的。一般来说,旅游法律关系主体一方面享有权利,另一方面就要承担义务。或者双方互相享有权利和承担义务;或者一方的权利就是另一方的义务,一方的义务就是另一方的权利。没有无权利的义务,也没有无义务的权利,享有权利以承担义务为前提,承担了义务就能得到相应的权利。

3. 旅游法律关系的实现以国家强制力作为保证。

在旅游法律关系中,国家强制力体现为审判机关、旅游行政管理机关和旅游行政处罚机关等国家机关的职权活动,来保证旅游法的实施。在各种旅游关系得不到正常实现的情况下,国家就运用这些强制力来保证实现。

4. 旅游法律关系的范围具有广泛性。

这是由旅游活动的广泛性决定的,一方面旅游活动的参与主体范围广,几乎包罗了各个行业的有关部门,如饮食、娱乐、交通、贸易等,另一方面,旅游活动的内容广,除游览观光外,还有集会、商贸、探险、猎奇等。

二、旅游法律关系的构成

旅游法律关系由旅游法律关系的主体、旅游法律关系的内容、旅游法律关系的客体三个要素构成。

（一）旅游法律关系的主体

旅游法律关系的主体是指在旅游法律关系中依法享有权利和义务的公民、法人或其他组织。法人和其他组织在刑法中被称为单位，包括法人单位和非法人单位，国家机关也是法人。公民在《民法通则》中除了指自然人外，还包括作为自然人特殊形式的个人合伙、个体工商户和农村承包经营户。此外，国家在行政法上是行政法律关系的主体，在民法上是国有旅游企业、国有旅游资源所有权主体。

因此，旅游法律关系的主体包括：国家、各级旅游行政管理部门及其工作人员，与保护和合理开发利用旅游资源有关的国家机关及其工作人员，各种所有权类型的旅游企业和旅游经济组织、外国旅游企业和组织、旅游者等。

（二）旅游法律关系的内容

旅游法律关系的内容是指旅游法律关系双方当事人之间的旅游法律权利和旅游法律义务。旅游法律关系的内容，反映着旅游法律关系主体的具体要求，决定着旅游法律关系的实质。在旅游法律关系中，一般情况下，旅游权利和旅游义务是相互对立、同时存在的。旅游法律关系的主体享有旅游法律法规所规定的权利，同时，也必须承担旅游法律法规所规定的义务。而且，一方主体的旅游法律权利，就是另一方主体的旅游法律义务，反之亦然。

旅游法律权利，是指旅游经济法律关系主体依法具有作为或不作为或要求他人作为或不作为的资格。旅游法律关系主体的旅游法律权利主要体现在以下三个方面：(1)旅游法律关系主体按照旅游法律法规的规定，有权从事一定的旅游活动，实现自己的旅游利益。(2)旅游法律关系主体按照旅游法律法规的规定，有权要求对方主体做出一定的行为，实现自己的旅游利益。(3)旅游法律关系主体按照旅游法律法规的规定，当其旅游利益因他人的行为不能实现时，有权依法请求国家机关加以保护。

旅游法律义务，是指旅游法律关系主体依法应履行的义务和承担的责任。旅游法律关系的义务主体必须按照法律法规的规定，做出或不做出一定的行为以完成自己的职责或满足权利主体的要求。旅游法律关系主体的义务主要体现在以下三个方面：(1)旅游法律关系主体按照旅游法律法规的规定，必须进行一定的旅游活动,从而履行自己应尽的旅游责任。(2)旅游法律关系主体按照旅游法律法规的规定,必须不进行一定的旅游活动,从而履行自己应尽的旅游责任。(3)旅游法律关系主体按照旅游法律法规的规定,当其不履行或不适当履行自己应尽的旅游责任时,将受到国家法律的制裁。

(三)旅游法律关系的客体

旅游法律关系客体是权利和义务所指向的对象,包括物、行为、智力成果和特定的精神利益。

1. 物。

这是指现实存在的人们可以控制、支配和具有一定使用价值的一切自然物和劳动创造的物,如自然旅游资源和人文旅游资源等。人们为物而发生着各种民事经济法律关系,所以物是旅游法律关系最为普遍的客体。

2. 行为。

此处是指旅游法律关系主体实施的具有法律意义的行为,而不是人的任何行为。行为分为作为和不作为两种基本形式。作为是积极的行为,如签订旅游合同;不作为是消极的行为,如不履行旅游合同约定的义务。

3. 智力成果。

这是指人类脑力劳动的成果,属于精神财富,如作为旅游产品专利权客体的发明、实用新型和外观设计,作为旅游企业商标专用权客体的商标等。实现旅游可持续发展离不开科学技术,这就需要保护旅游科技成果,因而智力成果也是旅游法律关系的客体。

4. 特定的精神利益。

这是指宪法和法律所保护的人身权利和人格利益,如人身自由、姓名、肖像、名誉、荣誉等精神利益,一般作为人身权法律关系的客体。

三、旅游法律关系的确立、变更与消灭

(一)旅游法律关系的确立

任何法律规范本身不能自动确立法律关系,旅游法律关系的确立必须具备以下两方面的条件。

1. 存在一定的法律事实。

所谓法律事实是指引起法律关系产生、变更和消灭的事实。具体的旅游法律

关系往往是由一个或一个以上的法律事实所引起而确立的。因此,法律事实与法律关系之间是因果关系。

旅游法律事实按性质可分为旅游法律事件和旅游法律行为。旅游法律事件指导致旅游法律后果,但又不以人的主观意志为转移的客观事实。例如战争、动乱等社会现象,地震、滑坡、水灾、风灾等自然现象。旅游法律行为指能产生旅游法律后果,但以人的主观意志为转移的活动状态,其中包括作为和不作为。在旅游法律关系中,旅游法律行为是引起旅游法律关系发生、变更和消灭最常见、最普遍的现象。

2. 旅游法律行为的合法有效。

合法有效是指行为从内容到形式符合法律的有关规定。一项合法的行为一般应满足下列要求:首先,旅游法律行为的内容必须合法。这是行为有效的最本质的条件。只有行为内容与现行法律、法规的规定不相抵触,才能被认为是合法行为。其次,旅游法律关系的主体要有行为能力。例如,作为自然人的旅游者需达到法定的成年年龄和智力水平,否则他们与旅游企业之间的合同就是无效合同或可撤销合同。作为法人的各类旅游企业,必须真正具备法人的必要条件并履行法定的注册登记手续,非法人的旅游企业,也应有相应的法律文件证明该企业具备经济责任的能力。此外,旅游企业的经营行为要在其法定业务范围内进行。再有,旅游法律关系主体之间应以真实、自愿为原则来处理相互之间的关系和活动,不得弄虚作假。最后,旅游法律行为一般必须具备法定形式。例如,根据《旅行社条例》的要求,旅行社与旅游者签订的合同必须采用书面形式。

(二)旅游法律关系的变更

旅游法律关系的变更是指原有的旅游法律关系在主体、客体和内容的一方面或几方面发生了变化。这种变化可以是局部的,也可以是全局的。既可以有主体范围的扩大,也可能是客体范围的缩小。主体或客体变化了,权利义务关系的内容也会随之变更。需要强调的是,旅游法律关系的变更要受严格的限制,除因不可抗力事件或经当事人事先协商同意,否则擅自变更的一方要承担违反合同的法律责任。

(三)旅游法律关系的消灭

旅游法律关系的消灭是指旅游法律关系主体之间权利义务的结束,如旅游合同当事人完全履行了合同规定的义务,则旅游合同法律关系归于消灭。

四、旅游法律关系的保护

旅游法律关系的保护是指国家机关监督旅游法律关系的主体正确行使权利、切实履行义务并对侵犯旅游法律关系主体合法权利或不履行法定义务的行为追究法律责任的活动。

(一) 旅游法律关系的保护机构

1. 国家旅游行政管理机关。

国家各级旅游行政管理机关是管理旅游业的政府职能部门,它有权依据旅游法规,在其职责范围内,运用奖励或处罚的方法保护旅游法律关系。

2. 相关的国家行政管理机关。

工商、公安、税务、卫生等管理部门可以依法对旅游活动的主体做出奖励或处罚的决定。

3. 司法机关。

人民检察院和人民法院根据法律法规的规定,分别对在旅游活动中触犯法律者,行使检察权和审判权。各级法院还可以对旅游活动中的民事法律行为做出判决。

(二) 旅游法律关系的保护措施

1. 行政措施。

行政措施主要包括奖励的方法和处罚的方法。对于模范遵守国家法律法规,对旅游业做出显著贡献的,由行政管理机关予以奖励;对于违反国家法律法规的,可以给予处罚。行政处罚的种类有:警告;罚款;没收违法所得、非法财物;责令停业整顿;暂停或者取消出国(境)旅游业务经营资格;暂扣或者吊销许可证、暂扣或者吊销执照、导游证、领队证;行政拘留;法律、行政法规规定的其他行政处罚。

2. 民事措施。

民事措施是指判令有过错的一方停止侵害;排除妨碍;消除危险;返还财产;恢复原状;修理、重做或更换;赔偿损失;支付违约金;消除影响、恢复名誉;赔礼道歉。在旅游法律关系的保护中,判令支付违约金和赔偿金是经常采取的措施。

3. 刑事措施。

刑事措施是指对于构成犯罪的行为人依法追究刑事责任。

第二章 宪法的基本知识

内容提要

宪法是国家的根本大法。本章系统介绍了宪法的基本概念与特征，我国宪法的发展历史，我国的人民民主专政制度、人民代表大会制度等政治制度，我国经济制度的基础、经济形式的类别，我国公民的基本权利与基本义务。同时本章对我国的国家机关的组织与活动基本原则、国家机构、国旗、国徽、首都作了基本的介绍。

第一节　宪法的基本认识

一、宪法的界定

宪法，是国家的根本大法，它规定了一个国家的社会制度和国家制度的基本原则，是民主制度的法律化，是国家机关和公民活动应该遵循的基本准则，是治国安邦的总章程。宪法具有以下三个特征。

第一，宪法以法律的形式规定了国家的根本制度和根本任务。包括国家性质、国家结构形式、政权组织形式、国家经济制度、国家机关的组织与活动基本原则、公民的基本权利和义务等根本性问题。而一般法律只规定国家生活和社会生活中某一方面或几个方面的具体问题。

第二,宪法具有最高的法律效力。由于宪法规定的是国家生活中最根本的问题,因此宪法具有最高的法律效力。国家维护社会主义法制的统一和尊严,一切法律、行政法规和地方法规都不得同宪法相抵触;任何组织或者个人都不得有超越宪法和法律的特权;全国各族人民、一切国家机关和武装力量、各政党和各社会团体、各企业事业组织,都必须以宪法为根本的活动准则,并且负有维护宪法尊严、保证宪法实施的职责;一切违反宪法的行为,必须予以追究。

第三,宪法的制定与修改程序和普通法律不同。我国宪法的修改,必须由全国人民代表大会常务委员会或者 1/5 以上的全国人民代表大会代表提议,并由全国人民代表大会以全体代表的 2/3 以上的多数通过。

二、我国宪法的历史发展

自 1949 年新中国成立后,我国已先后颁布过一个宪法性文件和四部宪法,即新中国成立初期起到了临时宪法作用的《中国人民政治协商会议共同纲领》、1954 年宪法、1975 年宪法、1978 年宪法和 1982 年颁布的现行宪法。

1982 年 12 月 4 日,由第五届全国人民代表大会第五次会议通过的现行宪法,由序言、总纲、公民的基本权利和义务、国家机构以及国旗、国徽、首都等部分构成,共计 138 条。

第二节　中华人民共和国的政治制度

一、人民民主专政制度

《中华人民共和国宪法》第一条明确规定:“中华人民共和国是工人阶级领导的、以工农联盟为基础的人民民主专政的社会主义国家。”该规定明确了我国的国家性质,也就是我国的国体。

人民民主专政是对人民的民主和对敌人的专政两个方面的有机结合,是我国国家制度的核心。工人阶级的领导是人民民主专政的根本标志;工农联盟是人民民主专政的阶级基础;爱国统一战线,是我国人民民主专政的一个重要特点。爱国统一战线,是由中国共产党领导的,有各民主党派和各人民团体参加的,包括全体社会主义劳动者、拥护社会主义的爱国者和拥护祖国统一的爱国者的广泛的政治联盟;中国人民政治协商会议是中国人民爱国统一战线的组织,是中国共产党领导的多党合作和政治协商的重要机构,是我国政治生活中发展社会主义民主的重要形式。

二、人民代表大会制度

人民代表大会制度是我国政权的组织形式。我国人民行使国家权力的机关是全国人民代表大会和地方各级人民代表大会。

人民代表大会制度的基本内容包括:(1)国家的一切权力属于人民,这是人民代表大会制度的实质。(2)全国人民代表大会和地方各级人民代表大会由民主选举产生,对人民负责,受人民监督。(3)国家行政机关、审判机关、检察机关、军事机关都由人民代表大会选举产生,对它负责,受它监督。(4)各级人民代表大会及其常务委员会实行民主集中制的原则。人民按照法律规定,通过各种途径和形式,管理国家事务,管理经济和文化事业,管理社会事务。(5)人民代表大会制度,是适合我国人民民主专政性质的政体,充分反映和代表了我国的国体,从根本上保证了人民当家作主的权力。

三、选举制度

依照我国宪法和选举法的规定,我国选举制度的基本原则为:(1)选举权的普遍性原则。在我国,除依照法律被剥夺政治权利的人以外,凡年满 18 周岁的公民,不分民族、种族、性别、职业、家庭出身、宗教信仰、教育程度、财产状况、居住期限,都有选举权和被选举权。(2)选举权的平等性原则。每个选民在选举中有同等的投票权,每个选民在一次选举中只有一个投票权。(3)直接选举和间接选举并用原则。县、自治县、不设区的市、市辖区、乡、民族乡、镇的人民代表大会代表由选民直接选举产生;全国人大代表和省、自治区、直辖市、自治州、设区的市人大代表由间接选举产生。(4)无记名投票原则。

四、特别行政区制度

特别行政区,是指依据宪法和法律的规定,在我国行政区内设立的具有特殊法律地位、实行特别的社会政治制度和经济制度的行政区域。我国宪法规定，国家在必要时设立特别行政区。在特别行政区内实行的制度按照具体情况由全国人民代表大会通过法律来决定。其特点如下：(1)特别行政区享有高度自治权。(2)它是国家行政区域设置中的一种新类型。(3)特别行政区保留原资本主义制度。

特别行政区是中华人民共和国不可分割的一部分，是地方一级行政区域；它直辖于中央人民政府，中央人民政府与其是中央与地方的关系；它现行的法律制度基本不变，从中央获得的授权大大高于一般省级行政区，包括享有行政管理权、立法权、独立的司法权和终审权。设立特别行政区对于维护国家统一、主权与领土完整有着十分重要的意义，有利于保持特别行政区的繁荣与稳定，也为国际上解决类似问题提供了范例。

五、民族区域自治制度

民族区域自治制度是指在国家的统一领导下，以少数民族聚居区为基础，建立相应的自治区域，设立自治机关，行使自治权，使实行区域自治的民族实现当家作主，管理本民族内部地方性事务的权利。民族自治机关是自治区、自治州、自治县的人民代表大会和人民政府。

民族区域自治地区遵循的基本原则主要有：(1)民族自治地区是国家统一领导下的行政区域，是中华人民共和国不可分离的组成部分。(2)以聚居区为基础，是民族自治和区域自治的结合。(3)根据宪法和法律规定，行使广泛的自治权。(4)各民族一律平等，各民族都有使用和发展自己的语言、文字的自由，都有保持或者改革自己的风俗习惯的自由。

第三节　中华人民共和国的经济制度

一、社会主义经济制度的基础

中华人民共和国经济制度的基础是生产资料的社会主义公有制，即全民所有制和劳动群众集体所有制。生产资料公有制是社会主义经济制度的基础，是社会主义社会最基本的特征。它消灭了人剥削人的制度，代表全体人民利益的国家和劳动群众集体拥有生产资料，并实行“各尽所能、按劳分配”的制度。国家在社会主义初级阶段，坚持公有制为主体、多种所有制经济共同发展的基本经济制度。

二、法定的经济形式的类别

按照我国宪法规定，现阶段我国的经济形式主要有下列几种：第一，全民所有制经济；第二，劳动群众集体所有制经济；第三，劳动者个体经济；第四，私营经济；第五，中外合资企业、中外合作企业和外资企业。

全民所有制经济是由社会主义国家代表全体人民占有生产资料的一种所有制形式，也是我国社会主义公有制经济的一种形式。我国宪法规定，“国有经济，即社会主义全民所有制经济，是国民经济中的主导力量。国家保障国有经济的巩固和发展”，“矿藏、水流、森林、山岭、草原、荒地、滩涂等自然资源，都属于国家所有，即全民所有；由法律规定属于集体所有的森林和山岭、草原、荒地、滩涂除外”，“国家实行社会主义市场经济”。

劳动群众集体所有制经济是由集体经济组织内的劳动者共同占有生产资料的一种经济形式，是我国社会主义公有制经济的另一种形式。它是在全民所有制经济占主导地位的条件下存在和发展的，是我国目前农村的主要经济形式，同时还包括城镇的手工业、工业、建筑业、运输业、商业和服务业等各行业的城镇集体所有制单位以及各种形式的合作经济组织。劳动群众集体所有制经济是我国国民经济的重要组成部分，是国有经济的助手和必要补充。

国家保护城乡集体经济组织的合法的权利和利益，鼓励、指导和帮助集体经济的发展。

劳动者个体经济是由城乡个体劳动者占有少量生产资料和产品，以个人及其家庭成员从事劳动为基础的一种经济形式。它在法律许可范围内，在国家各级工商行政管理机关依法核准、登记和管理下，从事经营活动。我国宪法规定：“在法律规定范围内的个体经济、私营经济等非公有制经济，是社会主义市场经济的重要组成部分。”国家保护个体经济、私营经济等非公有制经济的合法的权利和利益。国家鼓励、支持和引导非公有制经济的发展，并对非公有制经济依法实行监督和管理。

私营经济是生产资料属于私人所有、由私人雇工经营的一种经济形式。在法律规定范围内的私营经济，是社会主义市场经济的重要组成部分。国家保护私营经济的合法的权利和利益。国家对私营经济的发展实行引导、监督和管理。

中外合资企业、中外合作企业和外资企业(即“三资企业”),是在我国改革开放过程中发展起来的一种经济形式。这种经济形式是我国社会主义市场经济的组成部分,也是一种平等互利的国际经济合作形式。我国宪法规定,中华人民共和国允许外国的企业和其他经济组织或者个人依照中华人民共和国法律的规定在中国投资,同中国的企业或者其他经济组织进行各种形式的经济合作。在中国境内的外国企业和其他外国经济组织以及中外合资经营的企业,都必须遵守中华人民共和国的法律。它们的合法的权利和利益受中华人民共和国法律的保护。

三、国家的财产保护

国家保护公民个人合法财产所有权和私有财产继承权,是我国社会主义经济制度的一个重要内容。我国的公民个人合法财产所有权,是指公民对自己通过劳动和其他合法方式获得的货币和其他具有使用价值的物品所享有的占有权、使用权、收益权和处分权。宪法和法律确认并保护公民个人合法财产权,侵犯公民合法财产的违法犯罪行为,国家都将依法予以相应的法律制裁。

公民合法财产的所有权,还包括公民私有财产的继承权。

第四节　中华人民共和国公民的基本权利和义务

一、公民的基本权利

公民权利,是指法律对公民在国家和社会生活中,能够做出或不做出一定行为,以及要求他人做出或不做出一定行为的许可和保障。公民的基本权利,是指公民应当享有的最主要的权利。根据宪法规定,我国公民享有以下基本权利。

(一)平等权

平等权是指公民根据法律规定享有同等的权利和同等的义务,不因任何外在差别而予以不同的对待。我国宪法规定:“凡具有中华人民共和国国籍的人都是中华人民共和国公民。”“中华人民共和国公民在法律面前人人平等。”这表明,我国公民享有平等权。公民的法律地位平等，任何公民都平等地享有宪法和法律规定的各项权利，也都平等地履行宪法和法律规定的各项义务；任何公民都不得有超越宪法和法律的特权；任何公民都平等地受到法律保护；任何公民的违法行为都平等地依法予以追究和制裁。

（二）政治权利和自由

政治权利和自由，是指公民有权参与国家政治生活，政治上享有表达个人见解和意愿的自由。政治权利和自由，集中反映了“一切权力属于人民”的宪法原则，构成公民基本权利体系的基础。其权利范围包括：第一，选举权和被选举权。选举权是指公民参加选举国家代表机关代表和国家机关公职人员的权利，具体包括选择权、罢免权、监督权，是人民参加国家管理的最重要的权利。宪法规定，中华人民共和国年满十八周岁的公民，不分民族、种族、性别、职业、家庭出身、宗教信仰、教育程度、财产状况、居住期限，都有选举权和被选举权，但依照法律被剥夺政治权利的人除外。第二，政治自由。我国宪法规定，中华人民共和国公民有言论、出版、结社、集会、游行、示威的自由。言论自由，是指有权通过各种语言形式宣传自己的思想和观点，但只有法律规定范围内的言论自由才受法律的保障。出版自由，是指公民有权按照法律规定通过公开发行的出版物表达对公共事务的看法。结社自由是指公民为了达到某一共同目的，有权依照法律规定程序而结成某种社会团体。集会、游行、示威自由，是我国公民的一项基本自由，是公民发表意见、表达意愿的一种形式。行使该权利时，必须遵守宪法和法律，不得反对宪法所确定的基本原则。政治权利和自由，体现了社会主义民主政治的要求。

（三）宗教信仰自由

我国宪法规定，公民有宗教信仰自由。这表明，公民既有信仰宗教的自由，也有不信仰宗教的自由；有信仰这种宗教的自由，也有信仰那种宗教的自由；在同一宗教里，有自由选择教派的自由；有过去不信教而现在信教的自由，也有过去信教而现在不信教的自由。任何国家机关、社会团体和个人不得强制公民信仰宗教或者不信仰宗教，不得歧视信仰宗教的公民和不信仰宗教的公民。同时，国家保护正常的宗教活动，任何人不得利用宗教进行破坏社会秩序、损害公民身体健康、妨碍国家实施各项制度的活动。宗教团体和宗教事务，不受外国势力的支配。

（四）人身自由

人身自由是公民最重要的基本权利之一，是公民参加社会活动、实现其他权利的基础。

人身权利的主要内容有:(1)公民的人身自由不受侵犯。任何公民,非经人民检察院或者人民法院批准或决定,并由公安机关执行,不受逮捕;禁止非法拘禁和以其他方法非法剥夺或者限制公民的人身自由;禁止非法搜查公民的身体。(2)公民的人格尊严不受侵犯。人格尊严指与人身有密切联系的荣誉、名誉、姓名、肖像等不容侵犯的权利。宪法规定,禁止用任何方法对公民进行侮辱、诽谤或诬告陷害。(3)公民的住宅不受侵犯。住宅是公民生活、学习的处所,其安全能否得到保障,直接关系到公民其他权利的实现。为保障公民住宅不受侵犯,宪法规定,禁止非法搜查或非法侵入公民的住宅。(4)公民的通信自由和通信秘密受法律保护。

(五) 监督权和取得赔偿权

监督权和取得赔偿权,是公民监督国家权力的运行过程,协调公民与政府之间的关系,使被侵犯的权利得到补偿的重要形式。具体指:第一,批评、建议权。公民在国家政治生活和社会生活中,有权对国家机关和工作人员的缺点、错误提出批评意见,并通过一定形式向国家机关及其工作人员提出合理化建议。第二,申诉、控告或者检举的权利。公民对任何国家机关和工作人员的违法失职行为有向国家机关提出申诉、控告或者检举的权利。第三,取得赔偿权。由于国家机关和国家工作人员侵犯公民权利而受到损失的公民,有依照法律规定取得赔偿的权利。

(六) 社会经济权利

社会经济权利,是指公民在经济生活和物质利益方面所享有的权利。它是公民实现其他权利的物质保证。中华人民共和国公民的社会经济权利受到国家法律的保护。

社会经济权利具体包括:(1)财产权。指公民个人通过劳动或其他合法方式取得财产后享有的占有、使用、收益、处分财产的权利,包括合法收入、储蓄、房屋以及其他合法财产的所有权。(2)劳动权。有劳动能力的公民有获得工作并取得相应报酬的权利。宪法和劳动法规定,劳动是一切有劳动能力的公民的权利和义务,是公民的光荣职责;国家采取各种措施和途径,创造劳动就业的条件,国家加强劳动保护,改善劳动条件,提高劳动报酬,组织劳动就业培训,保障劳动权利的实现。(3)休息权。是劳动者为身体健康和提高劳动效率而休息、生息的权利。(4)退休人员的生活保障权。(5)物质帮助权。公民在年老、疾病和丧失劳动能力的情况下,有从国家和社会得到物质帮助的权利。

（七）文化教育权利与自由

我国公民在文化与教育领域享有的权利与自由，对于建设社会主义精神文明、提高全民族的文化水平有着重要的意义。文化教育权利与自由有两方面内容：第一，受教育权。受教育权具有双重性，公民既有权通过各种教育形式提高知识水平，也有义务接受教育。第二，科学研究、文学艺术创作和其他文化生活的自由。国家对于从事教育、科学、技术、文学、艺术创作和其他文化事业的公民所从事的有益于人民的创造性工作，给以鼓励和帮助。

（八）特定主体的权利保护

特定主体的权利，是指法律规定应受到特别保护的群体所享有的权利。主要指：第一，妇女权利的保障。我国妇女在政治、经济、文化、社会和家庭生活等各方面，享有同男子平等的权利；国家保护妇女的权利和利益，实行男女同工同酬，培养和选拔妇女干部。第二，婚姻、家庭、母亲、儿童和老人，受国家保护。夫妻双方有实行计划生育的义务。父母有抚养教育未成年子女的义务，成年子女有赡养扶助父母的义务。禁止破坏婚姻自由，禁止虐待老人、妇女和儿童。第三，保护华侨的正当权益，保护归侨、侨眷合法的权利和利益。

二、公民的基本义务

公民义务，是指宪法规定的公民必须履行的法律责任。我国公民的基本义务主要包括以下方面。

（一）维护国家统一和全国各民族团结

我国宪法规定："中华人民共和国公民有维护国家统一和全国各民族团结的义务。"为保证各民族之间的平等与团结，我们必须坚持民族区域自治政策，既要反对大汉族主义，又要反对地方民族主义。宪法还规定，禁止有对任何民族歧视和压迫的行为，禁止破坏民族团结和制造民族分裂的行为。

（二）遵守宪法和法律，保守国家秘密，爱护公共财产，遵守劳动纪律，遵守公共秩序，尊重社会公德

宪法和法律是全国人民共同意志的体现和利益的集中表现，遵守宪法不仅是公民应尽的法律义务，也是建设社会主义法治国家的基础，任何公民都必须自觉遵守宪法和法律，维护宪法和法律的权威，一切违反宪法和法律的行为，必须予以追究。国家秘密是指涉及党和国家的安全及利益，尚未公开或不准公开的秘密事项

以及应当保密的文件、资料等。每个公民都必须对国家秘密严加保守。公共财产是指全民所有制财产和劳动群众集体所有制财产。宪法规定,禁止任何组织或者个人用任何手段侵占或者破坏国家的和集体的财产。劳动纪律是进行有秩序的生产和工作、提高劳动生产率的重要保证,每个公民都应自觉遵守。公共秩序包括社会、生产、工作、教学、科研秩序。公共秩序是保证国家安定团结的政治局面、进行社会主义现代化建设的重要条件,每个公民必须自觉遵守。社会公德是社会主义精神文明建设的重要内容,是人们在生产、工作和生活中必须遵守的道德标准。国家提倡爱祖国、爱人民、爱劳动、爱科学、爱社会主义的公德,在人民中进行爱国主义、集体主义和国际主义、共产主义的教育。国家通过普及理想教育、道德教育、文化教育、纪律和法制教育,通过在城乡不同范围的群众中制定和执行各种守则、公约,加强社会主义精神文明的建设。

(三)维护祖国的安全、荣誉和利益

国家的安全关系到国家的生存和发展;国家的荣誉和利益关系到祖国的尊严。因此,公民有维护祖国的安全、荣誉和利益的义务,不得有危害祖国的安全、荣誉和利益的行为。任何公民都不得为一己私利或小集团的利益而危害国家的安全、荣誉和利益,而应以主人翁的态度自觉维护祖国的安全、荣誉和利益,同一切危害祖国安全、荣誉和利益的行为进行斗争。

(四)保卫祖国、抵抗侵略,依法服兵役和参加民兵组织

(五)依法纳税

税收是国家财政收入的重要来源,对于保障国家经济建设资金的需要、改善和提高人民生活水平均有重要意义。因此,公民有依照法律规定纳税的义务。

第五节 中华人民共和国的国家机构

一、人民代表大会

中华人民共和国全国人民代表大会是最高国家权力机关。它的常设机关是全国人民代表大会常务委员会,全国人大和全国人大常委会行使国家立法权。

全国人民代表大会每届任期五年。全国人民代表大会会议每年举行一次，由全国人大常务委员会召集。

省、直辖市、县、市、市辖区、乡、民族乡、镇设立人民代表大会和人民政府。地方各级人民代表大会是地方各级权力机关。地方各级人民政府是地方各级权力机关的执行机关，是地方各级行政机关。

二、国家主席

中华人民共和国主席、副主席由全国人民代表大会选举。有选举权和被选举权的，年满45周岁的中华人民共和国公民可以被选为中华人民共和国主席、副主席。

三、国务院

国务院是最高国家权力机关的执行机关，是最高国家行政机关。国务院对全国人民代表大会负责并报告工作。国务院实行总理负责制。

四、中央军事委员会

中华人民共和国中央军事委员会领导全国武装力量。中央军事委员会实行主席负责制，中央军事委员会主席对全国人民代表大会及其常务委员会负责。

五、人民法院和人民检察院

中华人民共和国人民法院是国家的审判机关。我国设立最高人民法院、地方各级人民法院和军事法院等专门人民法院。最高人民法院是最高审判机关。人民法院依照法律规定独立行使审判权，不受行政机关、社会团体和个人的干涉。各级人民法院相应对产生它的各级人民代表大会负责。

中华人民共和国人民检察院是国家的法律监督机关。我国设立最高人民检察院、地方各级人民检察院和军事检察院等专门人民检察院。最高人民检察院是最高检察机关。人民检察院依照法律的规定独立行使检察权，不受行政机关、社会团体和个人干涉。最高人民检察院对全国人民代表大会及其常务委员会负责。地方各级人民检察院对产生它的各级人民代表大会和上级人民检察院负责。

第六节　中华人民共和国的国旗、国徽、首都

国旗:中华人民共和国国旗是五星红旗。

国徽:中华人民共和国国徽,中间是五星照耀下的天安门,周围是谷穗和齿轮,象征着工农联盟的加强和人民民主专政的巩固。

首都:中华人民共和国首都是北京。

第三章 中华人民共和国旅游法

内容提要

2013年4月25日，第十二届全国人大常委会第二次会议审议通过了《中华人民共和国旅游法》，国家主席习近平签署第三号主席令予以公布。旅游法是改革开放和科学发展结出的丰硕成果；是中国旅游法制化建设的里程碑；是中国建设旅游强国的最坚实支撑；是维护最广大旅游者利益的有力武器。本章主要介绍旅游法的基础理论和重要制度，包括旅游法的立法情况、旅游者、旅游合同和旅游促进以及旅游法律责任，同时，还简要指出了旅游法的若干不足之处。

第一节　旅游法概述

一、旅游法的立法基础

第一，政策基础。2007年3月19日，国务院发布国发7号文件《关于加快发展服务业的若干意见》，明确提出要加快发展服务业，提高服务业在三次产业结构中的比重，尽快使服务业成为国民经济的主导产业。旅游业是服务业的龙头。发展旅游业对扩大就业、转变发展方式、扩大内需等具有重要作用,也是应对国际金融危机的主要举措之一。

2009年12月1日,国务院在国发41号文件《关于加快发展旅游业的意见》中,充分肯定旅游业是战略性产业,具有资源消耗低、带动系数大、就业机会多、综合效益好的特点,要求各级政府部门树立正确的指导思想,把旅游业培育成国民经济的战略性支柱产业和人民群众更加满意的现代服务业。

在此之前,全国已有26个省(区、市)把旅游业定位为支柱产业,其中17个省(区、市)定位为战略性支柱产业。

2014年8月21日国务院在国发〔2014〕31号文件《关于促进旅游业改革发展的若干意见》中明确,促进旅游业改革发展,要依法兴旅,创新发展理念,坚持深化改革,坚持融合发展,坚持以人为本。

第二,市场基础。中国旅游业经过改革开放30多年的发展,从小到大,由弱变强,已具有相当规模。到2012年底旅游法颁布前夕,国内旅游消费达2.3万亿元,国内旅游市场规模居全球第一位,接待入境旅游和公民出境旅游居全球第三位,旅游外汇收入居全球第四位,实现了历史性跨越发展。旅游已成为国民生活的一种方式,也是一种重要的社会现象,影响到了自然和社会的很多方面。

第三,产业基础。旅游业对住宿业的贡献率超过90%,对民航和铁路客运业的贡献率超过80%。

第四,法制基础。全国除港澳台以外,31个省、自治区、直辖市都制定了《旅游条例》或《旅游管理条例》等地方性法规,在旅游法律关系方面有很多探索性、创新性的规定。国务院也先后出台并多次修改完善了《旅行社条例》、《导游人员管理条例》、《中国公民出国旅游管理办法》三部行政法规。

第五,认识基础。多年来,一些旅游方面的基本问题,始终处在争论之中,形成了各种各样的定义,如包价旅游、组团社、地接社、履行辅助人等。通过立法,用明确的法律语言加以表述和规范,既是立法的突破,也是理论的创新。

因此,制定旅游法,既是旅游业界的迫切希望,也是促进规范旅游业发展的需要。

早在1982年,国务院有关部门就着手起草旅游法。1988年,旅游法曾列入七届全国人大常委会立法规划,但由于当时我国旅游业还处于起步阶段,有关方面对立法涉及的一些重要问题认识不尽一致,这部法律草案未能提请审议。从八届全国人大一次会议至十一届全国人大五次会议，共有1 400多名代表和三个代表团提交48件议案，建议制定旅游法。2013年4月25日，历经三次审议的《旅游法》，经第十二届全国人大常委会第二次会议表决获得高票通过。这是十二届全国人大常委会通过的第一部法律。随后，国家主席习近平签署了该法，并于同年10月1日正式施行。

二、旅游法的立法模式与意义

由于旅游产业链条长，关联行业广，涉及部门多，很难针对不同类型旅游活动单独立法，旅游法采取了超脱的立法模式，即由全国人大财经委员会牵头起草，组织国家发改委、国务院法制办、国家旅游局等20多个部门和有关专家一起参加。这是一种综合立法模式，涵盖了行政法、经济法、民商法三大法律体系的内容。

综合立法的意思是，第一，旅游业是综合型产业，涉及范围广，不能按照以前的行政权限立法。第二，旅游法涉及促进、管理、规范等多方面内容，必须跨越不同属性的法律部门立法。选择这种立法模式，优点是可以在一部法律中把国家旅游业发展中最根本、最重要的问题全部囊括，立法成本小、效力高。

《旅游法》是一部综合性的行政性法律，但同时以当事人之间的契约自由、合同自由为基础，把行政管理、行业治理、意思自治三者很好地结合了起来。既是旅游产业促进法，也是旅游市场规制法。法律全文共设10章112条，除总则、附则之外，分别对旅游者、旅游规划和促进、旅游经营、旅游服务合同、旅游安全、旅游监督管理、旅游纠纷处理、法律责任做出了规定。它的制定发布，有着以下重要的意义。

第一，将有效保护旅游者和市场经营者的合法权益。多年来，有关部门在整顿和规范旅游市场秩序方面做了大量工作，但是部分旅游企业经营行为不规范、旅游市场秩序混乱的问题非常突出，恶性竞争、零负团费、强迫购物、虚假广告等问题屡禁不止。这些行为不仅侵害了旅游者的合法权益，而且影响了中国旅游业的形象，制约了旅游业持续健康发展。造成这些问题的一个重要原因，就是法律法规不健全。

第二，将有效保护和合理利用旅游资源。在旅游业快速发展的过程中，一些地方盲目开发、过度开发旅游资源的问题日益突出。热点旅游景区普遍超负荷经营，人满为患；一些景区生态环境受到严重破坏；个别城市或景区在发展旅游业中破坏珍贵的自然遗产和文化遗产，造成的损失不可逆转。《旅游法》全面界定了政府、旅游经营者和旅游者三方的责任，确定了旅游规划的法律效力，对于旅游资源的整体性保护、禁止重复建设和掠夺性开发、促进旅游业持续健康发展,意义重大。

第三,将有力促进经济发展方式转变和经济结构调整。发展旅游业能够有效扩大内需和提高第三产业在国民经济中的比重。通过立法促进旅游业持续健康发展,对我国扩大内需和优化产业结构,提升经济增长的内生动力,将发挥重要作用。

第四,将有力促进旅游业适应国际交流与合作的新形势。用法律的手段规范旅游市场,促进旅游业健康发展,是国际通行做法。一些国际旅游组织和区域组织都制定了多边旅游公约,旅游业发达的国家和地区也都有《旅游法》或相关法律。作为世界旅游大国,我国居民出境旅游需要熟悉和了解目的地的法律,境外居民入境旅游也须遵守我国法律。国内旅游企业经营活动需要与国际通行做法接轨。《旅游法》的施行,有利于拓展我国旅游业国际交流与合作,促进我国与世界各国的民间往来。

总之,旅游法体现了三大特色:一是综合法;二是人本法,以保障旅游者合法权益为主线;三是衔接法,充分与现行法律和国际通行做法衔接。

第二节　旅游法的主要内容

旅游法规定的主要制度有七项。

第一,旅游综合管理制度,包括建立政府旅游综合协调机制、旅游市场联合执法监管机制和旅游投诉统一受理机制;

第二,旅游安全保障制度,包括确立旅游安全风险提示、高风险旅游、旅游保险管理等制度;

第三,旅游促进和公共服务制度,包括旅游基础设施建设制度配套和政策衔接、建立国家旅游形象推广战略和构建旅游形象推广机构和网络;

第四,旅游规划编制和评价制度,即资源保护和旅游利用制度,包括完善旅游规划技术标准体系、研究制订旅游规划评估实施办法等;

第五,旅游者权益保障制度;

第六,旅游服务合同制度;

第七,旅游景区管理制度,包括景区开放、门票价格、流量控制等制度。

这里简要介绍三个问题。

一、旅游者的权利与义务

（一）旅游者的权利

《旅游法》专列一章规定"旅游者"，并且将旅游者定位为消费者，分述其权利和义务，是对旅游者法律地位的准确认定。

既然旅游者是消费者，为什么要在《消费者权益保护法》之外的其他法律中，另行规定旅游者的权利？因为旅游者与一般消费者相比，存在若干差异：购买前，旅游者不能对产品或服务进行充分的比较、鉴别和挑选；消费时，旅游者必须在异地、现场进行，无法试听试用；消费后，旅游者如果对产品或服务不满意，无法退货换货。

《旅游法》第 9 条到第 12 条集中规定了旅游者的权利。这些权利包括：(1)自主选择权；(2)公平交易权；(3)知情权；(4)要求旅游经营者依约履行权；(5)受尊重权；(6)特殊旅游者的便利和优惠权；(7)请求救助和保护的权利；(8)求偿权。

虽然旅游者是消费者，但《旅游法》关于旅游者权利的规定并非简单地复制《消费者权益保护法》(以下简称《消法》)的相关规定，而是以《消法》为依据和基础，结合旅游行业的特点加以补充、完善，并有一定的创新，从而在消费者权利领域，形成其与《消法》的四种类型的关系。

一是对《消法》规定的简单复制。旅游者是特定的消费者群体，因此《旅游法》引入了《消法》规定了的重要的消费者权利，具体包括自主选择权、公平交易权、知情权、求偿权等。

二是将经营者义务转换为消费者权利加以规定，即《消法》是从经营者角度规定的，定位为经营者的义务，但《旅游法》将其以消费者权利的方式加以规定，具体包括旅游者要求旅游经营者依约履行的权利。

三是做了比《消法》更完善的规定。例如，《旅游法》第 10 条规定的旅游者受尊重权的表述为：旅游者的人格尊严、民族风俗习惯和宗教信仰应当得到尊重，而《消法》第 14 条的表述则为：消费者在购买、使用商品和接受服务时，享有其人格尊严、民族风俗习惯得到尊重的权利。显然，《旅游法》的规定比《消法》更为完善。

四是根据旅游行业的特点做出不同于《消法》的规定，具体包括特殊旅游者的便利和优惠权、请求救助和保护的权利。

（二）旅游者的权利救济方式

《旅游法》在旅游者权利受到损害时，规定了诸多救济方式。

1. 规定了无理由退货权。

《旅游法》第 35 条规定,如果旅行社以不合理的低价组织旅游活动,诱骗旅游者,并通过安排购物或者另行付费旅游项目获取回扣等不正当利益,或者旅行社组织、接待旅游者时指定具体购物场所,安排另行付费旅游项目,旅游者有权在旅游行程结束后 30 日内,要求旅行社为其办理退货并先行垫付退货货款,或者退还另行付费旅游项目的费用。

2. 规定了比《消法》倍数更高的惩罚性赔偿。

《旅游法》第 70 条规定,旅行社不履行包价旅游合同义务或者履行合同义务不符合约定的,应当依法承担继续履行、采取补救措施或者赔偿损失等违约责任;造成旅游者人身损害、财产损失的,应当依法承担赔偿责任。旅行社具备履行条件,经旅游者要求仍拒绝履行合同,造成旅游者人身损害、滞留等严重后果的,旅游者还可以要求旅行社支付旅游费用一倍以上三倍以下的赔偿金。

3. 规定了多主体的救助和保护责任。

《旅游法》第 82 条规定,旅游者在人身、财产安全遇有危险时,有权请求旅游经营者、当地政府和相关机构进行及时救助。中国出境旅游者在境外陷于困境时,有权请求我国驻当地机构在其职责范围内给予协助和保护。

另外,《旅游法》第 65 条还规定了任意解除权。旅游行程结束前,旅游者解除合同的,组团社应当在扣除必要的费用后,将余款退还旅游者。

(三)旅游者的义务

将旅游者的义务写进法律,是《旅游法》富有特色的一项内容。概括起来,旅游者的义务主要有五项。

1. 遵守公序良俗。

旅游者在旅游活动中应当遵守社会公共秩序和社会公德,尊重当地的风俗习惯、文化传统和宗教信仰,爱护旅游资源,保护生态环境,遵守旅游文明行为规范。

2. 依法行使权利。

旅游者在旅游活动中或者在解决纠纷时,不得损害当地居民的合法权益,不得干扰他人的旅游活动,不得损害旅游经营者和旅游从业人员的合法权益。

3. 如实提供信息。

旅游者购买、接受旅游服务时,应当向旅游经营者如实告知与旅游活动相关的个人健康信息,遵守旅游活动中的安全警示规定。

4. 配合处置事件。

旅游者对国家应对重大突发事件暂时限制旅游活动的措施以及有关部门、机构或者旅游经营者采取的安全防范和应急处置措施，应当予以配合。

5. 禁止非法滞留。

出境旅游者不得在境外非法滞留，随团出境的旅游者不得擅自分团、脱团。

二、旅游规划与促进

旅游规划在促进旅游业科学发展、协调相关者利益方面具有基础性和根本性的作用，为此，《旅游法》设立专章规定了旅游规划以及与之相关的旅游促进制度，具有十分重要的意义。

（一）旅游规划

第一，明确规定了旅游发展规划的法律地位和编制主体。国务院和县级以上地方人民政府应当将旅游业发展纳入国民经济和社会发展规划。国务院和省级人民政府以及旅游资源丰富的设区的市和县级人民政府，应当按照国民经济和社会发展规划的要求，组织编制旅游发展规划。对跨行政区域且适宜进行整体利用的旅游资源进行利用时，应当由上级人民政府组织编制或者由相关地方人民政府协商编制统一的旅游发展规划。

第二，具体规定了旅游发展规划编制的主要内容。旅游发展规划应当包括旅游业发展的总体要求和发展目标，旅游资源保护和利用的要求和措施，以及旅游产品开发、旅游服务质量提升、旅游文化建设、旅游形象推广、旅游基础设施和公共服务设施建设的要求和促进措施等内容。

第三，提出了对重点旅游资源开发利用编制专项规划的要求。

第四，要求旅游发展规划应当与土地利用总体规划、城乡规划、环境保护规划以及其他自然资源和文物等人文资源的保护和利用规划相衔接。

（二）旅游促进

第一，政策支持制度。国务院和县级以上地方人民政府应当制定并组织实施有利于旅游业持续健康发展的产业政策，具体包括，推进旅游休闲体系建设，采取措施推动区域旅游合作，鼓励跨区域旅游线路和产品开发，促进旅游与工业、农业、商业、文化、卫生、体育、科教等领域的融合，扶持少数民族地区、革命老区、边远地区和贫困地区旅游业发展。

第二,资金保障制度。国务院和县级以上地方人民政府应当根据实际情况安排资金,加强旅游基础设施建设、旅游公共服务和旅游形象推广。

第三,公共信息服务制度。国务院旅游主管部门和县级以上地方人民政府应当根据需要建立旅游公共信息和咨询平台,无偿向旅游者提供旅游景区、线路、交通、气象、住宿、安全、医疗急救等必要信息和咨询服务。设区的市和县级人民政府有关部门应当根据需要在交通枢纽、商业中心和旅游者集中场所设置旅游咨询中心,在景区和通往主要景区的道路设置旅游指示标识。旅游资源丰富的设区的市和县级人民政府可以根据本地的实际情况,建立旅游客运专线或者游客中转站,为旅游者在城市及周边旅游提供服务。

第四,旅游人才培养制度。国家鼓励和支持发展旅游职业教育和培训,提高旅游从业人员素质。

三、旅游服务合同

《旅游法》第五章规定了旅游服务合同,明确解释了包价旅游合同的概念,具体确定了旅游合同的几项重要制度。这对完善合同立法,丰富我国的债法体系具有重要意义。包价旅游合同的有关要求如下。

(一)旅游者优先保护规则

第一,旅行社的告知与说明义务。订立包价旅游合同时,旅行社应当向旅游者详细说明行程安排、服务项目、标准、时间等内容,告知委托社、代理社、组团社、接待社信息,以及旅游安全注意事项、责任减免等。

第二,旅行社严格履约责任。包括旅行社不得擅自变更旅游行程,委托或变更需经旅游者同意,无正当理由拒绝履行合同造成滞留时的惩罚性赔偿制度。

第三,旅行社协助返程义务。解除合同后或遇突发事件时,旅行社有义务协助旅游者返回出发地或旅游者指定的合理地点。

第四,旅游行程开始前,旅游者可以将包价旅游合同中自身的权利义务转让给第三人,旅行社没有正当理由的不得拒绝,因此增加的费用由旅游者和第三人承担。

第五,旅游行程结束后 30 日内,旅游者要求无条件退货、退费的权利。

(二)特殊责任承担制度

第一,旅行社与旅游者之间的特殊责任承担。包括对采取安全措施费用的合理分担、自行安排活动期间的责任承担、滞留安置返程费用的分担、旅游者自身原因导致责任的承担等。

第二，委托社和代理社的特殊责任承担。如委托社先行承担责任等。

第三，组团社和地接社之间的特殊责任承担。组团社先承担责任后追偿。

第四，旅行社与旅游辅助人之间的特殊责任承担。包括组团社先承担后追偿、公共交通经营者原因导致损害的协助索赔义务等。

（三）情势变更制度

情势变更制度是指合同依法有效成立后、全面履行前，因不可归责于当事人的原因，使合同赖以成立的基础或环境发生当事人预料不到的重大变化，若继续维持合同的原有效力则显失公平，受不利影响的一方当事人有权请求法院或仲裁机构变更或解除合同的法律制度。

旅游活动中，因情势变更导致合同不能履行常会遇到，如政府临时取消航班，或者限制去某目的地，就会造成一方当事人的损失。《旅游法》关于这方面的规定主要有：(1)不能成团时的处理。包括解除合同以及委托其他旅行社出团。(2)单方解除制度。包括旅游者的任意解除权与旅行社的法定解除权。(3)不可抗力影响行程处理。包括合同不能履行、合同解除与变更、危及旅游者安全、造成滞留时的处理。

需要指出的是，在《旅游法》里，对于旅游的侵权责任没有专门规定。因为旅游者和旅游机构签订的合同包含内容非常广泛，几乎所有违反合同内容的都要承担违约责任，旅游者只能向与之签订合同的人追究责任，对于其他替旅游经营者履行合同的人的责任，则都应由签订合同的旅游经营者承担。这实际上是把侵权责任弱化了，把违约责任扩大了。

第三节　法律责任

一、旅行社的法律责任

（一）业务经营违法

旅行社无资质经营的，由旅游或者工商行政管理部门责令改正，没收违法所得,并处1万元以上10万元以下罚款;违法所得10万元以上的,并处违法所得一倍以上五倍以下罚款;对有关责任人员,处2 000元以上2万元以下罚款。

超范围经营业务、非法转让旅行社业务经营许可的,旅行社违反本法规定,未经许可经营本法第二十九条第一款第二项、第三项业务,除依照上述无资质经营规定处罚外,并责令停业整顿;情节严重的,吊销旅行社业务经营许可证;对直接负责的主管人员,处2 000元以上2万元以下罚款。

(二) 安排导游领队违法

一是未按照规定为出入境团队旅游安排领队或导游全程陪同;二是安排未取得导游证或者领队证的人员提供服务;三是未向临时聘用的导游支付导游服务费用;四是要求导游垫付或者向导游收取费用。

由旅游主管部门责令改正,没收违法所得,并处5 000元以上5万元以下罚款;情节严重的,责令停业整顿或者吊销旅行社业务经营许可证;对直接负责的主管人员和其他直接责任人员,处2 000元以上2万元以下罚款。

(三) 产品宣传和订购违法、责任保险未投保

一是进行虚假宣传,误导旅游者;二是向不合格的供应商订购产品和服务;三是未按照规定投保旅行社责任保险。

由旅游主管部门或者有关部门责令改正,没收违法所得,并处5 000元以上5万元以下罚款;违法所得5万元以上的,并处违法所得一倍以上五倍以下罚款;情节严重的,责令停业整顿或者吊销旅行社业务经营许可证;对直接负责的主管人员和其他直接责任人员,处2 000元以上2万元以下罚款。

(四) 零负团费行为

由旅游主管部门责令改正,没收违法所得,责令停业整顿,并处3万元以上30万元以下罚款;违法所得30万元以上的,并处违法所得一倍以上五倍以下罚款;情节严重的,吊销旅行社业务经营许可证;对直接负责的主管人员和其他直接责任人员,没收违法所得,处2 000元以上2万元以下罚款,并暂扣或者吊销导游证、领队证。处罚对象包括组团社、地接社,旅行社主管人员,其他责任人员如导游、领队等。

(五) 未尽报告义务

旅行社发现旅游者从事违法活动,出境旅游者在境外非法滞留,入境旅游者在境内非法滞留,随团出境的旅游者擅自分团、脱团,或者随团入境的旅游者擅自分

团、脱团时，未及时向有关部门报告的，由旅游主管部门处 5 000 元以上 5 万元以下罚款；情节严重的，责令停业整顿或者吊销旅行社业务经营许可证；对直接负责的主管人员和其他直接责任人员，处 2 000 元以上 2 万元以下罚款，并暂扣或者吊销导游证、领队证。

（六）未尽约定义务

一是行程中擅自变更旅游安排，严重损害旅游者权益；二是拒绝履行合同；三是未征得旅游者书面同意，委托其他旅行社履行包价旅游合同。

由旅游主管部门责令改正，处 3 万元以上 30 万元以下罚款，并责令停业整顿；造成旅游者滞留等严重后果的，吊销旅行社业务经营许可证；对直接负责的主管人员和其他直接责任人员，处 2 000 元以上 2 万元以下罚款，并暂扣或者吊销导游证、领队证。

（七）旅游项目违法

旅行社安排旅游者参观或者参与违反我国法律、法规和社会公德的项目或者活动，由旅游主管部门责令改正，没收违法所得，责令停业整顿，并处 2 万元以上 20 万元以下罚款；情节严重的，吊销旅行社业务经营许可证；对直接负责的主管人员和其他直接责任人员，处 2 000 元以上 2 万元以下罚款，并暂扣或者吊销导游证、领队证。

（八）送贿受贿

旅游经营者给予或者收受贿赂，由工商行政管理部门依照有关法律、法规的规定处罚；情节严重的，并由旅游主管部门吊销旅行社业务经营许可证。

二、导游领队的法律责任

（一）无证导游、私揽业务与索取小费

未取得导游证或者领队证从事导游、领队活动的，由旅游主管部门责令改正，没收违法所得，并处 1 000 元以上 1 万元以下罚款，予以公告。

导游、领队违反本法规定，私自承揽业务，由旅游主管部门责令改正，没收违法所得，处 1 000 元以上 1 万元以下罚款，并暂扣或者吊销导游证、领队证。

导游、领队违反本法规定，向旅游者索取小费，由旅游主管部门责令退还，处 1 000 元以上 1 万元以下罚款；情节严重的，并暂扣或者吊销导游证、领队证。

（二）吊销证件期满前从业

被吊销导游证、领队证的导游、领队和受到吊销旅行社业务经营许可证处罚的旅行社的有关管理人员,自处罚之日起未逾三年的,不得重新申请导游证、领队证或者从事旅行社业务。

三、旅游景区的法律责任

(一) 违法接待游客

景区不符合开放条件而接待旅游者,由景区主管部门责令停业整顿直至符合开放条件,并处2万元以上20万元以下罚款。

景区在旅游者数量可能达到最大承载量时,未依照规定公告或者未向当地人民政府报告,未及时采取疏导、分流等措施,或者超过最大承载量接待旅游者,由景区主管部门责令改正,情节严重的,责令停业整顿一个月至六个月。

(二) 门票价格违法

景区擅自提高门票或者另行收费项目的价格,或者有其他价格违法行为,由有关主管部门依照有关法律、法规的规定处罚。

四、其他违法主体的法律责任

(一) 安全生产违法

旅游经营者违反有关安全生产管理和消防安全管理的法律、法规或者国家标准、行业标准,由有关主管部门依照有关法律、法规的规定处罚。

(二) 违法信息公示制度

对违反规定的旅游经营者及其从业人员,旅游主管部门和有关部门应当记入信用档案,向社会公布。

(三) 行政人员违法

旅游主管部门和有关部门的工作人员在履行监督管理职责中,滥用职权、玩忽职守、徇私舞弊,尚不构成犯罪的,依法给予处分。

第四节　旅游法的不足

法律是利益平衡的结果。由于旅游业涉及110多个行业,与29个部门密切相关,不少部门都有自己的利益并且多数已有法律法规保护,旅游法触动任何一项利益都将无法推进，因此，旅游法立法过程中涉及领域非常之广、协调难度非常之大。国家旅游局站在战略高度，把握历史机遇，全力配合，终于让这部总结30年旅游发展经验的标志性成果顺利诞生，十分不易。正由于此，这部法律仍有着一些不足和遗憾。

第一，旅游法的调整范围问题。法律本应有明确的范围界定。由于旅游业体制的困扰，《旅游法》对什么是旅游、什么是旅游者、什么是旅游业、什么是旅游经营者等问题，一概采取了回避的态度。这些定义目前在理论界、实践界都尚处于探讨阶段，没有形成共识，只好实行模糊化处理。

第二，旅游法的框架结构问题。综合立法是生动的概括，也是无奈的现实。经济法、行政法、民商法都有各自的逻辑，目前的《旅游法》在逻辑性上有不少问题，很像是大拼盘，而且在内容上，更像是一部旅行社法。

第三，旅游法的导游制度问题。旅游活动中，导游问题历来为旅游者所诟病，诸如执业门槛、薪酬制度、等级考核、挂靠机构等，法律都未能涉及。

第四，旅游法的零负团费问题。目前，法律中没有直接使用“零负团费”一词，代之以“不合理的低价”这种提法。因为笼统使用容易与《合同法》相冲突，但是使用“不正当旅游竞争”又不足以准确表达其中意思，法律处理得十分勉强。为此，国家旅游局还于2013年12月16日专门做出了《关于严格执行旅游法第三十五条有关规定的通知》。

第五，旅游法的文明旅游规定。旅游者在旅游过程中，特别是在出境旅游过程中的一些不文明行为，引起了社会和舆论的广泛关注，有时甚至影响了中国的对外形象。为此，旅游法提出了旅游者在旅游活动中的“五个应当”（遵守社会公共秩序和社会公德，尊重旅游目的地当地的风俗习惯、文化传统和宗教信仰，爱护旅游资源，保护生态环境，遵守旅游文明行为规范）、“三个不得”（不得损害当地居民的合法权益，不得干扰他人的旅游活动，不得损害旅游经营者和旅游从业人员的合法权益）。但是，文明旅游是道德层面的问题，法律不应当对道德问题多做规定，因为违反后没有制裁的标准。没有制裁就没有法律，没有法律责任就没有权利的保护，道德谴责不是靠法律，而是靠舆论。

总之，我国的旅游法制建设仍然任重而道远。

第四章 旅行社经营管理法规

内容提要

本章主要包括旅行社的界定、旅行社的设立与审批、旅行社的管理制度、旅行社的经营要求等内容。通过本章的学习,可以为学习者进入旅游行业,特别是进入旅行社行业打下扎实的法律基础。这就要求认真掌握旅行社的相关概念、旅行社的权利与义务、旅行社的法律责任,理解旅行社经营原则、旅行社的经营许可证制度、旅行社质量保证金制度、旅行社的保险制度、旅行社的变更等内容。

2009 年 5 月 1 日起施行的《旅行社条例》(以下简称《条例》)是我国现行的旅行社管理方面的主要法规,与 1996 年的《旅行社管理条例》(已废止)相比,新《条例》的变化主要体现在:着眼于保护旅游者和旅游经营者的合法权益,细化了旅游合同条款,加大了对旅行社经营行为的约束力度,进一步体现了以人为本、关注民生的特点。新《条例》着眼于与国际通行规则全面接轨,根据我国加入世贸组织的承诺,外资旅行社应当享受国民待遇,解除了其在注资、分支机构方面的限制。取消了沿用 22 年的旅行社分类,进一步降低了旅行社市场准入门槛,减轻了企业负担,取消了旅行社设立分支机构的限制,对旅行社经营行为作了全面规范,鼓励旅行社改革现有经营发展模式,提高企业竞争力,最大限度地满足了旅游经营者做大做强的需求。着眼于机构改革后政府职能的转变,下放了旅行社审批权限、简化了行政审批程序。着眼于对旅游市场的监管，增加了层级和属地管理的责任，实现了从重视行政审批向规范经营主体和市场监管并重、从重视微观管理到重市场调节和宏观管理相结合的转变。

第一节 旅行社的界定

一、旅行社的概念

《旅行社条例》规定："旅行社是指从事招徕、组织、接待旅游者等活动，为旅游者提供相关旅游服务，开展国内旅游业务、入境旅游业务或者出境旅游业务的企业法人。"

相关旅游服务主要包括：安排交通服务，安排住宿服务，安排餐饮服务，安排观光游览、休闲度假等服务，导游、领队服务，旅游咨询、旅游活动设计服务。

旅行社还可以接受委托，提供下列旅游服务：接受旅游者的委托，代订交通客票、代订住宿和代办出境、入境、签证手续（出境、签证手续等服务应当由具备出境旅游业务经营权的旅行社代办）等；接受机关、事业单位和社会团体的委托，为其差旅、考察、会议、展览等公务活动，代办交通、住宿、餐饮、会务等事务；接受企业委托，为其各类商务活动、奖励旅游等，代办交通、住宿、餐饮、会务、观光游览、休闲度假等事务。

二、旅行社的特征

（一）旅行社是旅游企业法人

旅行社的设立应当经工商行政管理部门注册登记，取得旅游行政管理部门的许可。未经审批，任何单位或个人均不得经营旅游业务。

（二）旅行社应当是从事旅游业务的企业法人

旅行社从事的旅游业务主要是指招徕、组织、接待旅游者等活动。招徕是指旅行社按照批准的业务范围，在国内外开展宣传活动，组织招徕旅游者的工作；接待是指旅行社根据与旅游者达成的协议为其安排食、住、行、游、购、娱及导游服务等。

（三）旅行社是以营利为目的的企业法人

旅行社作为独立的企业法人，应当自主经营、自负盈亏，以自己的名义独立承担民事责任，依法享有权利和承担相应义务。

三、旅行社的业务经营范围

旅行社经营范围包括:国内旅游业务、入境旅游业务、出境旅游业务。

(一) 国内旅游业务

国内旅游业务是指旅行社招徕、组织和接待中国内地居民在境内旅游的业务。

(二) 入境旅游业务

入境旅游业务是指旅行社招徕、组织、接待外国旅游者来我国旅游,香港特别行政区、澳门特别行政区旅游者来内地旅游,台湾地区居民来大陆旅游,以及招徕、组织、接待在中国内地的外国人,在内地的香港特别行政区、澳门特别行政区居民和在大陆的台湾地区居民在境内旅游的业务。

(三) 出境旅游业务

出境旅游业务是指旅行社招徕、组织、接待中国内地居民出国旅游,赴香港特别行政区、澳门特别行政区和台湾地区旅游,以及招徕、组织、接待在中国内地的外国人、在内地的香港特别行政区、澳门特别行政区居民和在大陆的台湾地区居民出境旅游的业务。

我国依法设立的旅行社均可以经营国内旅游业务和入境旅游业务。旅行社的经营范围虽然包括出境旅游业务,并不意味着所有旅行社均可经营出境旅游业务。旅行社取得经营许可满两年,且未因侵害旅游者合法权益受到行政机关罚款以上处罚的,方可以申请经营出境旅游业务,未经国家旅游局批准,任何旅行社不得经营中国境内居民出境旅游业务和边境旅游业务。

外商投资旅行社(包括中外合资、中外合作和外资旅行社)不得经营中国内地居民出国旅游业务以及赴香港特别行政区、澳门特别行政区和台湾地区旅游的业务,但是国务院决定或者我国签署的自由贸易协定和内地与香港、澳门关于建立更紧密经贸关系的安排另有规定的除外。

四、旅行社的分支机构

旅行社根据业务经营和发展的需要,可以设立分社和服务网点(包括门市部、营业部)等分支机构。

(一) 旅行社分社

旅行社分社是指旅行社设立的不具备独立法人资格、以设立社的名义从事《条例》规定的经营活动，其经营活动的责任和后果，由设立社承担。旅行社分社的设立不受地域限制，如北京的旅行社可以在杭州设立分社。旅行社分社的经营范围不得超出其设立社的经营范围。

（二）旅行社服务网点

旅行社服务网点是指旅行社在其所在地的设区的市的行政区划内设立的不具备独立法人资格，为设立社招徕游客并提供咨询、宣传等服务的收客网点。市区旅行社可以在其所在设区的市的区县（包括县级市）设立服务网点；市属各县（包括县级市）的旅行社也可在市区及该市所管辖的其他县（包括县级市）设立服务网点。

第二节　旅行社的设立与审批

一、旅行社的设立条件

旅行社是特殊的行业，它的设立是受国家法律法规规范的。申请设立旅行社，应当具备下列条件。

（一）有固定的经营场所

1. 申请者拥有产权的营业用房，或者申请者租用的、租期不少于1年的营业用房。

2. 营业用房应当满足申请者业务经营的需要。

（二）有必要的营业设施

1. 直线固定电话、传真机、复印机等。

2. 具备与旅游行政管理部门及其他旅游经营者联网条件的计算机。

（三）有符合规定的注册资本

经营国内旅游业务和入境旅游业务的旅行社注册资本不少于30万元，并应当存入质量保证金20万元；需经营出境旅游业务的旅行社，注册资本不少于30万元，并应当增存质量保证金120万元（共140万元）。

（四）有必要的经营管理人员和导游人员

（五）法律、行政法规规定的其他条件

二、旅行社的现行设立审批程序

(一) 申请设立旅行社应提交的文件

申请设立旅行社,应当向省、自治区、直辖市旅游行政管理部门(简称省级旅游行政管理部门)提交下列文件。

1. 设立申请书。

内容包括申请设立的旅行社的中英文名称及英文缩写,设立地址,企业形式、出资人、出资额和出资方式,申请人、受理申请部门的全称、申请书名称和申请的时间。

2. 法定代表人履历表及身份证明。

3. 企业章程。

4. 依法设立的验资机构出具的验资证明。

5. 经营场所的证明。

6. 营业设施、设备的证明或者说明。

7. 工商行政管理部门出具的《企业名称预先核准通知书》。

(二) 现行设立旅行社的申请与审批

1. 申请经营国内旅游业务和入境旅游业务的旅行社审批程序。

(1) 申请设立旅行社,经营国内旅游业务和入境旅游业务的,应当向所在地省、自治区、直辖市旅游行政管理部门或者其委托的设区的市级旅游行政管理部门提出申请,并提交相关文件。

(2) 受理申请的旅游行政管理部门可以对申请人的经营场所、营业设施、设备进行现场检查,或者委托下级旅游行政管理部门检查,并应当从受理申请之日起20个工作日内做出许可或者不予许可的决定。予以许可的,向申请人颁发旅行社业务经营许可证;不予许可的,应当书面通知申请人并说明理由。

(3) 申请人经旅游行政管理部门审核批准后,应当持旅行社业务经营许可证向工商行政管理部门办理设立登记。

2. 申请经营国内旅游业务和出、入境旅游业务的旅行社审批程序。

(1) 旅行社申请出境旅游业务的,应当向国务院旅游行政主管部门或其委托的省、自治区、直辖市旅游行政管理部门提交原许可的旅游行政管理部门出具的,证明其经营旅行社业务满两年,且连续两年未因侵害旅游者合法权益受到行政机关罚款以上处罚的文件。

(2) 受理申请经营出境旅游业务的旅游行政管理部门应当自受理申请之日起20个工作日内作出许可或者不予许可的决定。予以许可的,向申请人换发旅行社业务经营许可证;不予许可的,书面通知申请人并说明理由。

(3) 旅行社应当持换发的旅行社业务经营许可证到工商行政管理部门办理经营范围变更登记。

3. 其他。

(1) 旅行社设立分社的,应当持旅行社业务经营许可证副本向分社所在地的工商行政管理部门办理设立登记,并自设立登记之日起3个工作日内向分社所在地的旅游行政管理部门备案。

旅行社每设立一个经营国内旅游业务和入境旅游业务的分社,应当向其质量保证金账户增存5万元;每设立一个经营出境旅游业务的分社,应当向其质量保证金账户增存30万元。

(2) 旅行社设立专门招徕旅游者、提供旅游咨询的服务网点应当依法向工商行政管理部门办理设立登记手续,并向所在地的旅游行政管理部门备案。

(3) 旅行社申请经营边境旅游业务的,适用《边境旅游暂行管理办法》的规定。

(4) 旅行社申请经营赴台湾地区旅游业务的,适用《大陆居民赴台湾地区旅游管理办法》的规定。

(5) 设立外商投资旅行社,由投资者向国务院旅游行政主管部门提出申请,并提交符合《条例》第六条规定条件的相关证明文件。国务院旅游行政主管部门应当自受理申请之日起30个工作日内审查完毕。同意设立的,出具外商投资旅行社业务经营许可审定意见书;不同意设立的,书面通知申请人并说明理由。

申请人持外商投资旅行社业务许可审定意见书、章程,合资、合作双方签订的合同向国务院商务主管部门提出设立外商投资企业的申请。国务院商务主管部门应当依照有关法律、法规的规定,做出批准或者不予批准的决定。予以批准的,颁发外商投资企业批准证书,并通知申请人向国务院旅游行政主管部门领取旅行社业务经营许可证,申请人持旅行社业务经营许可证和外商投资企业批准证书向工商行政管理部门办理设立登记;不予批准的,书面通知申请人并说明理由。

(三) 旅行社设立申请与审批的改革发展趋势

2013年,国务院为了进一步简政放权,构建公平竞争的市场环境,调动社会资本力量,促进企业成长,带动就业,减少对市场的微观干预,保障劳动创业权利,营造良好营商环境，创造更多就业机会，使人民群众在深化改革、不断解放和发展生产力中更多受益，推动新兴生产力发展。按照便捷高效、规范统一、宽进严管的原则，创新公司登记、审批制度，降低准入门槛，强化市场主体责任，促进形成诚信、公平、有序的市场秩序。推行注册资本登记、审批制度改革，按照便捷高效、规范统一、宽进严管的原则，从下列六个方面对公司注册、审批做出调整：一是放宽注册资本登记条件。除法律、法规另有规定外，取消有限责任公司最低注册资本 3 万元、一人有限责任公司最低注册资本 10 万元、股份有限公司最低注册资本 500 万元的限制；不再限制公司设立时股东(发起人)的首次出资比例和缴足出资的期限。公司实收资本不再作为工商登记事项。二是将企业年检制度改为年度报告制度，任何单位和个人均可查询，使企业相关信息透明化。三是按照方便注册和规范有序的原则，放宽市场主体住所(经营场所)登记条件，由地方政府具体规定。四是大力推进企业诚信制度建设。注重运用信息公示和共享等手段，将企业登记备案、年度报告、资质资格等通过市场主体信用信息系统予以公示。推行电子营业执照和全程电子化登记管理，与纸质营业执照具有同等法律效力。五是推进注册资本由实缴登记制改为认缴登记制，降低开办公司成本。在抓紧完善相关法律法规的基础上，实行由公司股东(发起人)自主约定认缴出资额、出资方式、出资期限等，并对缴纳出资情况真实性、合法性负责的制度。六是改革工商登记制度，将“先证后照”改为“先照后证”，并放宽工商登记其他条件。

(四) 旅行社的变更

旅行社变更名称、经营场所、法定代表人等登记事项或者终止经营的，应当到工商行政管理部门办理相应的变更登记或者注销登记，并在登记办理完毕之日起 10 个工作日内，向原许可的旅游行政管理部门备案，换领或者交回旅行社业务经营许可证。

第三节 旅行社的管理制度

一、旅行社经营许可证制度

旅行社业务经营许可证是旅行社经营旅游业务的资格证明，许可证上应当注明旅行社的经营范围。旅行社因业务经营需要,可以向原许可的旅游行政管理部门申请核发旅行社业务经营许可证副本。旅行社业务经营许可证及副本,由国务院旅游行政主管部门制定统一样式,国务院旅游行政主管部门和省级旅游行政管理部门分别印制。未取得许可证的,不得从事旅游业务。

(一) 旅行社业务经营证应当明示

旅行社应当将许可证与营业执照一起悬挂在营业场所的显要位置。

旅行社以互联网形式经营旅行社业务的,除符合法律、法规规定外,其网站首页应当载明旅行社的名称、法定代表人、许可证编号和业务经营范围,以及原许可的旅游行政管理部门的投诉电话。

(二) 旅行社业务经营许可证不得转让、出租或者出借

例如,准许或者默许其他企业、团体或者个人,以自己的名义从事旅行社业务经营活动;准许其他企业、团体或者个人,以部门或者个人承包、挂靠的形式经营旅行社业务等。

旅行社转让、出租、出借旅行社业务经营许可证的,由旅游行政管理部门责令停业整顿一个月至三个月,并没收违法所得;情节严重的,吊销旅行社业务经营许可证,由做出处理决定的旅游行政管理部门通知工商行政管理部门吊销其营业执照。受让或者租借旅行社业务经营许可证的,由旅游行政管理部门或者工商行政管理部门责令停止非法经营,没收违法所得,并处10万元以上50万元以下的罚款。

(三) 旅行社业务经营许可证变更的规定

旅行社业务经营许可证上的名称、经营场所、法定代表人等登记事项变更或者旅行社终止经营的,应当到工商行政管理部门办理相应的变更登记或者注销登记,并在登记办理完毕之日起10个工作日内,向原许可的旅游行政管理部门备案,换领或者交回旅行社业务经营许可证。

二、旅行社质量保证金制度

旅行社质量保证金(以下简称“保证金”),是指根据《条例》的规定,由旅行社在指定银行缴存或由银行担保提供的用于旅游者权益损害赔偿和垫付旅游者人身安全遇有危险时紧急救助的费用。

(一) 旅行社质量保证金的两种形式

根据《条例》及《旅行社质量保证金存取管理办法》的相关规定,旅行社应当自

取得旅行社业务经营许可证之日起3个工作日内,在国务院旅游行政主管部门指定的银行开设专门的质量保证金账户,存入质量保证金,或者向做出许可的旅游行政管理部门提交依法取得的担保额度不低于相应质量保证金数额的银行担保。

旅行社在银行存入质量保证金的,应当设立独立账户,存期由旅行社确定,但不得少于一年。账户存期届满,旅行社应当及时办理续存手续。保证金的利息属于旅行社所有。

银行提供保证金担保的,由银行向许可的旅游行政管理部门出具《旅行社质量保证金银行担保函》。银行担保期限不得少于一年。担保期届满前3个工作日,应续办担保手续。

(二)旅行社质量保证金的数额规定及变动管理

经营国内旅游业务和入境旅游业务的旅行社,应当存入质量保证金20万元;经营出境旅游业务的旅行社,应当增存质量保证金120万元。旅行社每设立一个经营国内旅游业务和入境旅游业务的分社,应当向其质量保证金账户增存5万元;每设立一个经营出境旅游业务的分社,应当向其质量保证金账户增存30万元。

旅行社自交纳或者补足质量保证金之日起三年内未因侵害旅游者合法权益受到行政机关罚款以上处罚的,旅游行政管理部门应当将旅行社质量保证金的交存数额降低50%,并向社会公告。旅行社可凭省、自治区、直辖市旅游行政管理部门出具的凭证减少其质量保证金。

旅行社在旅游行政管理部门使用质量保证金赔偿旅游者的损失,或者依法减少质量保证金后,因侵害旅游者合法权益受到行政机关罚款以上处罚的,应当在收到旅游行政管理部门补交质量保证金的通知之日起5个工作日内补足质量保证金。

(三)旅行社质量保证金的适用范围

人民法院判决、裁定及其他生效法律文书认定旅行社损害旅游者合法权益,旅行社拒绝或者无力赔偿的,人民法院可以从旅行社的质量保证金账户上划拨赔偿款。

有下列情形旅行社不承担或无力承担赔偿责任时,旅游行政管理部门可以使用旅行社的质量保证金:(1)旅行社违反旅游合同约定,侵害旅游者合法权益,经旅游行政管理部门查证属实的。(2)旅行社因解散、破产或者其他原因造成旅游者预交旅游费用损失的。

旅行社不再从事旅游业务的，凭旅游行政管理部门出具的凭证，向银行取回质量保证金。

三、旅行社的保险制度

（一）旅行社责任保险的概念

旅行社责任保险，是指以旅行社因其组织的旅游活动对旅游者和受其委派并为旅游者提供服务的导游或者领队人员依法应当承担的赔偿责任为保险标的的保险。在中华人民共和国境内依法设立的旅行社，均应当依照《条例》和《旅行社责任保险管理办法》的规定，投保旅行社责任保险。

（二）旅行社责任保险范围

旅行社责任保险应当包括旅行社在组织旅游活动中依法对旅游者的人身伤亡、财产损失承担的赔偿责任和依法对受旅行社委派并为旅游者提供服务的导游或者领队人员的人身伤亡承担的赔偿责任。具体包括下列情形：(1)因旅行社疏忽或过失应当承担赔偿责任的；(2)因发生意外事故旅行社应当承担赔偿责任的；(3)国家旅游局会同中国保险监督管理委员会（以下简称“中国保监会”）规定的其他情形。

（三）旅行社责任保险的投保

第一，旅行社投保旅行社责任保险的，应当与保险公司依法订立书面旅行社责任保险合同。旅行社与保险公司订立保险合同时，双方应当依照《中华人民共和国保险法》的有关规定履行告知和说明义务。在订立保险合同时，保险公司不得强制旅行社投保其他商业保险。旅行社投保旅行社责任保险，可以依法自主投保，也可以有组织地统一投保。

第二，保险合同成立后，旅行社按照约定交付保险费。保险公司应当及时向旅行社签发保险单或者其他保险凭证，并在保险单或者其他保险凭证中载明当事人双方约定的合同内容，同时按照约定的时间开始承担保险责任。

第三，保险合同成立后，旅行社要解除保险合同的，应当同时订立新的保险合同，并书面通知所在地县级以上旅游行政管理部门，但因旅行社业务经营许可证被依法吊销或注销而解除合同的除外。保险合同成立后，除符合《中华人民共和国保险法》规定的情形外，保险公司也不得单方面解除保险合同。

第四，旅行社的名称、法定代表人或者业务经营范围等重要事项变更时，应当及时通知保险公司。必要时应当依法办理保险合同变更手续。

第五,旅行社责任保险的保险期间为1年。旅行社应当在保险合同期满前及时续保。

(四) 旅行社责任保险的赔偿

第一,旅行社在组织旅游活动中发生《旅行社责任保险管理办法》第四条所列情形的,保险公司依法根据保险合同约定,在旅行社责任保险责任限额内予以赔偿。责任限额可以根据旅行社业务经营范围、经营规模、风险管控能力、当地经济社会发展水平和旅行社自身需要,由旅行社与保险公司协商确定,但每人人身伤亡责任限额不得低于20万元人民币。

第二,旅行社组织的旅游活动中发生保险事故,旅行社或者受害的旅游者、导游、领队人员通知保险公司的,保险公司应当及时告知具体的赔偿程序等有关事项。

第三,保险事故发生后,旅行社按照保险合同请求保险公司赔偿保险金时,应当向保险公司提供其所能提供的与确认保险事故的性质、原因、损失程度等有关的证明和资料。保险公司按照保险合同的约定,认为有关的证明和资料不完整的,应当及时一次性通知旅行社补充提供。

第四,旅行社对旅游者、导游或者领队人员应负的赔偿责任确定的,根据旅行社的请求,保险公司应当直接向受害的旅游者、导游或者领队人员赔偿保险金。旅行社怠于请求的,受害的旅游者、导游或者领队人员有权就其应获赔偿部分直接向保险公司请求赔偿保险金。

第五,保险公司收到赔偿保险金的请求和相关证明、资料后,应当及时做出核定;情形复杂的,应当在30日内作出核定,但合同另有约定的除外。保险公司应当将核定结果通知旅行社以及受害的旅游者、导游、领队人员;对属于保险责任的,在与旅行社达成赔偿保险金的协议后10日内,履行赔偿保险金义务。

因抢救受伤人员需要保险公司先行赔偿保险金用于支付抢救费用的,保险公司在接到旅行社或者受害的旅游者、导游、领队人员通知后,经核对属于保险责任的,可以在责任限额内先向医疗机构支付必要的费用。

第六,因第三者损害而造成保险事故的,保险公司自直接赔偿保险金或者先行支付抢救费用之日起,在赔偿、支付金额范围内代位行使对第三者请求赔偿的权利。旅行社以及受害的旅游者、导游或者领队人员应当向保险公司提供必要的文件和所知道的有关情况。

第七，旅行社与保险公司对赔偿有争议的，可以按照双方的约定申请仲裁，或者依法向人民法院提起诉讼。

第四节　旅行社的经营要求

一、旅行社的经营原则

旅行社在经营活动中应当遵循自愿、平等、公平、诚信的原则，提高服务质量，维护旅游者的合法权益。

第一，自愿原则，是指旅行社不得通过欺诈、胁迫等手段强迫旅游者和其他企业在非自愿的情况下与其发生旅游法律关系。

第二，平等原则，是指旅行社在经营活动中，与旅游者或其他法人之间发生业务关系，必须平等协商，不得将自己的意志强加给对方。

第三，公平原则，是指在设立权利义务、承担民事责任等方面应当公正、平等、合情合理，保证公正交易和公平竞争。

第四，诚信原则，要求旅行社对旅游者和其他企业诚实不欺，恪守承诺，讲究信用。不损害他人利益和社会利益，并以诚实信用方式履行义务。

旅行社向旅游者提供的旅游服务信息必须真实可靠，不得做虚假宣传。旅行社所做广告应当符合国家有关法律、法规的规定，不得进行虚假的广告宣传，严禁旅行社进行超出核定经营范围的广告宣传。

旅行社在开展业务经营活动中，还应遵守社会公认的商业道德。

二、旅行社的权利

旅行社及其委派的导游人员、领队人员在经营、服务中享有下列权利：

第一，要求旅游者如实提供旅游所必需的个人信息，按时提交相关证明文件。

第二，要求旅游者遵守旅游合同约定的旅游行程安排，妥善保管随身物品。

第三，出现突发公共事件或者其他危急情形，以及旅行社因违反旅游合同约定采取补救措施时,要求旅游者配合处理防止扩大损失,以将损失降低到最低程度。

第四,拒绝旅游者提出的超出旅游合同约定的不合理要求。

第五,制止旅游者违背旅游目的地的法律、风俗习惯的言行。

第六,旅游者有下列情形之一的,旅行社可以解除合同:(1)患有传染病等疾病,可能危害其他旅游者健康和安全的;(2)携带危害公共安全的物品且不同意交有关部门处理的;(3)从事违法或者违反社会公德的活动的;(4)从事严重影响其他旅游者权益的活动,且不听劝阻、不能制止的;(5)法律规定的其他情形。

第七,由于旅游者自身原因导致包价旅游合同不能履行或者不能按照约定履行,或者造成旅游者人身损害、财产损失的,旅行社不承担责任。

三、旅行社的义务

《条例》明确规定旅行社应当维护旅游者的合法权益,并具体规定了旅行社保护旅游者权益的基本职责。

(一) 提供合法服务

旅行社组织旅游活动应当向合格的供应商订购产品和服务。旅行社为旅游者安排或者介绍的旅游活动不得安排参观或者参与违反我国法律、法规和社会公德的项目或者活动。主要包括:(1)含有损害国家利益和民族尊严内容的。(2)含有民族、种族、宗教歧视内容的。(3)含有淫秽、赌博、涉毒内容的。(4)其他含有违反法律、法规规定内容的。

(二) 按约定提供服务

旅行社应当为旅游者提供约定的各项服务,所提供的服务不得低于国家标准或行业标准。旅行社招徕、组织、接待旅游者,其选择的交通、住宿、餐饮、景区等企业,应当符合具有合法经营资格和接待服务能力的要求。旅行社对旅游者就其服务项目和服务质量提出的询问,应做出真实、明确的答复。

(三) 提供的服务符合人身、财产安全需要

第一,旅行社组织旅游活动,必须投保旅行社责任保险,可以提示旅游者购买旅游意外保险。

第二,旅行社对可能危及旅游者人身、财物安全的事宜,应当向旅游者做出真实的说明和明确的警示,并采取防止危害发生的必要措施,确因客观情况无法在事前说明的,应当在事后作出说明。

第三，发生危及旅游者人身安全的情形的，旅行社应当采取必要的处置措施并及时报告旅游行政管理部门；在境外发生的，还应当及时报告中华人民共和国驻该国使领馆、相关驻外机构、当地警方。

（四）按规定收取旅游费用

旅行社不得以不合理的低价组织旅游活动，诱骗旅游者，并通过安排购物或者另行付费旅游项目获取回扣等不正当利益。旅行社提供的服务应明码标价，质价相符，不得有价格欺诈行为。旅行社为旅游者提供的旅游服务项目按照国家规定收费；旅行社组织、接待团队旅游不得指定购物场所，不得强迫或者变相强迫购物，不得安排任何形式的另行付费旅游项目。旅行社提供有偿服务，应当按照国家有关规定向旅游者出具服务单据。

（五）与旅游者签订合同

第一，旅行社为旅游者提供服务，应当与旅游者签订旅游合同。旅行社在与旅游者签订旅游合同时，应当对旅游合同的具体内容作出真实、准确、完整的说明。

第二，合同应注明下列事项：(1)旅行社、旅游者的基本信息；(2)旅游行程安排；(3)旅游团成团的最低人数；(4)交通、住宿、餐饮等旅游服务安排和标准；(5)游览、娱乐等项目的具体内容和时间；(6)自由活动时间安排；(7)旅游费用及其交纳的期限和方式；(8)违约责任和解决纠纷的方式；(9)法律、法规规定和双方约定的其他事项。

第三，旅行社和旅游者签订的旅游合同约定不明确或者对格式条款的理解发生争议的，应当按照通常理解予以解释；对格式条款有两种以上解释的，应当做出有利于旅游者的解释；格式条款和非格式条款不一致的，应当采用非格式条款。旅行社违反旅游合同约定，造成旅游者合法权益受到损害的，应当采取必要的补救措施，并及时报告旅游行政管理部门。

第四，旅行社组织、接待旅游者在签订旅游合同时，不得指定具体购物场所，不得安排另行付费旅游项目，但是，经双方协商一致或者旅游者要求，且不影响其他旅游者行程安排的除外。

第五，同一旅游团队中，旅行社不得由于下列因素，提出与其他旅游者不同的合同事项：旅游者存在的年龄或者职业上的差异(但旅行社提供了与其他旅游者相比更多的服务，或者旅游者主动要求的除外)。

第六，旅行社违反旅游合同约定，造成旅游者合法权益受到损害的，应当采取必要的补救措施,并及时报告旅游行政管理部门。

第七,旅游行程开始前,当发生约定的解除旅游合同的情形时,经征得旅游者的书面同意,旅行社可以将旅游者推荐给其他旅行社组织、接待,并由旅游者与被推荐的旅行社签订旅游合同。

(六) 聘用合格导游和领队

旅行社组织国内旅游和中国内地居民出境旅游的,应当为旅游团队安排持有国家规定的导游证、领队证的导游、领队人员全程陪同。

在旅游行程中,导游人员、领队人员应当提示旅游者遵守文明旅游公约和礼仪。

(七) 规范委托

旅行社需要将在旅游目的地接待旅游者的业务作出委托的,应当按照《条例》规定规范委托。

第一,旅行社因不能成团,需要对旅游业务作出委托的,应当委托给具有相应资质的旅行社,将旅游目的地接受委托的旅行社的名称、地址、联系人和联系电话,告知旅游者,并征得旅游者的书面同意,与接受委托的旅行社就接待旅游者的事宜签订委托合同,确定接待旅游者的各项服务安排及其标准,约定双方的权利、义务。

未经旅游者同意,擅自将旅游者转给其他旅行社的,转让的旅行社应当承担相应的法律责任。

第二,旅行社将旅游业务委托给其他旅行社的,应当向接受委托的旅行社支付不低于接待和服务成本的费用;接受委托的旅行社不得接待不支付或者不足额支付接待和服务费用的旅游团队。

第三,接受委托的旅行社违约,造成旅游者合法权益受到损害的,作出委托的旅行社应当承担相应的赔偿责任。作出委托的旅行社赔偿后,可以向接受委托的旅行社追偿。

第四,接受委托的旅行社故意或者重大过失造成旅游者合法权益损害的,应当承担连带责任。

第五,旅行社招徕旅游者组团旅游,因未达到约定人数不能出团的,组团社可以解除合同。但是,境内旅游应当至少提前七日通知旅游者,出境旅游应当至少提前三十日通知旅游者。

(八) 妥善处理滞留问题

出现旅游者在意外滞留时,按以下程序处理。

第一，旅游者在境外滞留不归的，旅行社委派的领队人员应当及时向旅行社和中华人民共和国驻该国使领馆、相关驻外机构报告。

第二，旅行社接到报告后应当及时向旅游行政管理部门和公安机关报告，并协助提供非法滞留者的信息。

第三，旅行社接待入境旅游发生旅游者非法滞留我国境内的，应当及时向旅游行政管理部门、公安机关和外事部门报告，并协助提供非法滞留者的信息。

四、旅行社的经营管理

（一）旅行社对聘用导游、领队的管理

第一，我国《旅游法》第三十八条明确规定：旅行社聘用导游人员、领队人员应当依法签订劳动合同，并向其支付不低于当地最低工资标准的劳动报酬，依法缴纳社会保险费用。

第二，旅行社不得要求导游人员和领队人员接待不支付接待和服务费用或者支付的费用低于接待和服务成本的旅游团队。不得要求导游人员和领队人员承担接待旅游团队的相关费用，主要包括：垫付旅游接待费用或者向导游收取任何费用；为接待旅游团队向旅行社支付费用；其他不合理费用等。

第三，旅行社委派的导游人员和领队人员不得有下列行为：(1)拒绝履行旅游合同约定的义务。(2)非因不可抗力改变旅游合同安排的行程，下列行为属擅自改变旅游合同安排行程：减少游览项目或者缩短游览时间的；增加或者变更旅游项目的；增加购物次数或者延长购物时间的。(3)欺骗、胁迫旅游者购物或者参加需要另行付费的游览项目。

（二）旅行社对出境旅游的管理

经营出境旅游业务的旅行社不得组织旅游者到国务院旅游行政主管部门公布的中国公民出境旅游目的地之外的国家和地区旅游。

旅行社组织旅游者出境旅游，应当选择有关国家和地区依法设立的、信誉良好的旅行社，并与之签订书面协议后，方可委托其承担接待工作。因境外旅行社违约，使旅游者权益受到损害的，组织出境的境内旅行社应当承担赔偿责任，然后再向境外的旅行社追偿。

（三）旅行社对业务档案的管理

旅行社应当妥善保存《条例》规定的招徕、组织、接待旅游者的各类合同及相关

文件、资料,以备县级以上旅游行政管理部门核查。合同及文件、资料的保存期,应当不少于两年。

旅行社不得向其他经营者或者个人,泄露旅游者因签订旅游合同提供的个人信息;超过保存期限的旅游者个人信息资料,应当妥善销毁。

五、旅行社的监督管理

第一,国务院旅游行政主管部门负责全国旅行社的监督管理工作。

第二,县级以上地方人民政府管理旅游工作的部门按照职责负责本行政区域内旅行社的监督管理工作。

对旅行社及其分支机构实施监督检查时,应当由两名以上持有旅游行政执法证件的执法人员在场进行,可以进入其经营场所,查阅招徕、组织、接待旅游者的各类合同、相关文件、资料,以及财务账簿、交易记录和业务单据等材料,旅行社及其分支机构应当给予配合。

第三,县级以上各级人民政府工商、价格、商务、外汇等有关部门,应当按照职责分工,依法加强对旅行社进行监督管理,发现违法行为,应当及时予以处理。

第四,旅游、工商、价格等行政管理部门应当及时通过本部门或者上级旅游行政管理部门的政府网站向社会公告监督检查的情况。

(1) 质量保证金存缴数额降低、旅行社业务经营许可证的颁发、变更和注销的,国务院旅游行政主管部门或者省级旅游行政管理部门应当在作出许可决定或者备案后 20 个工作日内向社会公告。

(2) 旅行社违法经营或者被吊销旅行社业务经营许可证的,由作出行政处罚决定的旅游行政管理部门,在处罚生效后 10 个工作日内向社会公告。

(3) 旅游者对旅行社的投诉信息,由处理投诉的旅游行政管理部门每季度向社会公告。

第五,旅行社损害旅游者合法权益的,旅游者可以向旅游行政管理部门、工商行政管理部门、价格主管部门、商务主管部门或者外汇管理部门投诉。损害旅游者合法权益的情形有:(1)旅行社违反《条例》及其实施细则规定的。(2)旅行社提供的服务,未达到旅游合同约定的服务标准或者档次的。(3)旅行社破产或者其他原因造成旅游者预交旅游费用损失的。

接到投诉的部门应当按照其职责权限及时调查处理,并将调查处理的有关情况告知旅游者。需要划拨旅行社质量保证金的，应当由旅行社或者其分社所在地处理旅游者投诉的县级以上旅游行政管理部门作出。

第六，旅行社及其分社应当接受旅游行政管理部门对其旅游合同、服务质量、旅游安全、财务账簿等情况的监督检查，并按照国家有关规定，在次年 3 月底前向旅游行政管理部门报送年度经营和财务信息等统计资料。

第七，旅游、工商、价格、商务、外汇等有关部门工作人员不得接受旅行社的任何馈赠，不得参加由旅行社支付费用的购物活动或者游览项目，不得通过旅行社为自己、亲友或者其他个人、组织牟取私利。

第八，县级以上旅游行政管理部门，可以在其法定权限内，委托符合法定条件的同级旅游质监执法机构实施监督检查。

六、旅行社的法律责任

旅行社违反旅游法律、法规的相关规定，损害旅游者合法权益的，应当承担相应的民事责任；构成犯罪的，依法追究刑事责任。具体法律责任的承担参见本书第三章第三节的相关规定。

第五章

导游人员管理法规

内容提要

本章包括导游人员的权利与义务、导游人员的行政管理等基本常识。通过本章的学习，使学生具备一名既有丰富的业务知识，又懂得旅游法律、法规的优秀导游人员所需的法律常识。本章要求学生理解导游人员的概念、导游资格证与导游证的区别、导游人员的素质要求；掌握导游人员的权利和义务、导游人员的计分管理、年审管理等法律规定；了解导游人员资格考试制度、导游人员等级考核制度、无证导游的管理等内容。

第一节　导游人员基本常识

导游人员是旅游业活的灵魂，是旅游业的“窗口”，被赞誉为“民间外交大使”。旅游者往往是通过导游人员去认识一个旅行社、一个城市、一个国家和民族的，导游人员的形象代表着旅游目的地的形象，因此加强导游人员的管理、提高导游人员的素质十分重要和必要。世界上绝大多数国家和地区都从立法的高度来规范导游管理，制定相应的旅游法律法规。

我国也历来重视对导游人员的管理，先后颁布和实施了以下法律法规及部门规章:1987 年 12 月 1 日,国家旅游局发布了《导游人员管理暂行条例》;1994 年先后颁布了《导游人员资格考试制度》、《导游职业等级标准》、《导游服务质量标准》等法规;1999 年 5 月 14 日,国务院颁布了《导游人员管理条例》,1999 年 10 月 1 日起施行;2002 年国家旅游局发布了《导游人员管理实施办法》;2005 国家旅游局发布了《导游人员等级考核评定管理办法(试行)》等。

一、导游人员的概念

《导游人员管理条例》(以下简称《条例》)规定:导游人员,是指依照本条例的规定取得导游证,接受旅行社委派,为旅游者提供向导、讲解及相关旅游服务的人员。这一概念包含以下三层含义。

第一,导游人员是指依照本条例的规定取得导游证的人员。这是担任导游工作的前提条件,只有取得导游证的人才能够获得从事导游职业的从业许可,才具有合法的身份。这不同于日常生活中泛称的导游,如小李请同学小王到他家附近的旅游景点去玩,小李为小王所做的"导游"等。

第二,导游人员是指接受旅行社委派,为旅游者提供相关服务的人员。如私自承揽旅游业务并提供导游服务的人员不属于法律意义上的导游,国家不仅不允许这种行为的产生,而且依法对其进行必要的处罚。

第三,导游人员是为旅游者提供向导、讲解及相关旅游服务的人员。所谓"向导",一般是指为他人引路、带路;而"讲解"则是指为旅游者解说、指点风光名胜;至于"相关旅游服务",是指为旅游者代办各种旅行证件,代购交通票据,安排旅游住宿、旅程就餐等与旅行游览有关的各种服务。

二、导游人员资格考试

(一)参加导游人员资格考试应具备的条件

1. 必须是中华人民共和国公民。

所谓"公民",通常是指具有某个国家国籍的自然人。在我国,凡是按照《中华人民共和国国籍法》规定,取得中国国籍的人,都是中华人民共和国的公民。根据《条例》规定,必须是中华人民共和国公民,才可以参加导游人员资格考试。

2. 必须具有高级中学、中等专业学校或者以上学历。

接受过何等程度的教育,具有何种学历,是衡量一个从业人员的知识结构及文化知识程度的一个客观标准,也是从事某种职业对从业人员的要求。因此,《条例》规定,必须具有高级中学、中等专业学校或者以上学历的人员,才可以参加导游人员资格考试。

3. 必须身体健康。

导游工作既是一项脑力工作,又是一项繁忙艰苦的体力工作,如果没有一个健康的身体是很难适应导游工作的。因此,《条例》规定,必须是身体健康的人员才可以参加导游人员资格考试。

4. 必须具有适应导游工作需要的基本知识和语言表达能力。

所谓具有适应导游工作需要的基本知识,主要是指具有《条例》规定的文化程度和学历证明。语言表达能力是导游人员必不可少的基本条件,因为导游人员主要是通过语言来为旅游者提供服务的。

(二)国家实行全国统一的导游人员资格考试制度

我国自1989年开始实行全国统一的导游人员资格考试制度。国务院旅游行政管理部门负责制定全国导游人员资格考试的政策、标准和对各地考试工作的监督管理。省级旅游行政管理部门负责组织、实施本行政区域内导游人员资格考试工作。省辖市、计划单列市、副省级城市负责本地区导游人员的考试工作。经考试合格的,由国务院旅游行政部门或国务院旅游行政部门委托省、自治区、直辖市人民政府旅游行政部门颁发"导游人员资格证书"。导游人员资格证书由国家旅游局统一印制,由国家旅游局或者国家旅游局委托的省、自治区、直辖市旅游局在考试结束之日起30个工作日内颁发,除这两级旅游局之外,其他地方各级人民政府旅游行政部门,都不能印制或颁发导游人员资格证书。获得资格证3年未从业的,资格证自动失效。

三、导游人员证书

(一)导游证书及获取导游证书的前提条件

导游证是国家准许从事导游工作的证件,也是导游人员执业的必备条件。国家要求导游人员执业必须具有导游证,是为了维护旅游业的声誉,保证导游服务质量,便于旅游行政管理人员监督检查。因此,《条例》规定:"在中华人民共和国境内从事导游活动,必须取得导游证。"

《条例》规定:"取得导游人员资格证书的,经与旅行社订立劳动合同或者在导游服务公司登记,方可持所订立的劳动合同或者登记证明材料,向省、自治区、直辖市人民政府旅游行政部门申领导游证。”由此可见，获取导游证的人员可分为两类。

1. 取得导游人员资格证书并与旅行社订立劳动合同的人员。

参加导游人员资格考试并合格，获得导游人员资格证书，这是获取导游证的前提。

依据我国《劳动法》的规定，劳动合同是指劳动者与用人单位确定劳动关系、明确双方权利和义务的协议。与旅行社订立劳动合同的人员，是指专职导游人员，即旅行社的正式员工。导游人员按照《劳动合同法》与旅行社订立劳动合同，明确导游人员在旅行社完成担任的工作、遵守用人单位内部规则的义务；旅行社则有按导游人员工作的数量和质量付给工资，并提供相应劳动条件的义务。

2. 取得导游人员资格证书并在导游服务公司登记的人员。

“导游服务公司”是指从事导游人员业务管理、培训，并为旅行社和导游人员提供供需信息等服务的企业，在导游人员和旅行社之间起桥梁作用。在导游服务公司登记的人员，可以是专职导游人员，也可以是非专职导游人员，但都不是某一旅行社的正式员工。他们在导游公司登记后，当某旅行社需要导游人员时通过该导游公司聘用之。这种聘用关系有较明显的季节性和时间性，通常在旅游旺季、旅行社导游人员不足时通过导游服务公司聘用所需的导游人员。待旅游旺季结束，旅行社与受聘导游人员的聘用关系也随之终止。

（二）不得颁发导游证的情形

《条例》第5条规定：有下列情形之一的，不得颁发导游证。

1. 无民事行为能力或者限制民事行为能力的。

所谓民事行为能力，是指公民能够通过自己的行为取得民事权利和承担民事义务的资格。民事行为能力不是公民一出生就有的，也不是一切公民都有的。法律要求公民在达到一定年龄并能对自己的行为和可能产生的法律后果具有认识能力和判断能力后，才具有相应的行为能力。我国《民法通则》以年龄、智力和精神健康状况为根据，将公民的民事行为能力划分为以下三种。

第一，完全民事行为能力。它是指公民能够独立进行民事活动，以自己的行为取得民事权利和承担民事义务的能力。《民法通则》规定：“十八周岁以上的公民，是成年人，具有完全民事行为能力，可以独立进行民事活动，是完全民事行为能力人。”《民法通则》又规定：“十六周岁以上不满十八周岁的公民，以自己的劳动收入为主要生活来源的，视为完全民事行为能力人。”

第二，限制民事行为能力。是指可以独立进行某些民事活动，但不能独立进行全部民事活动的能力。在我国,民事行为能力受到限制的公民,有两种人:一是十周岁以上不满十八周岁的未成年人;二是不能完全辨认自己行为的精神病人。

第三,无民事行为能力。它是指不具有独立进行民事活动的能力。我国《民法通则》规定,无民事行为能力包括两种人:一是不满十周岁的未成年人;二是不能辨认自己行为的精神病人(包括痴呆症人)。这里的"不能辨认自己行为的精神病人(包括痴呆症人)",是指完全"没有判断能力和自我保护能力,不知其行为后果的"严重的精神病人或痴呆症人。根据我国法律规定,无民事行为能力人不能独立进行民事活动,由其法定代理人代理其进行民事活动。

2. 患有传染性疾病的。

对患有传染性疾病的人员,不得颁发导游证。所谓传染性疾病是指由病原体侵入生物体,使生物体产生病理反应而引起的疾病。如肺结核、麻风、天花、伤寒、病毒性肝炎、非典型性肺炎、性病等。

3. 受过刑事处罚的,但过失犯罪的除外。

旅游行政部门对受过刑事处罚的人员,不得颁发导游证。所谓受过刑事处罚的人员,是指因其行为触犯了国家刑法而受到刑罚制裁的人。但是,《条例》又规定"过失犯罪除外"。过失犯罪不是有意识的犯罪,过失犯罪之所以构成犯罪,是由于其缺乏必要的谨慎,所以同故意犯罪相比,无论在主观恶性还是社会危害性上,都是有着原则区别的。正因为如此,《条例》规定,对于过失犯罪的人,尽管其也受过刑事处罚,但是仍然可以申请领取导游证。旅游行政部门也可以给其颁发导游证。

(三) 颁发导游证的期限及有关规定

《条例》规定:"省、自治区、直辖市人民政府旅游行政部门应当自收到申请领取导游证之日起15日内,颁发导游证;发现有本条例第5条规定情形,不予颁发导游证的,应当书面通知申请人。"

根据《条例》规定,旅游行政部门可以不予颁发导游证的情形,仅限于该《条例》第5条规定的四种情形,除此之外,凡符合法定条件的,旅游行政部门必须颁发导游证。同时,根据《条例》规定,对不予颁发导游证的,旅游行政部门必须以书面形式通知申请人,而不得以口头形式通知申请人,或者不予答复。

(四) 导游证的种类

1. 依据《条例》规定,导游证可分为正式导游证和临时导游证两种。

第一,正式导游证。它是指参加导游人员资格考试并合格,取得导游人员资格证书的人员，经与旅行社订立劳动合同或者在导游服务公司登记，由省、自治区、直辖市人民政府旅游行政部门颁发的导游证。持有正式导游证的人员，可以是专职的导游人员，也可以是兼职的导游人员；可以是旅行社的正式员工，也可以是某旅行社的聘用人员。

第二，临时导游证。所谓临时导游证是指具有特定语种语言能力的人员，虽未取得导游人员资格证书，但因旅行社需要聘请其临时从事导游活动，由旅行社向省、自治区、直辖市人民政府旅游行政部门申请领取的导游证。由此可见，领取临时导游证的条件一是具有某种特定语种语言能力；二是旅行社需要聘请其临时从事导游活动。

2. 正式导游证与临时导游证的区别。

第一，有无取得导游人员资格证书。即正式导游证持有者是经过导游人员资格考试并合格、取得导游人员资格证书者；而临时导游证的持有者是没有经过导游人员资格考试、没有取得导游人员资格证书者。

第二，有无语种语言能力限制。正式导游证的持有者可以是具有特定语种语言能力的人员，也可以是不具有特定语种语言能力的人员；而临时导游证的持有者必须是具有特定语种语言能力的人员，否则便不具备领取临时导游证的条件。

第三，领取导游证的程序不同。申请领取正式导游证是由申请领取者个人向旅游行政部门领取；而临时导游证则是由旅行社根据需要向旅游行政部门申请领取。

第四，有效期限不同。根据《条例》的规定，导游证的有效期限为 3 年，临时导游证的有效期限最长不超过 3 个月；此外，导游证有效期限届满后，可以申请办理换发导游证手续，而临时导游证有效期限届满后，不得展期。如需继续聘请，则必须由旅行社重新向旅游行政部门申请领取。

（五）导游人员资格证书与导游证

1. 导游人员资格证书与导游证的联系。

根据《条例》的规定，导游人员资格证书与导游证是两种既有联系又有区别的证书。两者的联系是，导游人员资格证书是取得导游证的必要前提，也就是说，要取得导游证，必须首先取得导游人员资格证书。

2. 导游人员资格证书与导游证的区别。

第一，性质不同。导游人员资格证书是标志某人具备从事导游职业资格的证书;而导游证则是标志国家准许某人从事导游职业的证书。前者是表明某人具备导游职业的资格,而后者表明某人获准从事导游职业。

第二,领取程序不同。导游人员资格证书是参加导游人员资格考试并合格后,向旅游行政部门领取;而导游证则必须是取得导游人员资格证书,并与旅行社订立劳动合同或者在导游服务公司登记后,方可向旅游行政部门领取。

第三,作用不同。导游人员资格证书仅仅是表明持证人具备了从事导游职业的资格,但并不能实际从事导游职业;而导游证则表明持证人可以实际从事导游职业。前者是从业的资格,后者是从业的许可。

(六)领队人员与领队证

领队人员是指导游人员依照《出境旅游领队人员管理办法》规定取得出境旅游领队证(以下简称"领队证"),接受具有出境旅游业务经营权的国际旅行社的委派,从事出境旅游领队业务的人员。

1. 申请领队证的人员条件。

该办法规定,申请领队证的人员,应当符合下列条件:(1)有完全民事行为能力的中华人民共和国公民;(2)热爱祖国,遵纪守法;(3)可切实负起领队责任的旅行社人员;(4)掌握旅游目的地国家或地区的有关情况;(5)取得导游证,具有相应的学历、语言能力和旅游从业经历,并与旅行社订立劳动合同的人员。

组团社要负责做好申请领队证人员的资格审查和业务培训。

2. 领队证的相关规定。

第一,领队证由组团社向所在地的省级或经授权的地市级以上旅游行政管理部门申领,并提交下列材料:申请领队证人员登记表;组团社出具的胜任领队工作的证明;申请领队证人员业务培训证明。

第二,旅游行政管理部门应当自收到申请材料之日起15个工作日内,对符合条件的申请领队证人员颁发领队证,并予以登记备案。

第三,旅游行政管理部门要根据组团社的正当业务需求合理发放领队证。

第四,领队证由国家旅游局统一样式并制作,由组团社所在地的省级或经授权的地市级以上旅游行政管理部门发放。

第五,领队证不得伪造、涂改、出借或转让。

第六,领队证的有效期为三年。凡需要在领队证有效期届满后继续从事领队业务的,应当在届满前半年由组团社向旅游行政管理部门申请登记换发领队证。

第七，领队人员遗失领队证的，应当及时报告旅游行政管理部门，并声明作废，然后申请补发；领队证损坏的，应及时申请换发。

第八，被取消领队人员资格的人员，不得再次申请领队证登记。

四、导游人员的分类

导游人员由于业务范围、业务内容的不同，服务对象和使用的语言各异，其业务性质和服务方式也不尽相同。下面从不同角度对中国导游人员进行分类。

（一）按业务范围分

导游人员分为境外领队、全程陪同导游人员、地方陪同导游人员和景点景区导游人员。

境外领队是指经国家旅游行政主管部门批准可以经营出境旅游业务的旅行社的委派，全权代表该旅行社带领旅游团从事旅游活动的工作人员。

全程陪同导游人员（简称“全陪”）是指受组团旅行社委派，作为组团社的代表，在领队和地方陪同导游人员的配合下实施接待计划，为旅游团（者）提供全程陪同服务的工作人员。

地方陪同导游人员（简称“地陪”）是指受接待旅行社委派，代表接待社实施接待计划，为旅游团（者）提供当地旅游活动安排、讲解、翻译等服务的工作人员。

景点景区导游人员亦称讲解员，是指在旅游景区景点，如博物馆、自然保护区等为旅游者进行导游讲解的工作人员。

前两类导游人员的主要业务是进行旅游活动的组织和协调。第三类导游人员既有当地旅游活动的组织、协调任务，又有进行导游讲解或翻译的任务。第四类导游人员的主要业务是从事所在景区景点的导游讲解。

（二）按职业性质分

导游人员分为专职导游人员和兼职导游人员。

专职导游人员是指在一定时期内以导游工作为其主要职业的导游人员。他们是当前我国导游队伍的主体。

兼职导游人员亦称业余导游人员，是指不以导游工作为其主要职业，而利用业余时间从事导游工作的人员。目前这类人员分为两种：一种是通过了国家导游资格统一考试取得导游证而从事兼职导游工作的人员，另一种是具有特定语种语言能力受聘于国际旅行社，领取临时导游证，临时从事导游活动的人员。

（三）按导游使用的语言分

导游人员分为中文导游人员和外语导游人员。

中文导游人员是指能够使用普通话、地方话或者少数民族语言，从事导游业务的人员。

外语导游人员是指能够熟练运用外语从事导游业务的人员。

（四）按技术等级分

导游人员分为初级导游人员、中级导游人员、高级导游人员和特级导游人员。

1. 初级导游人员。

获导游人员资格证书一年后，就技能、业绩和资历对其进行考核，合格者自动成为初级导游人员。

2. 中级导游人员。

获初级导游人员资格两年以上，业绩明显，考核、考试合格者晋升为中级导游人员。他们是旅行社的业务骨干。

3. 高级导游人员。

取得中级导游人员资格四年以上，业绩突出、水平较高，在国内外同行和旅行商中有一定影响，考核、考试合格者晋升为高级导游人员。

4. 特级导游人员。

取得高级导游人员资格五年以上，业绩优异，有突出贡献，有高水平的科研成果，在国内外同行和旅行商中有较大影响，经考核合格者晋升为特级导游人员。

五、导游人员等级考核制度

为了加强导游人员队伍建设，提高导游人员素质和接待服务水平，客观、公正地评价和选拔人才，调动导游人员钻研业务和努力工作的积极性，为改革全国导游员管理体制、建立导游人才市场及为旅行社服务的等级化创造条件，国家旅游局于 1994 年发布了《关于对全国导游员实行等级评定的意见》和《导游员职业等级标准》，开始了导游人员等级考核评定工作。这一制度在 1999 年 5 月 14 日发布的《导游人员管理条例》中得以确认，从而使其成为了一项法定制度。2005 年国家旅游局又发布了《导游人员等级考核评定管理办法（试行）》，进一步对该项制度进行完善。

（一）导游人员等级考核

导游人员等级考核分为两个系列、四个等级。所谓两个系列，是指等级考核分为外语导游员系列和中文导游员系列；而四个级别，则是指通过考核，将导游员划分为特级导游员、高级导游员、中级导游员和初级导游员。导游员申报等级时，由低到高，逐级递升，经考核评定合格者，颁发相应的导游员等级资格证书，并按照初次申领导游证的方法向旅游行政管理部门申领换发相应等级的导游证。

中级导游员的考核采取笔试方式。其中，中文导游人员考试科目为“导游知识专题”和“汉语言文学知识”；外语导游人员考试科目为“导游知识专题”和“外语”。高级导游员的考核采取笔试方式，考试科目为“导游案例分析”和“导游词创作”。特级导游员的考核采取论文答辩方式。

参加省部级以上单位组织的导游技能大赛获得最佳名次的导游人员，报全国导游人员等级考核评定委员会批准后，可晋升一级导游人员等级。一人多次获奖只能晋升一次，晋升的最高等级为高级。

（二）导游人员等级考核评定的组织管理

国家旅游局负责导游人员等级考核评定标准、实施细则的制定工作，负责对导游人员等级考核评定工作进行监督检查，并组织设立全国导游人员等级考核评定委员会，导游员等级证书由全国导游人员等级考核评定委员会统一印制。

导游人员获得导游员等级证书后，可通过省（区、市）旅游行政管理部门申请办理相应等级的导游证。

国家旅游局和省（区、市）旅游行政管理部门建立导游员等级注册登记制度。各级资格有效期一般为五年。有效期满后，持证者要按有关规定主动到发证机构办理注册登记，并进行相应的培训和考核。逾期不办者，其证件自行作废。

旅行社和导游管理服务机构应当采取有效措施，鼓励导游人员积极参加导游人员等级考核评定，导游员等级应作为岗位技能工资的评定依据。

第二节　导游人员的权利与义务

一、导游人员权利与义务概述

导游人员的权利和义务，主要是指导游人员的法律权利和法律义务。导游人员的法律权利,是指导游人员依法享有的权能或利益。这种权能或利益表现为导游人员可以自己做出(或不做出)一定行为,也可以要求他人做出或不做出一定的行为。导游人员的一切法律权利都受到国家的保护,当权利受到侵害时,权利享有者有权向人民法院或者有关主管机关申诉和请求保护。

所谓法律义务,是与法律权利相对称的概念,是指法律关系主体依法承担的某种必须履行的责任。它表现为必须做出或不做出一定的行为。导游人员的法律义务是指导游人员依法承担的必须履行的责任。

导游人员作为公民的一员,依法享有广泛的政治、经济、文化和社会等各种权益。这里所讲的导游人员的权利,主要是指《条例》及有关法律规定的权利。同样,这里所讲的导游人员的法律义务,也主要是《条例》所规定的义务。

二、导游人员的权利

(一) 导游人员享有人格尊严不受侵犯权

《条例》规定:"导游人员进行导游活动时,其人格尊严应当受到尊重,其人身安全不受侵犯。导游人员有权拒绝旅游者提出的侮辱其人格尊严或者违反其职业道德的不合理要求。"这也完全符合我国《宪法》有关公民的人格尊严不受侵犯的规定。

人格权是人身权的一种。所谓人格,从法律意义上讲,是指能够作为权利、义务主体的独立的资格。人格权是民事主体具有法律上的独立人格必须享有的民事权利。如生命、健康、名誉等权利,既是构成人的人格要素,也是人作为民事主体从事民事活动所必须具备的条件。

《条例》之所以做上述规定,是因为在实际中,个别旅游者在旅行游览活动中,遇有不顺其心意的事情,就肆意侮辱谩骂导游人员,甚至还发生殴打导游人员的事件。对此,《条例》明确规定导游人员在进行导游活动时,其人格尊严应当受到尊重,其人身安全不受侵犯。此外,在旅行游览实际中,个别旅游者可能对导游提出一些有辱其人格尊严或者违反其职业道德的不合理要求,例如在出境旅游中,要求导游人员带其到色情场所等。对于这些无理要求,《条例》规定导游人员有权拒绝。

(二) 导游人员在旅游活动中享有调整或变更接待计划权

《条例》规定:"导游人员在引导旅游者旅行、游览过程中,遇有可能危及旅游者人身安全的紧急情形时,经征得多数旅游者的同意,可以调整或变更接待计划,但是应当立即报告旅行社。”根据该条法规的规定，导游人员享有调整或变更接待计划的权利。但是，导游人员行使这一权利时，必须同时符合下列条件。

第一，必须是在引导旅游者旅行、游览的过程中。也就是说，必须是在旅游活动开始后，导游人员方可能行使这一权利。在旅游合同订立之后、旅游活动开始之前，如果出现不利于旅游活动的情形，应当由旅行社与旅游者进行协商，达成一致意见后，由旅行社调整或者变更旅游接待计划。

第二，必须是遇有可能危及旅游者人身安全的紧急情形时，导游人员才可以行使这一权利。例如，导游人员李某带团旅游中，得知前方某旅游目的地发生山洪暴发的消息，如果团队继续前往，就有可能被困，使旅游者的人身安全受到危险。在此紧急情况下，由于导游人员只身执行带团任务，为了避免可能危及旅游者人身安全情形的发生，导游人员就需要立即调整或变更旅游行程计划。

第三，必须征得多数旅游者的同意。这是一个非常重要的条件。在旅行游览中，遇有可能危及旅游者人身安全的紧急情形时，导游人员如果要调整或变更接待计划，必须要征得旅游团中多数旅游者的同意。这是因为旅游合同包括旅游接待计划，一经双方确认订立后，就应当严格按照合同约定履行，如果需要调整或变更旅游计划，应当经过双方协商一致。但是，由于现在发生了可能危及旅游者人身安全的紧急情形，所以，导游人员只要征得多数旅游者的同意，就可以调整或变更旅游接待计划，而不必得到全体旅游者百分之百的同意。

第四，必须立即报告旅行社。这是因为旅游接待计划是由旅行社与旅游者双方确定和认可的，而导游是受旅行社的委派带团执行旅游接待计划的人员。调整或变更旅游接待计划并不是导游人员的职责权限。但是，由于导游人员在执行带团旅游任务的途中，遇到可能危及旅游者人身安全的紧急情形，为了避免旅游者人身安全受到危害，在征得多数旅游者同意后，导游人员依法可以调整或变更接待计划。导游人员在调整或者变更接待计划后，必须立即报告旅行社，以得到旅行社的认可。

（三）导游人员对旅游行政行为不服时，依法享有申请复议权

《条例》规定了对导游人员违反条例的行政处罚。如果导游人员对旅游行政部门所给予的行政处罚不服，依照我国《行政复议法》的规定，有权向旅游行政机关申请复议。

根据《行政复议法》的规定，结合旅游行政管理实际，导游人员对旅游行政部门

下列行政行为不服时,可以申请复议:(1)对罚款、吊销导游证、责令改正、暂扣导游证等行政处罚不服的;(2)认为符合法定条件申请行政机关颁发导游人员资格证书和导游证,旅游行政部门拒绝颁发或者不予答复的;(3)认为旅游行政部门违法要求导游人员履行义务的;(4)认为旅游行政部门侵犯导游人员人身权、财产权的;(5)法律、法规规定可以提起行政诉讼或者可以申请复议的其他具体行政行为。

(四)导游人员对旅游行政部门的具体行政行为不服时,享有向人民法院提起行政诉讼权

我国《行政诉讼法》第2条规定:"公民、法人或者其他组织认为行政机关和行政机关工作人员的具体行政行为侵犯其合法权益,有权依照本法规定向人民法院提起诉讼。"由此可见,导游人员对旅游行政管理部门给予其的行政处罚和有关行政行为,不仅享有申请复议权,还享有向人民法院提起行政诉讼权。导游人员对旅游行政部门的下列具体行政行为不服时,有权向人民法院提起诉讼。

第一,对行政处罚不服,可以提起诉讼。行政处罚是国家行政机关依法对违反行政管理法律、法规的公民、法人或其他组织给予的行政制裁。《条例》规定对导游人员违法行为的行政处罚主要有罚款、没收非法所得、责令改正、暂扣导游证、吊销导游证等。导游人员对旅游行政部门给予的行政处罚不服的,有权向人民法院提起诉讼。

第二,对符合法定条件申请旅游行政部门颁发导游人员资格证书和导游证,旅游行政部门拒绝颁发或不予答复的,可以提起诉讼。

第三,对旅游行政机关违法要求导游人员履行义务的,可以提起诉讼。

第四,对旅游行政机关侵犯导游人员人身权、财产权的具体行政行为,可以提起诉讼。

(五)导游人员依法享有和旅行社签订劳动合同的权利

旅行社聘用专职导游人员成为旅行社的员工时,应当与其聘用的导游依法订立劳动合同、支付劳动报酬、缴纳社会保险费用。

1. 劳动合同的概念。

劳动合同是指劳动者同国家机关、企事业单位、社会团体等用人单位之间确立劳动关系、明确双方权利和义务的协议。根据这一协议,劳动者加入到用人单位中,担任一定的职务,从事一定的工作,并遵守该单位的内部劳动管理规章。用人单位按照劳动者提供的劳动的质量和数量,支付报酬,并依照劳动法规和合同提供

必要的劳动条件。

2. 劳动合同的内容。

从劳动合同构成的一般规定看，劳动合同的内容包括三个方面。

第一，劳动合同主体。劳动合同主体是劳动合同成立的首要条件，因此也是劳动合同内容的首要部分。

第二，劳动合同客体。指劳动合同的标的，就是劳动合同当事人权利义务指向的对象，它是当事人订立劳动合同目的的直接体现，也是产生当事人权利义务的依据。劳动合同的标的带有综合性，它既是当事人双方在实现劳动过程中的劳动行为，又可以体现为劳动的成果。

第三，劳动合同的权利和义务。指劳动合同当事人享有的劳动权利和承担的劳动义务。

根据《中华人民共和国劳动合同法》第 17 条的规定，劳动合同必须具备以下条款：用人单位的名称、住所和法定代表人或者主要负责人；劳动者的姓名、住址和居民身份证或者其他有效身份证件号码；劳动合同期限；工作内容和工作地点；工作时间和休息休假；劳动报酬；社会保险；劳动保护、劳动条件和职业危害防护；法律、法规规定应当纳入劳动合同的其他事项。

3. 订立劳动合同时需要注意的几个特殊问题。

第一，如果用人单位不具有法人资格，必须有具有法人资格的用人单位明确的书面授权委托书。

第二，如果劳动者因特殊原因，不能于规定的时间在合同书上签字，可以书面委托他人代签字，书面委托书由单位代为保管。

第三，劳动合同期限应视不同岗位加以区分，不应一刀切。

第四，签订无固定期限的劳动合同，必须明确终止条件和可操作的承担违约责任的方式。

第五，用人单位出资培训和出资引进职工，可与职工签订服务协议或服务合同，作为劳动合同的附件。

第六，订立劳动合同时不得强迫劳动者集资、入股，不得向劳动者收取押金、抵押物，不得扣押劳动者的有效证件。

第七，合同签订后要双方各执一份。

三、导游人员的义务与法律责任

(一)不断提高自身业务素质和职业技能

导游人员自身业务素质的高低,职业技能的优劣,直接关系到导游服务质量,影响到能否为旅游者提供优良的导游服务。而旅游者也往往是通过导游人员的工作质量去认识一家旅行社、一个城市乃至认识一个民族、一个国家的。可以说,导游人员的业务素质及其导游职业技能紧紧维系着旅游业的发展,所以《条例》将此作为导游人员的一项义务加以明确规定。

(二)佩戴导游证进行导游活动

《条例》规定,导游人员和领队从事业务活动,应当佩戴导游证、领队证,这是导游人员执行导游任务时的一项法定义务。导游人员在工作中佩戴导游证,一是为了给旅游者提供规范服务的需要,便于旅游者识别导游人员,及时得到导游人员的帮助和服务;二是便于旅游行政管理部门的监督检查。

导游人员进行导游活动时,不履行佩戴导游证的义务,则属违法,必须承担相应的法律责任。因此,《条例》规定:"导游人员进行导游活动时未佩戴导游证的,由旅游行政部门责令改正,拒不改正的,处500元以下的罚款。"

(三)接受旅行社委派,完成旅游服务

导游人员进行导游活动,必须经旅行社委派。导游人员不得私自承揽或者以其他任何方式直接承揽导游业务,进行导游活动。上述导游人员法定义务的规定,是为了规范旅游市场秩序,切实维护旅游者的合法权益。因为,根据《旅行社条例》的规定,招徕、接待旅游者,为旅游者安排食宿等有偿服务的经营活动,均属旅行社的经营范围,而导游人员只能是接受旅行社的委派,为旅游者提供向导、讲解及其相关旅游服务。

法律规定,导游人员未经旅行社委派,私自承揽或者以其他任何方式直接承揽导游业务,进行导游活动的,由旅游主管部门责令改正,没收违法所得,处1 000元以上1万元以下罚款,并暂扣或者吊销导游证、领队证。

(四)维护国家利益和民族尊严

导游人员进行导游活动时,应当自觉维护国家利益和民族尊严,不得有损害国家利益和民族尊严的言行。这是关于导游人员承担的必须维护国家利益和民族尊严的义务的规定。《条例》之所以作此规定,是因为热爱祖国、拥护社会主义制度、以自己的一言一行来维护国家利益和民族尊严，是导游人员必须具备的政治条件和业务要求。特别是在接待海外旅游者时，导游人员就是国家对外形象的一个“窗口”，如果导游人员在进行导游活动时，有损害国家利益和民族尊严的言行，所产生的影响是极其恶劣的。

《条例》规定：“导游人员进行导游活动时，有损害国家利益和民族尊严的言行的，由旅游行政部门责令改正；情节严重的，由省、自治区、直辖市人民政府旅游行政部门吊销导游证并予以公告；对该导游人员所在的旅行社给予警告直至责令停业整顿。”

上述规定之所以要对旅行社进行处罚，是因为导游人员是由旅行社委派的，旅行社有责任加强管理和教育。如果导游人员在进行导游活动时，有损害国家利益和民族尊严的言行，旅行社应对此承担管理、教育不严的责任。

（五）遵守职业道德，尊重旅游者习俗

导游人员进行导游活动时，应当遵守职业道德，着装整洁，礼貌待人，尊重旅游者的宗教信仰、民族习俗和生活习惯，应当向旅游者告知和解释旅游文明行为规范，引导旅游者健康、文明旅游，劝阻旅游者违反社会公德的行为。导游人员进行导游活动时，应当向旅游者讲解旅游地点的人文和自然情况，介绍风土人情和习俗；但是，不得迎合个别旅游者的低级趣味，在讲解、介绍中掺杂庸俗下流的内容。这是导游人员在讲解导游过程中应当遵循的要求。导游人员讲解服务的根本内容，应当是向国内外旅游者介绍我国的大好河山、悠久历史、灿烂文化、各民族风土人情和习俗。在旅游者这个群体中，绝大多数是健康的、友好的，但确实也存在个别旅游者在旅游过程中，会提出一些低级趣味的讲解要求。对于这种无理要求，导游人员应当明确予以婉拒，不得在讲解、介绍中掺杂庸俗下流的内容。

（六）按接待计划组织旅游活动

导游人员应当严格按照旅行社确定的接待计划安排旅游者的旅行、游览活动，不得擅自增加、减少旅游项目或者中止导游活动。这是导游人员必须履行的按接待计划组织旅游活动的义务。由旅行社确定的旅游接待计划，是经旅游者认可的，是旅游者与旅行社订立的旅游合同的重要组成部分。旅游接待计划一般包括乘坐交通工具、游览景点、住宿标准、餐饮标准、娱乐标准、购物次数等内容的安排。因此，导游人员接受旅行社的委派带团旅游时，应当严格按照旅行社确定、经旅游者认可的旅游接待计划，安排旅游者的旅行、游览活动，不得擅自增加、减少旅游项目或者中止导游活动。

导游人员在进行导游活动时,无论遇到何种情形,均不得擅自中止导游活动。所谓中止导游活动,是指在导游活动过程中,擅自中止导游活动的行为。一般来说,构成中止导游活动必须具备以下条件:其一,必须在导游活动结束之前,也就是说,必须是在旅游接待计划执行完毕之前。导游活动的中止不是导游活动的终止,它必须是出现在执行旅游接待计划过程当中。其次,必须是擅自中止。这是中止导游活动最本质、最主要的特征。如果不是擅自中止导游活动,而是旅行社的决定或其他外部作用影响,致使导游人员中止导游活动,就不是《条例》所称的“擅自中止导游活动”的情形了。其三,必须是彻底中止。这里所说的“彻底”中止,是指导游人员彻底放弃了原来的导游活动。如果导游人员因某种原因,暂时放弃了正在进行的导游活动,待该种原因消失后又进行了导游活动,这是导游活动的中断进行,而不是导游活动的中止。以上三个条件必须同时具备,缺少其中任何一个,都不能认为是导游活动的中止。

《条例》规定,导游人员擅自增加或者减少旅游项目的,擅自变更接待计划的,擅自中止导游活动的,由旅游行政部门责令改正,暂扣导游证3至6个月;情节严重的,由省、自治区、直辖市人民政府旅游行政部门吊销导游证,并予以公告。

(七)安全至上

导游人员在引导旅游者旅行、游览过程中,应当就可能发生危及旅游者人身、财物安全的情况,向旅游者做出真实的说明和明确的警示,并按照旅行社的要求采取防止危害发生的必要措施。这是关于导游人员必须履行的“说明”和“警示”义务的规定。旅游是一种体验活动。在旅游过程中,既有赏心悦目的体验,也可能会遇到危难的经历,尤其是在探险旅游中,可能危及旅游者人身、财物安全的情形往往是客观存在的。遇到这类情形,导游人员应当就可能发生危及旅游者人身、财物安全的情况,向旅游者做出真实的说明和明确警示。说明和警示要求真实、准确、通俗易懂,不致发生歧义;同时,导游人员要按照旅行社的要求采取防止危害发生的措施,否则导游人员和旅行社就要承担相应的法律责任。

(八)收入有道

导游人员进行导游活动时,不得向旅游者兜售物品或者购买旅游者的物品,不得以明示或者暗示的方式向旅游者索要小费。这是导游人员在执行导游任务中必须履行的两项义务,而这两项义务的履行,是以“不作为”的形式表现的。导游人员在进行导游活动时，其职责，也就是他应当进行的行为，是为旅游者提供向导、讲解及相关的旅游服务，而向旅游者兜售物品或者购买旅游者的物品，不属于其职责范围，也是与其导游身份所不相符的。同时，由于导游人员这一特定的身份，如其向旅游者兜售物品或者购买旅游者的物品，极易造成交易上的不公平与不公正，侵害旅游者的合法权益，损害导游人员的职业形象，也极易因此造成纠纷。为此，《条例》规定，导游人员在进行导游活动中，不得向旅游者兜售物品或者购买旅游者的物品。不得以明示或暗示的方式向旅游者索要小费。所谓“明示的方式”，是指导游人员以语言、文字或者其他直接表达意思的方法，向旅游者索取小费的形式；所谓“暗示的方式”，是指导游人员以含蓄的语言、文字或者示意的举动等间接表达意思的方法，向旅游者索要小费的形式。而“小费”则是指旅游者额外给予导游人员等旅游服务人员的钱，也叫小账。一般来说，小费是旅游者出于对导游人员优质服务的感谢或奖赏，主动给予导游人员的小额货币。《条例》之所以规定导游人员不得以明示或暗示的方法向旅游者索要小费，是因为在旅游实际中，有些导游人员不是以自己的优质服务赢得旅游者的感谢或奖赏，而是不择手段，以明示或暗示的方法向旅游者索取小费，给旅游业的声誉造成了极其恶劣的影响。

旅游法规定：导游、领队违反本法规定，向旅游者索取小费，由旅游主管部门责令退还，处 1 000 元以上 1 万元以下罚款；情节严重的，并暂扣或者吊销导游证、领队证。

（九）诚信消费

导游人员进行导游活动，不得诱导、欺骗、强迫或者变相强迫旅游者购物或者参加另行付费旅游项目。这也是导游人员在进行导游活动中必须履行的义务。所谓“欺骗”，是指导游人员或者导游人员与经营者串通起来，故意告知旅游者虚假情况，或者故意隐瞒真实情况，诱使旅游者做出错误消费的意思表示的行为。前者是导游人员故意欺骗旅游者消费；后者是导游人员与经营者串通起来欺骗旅游者消费。例如在旅游购物中，导游人员明知是虚假、伪劣商品，却告知旅游者是货真价实的商品，或者故意对旅游者隐瞒该商品的真实情况，诱使旅游者做出购买该商品的错误选择。在这其中，可能是导游人员个人欺骗旅游者，也可能是导游人员与商品经营者串通欺骗旅游者，但不论何种形式，都属于欺骗旅游者消费的行为。所谓“胁迫”，是指以给旅游者及其亲友的生命健康、名誉、荣誉、财产等造成损害为要挟，迫使旅游者做出违背真实消费意思表示的行为。胁迫旅游者消费，既可以是导游人员个人胁迫旅游者消费，也可以是导游人员与经营者串通起来，胁迫旅游者消费。

欺骗、胁迫旅游者消费或者与经营者串通欺骗、胁迫旅游者消费的行为，是严重侵害旅游者合法权益的行为。为此，《条例》规定："导游人员进行导游活动，欺骗、胁迫旅游者消费或者与经营者串通欺骗、胁迫旅游者消费的，由旅游行政部门责令改正，处1 000元以上3万元以下的罚款；有违法所得的，并处没收违法所得；情节严重的，由省、自治区、直辖市人民政府旅游行政部门吊销导游证并予以公告；对委派该导游人员的旅行社给予警告直至责令停业整顿；构成犯罪的，依法追究刑事责任。"

第三节　导游人员的行政管理

一、导游人员的计分管理制度

为了加强导游队伍的建设，维护旅游市场秩序和旅游者的合法权益，国家旅游局依据《导游人员管理条例》和《旅行社条例》，于2001年12月26日制定公布了《导游人员管理实施办法》(以下简称《办法》)，其中确定了导游人员的计分管理和年审管理两项制度。导游人员的计分管理，是指旅游行政管理部门为了对导游人员的执业行为进行动态监督管理，根据其违规行为的性质、情节轻重，经查证核实予以扣分的一项管理制度。

(一) 计分管理机关及其职责

依据《办法》规定，国务院旅游行政管理部门负责制定全国导游人员计分管理政策并组织实施、监督检查；省级旅游行政管理部门负责本行政区域内导游人员计分管理的组织实施和监督管理；所在地旅游行政管理部门在本行政区域内负责导游人员计分管理的具体执行。所在地旅游行政管理部门是指直辖市、计划单列市、副省级市旅游行政管理部门以及有相应的导游规模、有相应的导游管理服务机构、有稳定的执法队伍的地市级以上旅游行政管理部门。

《办法》之所以规定导游人员的计分管理由所在地旅游行政管理部门负责具体

实施，是为了使计分管理落到实处，具有实际可操作性。因为在实际中，往往甲地的旅行社导游人员在乙地违规后，乙地的旅游行政管理部门不便对其实施有效管理，致使各项管理制度形同虚设。

（二）导游人员计分管理的实施

依据《办法》规定，导游人员计分办法实行年度10分制，按照其违规行为的性质、情节轻重分别予以不同扣分。具体情形及扣分的标准如下。

1. 予以一次扣除10分的情形。

（1）损害国家利益和民族尊严言行的。

（2）诱导或安排旅游者参加黄、赌、毒活动项目的。

（3）有殴打或谩骂旅游者行为的。

（4）欺骗、胁迫旅游者消费的。

（5）未通过年审继续从事导游业务的。

（6）因自身原因造成旅游团重大危害和损失的。

2. 予以一次扣除8分的情形。

（1）拒绝、逃避检查，或者欺骗检查人员的。

（2）擅自增加或者减少旅游项目的。

（3）擅自终止导游活动的。

（4）讲解中掺杂庸俗、下流、迷信内容的。

（5）未经旅行社委派私自承揽或者以其他任何方式直接承揽导游业务的。

3. 予以一次扣除6分的情形。

（1）向旅游者兜售物品或购买旅游者物品的。

（2）以明示或者暗示的方式向旅游者索要小费的。

（3）因自身原因漏接漏送或误接误送旅游团的。

（4）讲解质量差或者不讲解的。

（5）私自转借导游证供他人使用的。

（6）发生重大安全事故不积极配合有关部门救助的。

4. 予以一次扣除4分的情形。

（1）私自带人随团游览的。

（2）无故不随团活动的。

（3）在导游活动中未佩带导游证或未携带计分卡。

(4) 不尊重旅游者宗教信仰和民族风俗的。

5. 予以一次扣除2分的情形。

(1) 未按规定时间到岗的。

(2) 10人以上团队未打接待社社旗的。

(3) 未携带正规接待计划的。

(4) 接站时未出示旅行社标识的。

(5) 仪表、着装不整洁的。

(6) 讲解中吸烟、吃东西的。

(三) 导游人员计分管理的其他规定

依据《办法》规定,导游人员10分分值被扣完后,由最后扣分的旅游行政执法单位暂时保留其导游证,并出具保留导游证证明,并于10日内通报导游人员所在地旅游行政管理部门和登记注册单位。正在带团过程中的导游人员,如果其10分分值被扣完,可持旅游行政执法单位出具的证明完成团队的剩余行程。

对导游人员的计分管理,是旅游行政管理部门的一项行政管理措施,不属于行政处罚。所以,对导游人员的违法、违规行为除扣减其相应分值外,依法应给予处罚的,还应当依法予以相应处罚。例如某导游人员在导游活动中未佩戴导游证而被扣除4分,依据《条例》的规定,由旅游行政管理部门责令改正;拒不改正的,处500元以下的罚款。

二、导游人员的年审管理制度

依据《办法》规定,导游人员的年审管理,是指旅游行政管理部门对导游人员当年从事导游业务情况、扣分情况、接受行政处罚情况、游客反映情况等进行考评的制度。

(一) 年审管理机关及其职责

依据《办法》规定,国务院旅游行政管理部门负责制定全国导游人员年审工作政策,组织实施并监督检查;省级旅游行政管理部门负责组织、指导本行政区域内导游人员年审工作并监督检查;所在地旅游行政管理部门负责具体组织实施对导游人员的年审工作。

(二) 年审管理的实施

依据《办法》规定,年审以考评为主,考评等级分为通过年审、暂缓通过年审和不予通过年审三种。具体如下：一次扣分达到 10 分者，不予通过年审；累计扣分达到 10 分者，暂缓通过年审；一次被扣 8 分的，全行业通报；一次被扣 6 分的，警告批评。暂缓通过年审的，通过培训和整改后方可重新上岗。导游人通过年审后，年审单位应核销其遗留分值，重新输入初始分值。

（三）年审管理的其他规定

依据《办法》规定，导游人员必须参加所在地旅游行政管理部门举办的年审培训。培训时间应根据导游业务的需要灵活安排。但是，每年累计培训时间不得少于 56 小时。此外，旅行社或导游管理服务机构应为注册的导游人员建立档案，对导游人员进行工作培训和指导，建立对导游人员工作情况进行检查、考核和奖惩的内部管理机制，接受并处理对导游人员的投诉，负责对导游人员年审的初评。

三、对无导游证进行导游活动的管理

第一，《条例》规定："在中华人民共和国境内从事导游活动，必须取得导游证。"导游是一项专业性很强的职业，导游人员的素质、职业道德水平、所提供的服务质量直接关系到国家旅游业的形象，与旅游业的发展、旅游者合法权益的维护密切相关。因此，国家规定从事导游活动，必须取得导游证。但是，在旅游业实际中，还存在着无证导游的现象，严重影响了旅游业的健康发展，败坏了旅游业的声誉，侵害了旅游者的合法权益。

第二，旅游法规定无导游证进行导游活动的，由旅游主管部门责令改正，没收违法所得，并处 1 000 元以上 1 万元以下罚款，予以公告。

第六章

旅游饭店管理法规

内容提要

本章简要列举了旅游饭店的权利和义务，系统介绍了旅游饭店星级评定的依据、标准、范围、机构等有关知识，并对旅游饭店星级评定的方法、星级饭店的检查、星级饭店的访查复核做了重点论述。此外，也对绿色旅游饭店的有关问题做了简要介绍。与饭店经营管理和旅游活动相关的治安管理、娱乐场所管理和食品安全管理，本章也分别做了归纳。

第一节　旅游饭店管理法规概述

旅游饭店管理法规主要包括治安管理制度、娱乐场所管理规定和食品卫生管理规定三项内容。其中，1987 年 11 月 10 日，经国务院批准，公安部发布了《旅馆业治安管理办法》，属于我国旅馆业治安管理的基本法规；2006 年 1 月 29 日，国务院颁布了《娱乐场所管理条例》，对娱乐场所的设立、审批、经营等做出了全面规定；2009 年 2 月 28 日，在征求民意、充分讨论的基础上，十一届全国人大第七次会议通过了《食品安全法》；2013 年，国务院法制办公室将该法列入了修改计划。另外，饭店星级评定制度对引导旅游星级饭店进行规范化经营也起着重要作用，为此，国家质检总局2010年发布了国家旅游局重新修订的《旅游饭店星级的划分与评定》(GB/T14308-2010)。

一、治安管理制度

旅游饭店是指能够以夜为时间单位向旅游客人提供配有餐饮及相关服务的住宿设施，按照不同习惯，它也被称为宾馆、酒店、旅馆、旅社、宾舍、度假村、俱乐部、大厦、中心等。饭店是我国旅游住宿业的主体，在旅游发展中有着极为重要的作用。

旅游住宿业治安状况的好坏，对旅游业的健康发展影响巨大。根据《旅馆业治安管理办法》，公安机关是饭店经营的治安管理机关，各种接待旅客住宿的饭店企业，不分所有制形式、责任形式和经营形式，都必须接受公安机关的治安管理。

公安机关对饭店的治安管理包括开业管理和经营管理。

（一）开业环节的治安管理

申请人新开饭店，应当持有公安机关颁发的《特种行业许可证》以及相关文件，才可向工商行政管理部门办理登记，取得营业执照。

（二）经营环节的治安管理

1. 健全制度。

饭店经营者应依法建立完善安全管理制度，设置治安保卫机构，指定安全保卫人员。

2. 严格登记。

饭店接待住店客人必须登记。登记时应当查验身份证件，并按规定项目如实登记。

3. 保管财物。

饭店应当设置贵重物品保管箱，指定专人负责。客人寄存财物，要手续完备，程序科学。客人遗失物品，必须妥善保管，设法归还，或揭示招领。

4. 加强防范。

对客人携带的违禁品和可疑品，应及时报告公安机关。对危险品，应禁止客人带入酒店。

公安机关有权对饭店进行检查。对住店客人或其他人员在店内的违法犯罪行为，饭店应协助调查。

二、娱乐场所管理规定

加强娱乐场所的管理,可以丰富旅游者的旅行生活,保障其人身和财产安全。为此,国务院发布了《娱乐场所管理条例》。

娱乐场所是指以营利为目的、向社会开放、消费者自娱自乐的场所。它主要分为两类,一种是以交际为主的歌舞厅,另一种是依靠游艺器械经营的游戏厅。

需要注意的是,有三种类型的场所不属于娱乐场所,由其他法律法规调整:一是饭店、酒吧、茶吧、咖啡厅、洗浴、桑拿场所。这些地方虽然也可能有专业演员的文艺演出活动,但只是主营项目的配套服务,是整个营业项目的一个组成部分,由《营业性演出管理条例》调整。二是网吧,由《互联网上网服务营业场所管理条例》予以规定。三是单位内部不对社会公众开放的、仅限所属员工参加的联欢会、舞会、卡拉 OK 演唱活动场所,也不属于《娱乐场所管理条例》的调整范围。

娱乐场所由县级以上文化主管部门负责日常监督管理,公安部门负责消防、治安状况的监督管理。

娱乐场所禁止从事危害国家安全、民族团结、违反宗教政策、宣扬色情、赌博、暴力、毒品内容的娱乐活动。不得为进入娱乐场所的人员实施吸食贩卖毒品,组织色情、赌博活动,从事邪教、迷信行为提供条件。

在开办和日常经营方面,设立娱乐场所应向文化部门提出申请;歌舞娱乐场所不得接纳未成年人,游艺娱乐场所的电子游戏机仅限国家法定节假日方可向未成年人提供;每日凌晨 2 时至 8 时不得营业。外国投资者可以设立中外合资和中外合作经营的娱乐场所,并向省级文化部门提出申请,但不得设立外商独资经营的娱乐场所。

在治安方面,歌舞娱乐场所必须安装符合规定、营业时运行正常且不得中断的电子监控设备;包厢内不得设置隔断,不得安装内锁装置,门窗必须透明。游艺娱乐场所不得设置具有赌博功能的机种,不得设立或回购奖品。

娱乐场所应当制定安全工作方案和应急疏散预案,必须在显著位置悬挂警示标志和禁止标志。

三、饭店星级评定制度

对旅游饭店进行星级评定,是国际上通行的惯例,也是旅游饭店服务标准化建设的重要内容。目前，我国饭店服务标准化建设方面的成果主要有国家标准《旅游饭店星级的划分与评定》、行业标准《星级饭店访查规范》和《绿色饭店》，此外还有一些行业规范、地方标准和企业标准。

标准是对重复性事物和概念所做的统一规定，它以科学实践的综合成果为基础，经有关方面协商一致，由主管部门批准，以特定的形式发布，作为共同遵守的准则和依据。实行旅游饭店服务标准化，可以增加旅游者对产品质量和效用的确定性预期；减少质量信息在供求双方之间的不对称；激励旅游饭店之间的市场竞争，通过品牌化和集团化来形成差异，提升质量；降低行业进入壁垒，便于企业市场扩张；实现培训程序化，有效降低人力资源成本。

对旅游饭店进行星级评定，依据的是《旅游饭店星级的划分与评定》和《星级饭店访查规范》。这一制度从 1988 年确立后不断发展和完善，经过 20 多年的实践探索，星级标准和星级评定获得了社会的普遍认同，并影响到社会生活的多个方面。星级即用星的数量和设色表示旅游饭店的等级。星级分为五个等级，即一星级、二星级、三星级、四星级、五星级（含白金五星级）。最低为一星级，最高为白金五星级。星级越高，表示旅游饭店的档次越高。星级以镀金五角星为符号，例如五颗五角星表示五星级，但五颗白金五角星表示白金五星级。我国目前有北京中国大饭店、上海波特曼丽嘉酒店、广州花园酒店三家白金五星酒店。

第二节　旅游饭店的权利与义务

一、饭店与客人之间权利和义务的产生

饭店与客人之间的关系实际上是一种平等主体间的合同关系，应当遵循《合同法》的一般原则。因此，双方的权利与义务关系是基于合同的规定而产生或终止的。2002 年 3 月，中国旅游饭店业协会根据国家有关法律、法规，制定了《中国旅游饭店行业规范》。该协会是经国家民政部登记的饭店行业组织，就性质而言，其发布的《行业规范》不是国家法律，没有强制执行的效力，但可以约束协会的会员饭店。《行业规范》中的有关内容，是构成饭店与客人所签订的合同的组成部分。

客人来到饭店提出住店的要求,办理了登记手续,并且拿到了饭店客房的钥匙以后,他就具有饭店住宿客人的身份,双方的权利和义务关系由此确立。从民事法律的角度来说,办理住宿登记手续是饭店和客人之间住宿合同关系有效成立的重要标志。

客人向饭店发出就餐或进行其他消费的要约,而饭店又接受了这一要约后,这时饭店和客人之间的合同关系也便正式成立。

二、饭店与客人之间权利和义务的终止

结账终止:客人到达前台结账处,提出退房,饭店出示账单,双方无异议,签单付费以后,饭店和客人之间的权利和义务关系随即终止。

合同终止:团队、会议、常住客人等通过住房合同的方式产生权利和义务关系,合同一经确定,双方之间的权利和义务关系按照合同约定的时间而产生或终止。

违约终止:客人或者饭店如果有一方严重违反了双方的合同,经指出后仍不能达到约定的要求,另一方可以随时终止合同。

驱逐终止:我国合同法的基本原则之一是,合同必须符合国家法律法规的规定,任何违反国家法律法规的合同法律均不予保护。客人如果因实施犯罪行为被拘留,饭店有权将其驱逐,此时双方的合同关系随即终止。

三、饭店对客人的权利

第一,拒绝客人的权利。对下列客人饭店有权拒绝接待:

(1) 携带危害饭店安全的物品入店者;

(2) 从事违法活动者;

(3) 影响饭店形象者(如衣冠不整、行为不端,或携带动物者);

(4) 无支付能力或曾有逃账记录者;

(5) 饭店客满时,强行要求入住者;

(6) 法律、法规规定的其他情况。

第二,依法制止客人不良行为、举报并协助公安机关处理违法行为的权利。

第三,要求客人支付合理费用的权利。

第四,要求客人赔偿造成饭店损失的权利。

四、饭店对客人的义务

第一，不加歧视地接待旅游者。一是不论国籍、种族、性别、年龄、信仰等，一律接待；二是无论何种客人，都应当设施设备一致，服务标准相同，一视同仁。

第二，保护客人的人身安全。在客房房门安装门窥镜、防盗链，张贴消防安全示意图，卫生间采取有效防滑措施，在公共区域安装监控系统。

第三，保护客人的财物安全。其中，尤其要注意贵重物品和存放车辆的保管。

第四，提供合同约定的服务。

第五，保护客人的隐私权。除非日常清洁、维修保养、发生火灾等紧急情况，禁止包括员工在内的任何人未经许可随意进入客人入住的客房。

第六，告知客人注意安全的义务，如康乐健身设施安全使用规定、饭店周边治安环境提示、损害赔偿标准等。

第三节　旅游饭店星级评定制度

一、旅游饭店星级评定的机构

旅游饭店应当为客人提供高品质的服务。旅游饭店星级评定标准的建立，目的就是规范饭店的服务，提高饭店的管理与服务水平。1988—2003 年期间，我国旅游饭店星级评定的最高权力机关是国家旅游局。在国家旅游局的统一领导下，各省、自治区、直辖市设立饭店星级评定机构，负责本行政区域内的旅游饭店星级评定工作。从 2004 年开始，根据国际星评惯例，特别是随着我国《行政许可法》的颁布和实施，星评工作不再设立行政许可，旅游饭店星级评定的制度也进行了重大调整。国家和地方各级旅游行政管理机关分别依托相应的旅游协会等行业组织设立旅游饭店星级评定机构，即星级评定委员会，具体负责旅游饭店的星级评定工作。

全国旅游饭店星级评定工作由全国旅游饭店星级评定机构统筹负责，其责任是制定星级评定工作的实施办法和检查细则，授权并督导省级以下旅游饭店星级评定机构开展星级评定工作，组织实施五星级饭店的评定与复核工作，拥有对各级旅游饭店星级评定机构所评饭店星级的否决权。

省、自治区、直辖市旅游饭店星级评定机构按照全国旅游饭店星级评定机构的授权和督导,组织本地区旅游饭店一、二、三、四星级的评定与复核工作,拥有对本地区下级旅游饭店星级评定机构所评饭店星级的否决权,并承担推荐五星级饭店的责任。同时,负责将本地区所评星级饭店的批复和评定检查资料上报全国旅游饭店星级评定机构备案。

二、旅游饭店星级评定的主要内容

(一) 饭店星级评定的依据

1. 星级标准的沿革。

为适应我国旅游业发展的需要,提高旅游涉外饭店的管理和服务水平,使之既有中国特色又符合国际标准,保护旅游经营者和旅游消费者的利益,1988 年 8 月 22 日,国家旅游局发布了《中华人民共和国旅游涉外饭店星级标准》,并于同年 9 月 1 日开始执行。这是一个行业标准,是星级评定的依据。

1993 年 9 月 1 日,国家技术监督局发布了《旅游涉外饭店星级的划分及评定》(GB/T14308-1993),简称 93 版星标,表明星级标准已由行业标准上升为国家标准。

1997 年 10 月 16 日,通过修改,国家技术监督局发布了《旅游涉外饭店星级的划分与评定》(GB/T14308-1997),于 1998 年 5 月 1 日起实施,简称 97 版星标。

2003 年 6 月 2 日,通过再次修改,国家质量监督检验检疫总局发布了《旅游饭店星级的划分与评定》(GB/T14308-2003),简称 03 版星标。03 版星标的突出变化有四个:用"旅游饭店"取代"旅游涉外饭店";规定了旅游饭店使用星级的有效期限为 5 年,取消了星级终身制,增加了预备星级;适当简化了对餐饮服务的要求,强化了对四星级以上饭店核心区域即前厅、客房、餐厅的要求,增加了整体舒适度等内容;增设了"白金五星级"。

2010 年 10 月 18 日,通过第三次修改,国家质量监督检验检疫总局和国家标准化管理委员会共同发布了《旅游饭店星级的划分与评定》(GB/T14308-2010),简称 10 版星标。这是目前我国目前正在实施的星标。

2. 2010 版星级标准概述。

10 版星标的主要变化有:(1)增加了对国家标准 GB/T16766 旅游业基础术语、GB/T15566.8 公共信息导向系统中宾馆饭店部分的设置原则与要求的引用。

(2)更加注重饭店核心产品，弱化配套设施。(3)将一、二、三星级饭店定位为有限服务饭店。(4)突出绿色环保的要求。(5)强化安全管理要求，将应急预案列入必备条件。(6)提高饭店服务质量评价的操作性。(7)增加例外条款，引导特色经营。

10版星标的主要特点是：(1)强调必备项目，评定检查时逐项对照，缺一不可。(2)强调核心产品，将客房产品定位为饭店核心产品，突出客房舒适度的要求，增加了客房棉织品、枕头、床垫、温湿度、遮光、隔音、热水龙头等方面的具体质量要求。(3)强调绿色环保，一星级至五星级饭店均要求制订相应的节能减排方案并付诸实施，取消了对牙膏、牙刷、梳子、拖鞋、沐浴液、洗发液等客用品的硬性要求。(4)强调应急管理，要求一星级至五星级饭店均需制订火灾等六类突发事件处置的应急预案，高星级饭店要求定期演练。(5)强调软件服务，增强了软件标准评价的客观性。(6)强调特色经营，在硬件设施评分表中增设商务会议饭店设施、度假饭店设施、其他等三类选择项目，鼓励企业按类别集中选项，引导星级饭店特色化、差异化发展。小型豪华精品饭店可以直接申请评定五星级。

3. 旅游饭店星级划分与评定的依据。

第一，饭店的必备项目，即硬件设施和服务项目。

第二，饭店的设施设备，包括位置、结构、数量、面积、功能、材质、设计、装饰等内容。

第三，饭店的运营质量，主要是服务质量、清洁卫生、维修保养等方面。

（二）饭店星级评定的范围

从饭店所有制和责任制形式来看，2010年的星标规定，该标准适用于正式营业的各种经济性质的旅游饭店。也就是说，国有、集体、合营、合作、外资以及公民个人独资与合伙开办的各种饭店，都可以申请评定星级。

从饭店开业时间来看，凡开业1年以上的饭店，都可申请评定星级。经星级评定机构评定批复后，饭店可以享有3年有效的星级及其标志使用权。3年期满后，应重新进行评定。

10版星标取消了开业不足1年的饭店可以申请预备星级的规定。

为了鼓励饭店发展个性，改变全国饭店同一个面孔的现状，星标在评定程序上还做了例外规定。即某些特色突出或极具个性化的饭店，若其自身条件与星级标准规定的条件有所区别，可以直接向全国旅游饭店星级评定机构申请星级。这意味着，有些特色饭店即使分数有差距，也可能获得更高的星级。

(三) 饭店星级评定的要求

一、二、三星级饭店是有限服务饭店,星评时应对饭店住宿产品进行重点评价。四、五星级(含白金五星级,但评定标准另行制定)饭店是完全服务饭店,评定星级时应对饭店产品进行全面评价。

在旅游饭店中倡导绿色设计、清洁生产、节能减排、绿色消费的理念。

星级饭店应增强突发事件应急处理能力,突发事件处置的应急预案是星评的必备条件。突发事件主要是指地震、火灾、食品卫生、公共卫生、治安事件、设施设备故障。

在饭店星级评定中,饭店所取得的星级表明该饭店所有建筑物、设施设备及服务质量均处于同一水准。

第一,如果一家饭店是由若干座不同建筑水平或设施设备标准的建筑物组成,旅游饭店星级评定机构将按每座建筑物的实际标准评定星级。也就是说,同一家饭店的不同建筑物可能被评定为不同的星级。但是评定星级后,不同星级的建筑物不得继续使用相同的饭店名称,否则该饭店的星级无效。例如,一家名为"光明"的饭店是由三座不同的建筑物所构成,在星级评定中,该饭店的主楼被评为五星级,而另外两座建筑分别被评为四星级和三星级。在这种情况下,评为四星、三星级的建筑物不得继续使用"光明饭店"的名称,否则,"光明饭店"的五星级无效。

第二,有些饭店开业后,经营者只经营核心产品,而将其他服务项目外包,导致饭店某一区域的所有权或经营权分离。对此,星标明确规定无论自营或外营,饭店内所有区域都必须达到同一星级的质量标准和管理要求。

(四) 饭店星级评定的程序与方法

1. 饭店星级评定的程序。

饭店星级评定的程序分为申请、受理、检查、评审和批复五个环节。

申请材料包括饭店星级申请报告、自查自评情况说明、必要的文字和图片资料。

接到饭店星级申请报告后,相应评定权限的旅游饭店星级评定机构应在核实材料的基础上,做出受理与否的答复。

2. 饭店星级评定的方法。

旅游饭店星级评定,采取检查和评审相结合的方法进行。旅游饭店星级评定机构受理饭店申请或接到推荐报告后,应以明察和暗访的方式安排评定检查。检查合格与否，检查员均应提交检查报告。检查合格，方可提交评审。

一般来说，明查主要是对硬件设施、服务项目和设施设备进行检查或评分，暗访侧重于对运营质量（服务质量、清洁卫生、维修保养）进行评定检查。饭店应符合所有项目达标、最低得分和最低得分率三项要求。

（1）必备项目必须达标。一、二、三星级饭店的必备项目分为一般要求、设施、服务三项。四、五星级饭店的必备项目分为总体要求、前厅、客房、餐饮、厨房、会议与康体设施、公共区域七项。

评定检查时，所有规定应具备的硬件设施和服务项目必须逐项确认达标，然后才能进入后续打分程序。

（2）设施设备必须获得最低得分。设施设备满分为600分，一、二星级饭店未作要求。三、四、五星级饭店规定了最低得分线，分别为220分、320分、420分。

（3）运营质量必须符合最低得分率要求。饭店运营质量的评价内容分为总体要求、前厅、客房、餐饮等六大项，总分为600分。一、二星级饭店未作要求，三、四、五星级饭店均应按优、良、中、差予以计分并统计得分率，最低得分率分别不得少于70％、80％、85％。

旅游饭店评定星级后，由相应的星评机构授予星级标志和证书。旅游饭店星级标志和证书由全国旅游饭店星级评定机构统一制作，饭店应将星级标志置于前厅最明显的位置。

饭店取得星级后，因改造发生建筑规格、设施设备和服务项目的变化，关闭或取消原有设施设备、服务功能或项目，导致达不到原有星级标准的，必须向原旅游饭店星级评定机构申报，接受复核或重新评定，否则该饭店星级无效。

三、旅游饭店的星级复核

（一）星级饭店的复核与处理

星级复核是星级评定工作的重要补充部分，每年一次，目的是督促已经取得星级的饭店持续达标，其责任划分与星级评定的责任分工完全相同。

复核工作是在饭店对照星级标准自查自纠、并在将自查结果报告旅游饭店星级评定机构的基础上，由旅游饭店星级评定机构以明察或暗访的方式安排抽查验收。

已经取得星级的饭店如发生重大安全责任事故，所属星级将被立即取消，相应星级标志不得继续使用。

(二) 星级饭店访查规范

为了配合2003版星级标准的实施,规范和完善星级饭店的评定工作,更好地促进我国星级饭店服务质量的提高,国家旅游局于2006年3月发布并实施了旅游行业标准《星级饭店访查规范》(以下简称《访查规范》)(LB/T006-2006)。访查的对象为已经评定星级的旅游饭店,具体可用于复核,也可用于饭店星级期满的重新评定。目前,尽管星级标准在2010年经过了重新修改发布,但2006年制定的《访查规范》仍在继续实施。

根据《访查规范》的要求,访查人员由具备检查资格的专业人员担任,经具有相应星级评定权限的星评机构委派,以普通客人身份入住饭店,针对已评星级的饭店落实和执行星标的情况进行检查,或在不通知饭店管理方具体检查时间的情况下,以"神秘客人"的形式对饭店质量进行暗访的一系列检查活动。访查实行打分的方式,重点是前厅、客房、餐饮等核心产品,项目包括前厅、客房、餐饮、其他服务(康乐、商务中心、商品服务)、安全设施及特殊人群设施、饭店总体印象(公共区域、后台区域)、员工要求与应变能力等七个大项。访查达标的饭店,星评机构将给予口头表扬、通报表扬、饭店申请更高星级评定时予以加分。如未能达标,将被口头提醒、书面警告、通报批评、限期整顿、降低星级或取消星级。

第四节 绿色饭店

一、绿色饭店概述

由于全球生态环境日益恶化,保障人类健康已受到全世界的普遍关注,许多国家、地区和行业都制定了相应的法律法规和政策措施,约束并促进组织的环境行为。旅游业的发展依赖于当地的环境状况,而饭店业在有效保护环境和合理利用资源方面的努力,会直接影响到社会的可持续发展。为此,国家旅游局于2006年3月在参照浙江省地方标准《绿色饭店》(DB33/T326-2001)的基础上,曾发布并实施了旅游行业标准《绿色旅游饭店》(LB/T007-2006),用以指导创建绿色旅游饭店,实施环境管理。但由于此前具有国家商务部背景的中国饭店协会已经制定了一个绿色饭店行业标准，并在一定范围内加以实施，因此，根据国务院的意见，商务部、环境保护部和国家旅游局于2007年整合原有的评定标准，重新修订了国家标准《绿色饭店》(GB/T21084-2007)，由国家质检总局和国家标准化管理委员会联合发布。

绿色饭店是一种新的理念，它要求饭店将环境管理融入饭店的经营管理之中，以环境保护为出发点，调整饭店的发展战略、经营理念、管理模式、服务方式，提供符合人体安全和健康要求的产品，并引导社会公众的节约意识和环境意识，改变传统的消费观念，倡导绿色消费。其实质是饭店在为客人提供符合环保要求的高质量产品的同时，节约能源和资源，减少排放，预防环境污染。绿色饭店是一种方向和目标，它的创建、实施与保持是一个不断发展的过程。

饭店建成年代有长短，经营规模有大小，建筑形式各不同，设施设备技术性能有差别，因此需要根据自身情况采取不同措施，积极引进先进的环保技术与设备，持续改进环境绩效。

二、绿色饭店创建

（一）绿色饭店的概念

绿色饭店是指在规划、建设和经营过程中，以节约资源、保护环境、安全健康为理念，以科学的设计和有效的管理、技术措施为手段，以资源效率最大化、环境影响最小化为目标，为消费者提供安全、健康服务的饭店。

对饭店企业而言，提倡在经营活动中采取绿色行动，也就是饭店按照制定的计划，向社会公众传播绿色消费相关知识，调整自身经营方式，加强资源节约与环境保护。

对消费者来说，主张在消费过程中体现绿色消费，即主动选择有利于资源节约、环境保护的产品和服务，减少或消除对环境的污染，降低资源和能源的消耗。

（二）企业创建绿色饭店的要求

企业创建绿色饭店，基本要求是制定环境方针，确定量化指标，设立相应的机构，建立奖惩制度，开展教育培训，并且近三年内无安全事故和环境污染超标事故。

具体要求包括绿色设计、节能降耗、安全管理、环境保护、健康管理、绿色宣传等。

绿色设计包括环境设计、建筑设计和流程设计。饭店应当远离高污染地区选址,不造成当地生态环境破坏;使用隔热、降噪、保温材料,自然采光;积极利用太阳能、地热能、风能、水能等可再生能源与替代能源,有能源、资源的循环利用设计。

健康管理要求推广绿色客房和绿色餐饮。饭店应设立无烟客房或无烟楼层,隔音良好。餐饮采用有机、绿色、无公害食品原料,不以野生受保护动植物为原料,设立无烟区以及无烟包间,倡导分餐制,菜单中明示大小例服务。

(三)绿色饭店的评定

绿色饭店等级以银杏叶为标识,从一叶到五叶,五叶为最高等级。

绿色饭店实行自愿申请、强制管理的制度。

绿色饭店评定程序有申请与受理、自查与改进、评审、授牌四个环节。从事评定的人员要求具备系统的饭店管理知识、较强的分析能力和组织能力,并通过培训,取得评审员资格。

经评定获得"绿色饭店"称号的企业,授予全国统一的相应标牌和证书,有效期四年。期满后必须重新申请、评定。

被授予绿色饭店的企业,每两年进行一次等级复核。对降低或达不到评定标准的饭店,根据其程度分别给予通报、降级或取消绿色饭店称号的处理。

尽管绿色饭店评定标准已经出台多年,而且没有限制申请参评企业的开业年限,但是目前的评定现状并不理想,实施效果反而不如原来的《绿色旅游饭店》行业标准。究其原因,一是评定工作的多种行业背景,导致归口单位和主管部门纷纭复杂。二是评定权限划分不清,职责不明,导致企业无所适从。

第五节　食品安全管理法规

一、食品安全概述

(一)立法背景

饮食是生活的第一需要。随着人们生活水平的提高,人们对食品的第一要求是安全卫生。早在1982年,全国人大常委会就通过了《食品卫生法(试行)》;1995年,在总结试行法实施经验的基础上,又正式颁布了《食品卫生法》。食品安全事关公众身体健康、社会和谐稳定，事关国家声誉和政府形象。尽管《食品卫生法》曾经发挥过十分重要的作用，但食品安全仍然存在着六个方面的问题：(1)食品标准不统一，有些指标不科学。(2)某些食品生产企业欠缺社会责任意识，随意添加激素、毒素、色素，以致出现了许多引起广泛关注的问题，如苏丹红、多宝鱼、红心咸鸭蛋、致病福寿螺、三鹿奶粉事件等。(3)对生产经营不安全食品的企业处罚力度不够。(4)食品检验机构不够规范、责任不够明确。(5)食品安全信息公布不规范，甚至有时候出现一些混乱。(6)多头监管，部门之间职责交叉。

为此，十一届全国人大历时五年，于2009年2月28日经第七次会议通过了《中华人民共和国食品安全法》。随后，国务院于2009年7月20日发布并实施了《中华人民共和国食品安全法实施条例》。此外，不少相关部门还曾经发布了《流通环节食品安全监督管理办法》、《食品流通许可证管理办法》、《餐饮服务食品安全监督管理办法》、《食品标签通用标准》等多种行政规章和国家标准。

从食品卫生法到食品安全法，法律名称的差别，表明了立法观念和监管模式的重大转变。食品卫生是指干净，而食品安全则涉及无毒无害。这是由对食品安全监管的外在为主，深入到食品安全的内在因素来进行监管，并且导致了监管方式的转变。

在旅游领域，食品安全卫生也是旅游者权益保护的一个重要方面，旅游从业人员应当学习、了解我国有关食品安全的法律法规，认真做好食品安全工作，切实保障旅游者的饮食健康，维护我国旅游业的声誉。

（二）食品的概念

食品是指各种供人食用或者饮用的成品和原料以及按照传统既是食品又是药品的物品，但是不包括以治疗为目的的物品。因此，食品主要有三种：直接食用品、食品原料、食药同源品。这里说的既是食品又是药品的物品主要是保健、滋补食品，如红枣、罗汉果、薄荷、茯苓等中药材，作为调料的花椒等，作为营养强化剂的多种维生素等。

食品安全，指食品无毒、无害，符合应当有的营养要求，对人体健康不造成任何急性、亚急性或者慢性危害。

（三）食品安全的基本要求

食品是人们生活的必需品，但如果处置不当，食品也可能给人带来危害。食品对人身的危害分为两种情况，一种情况是食品本身含有毒素，另一种情况是食品在生长、制造、贮存、运输及销售等过程中,被有害物质所污染。这些有毒的或被污染的食品被人食用后,将会造成不良后果甚至是难以挽回的后果。

根据我国《食品安全法》的规定,食品安全的基本要求如下。

第一,无毒无害。即食用该食品后不会造成人的急性、亚急性或者慢性危害,或食物中虽含有极少量有毒有害物质,但在正常食用的情况下,不致危害人的健康。

第二,符合应当有的营养要求。首先,各种食品都应具备一定的营养成分,如蛋白质、碳水化合物、脂肪、维生素、矿物质和其他可供代谢的有机物;其次,食品所含营养成分的消化吸收率和维护人体正常生理功能的作用必须达到一定的标准。

第三,食品中不得加入药物。因为如果把药物加入到食品中,只可能对极少数消费者有疗效,却可能会对大多数消费者造成不良后果。但是按照传统既是食品又是药品的作为原料、调料或者营养强化剂加入的除外。按照传统,既是食品又是中药材的物质的目录由国务院卫生行政部门制定、公布。

第四,对人体健康不造成急性、亚急性或者慢性危害。

(四) 食品安全法的基本内容

《食品安全法》关于食品安全工作方面有五个创新。

第一,监管。由国务院设立食品安全委员会,作为高层次的议事协调机构,改变长期以来卫生、质检、工商、食监、农业五龙治水的监管制度。进一步明确了从种植养殖到餐饮消费的全程监管,建立农产品生产记录制度,从食品源头开始强化安全问题。

第二,风险监测与评估。将食品安全评价由事后提至事前,发现不符合食品安全标准的食品,立即进行处置,如报告、评估、召回、查封、处罚等。相较于以前仅关注产品的外标签和说明书的监管方式,这种以加强检测、评估和检验的监管方式更注重产品的内在质量。

第三,强化食品添加剂监管,严禁擅自生产和添加。尤其值得注意的是,法律规定,没有进入食品添加剂名录的,即使无害也不允许添加。

第四,制定统一的食品安全国家标准。

第五,强化责任。(1)规定食品生产经营者是第一责任人。(2)违法生产经营食品的企业,既要承担行政责任,又要承担刑事责任,还要承担民事责任,并且要优先赔偿损失,即法律责任竞合中民事责任优先。(3)生产不符合食品安全标准的食品、销售明知不符合食品安全标准的食品，消费者除要求赔偿损失外，还可以向生产者或者销售者要求支付价款10倍的赔偿金。(4)社会团体或其他组织与个人，在广告当中向消费者推荐不符合食品安全标准的食品，使消费者的合法权益受到损害的，应承担连带责任。(5)禁止对食品实行免检。

《食品安全法》还确立了一系列制度，把食品生产经营者的安全责任逐一落到实处：(1)食品生产经营许可制度。通过完善准入制度、提高市场门槛，从源头上加强食品安全监管。(2)食品生产经营者食品安全信用档案制度。对那些缺少安全信用的企业，最终将驱逐出市场。(3)索票索证制度。一旦出现食品安全问题，可以追查到底。(4)不安全食品召回制度。防止不安全的食品继续在市场上流通、销售，成为食品安全的隐患。

二、食品安全的生产经营要求

食品生产经营是指一切食品的生产、采集、收购、加工、贮存、运输、陈列、供应、销售等活动。食品生产经营过程中，必须符合10项安全要求：(1)场所与环境。(2)设施与设备。(3)人员与制度。有食品安全专业技术人员、管理人员和保证食品安全的规章制度。(4)布局与流程。具有合理的设备布局和工艺流程。(5)盛装器皿。洗净消毒，保持清洁。(6)储运容器。安全无害，防止污染，保证所需温度，不得将食品与有毒、有害物品一同运输。(7)包装方式与材料。(8)人员与卫生。(9)生产用水。符合国家规定的卫生标准。(10)清洁用品。使用的洗涤剂、消毒剂应当对人体安全、无害。

此外，还有10种禁止生产经营的食品，如超过保质期的食品、无标签的预包装食品、未经检疫的肉类及其制品、营养成分不符合食品安全标准的专供婴幼儿和其他特定人群的主辅食品等。

三、食品安全的管理要求

(一) 食品安全管理机构

第一，国务院设立食品安全委员会，其工作职责由国务院规定。

国务院卫生行政部门承担食品安全综合协调职责，负责食品安全风险评估、食品安全标准制定、食品安全信息公布、食品检验机构的资质认定条件和检验规范的制定，组织查处食品安全重大事故。

国务院质量监督、工商行政管理和国家食品药品监督管理部门依照本法和国务院规定的职责，分别对食品生产、食品流通、餐饮服务活动实施监督管理。

县级以上地方人民政府统一负责、领导、组织、协调本行政区域的食品安全监督管理工作，建立健全食品安全全程监督管理的工作机制；统一领导、指挥食品安全突发事件应对工作；完善、落实食品安全监督管理责任制，对食品安全监督管理部门进行评议、考核。

第二，县级以上地方人民政府依照本法和国务院的规定确定本级卫生行政、农业行政、质量监督、工商行政管理、食品药品监督管理部门的食品安全监督管理职责。有关部门在各自职责范围内负责本行政区域的食品安全监督管理工作。

第三，上级人民政府所属部门在下级行政区域设置的机构应当在所在地人民政府的统一组织、协调下，依法做好食品安全监督管理工作。

第四，县级以上卫生行政、农业行政、质量监督、工商行政管理、食品药品监督管理部门应当加强沟通、密切配合，按照各自职责分工，依法行使职权，承担责任。

(二) 食品从业人员的健康管理

食品生产经营者应当建立并执行从业人员健康管理制度。患有痢疾、伤寒、病毒性肝炎等消化道传染病的人员，以及患有活动性肺结核、化脓性或者渗出性皮肤病等有碍食品安全的疾病的人员，不得从事接触直接入口食品的工作。

新参加工作和临时参加工作的食品生产经营人员必须进行健康检查，取得健康证明后方可参加工作。

食品生产经营人员每年也应当进行健康检查，取得健康证明后方可参加工作。

(三) 安全卫生许可制度

国家对食品生产经营实行许可制度。从事食品生产、食品流通、餐饮服务，应当依法取得质监部门核发的食品生产许可证、工商部门核发的食品流通许可证、食监部门核发的餐饮服务许可证，方可向工商行政管理部门申请登记。未取得许可证的，不得从事食品生产经营活动。

取得食品生产许可的食品生产者在其生产场所销售其生产的食品，不需要取得食品流通的许可；取得餐饮服务许可的餐饮服务提供者在其餐饮服务场所出售其制作加工的食品，不需要取得食品生产和流通的许可；农民个人销售其自产的食用农产品，不需要取得食品流通的许可。

食品生产加工小作坊和食品摊贩从事食品生产经营活动，应当符合本法规定的与其生产经营规模、条件相适应的食品安全要求，保证所生产经营的食品卫生、无毒、无害，有关部门应当对其加强监督管理，具体管理办法由省、自治区、直辖市人民代表大会常务委员会依照本法制定。

实行审批、发放安全卫生许可制度，禁止不具备生产经营条件的单位和个人生产经营食品，把可能产生的食品安全方面的问题控制在生产经营开始之前，以保证人们的饮食健康。

（四）食品标识管理

第一，食品标识对于维护消费者和食品生产经营者的利益，对于发展食品生产，具有非常重要的作用。真实、具体的食品标识，不仅能使消费者了解食品的性状，根据自己的需要做出选择，也能使消费者根据食品标识上的生产时间、使用期限等判断食品的安全性和新鲜度，以保证自己的饮食卫生。同时，食品标识也能促进食品生产经营企业加强食品卫生管理，提高食品质量。

第二，根据《食品安全法》的规定，食品经营者销售散装食品，应当在散装食品的容器、外包装上标明食品的名称、生产日期、保质期、生产经营者名称及联系方式等内容。

第三，预包装食品的包装上应当有标签。标签应当标明下列事项：(1)名称、规格、净含量、生产日期；(2)成分或者配料表；(3)生产者的名称、地址、联系方式；(4)保质期；(5)产品标准代号；(6)贮存条件；(7)所使用的食品添加剂在国家标准中的通用名称；(8)生产许可证编号；(9)法律、法规或者食品安全标准规定必须标明的其他事项；(10)专供婴幼儿和其他特定人群的主辅食品，其标签还应当标明主要营养成分及其含量。

（五）食品安全标准

第一，制定食品安全标准，应当以保障公众身体健康为宗旨，做到科学合理、安全可靠。

第二，食品安全标准是强制执行的标准。除食品安全标准外，不得制定其他的食品强制性标准。

第三，食品安全标准应当包括下列内容：(1)食品、食品相关产品中的致病性微生物、农药残留、兽药残留、重金属、污染物质以及其他危害人体健康物质的限量规定；(2)食品添加剂的品种、使用范围、用量；(3)专供婴幼儿和其他特定人群的主辅食品的营养成分要求;(4)对与食品安全、营养有关的标签、标识、说明书的要求;(5)食品生产经营过程的卫生要求;(6)与食品安全有关的质量要求;(7)食品检验方法与规程;(8)其他需要制定为食品安全标准的内容。

第四,食品安全国家标准由国务院卫生行政部门负责制定、公布。国务院标准化行政部门提供国家标准编号。

四、食品安全的监督要求

(一) 食品安全社会监督制度

我国《食品安全法》在食品安全管理机制的基础上,进一步以法律的形式确立了食品安全社会监督制度,肯定了食品安全的社会监督,使食品的生产经营置于最广泛的社会监督之下。

(二) 食品安全社会监督机构

第一,国家鼓励社会团体、基层群众性自治组织开展食品安全法律、法规以及食品安全标准和知识的普及工作,倡导健康的饮食方式,增强消费者食品安全意识和自我保护能力。

第二,新闻媒体应当开展食品安全法律、法规以及食品安全标准和知识的公益宣传,并对违反本法的行为进行舆论监督。

第三,任何组织或者个人有权举报食品生产经营中违反本法的行为,有权向有关部门了解食品安全信息,对食品安全监督管理工作提出意见和建议。

第四,食品行业协会应当加强行业自律,引导食品生产经营者依法生产经营,推动行业诚信建设,宣传、普及食品安全知识。

五、食品安全事故处置

(一) 食品安全事故应急预案

第一,国务院组织制定国家食品安全事故应急预案。

第二,县级以上地方人民政府应当根据有关法律、法规的规定和上级人民政府的食品安全事故应急预案以及本地区的实际情况,制定本行政区域的食品安全事故应急预案,并报上一级人民政府备案。

第三,食品生产经营企业应当制定食品安全事故处置方案,定期检查本企业各项食品安全防范措施的落实情况,及时消除食品安全事故隐患。

(二)食品安全事故的处置

1. 食品安全事故的概念。

食品安全事故,指食物中毒、食源性疾病、食品污染等源于食品,对人体健康有危害或者可能有危害的事故。

食物中毒,指食用了被有毒有害物质污染的食品或者食用了含有毒有害物质的食品后出现的急性、亚急性疾病。

食源性疾病,指食品中致病因素进入人体引起的感染性、中毒性等疾病。

2. 食品安全事故的报告。

第一,发生食品安全事故的单位应当立即予以处置,防止事故扩大。事故发生单位和接收病人进行治疗的单位应当及时向事故发生地县级卫生行政部门报告。

第二,农业行政、质量监督、工商行政管理、食品药品监督管理部门在日常监督管理中发现食品安全事故,或者接到有关食品安全事故的举报,应当立即向卫生行政部门通报。

第三,发生重大食品安全事故的,接到报告的县级卫生行政部门应当按照规定向本级人民政府和上级人民政府卫生行政部门报告。县级人民政府和上级人民政府卫生行政部门应当按照规定上报。

第四,任何单位或者个人不得对食品安全事故瞒报、谎报、缓报,不得毁灭有关证据。

3. 食品安全事故的处理。

第一,县级以上卫生行政部门接到食品安全事故的报告后,应当立即会同有关农业行政、质量监督、工商行政管理、食品药品监督管理部门进行调查处理,并采取下列措施,防止或者减轻社会危害:(1)开展应急救援工作,对因食品安全事故导致人身伤害的人员,卫生行政部门应当立即组织救治;(2)封存可能导致食品安全事故的食品及其原料,并立即进行检验;对确认属于被污染的食品及其原料,责令食品生产经营者依照本法第五十三条的规定予以召回、停止经营并销毁;(3)封存被污染的食品用工具及用具,并责令进行清洗消毒;(4)做好信息发布工作,依法对食品安全事故及其处理情况进行发布,并对可能产生的危害加以解释、说明。

第二,发生重大食品安全事故的,县级以上人民政府应当立即成立食品安全事故处置指挥机构,启动应急预案,依照前款规定进行处置。

第三,发生重大食品安全事故,设区的市级以上人民政府卫生行政部门应当立即会同有关部门进行事故责任调查,督促有关部门履行职责,向本级人民政府提出事故责任调查处理报告。

第四,重大食品安全事故涉及两个以上省、自治区、直辖市的,由国务院卫生行政部门依照前款规定组织事故责任调查。

第五,发生食品安全事故,县级以上疾病预防控制机构应当协助卫生行政部门和有关部门对事故现场进行卫生处理,并对与食品安全事故有关的因素开展流行病学调查。

第六,调查食品安全事故,除了查明事故单位的责任,还应当查明负有监督管理和认证职责的监督管理部门、认证机构的工作人员失职、渎职情况。

六、食品安全法实施现状与发展趋势

我国的食品生产总体情况是小散乱低,消费状况是量大面广。食品安全法颁布实施以来,食品安全工作虽然取得了某些进展,但影响和制约我国食品安全的深层次矛盾和问题未根本解决。这既有法律缺陷的原因,更有监管部门众多,彼此职能交叉,责任不明、监管不力的弊端。法律尽管确定了10倍的赔偿标准,但由于食品购买数量小,维权成本高,找回一只鸡,得杀一头牛,一赔十的规定仍不足以威慑不法分子,食品安全形势严峻依旧。具体来说,威胁食品安全的关键问题有六个:(1)食品安全监管空白;(2)国家食品安全法律体系存在监管盲区,罚则太轻,相关配套制度不健全;(3)农药、添加剂等有毒有害物质的违法使用或滥用;(4)食品生产者违法添加或不合理使用危害食品安全的物质;(5)食品安全可追溯系统不完善,缺乏贯穿产业链的全程质量监控体系;(6)食品生产源头的环境恶化,造成农产品和畜牧产品等食品原材料受到污染。

2013年3月,根据第十二届全国人大第一次会议审议的《国务院关于提请审议国务院机构改革和职能转变方案》的议案,国务院启动新一轮机构改革,组建了正部级的国家食品药品监管总局,将分散在工商、质检、食药监、卫生等部门的食品监管职能统一起来,改分段管理为综合管理,从此告别九龙治水的局面。整合后,监管部门可串起产业链条的各个行业,成为千里眼,更细致入微地观察和监督企业行为,而不再是等到事情发生后亡羊补牢。

5月至9月,中国食药监总局开展了专项行动,重点打击保健食品非法生产、非法经营、非法添加、非法宣传等行为。

6月，国务院转发国家食药监总局、公安部、质检总局等九部委《关于进一步加强婴幼儿配方乳粉质量安全工作的意见》，明确指出要“参照药品管理办法严格管理”。同时，宣布对《食品安全法》进行修订，将其列入国务院法制办 2013 年立法计划。

10 月 29 日，国务院法制办公室就《食品安全法(修订草案送审稿)》向全社会公开征求意见。11 月 29 日，征求意见阶段结束。此次送审稿共 134 条，比 2009 年颁布的版本虽然只多 30 条，但对内容进行了较大幅度的增加，比原来增加 6 000 多字，增幅度达 25%。

2014 年 12 月 25 日，食品安全法修订草案二审稿提请全国人大常委会审议。草案二审稿增加了关于食品贮存和运输、食用农产品市场流通、转基因食品标识等方面内容。二审稿规定，生产经营转基因食品应当按照规定进行标识。

2015 年 3 月，国家食品药品监督管理总局法制司副司长陈谞两会期间接受华西都市报记者采访时表示，《食品安全法》最快上半年出台。

新修订的《食品安全法》围绕最严谨的标准、最严格的监管、最严格的处罚和最严肃问责的要求，切实化解食品安全治理的难题，来确保人民群众的饮食安全。

此次修法有五大特点，一是更加突出预防为主；二是建立最严格的、全过程的过程控制；三是创新食品安全的监管制度；四是建立最严格的法律责任制度；五是突出食品安全制度共治体系。

在严格法律责任方面，首先是强化了企业主体责任的落实，明确提出食品生产经营者是食品安全第一责任人，对其生产经营的食品安全负责。规定了食品生产经营者应当建立食品追溯体系。另外应当对召回的食品，要采取无害化的处理，包括销毁、预防再次流入市场。

还对网络食品交易进行了规范。“网络食品交易第三方平台提供者应当对入网食品经营者进行实名登记，明确其食品安全责任。

2015 年 4 月 24 日，新修订的《中华人民共和国食品安全法》经第十二届全国人大常委会第十四次会议审议通过。被称为“史上最严”食品安全法通过，网购食品纳入监管。

新版食品安全法共十章，154 条，将于 2015 年 10 月 1 日起正式施行。这部经全国人大常委会第九次会议、第十二次会议两次审议，三易其稿，被称为“史上最严”的食品安全法，主要修改如下。

(一)禁止剧毒高毒农药用于果蔬茶叶

在农药管理上,新版食品安全法规定:国家对农药的使用实行严格的管理制度,加快淘汰剧毒、高毒农药,高残留农药,推动替代产品的研发和运用,鼓励使用高效、低毒,低残留农药。增加了:禁止将剧毒、高毒农药用于蔬菜、瓜果、茶叶和中草药材等国家规定的农作物的规定。体现了我国对剧毒、高毒农药严厉监管的决心。

(二)保健食品标签不得涉防病治疗功能

针对保健食品生产、经营、宣传中存在的问题,新版食品安全法明确要求:保健食品声称保健功能,应当具有科学依据,不得对人体产生急性、亚急性或者慢性危害。保健食品的标签、说明书不得涉及疾病预防、治疗功能,内容应当真实,与注册或者备案的内容相一致,载明适宜人群、不适宜人群、功效成分或者标志性成分及其含量等,并声明"本品不能代替药物"。

(三)婴幼儿配方食品生产全程质量控制

2008年"三聚氰胺"事件后,婴幼儿食品安全问题成为食品安全领域的焦点。新修订的食品安全法明确,婴幼儿配方食品生产企业应当建立实施从原料进厂到成品出厂的全过程质量控制,对出厂的婴幼儿配方食品实施逐批检验,保证食品安全。法律特别强调:婴幼儿配方乳粉的产品配方应当经国务院食品药品监督管理部门注册。注册时,应当提交配方研发报告和其他表明配方科学性、安全性的材料;不得以分装方式生产婴幼儿配方乳粉,同一企业不得用同一配方生产不同品牌的婴幼儿配方乳粉。

(四)网购食品纳入监管范围

如今网购已成为我国居民日常消费的主要方式之一。统计数据显示,2013年我国网络零售交易额达到1.85万亿元,其中网络食品交易324亿元,保健食品约40亿元。

但网购回来的食品有问题该怎么办?新版食品安全法将网购食品纳入监管范围,并明确规定,网络食品交易第三方应当对入网食品经营者进行实名登记,明确其食品安全管理责任;依法应当取得许可证的,还应当审查其许可证。消费者通过网络食品交易第三方平台购买食品,其合法权益受到损害的,可以向入网食品经营者或者食品生产者要求赔偿。网络食品交易第三方平台提供者不能提供入网食品经营者的真实名称、地址和有效联系方式的,由网络食品交易第三方平台提供者赔偿。网络食品交易第三方平台提供者赔偿后，有权向入网食品经营者或者食品生产者追偿。

（五）生产经营转基因食品应按规定标示

对于同样广受关注的转基因食品，新版食品安全法增加规定：生产经营转基因食品应当按照规定进行标示。同时规定，未按规定进行标示的，没收违法所得和生产工具、设备、原料等，最高可处货值金额五倍以上十倍以下罚款，情节严重的责令停产停业，直至吊销许可证。

第七章 旅游纠纷及纠纷解决法规

内容提要

本章介绍了旅游纠纷及纠纷解决方面的法律法规的规定。主要内容包括：旅游纠纷的概念和类型，解决旅游纠纷的方式；旅游纠纷调解的概念、优点、原则、方式和效力；旅游投诉的概念和特征、旅游投诉的管辖、旅游投诉的受理和处理；旅游纠纷仲裁的概念、特点和效力；旅游纠纷诉讼的概念、特征、管辖、证据、程序及诉讼时效。

第一节　旅游纠纷概述

在旅游活动中难免会发生纠纷，寻求有效的解决旅游纠纷的方式和途径，对维护旅游者和旅游经营者的合法权益，促进旅游业的健康发展有着重要的意义。

一、旅游纠纷的概念

旅游纠纷，是指旅游者与旅游经营者、旅行辅助人之间因旅游发生的合同纠纷或者侵权纠纷。“旅游经营者”是指旅行社、景区以及为旅游者提供交通、住宿、餐饮、购物、娱乐等服务的经营者。“旅行辅助人”，是指与旅行社存在合同关系，协助其履行包价旅游合同义务，实际提供相关服务的法人或者自然人。这里的相关服务指的是交通、游览、住宿、餐饮、娱乐等旅游相关服务。

二、旅游纠纷的类型

旅游纠纷复杂多样，我们可从下面几方面对其进行分类。

从纠纷的争议内容来划分，旅游纠纷可分为导游业务纠纷、旅游交通纠纷、旅游住宿纠纷、旅游饮食纠纷、旅游购物纠纷、游览观光纠纷等。

从旅行社的业务经营范围来划分，旅游纠纷可分为入境旅游纠纷、国内旅游纠纷和出境旅游纠纷。

从旅游法规的调整对象来划分，旅游纠纷可分为旅行游览行为纠纷、旅游经营行为纠纷和旅游管理行为纠纷。

从是否存在合同来划分，旅游纠纷可分为旅游合同纠纷和非旅游合同纠纷等。

旅游纠纷的主体虽然很多，但大多数旅游纠纷都发生在旅游者和旅游经营者之间。由于旅行社在旅游业中处于核心和纽带地位，多数旅游纠纷又发生于旅游者和旅行社之间。

三、解决旅游纠纷的方式

实际上，目前解决旅游纠纷的方式主要有协商、调解、投诉、仲裁和诉讼五种方式。这五种方式各有特点，旅游者可根据实际情况选择最合适的方式。在选择时既要考虑纠纷的切实解决，又要考虑到解决纠纷的成本。显然，在这五种方式中，协商是最简便、成本最低的方式，多数旅游纠纷其实是在双方的协商中缓解或解决的。

四、解决旅游纠纷的法律适用

解决旅游纠纷可能涉及的法律法规很多，如《中华人民共和国旅游法》(2013 年 4 月 25 日十二届全国人大常委会第 2 次会议通过，2013 年 4 月 25 日中华人民共和国主席令第 3 号公布，自 2013 年 10 月 1 日起施行)、《民法通则》、《合同法》、《民事诉讼法》、《仲裁法》、《消费者权益保护法》、《旅行社条例》、《导游人员管理条例》、《旅游投诉处理办法》(国家旅游局 2010 年 1 月 4 日通过，2010 年 5 月 5 日公布，自 2010 年 7 月 1 日起施行)、《最高人民法院关于审理旅游纠纷案件适用法律若干问题的规定》(2010 年 11 月 1 日施行)等。这些法律法规并不完全是用来解决旅游纠纷的,但却是解决旅游纠纷的重要法律依据。本章选取其中对旅游纠纷的解决有密切联系的部分进行介绍。

第二节　旅游纠纷的调解

一、旅游纠纷调解的概念

旅游纠纷调解是指旅游纠纷当事人在双方自愿的基础上,在第三方主持和协调下,就旅游纠纷进行协商,从而解决旅游纠纷所进行的活动。调解的主持者可以是人民调解委员会、消费者协会、仲裁机构、法院,可以是旅游投诉受理机构,也可以是双方当事人所信赖的公民个人。人民调解委员会是村民委员会和居民委员会下设的调解民间纠纷的群众性组织,在基层人民政府和基层人民法院指导下进行工作。人民调解委员会调解民间纠纷不收取费用。

调解与协商有许多共同点,如都是在自愿基础上进行的,都需要双方当事人的协商同意达成协议。但调解是在第三方主持下进行的,而协商无须第三方介入,这是调解与协商最大的不同点。

二、旅游纠纷调解的优点

以调解方式解决纠纷有许多优点:(1)程序灵活简单,能提高纠纷解决的效率。(2)成本低廉,最大限度地避免损失。(3)有利于当事人权利义务的实现。因为调解的结果是基于当事人的意愿,因而更易于被双方所接受,在履行调解协议时相对而言也较为顺利。(4)有利于促进双方当事人的团结。调解是在双方信任的第三方主持下进行的,气氛较为宽松,双方可以在较为友好的氛围中达成互谅互让的协议,有利于当事人的团结。

三、旅游纠纷调解的原则

以调解方式解决旅游纠纷应遵循下列原则。

第一,当事人自愿原则。包括两层含义:一是在程序上是否以调解方式解决旅游纠纷应尊重当事人的意愿；二是在实体上是否达成调解协议，是否同意调解协议的内容，也应尊重当事人的意愿。

第二，合法原则。也包括两层含义：一是程序上要合法，不应强迫或变相强迫当事人进行调解，调解不成，不应久拖不决，而应谋求别的解决纠纷的途径；二是实体上要合法，调解的结果不能违反国家法律、行政法规的强制性规定，也不能损害国家利益、社会公共利益和第三方的利益。

第三，查明事实、分清是非原则。调解并不是无原则地调和，调解应是在事实清楚、责任明确的前提下，引导双方做出适当让步来谋求纠纷的解决，而不能片面地维护某一方的利益。

四、旅游纠纷调解的方式

根据旅游纠纷调解主持人的身份不同，旅游纠纷调解可分为民间调解、仲裁调解和法院调解三种。

（一）民间调解

民间调解是指由当事人双方临时选任的不具备专门调解职能的单位或个人进行的调解。

（二）仲裁调解

仲裁调解是指在仲裁庭主持下进行的调解。根据我国仲裁法的规定，仲裁庭在做出裁决前，可以先行调解。当事人自愿调解的，仲裁庭应当调解；调解不成的，应当及时做出裁决。

（三）法院调解

法院调解又称诉讼中调解，是指在民事诉讼中双方当事人在法院审判人员的主持和协调下进行的调解。法院调解在诉讼的各阶段、各审级中均可进行。调解可由当事人提出申请，法院也可依职权主动提出建议，在征得当事人同意后开始调解。调解未达成协议或当事人一方拒绝签收调解书的，调解书不发生法律效力，人民法院应当及时判决。

五、旅游纠纷调解的效力

经调解达成的调解协议是当事人意思表示一致的结果，它与一般的协议一样，当事人应当履行。当事人如果反悔，可以向法院起诉。法院将按照有关规定认定调解协议的性质和效力。凡调解协议的内容是双方当事人自愿达成的,不违反国家法律、行政法规的强制性规定,不损害国家、集体、第三人及社会公共利益,不具有无效、可撤销或者变更的法定事由的,应当确认调解协议的法律效力。

但是,如果调解是在诉讼当中由法院审判人员主持下进行的,当事人签收的调解书与生效判决具有同等的法律效力,当事人不得以同一事实和理由再行起诉。因调解书是双方当事人自愿协调的结果,不存在不服的问题,因此,对调解书也不得上诉。如果调解是在仲裁庭主持下进行的,仲裁调解书与裁决书具有同等的法律效力。当事人应当履行调解书规定的义务,一方当事人不履行的,另一方当事人可以向人民法院申请执行。

第三节　旅游投诉

投诉是解决旅游纠纷的方式之一。旅游投诉是投诉的一种,而且,旅游投诉制度是最具旅游特色的解决旅游纠纷的方式。为了维护旅游者和旅游经营者的合法权益,依法公正处理旅游投诉,国家旅游局依据我国有关法律、法规,结合我国旅游业的实际情况,于 2010 年 5 月 5 日公布了《旅游投诉处理办法》,自 2010 年 7 月 1 日起施行。

一、旅游投诉的概念和特征

旅游投诉,是指旅游者认为旅游经营者损害其合法权益,请求旅游行政管理部门、旅游质量监督管理机构或者旅游执法机构(以下统称“旅游投诉处理机构”),对双方发生的民事争议进行处理的行为。

旅游投诉有下列特征:(1)投诉所涉及的是旅游纠纷;(2)投诉人是旅游者;(3)被投诉人是旅游经营者。(4)旅游投诉处理机构是旅游行政管理部门、旅游质量监督管理机构或者旅游执法机构。

二、旅游投诉的管辖

(一)旅游投诉管辖的概念

旅游投诉管辖是指各级旅游投诉处理机构之间和同级旅游投诉处理机构之间

受理旅游投诉案件的分工和权限。

（二）明确旅游投诉管辖权的意义

明确旅游投诉的管辖权有着重要的意义。

第一，明确各旅游投诉处理机构的责任，防止因管辖不明而互相推诿或争夺管辖权的情况发生，有利于旅游投诉处理机构迅速及时发现并制裁违法行为。

第二，有利于投诉人找准投诉机关，进行及时有效的投诉。

第三，有利于合理配置各旅游投诉处理机构的资源，充分发挥各旅游投诉处理机构的作用。

（三）旅游投诉的管辖

1. 一般管辖。

在一般情况下，旅游投诉由旅游合同签订地或者被投诉人所在地县级以上地方旅游投诉处理机构管辖。

2. 特殊管辖。

第一，需要立即制止、纠正被投诉人的损害行为的，应当由损害行为发生地旅游投诉处理机构管辖。

第二，上级旅游投诉处理机构有权处理下级旅游投诉处理机构管辖的投诉案件。

第三，当发生管辖争议时，旅游投诉处理机构可以协商确定管辖，或者报请共同的上级旅游投诉处理机构指定管辖。

三、旅游投诉的受理

（一）旅游投诉应符合的条件

不是任何旅游投诉都能被受理，旅游投诉处理机构受理的旅游投诉必须符合下列条件：(1)投诉人与投诉事项有直接利害关系；(2)有明确的被投诉人、具体的投诉请求、事实和理由；(3)属于《旅游投诉处理办法》中所列的旅游投诉范围。

（二）旅游投诉的范围

投诉人可以就下列事项向旅游投诉处理机构投诉：(1)认为旅游经营者违反合同约定的；(2)因旅游经营者的责任致使投诉人人身、财产受到损害的；(3)因不可抗力、意外事故致使旅游合同不能履行或者不能完全履行，投诉人与被投诉人发生争议的;(4)其他损害旅游者合法权益的。

属于下列情形的旅游投诉,旅游投诉处理机构将不予受理:(1)人民法院、仲裁机构、其他行政管理部门或者社会调解机构已经受理或者处理的;(2)旅游投诉处理机构已经作出处理,且没有新情况、新理由的;(3)不属于旅游投诉处理机构职责范围或者管辖范围的;(4)超过旅游合同结束之日 90 天的;(5)不符合旅游投诉条件的;(6)《旅游投诉处理办法》规定情形之外的其他经济纠纷。

(三) 旅游投诉的受理程序

1. 投诉者提出投诉请求。

旅游者向旅游投诉处理机构请求保护合法权益的投诉时效为 90 天,从旅游合同履行完毕之后开始计算。也就是说,投诉者提出旅游投诉请求应在旅游结束后 90 天内提出,超过 90 天的,旅游投诉处理机构将不予受理。

旅游投诉以书面投诉为原则,以口头投诉为例外。旅游投诉可以是单个人进行的投诉,也可以是多人进行的共同投诉;可以由旅游者本人进行投诉,也可以委托代理人进行投诉。

(1) 书面投诉。投诉者提出旅游投诉请求时,一般应向旅游投诉处理机构递交书面投诉书(投诉信)。投诉书一式两份,应载明下列事项:投诉人的姓名、性别、国籍、通讯地址、邮政编码、联系电话及投诉日期;被投诉人的名称、所在地;投诉的要求、理由及相关的事实根据。

(2) 口头投诉。投诉事项比较简单的,投诉人也可以口头投诉,由旅游投诉处理机构进行记录或者登记,并告知被投诉人;对于不符合受理条件的投诉,旅游投诉处理机构可以口头告知投诉人不予受理及其理由,并进行记录或者登记。

(3) 委托代理投诉。投诉人也可委托代理人进行投诉,但是应当向旅游投诉处理机构提交授权委托书,并载明委托权限。

(4) 共同投诉。共同投诉是指投诉人四人以上,以同一事由投诉同一被投诉人的旅游投诉。

对于共同投诉,投诉人可以推选一至三名代表进行投诉。代表人参加旅游投诉处理机构处理投诉过程的行为,对全体投诉人发生效力,但代表人变更、放弃投诉请求或者进行和解,应当经全体投诉人同意。

2. 审查。

县级以上人民政府应当指定或者设立统一的旅游投诉受理机构。受理机构接到投诉,应当及时进行处理或者移交有关部门处理,并告知投诉者。旅游投诉处理机构接到投诉书或者口头投诉后,应审查该投诉是否符合投诉条件,并在 5 个工作日内作出以下处理。

(1) 予以受理。投诉符合条件的,旅游投诉处理机构应予以受理。

(2) 不予受理。投诉不符合条件的,旅游投诉处理机构应当向投诉人送达《旅游投诉不予受理通知书》,告知不予受理的理由。

(3) 转移受理。旅游投诉处理机构对旅游者的投诉无管辖权的,应当以《旅游投诉转办通知书》或者《旅游投诉转办函》,将投诉材料转交有管辖权的旅游投诉处理机构或者其他有关行政管理部门,并书面告知投诉人。

四、旅游投诉的处理

旅游投诉处理机构在受理旅游者投诉后,应当在查明事实的基础上,依法对投诉进行处理。旅游投诉的处理包括下面一些程序。

(一) 立案

旅游投诉处理机构处理旅游投诉,应当立案办理,填写《旅游投诉立案表》,并附有关投诉材料。对于事实清楚、应当及时制止或者纠正被投诉人损害行为的,可以不填写《旅游投诉立案表》。

(二) 通知被投诉人作出答复

旅游投诉处理机构应在受理投诉之日起 5 个工作日内,将《旅游投诉受理通知书》和投诉书副本送达被投诉人,要求被投诉人在规定的期限内答复。对于事实清楚、应当即时制止或者纠正被投诉人损害行为的,可以不向被投诉人送达《旅游投诉受理通知书》,但应当对处理情况进行记录存档。

(三) 被投诉人书面答复

被投诉人应当在接到通知之日起 10 日内做出书面答复,提出答辩的事实、理由和证据。

(四) 审查和取证

旅游投诉处理机构应当对双方当事人提出的事实、理由及证据进行审查。如果旅游投诉处理机构认为有必要收集新的证据,则可以根据有关法律、法规的规定,自行收集或者召集有关当事人进行调查。需要委托其他旅游投诉处理机构协助调查、取证的,应当出具《旅游投诉调查取证委托书》,受委托的旅游投诉处理机构应当予以协助。

(五)调解

旅游投诉处理机构受理投诉后,应当积极安排当事双方进行调解,提出调解方案,促成双方达成调解协议。调解应在查明事实的基础上,遵循自愿、合法的原则进行。

(六)和解

在投诉处理过程中,投诉人与被投诉人可以自行和解,但应当将和解结果告知旅游投诉处理机构。旅游投诉处理机构在核实后应当予以记录并由双方当事人、投诉处理人员签名或者盖章。

(七)作出处理决定

旅游投诉处理机构应当在受理旅游投诉之日起60日内做出处理决定。处理决定分两种情况。

1. 双方达成调解协议。

当事双方达成调解协议的,旅游投诉处理机构应当制作《旅游投诉调解书》,载明投诉请求、查明的事实、处理过程和调解结果,由当事人双方签字并加盖旅游投诉处理机构印章。

2. 双方未达成调解协议。

当事双方未能达成调解协议的,旅游投诉处理机构应当向双方当事人出具《旅游投诉终止调解书》。投诉人可以按照国家法律、法规的规定,向仲裁机构申请仲裁或者向人民法院提起诉讼。

当事双方未达成调解协议,且又符合下列条件,旅游投诉处理机构应当做出划拨旅行社质量保证金赔偿的决定,或向旅游行政管理部门提出划拨旅行社质量保证金的建议:(1)旅行社因解散、破产或者其他原因造成旅游者预交旅游费用损失的;(2)因旅行社中止履行旅游合同义务、造成旅游者滞留,而实际发生了交通、食宿或返程等必要及合理费用的。

(八)行政处罚或者移送司法机关

旅游投诉处理机构在处理旅游投诉中,发现被投诉人或者其从业人员有违法或犯罪行为的,应当按照法律、法规和规章的规定,做出行政处罚、向有关行政管理部门提出行政处罚建议或者移送司法机关。

第四节　旅游纠纷的仲裁

一、旅游纠纷仲裁的概念

旅游纠纷仲裁是指旅游纠纷当事人在自愿基础上达成协议，将纠纷提交选定的仲裁委员会，由仲裁委员会做出对纠纷双方都有约束力的裁决的一种解决纠纷的制度或者方式。

二、旅游纠纷仲裁的特点

作为一种民间性的裁判制度，仲裁是一种替代诉讼的重要的解决纠纷的方式。旅游纠纷仲裁与其他的旅游纠纷解决方式相比，主要有如下特点。

（一）自愿性

仲裁以当事人的自愿为前提，即一项纠纷是否提交仲裁，交予谁仲裁，仲裁庭如何组成，由谁组成，仲裁的审理方式、开庭形式等都是在当事人自愿的基础上由双方协商确定的。

（二）专业性

旅游纠纷往往涉及法律、经济以及旅游专业知识，而仲裁委员会一般都备有分专业的、由专家组成的仲裁员名册供当事人选择，能充分满足旅游仲裁的专业性需求。

（三）灵活性

仲裁中的诸多具体程序都可由当事人选择，因此，仲裁程序更加灵活，更具弹性。

（四）保密性

仲裁以不公开进行为原则，有关的仲裁法律和仲裁规则也同时规定了仲裁员的保密义务，可以满足希望保密的当事人的要求。

（五）快捷性

仲裁实行一裁终局制，裁决一经做出即发生法律效力。而且，仲裁庭仲裁纠纷时，其中一部分事实已经清楚，可以就该部分先行裁决。这使得旅游纠纷能迅速得到解决。

三、旅游仲裁协议

当事人采用仲裁方式解决纠纷,应当双方自愿,达成仲裁协议。没有仲裁协议,一方申请仲裁的,仲裁委员会将不予受理。

旅游仲裁协议必须以书面形式订立,有三种主要表现形式:(1)仲裁条款。指当事人在签合同时就订立的,将可能的纠纷提交仲裁的条款。(2)仲裁协议书。指当事人在纠纷发生前或发生后订立的,同意将纠纷提交仲裁的一种独立的协议。(3)其他书面文件表现的仲裁协议。当事人之间往来的信函、电报、传真、电子邮件等材料包含了同意将纠纷提交仲裁的内容,也可构成仲裁协议。

四、旅游仲裁的法律效力

裁决书自做出之日起发生法律效力。当事人应当履行裁决。一方当事人不履行的,另一方当事人可以依照民事诉讼法的有关规定向人民法院申请执行。如果仲裁裁决不存在可撤销的事由,受申请的人民法院应当执行。

第五节　旅游纠纷的诉讼

在解决旅游纠纷的众多方式中,诉讼方式是程序最复杂的一种。虽然这不是纠纷解决的必经方式,但在其他方式都无效而又想解决纠纷的情况下,诉讼就是不得不采用的最终方式。当事人也可不经其他方式而直接采取诉讼方式解决旅游纠纷。

一、旅游纠纷诉讼的概念

旅游纠纷诉讼是指法院在当事人和其他诉讼参与人的参加下,以审理、判决、执行等方式解决旅游纠纷的活动,以及由这些活动产生的各种诉讼关系的总和。

二、旅游纠纷诉讼的特征

我国并没有专门的规范旅游纠纷诉讼的法律,由于我们所探讨的旅游纠纷为民事纠纷，所以，旅游纠纷诉讼可参照我国《民事诉讼法》(1991 年 4 月 9 日公布施行，2007 年 10 月修订，2008 年 4 月 1 日起施行)的相关规定。同样，旅游纠纷诉讼的特征也可参照民事诉讼的特征。与调解、仲裁这些诉讼外的解决民事纠纷的方式相比，民事诉讼有下面三个突出特征。

（一）公权性

民事诉讼是以司法途径解决平等主体之间纠纷的方式，法院代表国家行使审判权来解决民事争议，因此，民事诉讼具有公权性特点。

（二）强制性

调解、仲裁均建立在当事人自愿的基础上，只要一方不愿意，调解、仲裁将无从进行。而在民事诉讼中，只要原告起诉符合民事诉讼法规定的条件，无论被告是否愿意，诉讼均将发生。而且，法院的裁判有直接的强制执行力，当事人若不履行生效裁判确定的义务，法院可依法强制执行。

（三）程序性

民事诉讼有严格的程序，无论是法院、当事人还是其他诉讼参与人，都应按照民事诉讼法设定的程序实施诉讼行为。而调解和仲裁在程序方面较为灵活。

三、旅游纠纷诉讼的管辖

诉讼管辖，是指各级法院之间和同级法院之间受理第一审案件的分工和权限。我国的法院有四级，分别是基层人民法院、中级人民法院、高级人民法院和最高人民法院，除了最高人民法院以外，每一级法院都有许多个。一项纠纷，当事人该向哪一个法院起诉，哪一个法院有权受理，这是首先要解决的。民事诉讼法对案件的管辖有许多具体规定，就旅游纠纷诉讼而言，下面几点尤其要掌握。

第一，每一级法院都可受理第一审旅游纠纷案件。一般的旅游纠纷案件由基层人民法院管辖，性质重大、案情复杂、影响范围大、涉及金额多的旅游纠纷案件由级别较高的法院管辖。

第二，旅游纠纷诉讼的管辖法院一般实行“原告就被告”的原则，即以被告所在地确定管辖的法院。如果被告是公民，被告所在地即为被告住所地(户籍所在地)，被告住所地与经常居住地(公民离开住所连续居住满 1 年的地方)不一致的，被告所在地为被告经常居住地。如果被告是法人或其他组织，被告所在地为法人或其他组织的主要办事机构所在地或主要营业地，没有办事机构的，被告所在地为其注册地。

第三,几种特殊的旅游纠纷案件管辖:(1)因旅游合同纠纷提起的诉讼,可由被告住所地或者合同履行地人民法院管辖。(2)因铁路、公路、水上、航空运输和联合运输合同纠纷提起的旅游诉讼,可由运输始发地、目的地或者被告住所地人民法院管辖。(3)因侵权行为提起的旅游纠纷诉讼,可由侵权行为地或者被告住所地人民法院管辖。(4)因铁路、公路、水上和航空事故请求损害赔偿提起的旅游诉讼,可由事故发生地或者车辆、船舶最先到达地、航空器最先降落地或者被告住所地人民法院管辖。(5)两个以上人民法院都有管辖权的旅游纠纷诉讼,原告可以向其中一个人民法院起诉;原告向两个以上有管辖权的人民法院起诉的,由最先立案的人民法院管辖。

四、旅游纠纷诉讼的证据

证据是能够证明案件真实情况的各种事实,也是法院认定有争议的案件事实的根据。当事人的要求能否得到满足关键在于证据。旅游纠纷诉讼的证据主要有:书证、物证、视听资料、证人证言、当事人陈述、鉴定结论、勘验笔录七种。

上述证据当中,凡是直接来源于案件事实,未经复制、转述的证据是原始证据,如亲眼目睹纠纷过程的证人证言、物证的原物、合同书的原件、勘验笔录等;凡是间接来源于案件事实,经过复制、转述的证据是传来证据,如物证的复制品、文件的影印件、非亲自感受案件事实的证人所作的证言等。一般来说,原始证据比传来证据可靠;同是传来证据,距原始证据越近的越可靠。

五、旅游纠纷诉讼程序

(一) 起诉

起诉必须符合下列条件:(1)原告是与本案有直接利害关系的公民、法人和其他组织。(2)有明确的被告。(3)有具体的诉讼请求和事实、理由。(4)属于人民法院受案范围和受诉人民法院管辖。

起诉以书面起诉为原则,口头起诉为例外,起诉状应写明:(1)当事人的姓名、性别、年龄、民族、职业、工作单位和住所,法人或者其他组织的名称、住所和法定代表人或者主要负责人的姓名、职务。(2)诉讼请求和所根据的事实与理由。(3)证据和证据来源,证人姓名和住所。

（二）人民法院对起诉的审查与受理

人民法院收到起诉状或者口头起诉，经审查，认为符合起诉条件的，应当在7日内立案，并通知当事人；认为不符合起诉条件的，应当在7日内裁定不予受理；原告对裁定不服的，可以提起上诉。

（三）开庭审理

开庭审理按下列程序进行。

1. 开庭前的准备工作。

人民法院审理民事案件，应当在开庭三日前通知当事人和其他诉讼参与人。公开审理的，应当公告当事人姓名、案由和开庭的时间、地点。

2. 法庭调查。

其任务是审查核实各种诉讼证据。

3. 法庭辩论。

作为定案的所有证据，都必须经过法庭的辩论和质证。

4. 评议和宣判。

法院对公开审理或者不公开审理的案件，一律公开宣告判决。判决书应当写明：案由、诉讼请求、争议的事实和理由；判决认定的事实、理由和适用的法律依据；判决结果和诉讼费用的负担；上诉期间和上诉的法院。

（四）第二审程序

我国实行两审终审制，当事人不服一审法院做出的裁判，可以向上一级法院提起上诉，经上一级法院审理并做出裁判后，诉讼便告终结。对一个旅游纠纷案件，当事人不服地方人民法院第一审判决的，有权在判决书送达之日起15日内向上一级人民法院提起上诉，二审法院的判决为终审判决。如果双方当事人在15日内均未上诉，判决也将发生法律效力，因此，二审程序不是必经程序。

（五）审判监督程序

审判监督程序即再审程序，是纠正生效裁判错误的法定程序，因此也不是必经程序。人民法院和人民检察院随时都可提起再审程序。当事人申请再审，应当在判决、裁定发生法律效力后两年内提出。

（六）旅游纠纷诉讼的审理期限

审理期限是指某一案件从人民法院立案受理到做出裁判的法定期间。旅游纠纷案件，应当在立案之日起六个月内审结。有特殊情况需要延长的，由法院院长批准,可以延长六个月;还需要延长的,报请上级人民法院批准。人民法院审理对判决的上诉案件,应当在第二审立案之日起三个月内审结。有特殊情况需要延长的,由法院院长批准。

六、诉讼时效

进行旅游纠纷诉讼时还要注意诉讼时效。诉讼时效指的是对在法定期间内不行使权利的权利人,使其丧失在诉讼中的胜诉权的法律制度。

(一)诉讼时效期间

我国《民法通则》规定,普通民事诉讼的诉讼时效期间为两年,下列情况下诉讼时效期间为一年:(1)身体受到伤害要求赔偿的。(2)出售质量不合格的商品未声明的。(3)延付或者拒付租金的。(4)寄存财物被丢失或者损毁的。

(二)诉讼时效的起算

诉讼时效期间从知道或者应当知道权利被侵害时起计算。但是,从权利被侵害之日起超过20年的,人民法院不予保护。

(三)诉讼时效的中止、中断、延长

在诉讼时效期间的最后六个月内,因不可抗力或者其他障碍不能行使请求权的,诉讼时效中止。从中止时效的原因消除之日起,诉讼时效期间继续计算。

诉讼时效因提起诉讼、当事人一方提出要求或者同意履行义务而中断。从中断时起,诉讼时效期间重新计算。

有特殊情况的,人民法院可以延长诉讼时效期间。

(四)超过诉讼时效的法律后果

超过诉讼时效后,权利人仍可向法院起诉。法院经调查确认诉讼时效已完成,且权利人无正当理由,将驳回权利人的诉讼请求。但是,这时若义务人自愿履行义务,权利人可受领其履行,义务人不能因为权利人超过诉讼时效而要求权利人返还其所受履行。也就是说,当事人自愿履行的,不受诉讼时效限制。

第八章

旅游资源管理法规

内容提要

旅游资源是旅游业发展的基础条件。旅游资源管理法规是科学发展旅游业，合理保护、开发、利用旅游资源的法律依据。因此，本章主要介绍了我国旅游资源和环境保护方面的法律法规。这些法律法规规定了旅游资源保护、开发、利用的范围和原则；旅游环境法律保护面临的问题与防治对策；有关机构以及旅游者的权利、义务、法律责任等。

第一节　旅游资源法规概述

一、旅游资源的概念与特征

(一) 旅游资源的概念

2003 年 2 月 24 日，国家质量监督检验检疫总局分别在国家标准《旅游规划通则》(GB/T18971-2003)、《旅游资源分类、调查与评价》(GB/T18972-2003)和《旅游区(点)质量等级的划分与评定》(GB/T17775-2003)中，对旅游资源的概念做了权威性的界定。2007年9月4日,国家旅游局为了加强对旅游资源和生态环境的保护,促进旅游业的健康协调可持续发展,建设资源节约型和环境友好型社会,特制定《旅游资源保护暂行办法》(以下简称《暂行办法》),进一步完善了旅游资源的概念。《暂行办法》中确认,旅游资源是指自然界和人类社会凡能对旅游者产生吸引力,可以为旅游业合理利用,并可产生经济效益、社会效益和生态效益的各种事物和因素。因此,旅游资源所包含的内容非常广泛,既包括已开发的各类资源,也包括未开发的具有旅游利用价值的各种物质和非物质资源。它通常可以分为两大类,一类是自然旅游资源,例如地形、水文、气候、动植物、天然疗养资源等;另一类是文化旅游资源,像历史文物古迹、革命纪念地、民族文化(如民族历史、民族艺术、民族工艺、民族风情、民族节庆)、文艺体育活动、现代建筑和美术等。总之,旅游资源是一个发展的概念,随着社会的进步和旅游产业地位在国民经济中地位的不断提高,人们对旅游资源的内涵将会有更深刻的理解和认识。

一般来说,构成旅游资源必须具备两个条件:一是对旅游者来说具有游览和使用价值,通过参观欣赏旅游资源能使旅游者增长见识,或参与旅游项目、利用疗养设施可以得到身心享受;二是对旅游业来说要有经济价值。

旅游资源是旅游业发展的基础和前提条件,是旅游目的地对旅游者产生吸引力的源泉。一个地方旅游业发展的好坏,同该地旅游资源的赋存状况、数量多少、类型的多样性、特色的独特性、空间分布与组合的合理程度密切相关。此外,旅游业发展的状况还取决于人们对当地旅游资源的综合评价和合理开发,取决于人们对待旅游资源开发和保护的态度。

(二)旅游资源的基本特征

旅游资源的特征概括起来主要有以下几点。

第一,多样性。旅游资源品种繁多、类型复杂、形态多样。

第二,独特性。即形态独特、珍奇、稀少。

第三,地域性。在空间分布上,旅游资源的成因规律与地理环境有着内在联系。

第四,持续性。大部分旅游资源都具有可持续利用的价值。

第五,社会性。文化旅游资源通常都与人类活动密切相关。

第六,休闲性。旅游资源具有度假、疗养、娱乐、消遣作用。

二、旅游资源管理的现状

旅游资源管理法规是调整人们在旅游资源开发、利用、管理和保护过程中所发生的各种社会关系的法律规范的总称，一般包括风景名胜区、文物古迹、自然保护区、海滩、游乐场、野生动植物资源等方面管理、保护的法律法规。

目前，我国旅游资源开发中经常出现、从而亟待加强管理的问题主要如下。

（一）水体污染

国内被开发为旅游景区的奇山异水数量众多，但随着旅游业的发展，大量工业和生活污水肆意排放，包括滇池和太湖在内的不少胜景，都出现了水质严重恶化的现象。

（二）植被破坏

1. 超负荷接待。

有些旅游区不考虑旅游空间容量和旅游生态环境容量，超负荷接待旅游者。

2. 旅游者践踏。

部分旅游者不遵守景区游览规则和秩序，致使植被遭到践踏，土壤板结，透气、透水性差，草木长势不佳，古树名木甚至不乏枯死者。

3. 火灾。

火灾是造成景区植被破坏的最大威胁，尤其是在树木生长茂密之处，当空气干燥、旅游者吸烟或野炊时，极易引起森林火灾。

4. 森林病虫害。

这也是植被破坏因素中不可忽视的一个重要问题。

（三）建筑违章

有些景区临时修建一些应急房屋，但是未能及时拆除，从而变成了永久建筑。另一种违章建筑是在风景秀丽的景区内乱建厕所。此外，缆车索道和商贩摊位也使整个景区受到不同程度的影响。

（四）空气与噪声污染

例如北京城内排放的黑烟，在大气中被分解为硫酸、硝酸和碳酸，随雨而下，形成酸雨，严重损害了汉白玉建造的古建筑物。有些景区利用高音喇叭播音，制造噪声，破坏了旅游环境的安宁。

（五）文物古迹破坏

由于旅游者过多，加上有些旅游者文化修养差，因此在许多景区景点，总会有些旅游者爬上古文物、古建筑留影或践踏,乱刻乱画。

(六) 野生动物生存威胁

一些不法分子受利益驱使,不惜铤而走险,置国家禁止性法律于不顾,猎杀、买卖国家保护动物,如大熊猫、藏羚羊、鄱阳湖自然保护区内的珍禽等。

上述各种问题,对风景资源、生态平衡、文化遗产和旅游业构成了严重威胁,如不采取强有力的手段进行保护和管理,必将限制旅游资源作用的有效发挥,进而阻碍旅游业可持续发展的实现。

三、旅游资源管理的主要内容

我国对旅游资源的保护十分重视,国家立法机关和行政机关制定并发布了一系列法律或法规,地方立法机构和人民政府也结合具体情况制定了不少地方性法规和规章。其中,最主要的有《风景名胜区条例》、《自然保护区条例》、《文物保护法》、《非物质遗产法》、《历史文化名城名镇名村保护条例》、《旅游资源保护暂行办法》,此外还有《环境保护法》、《森林法》、《草原法》、《海洋环境保护法》等。这些法规关于旅游资源保护方面的基本内容概括起来,大体包括五个方面:(1)规定了旅游资源的保护范围。(2)规定了旅游资源管理机构的职权和任务。(3)确定了旅游资源开发、利用和保护的原则。(4)规定了各级旅游资源主管机构和旅游者的义务。(5)规定了相关的法律责任。

第二节　旅游资源的调查与评价

一、旅游资源的调查

(一) 调查的目的与内容

旅游资源调查的主要目的,在于围绕旅游业的发展需求,查明可供利用的旅游资源状况,系统和全面地掌握旅游资源的数量、质量、性质、特点、级别、成因、时代和价值等,为旅游资源的评价分级、规划开发、利用保护等做好准备,为旅游业发展提供决策依据。

旅游资源调查的内容是:(1)环境条件。(2)资源状况。(3)环境保护情况。(4)客源分析以及邻近资源影响。其中,调查的重点应当是大城市和交通沿线和人口密集区的普查、已知旅游区及其外围的调查、重点新景区的调查。

(二) 调查的形式与方法

调查旅游资源一般在实地进行,也即田野调查。根据《旅游资源分类、调查与评价》的规定,调查形式有概查和详查两种,具体可分为初步普查、系统调查、详细勘察和专业核查。调查程序包括组成调查组、收集资料、确定调查区和调查线路、填写旅游资源单体调查表、撰写旅游资源调查报告。

旅游资源调查方法很多,主要的有资料统计分析法、综合考察法、资源图表法、区域比较法、分类分区法、遥感调查法等。

二、旅游资源的评价

评价旅游资源,应当坚持客观实际的原则、符合科学的原则、全面系统的原则、效益估算原则、高度概括原则和力求定量的原则。评价的内容如下。

第一,旅游资源自身评价:(1)资源的特色。(2)资源的价值和功能。(3)资源的密度与空间组合。(4)资源的容量。

第二,旅游资源开发现状评价。

第三,旅游资源开发利用的环境条件评价:(1)区位环境。旅游资源所在地区的地理位置往往会影响到资源的吸引力、开发规模、路线设置以及利用方向等。(2)自然环境。(3)人文环境。(4)客源环境,包括所能吸引的客源范围、辐射半径、吸引的层次及特点、客源的季节变化等。(5)政治环境与投资环境。(6)施工环境。

第三节　旅游资源的管理与保护

一、旅游资源管理的职责

根据《暂行办法》的规定,各级旅游行政管理部门必须高度重视旅游资源的保护与管理工作,切实履行自己的职责,坚持严格保护、开发服从保护的原则,实现协调监管、合理利用、科学发展的目标。其中,国务院旅游行政管理部门负责全国旅游资源的普查、分类、定级、公告及相关保护工作,各地旅游行政管理部门负责本地区的旅游资源的普查、分类、定级、公告及相关保护工作。旅游资源普查是旅游资源保护的基础,县级以上旅游行政管理部门有关规定做好本地区的旅游资源普查工作,向社会公布,并适时补充、更新相关信息,作为开展旅游资源保护、制定旅游产业发展规划的基础数据库。

各级旅游行政管理部门应与同级人民政府的环保、建设、土地、林业、文化、水利等部门密切合作,承担推进本地区旅游资源保护工作的责任。

二、旅游资源保护的措施

(一) 宣传教育

各级旅游行政管理部门应加强对旅游资源保护的宣传工作,不断增强旅游经营者、社区居民和旅游者的保护意识。

旅游企业和从业人员应担负起教育旅游者在旅游活动中保护旅游资源的职责。

(二) 社会参与

任何社会团体和个人都有权利和义务依法从事旅游资源保护工作。对于发现的旅游资源破坏事件,有义务及时向当地旅游部门举报。

各级旅游行政管理部门可以根据需要设立本地的"旅游资源保护监督员"和"旅游资源保护公益宣传大使"。

(三) 资金保障

各级旅游行政管理部门应确保旅游资源普查工作的资金。同时,国家鼓励社会团体、个人通过捐赠等方式依法设立旅游资源保护基金,专门用于旅游资源保护,禁止任何单位和个人侵占、挪用。欢迎海外社会团体、个人通过捐赠等方式在我国设立旅游资源保护基金。

(四) 有序开发

从事旅游资源开发活动的单位或个人,在取得有关部门的立项和建设许可后,应及时到旅游资源所在地的旅游行政管理部门备案,并提前制定专项的开发保护方案。

当地旅游行政管理部门有责任向开发者提供本地的旅游业发展基本情况、发展预期等信息，做好企业发展的有关业务指导工作。为了做到有序开发，各级旅游行政管理部门应建立辖区内的旅游资源开发情况资料库，收集、登记旅游资源开发建设单位、建设规模、运营情况等信息，并将可以公开的信息及时向社会公布。对旅游资源的招商开发活动，应提供全面和可信的项目立项、土地审批、资源保护等方面的信息，加强相关监督检查，严禁虚假宣传。

三、旅游资源保护的制度

（一）专家咨询报告制度

设立旅游资源保护咨询专家组，建立旅游资源保护专家咨询报告制度。专家组由各级旅游行政管理部门负责组建，并向社会公布。所聘专家应包括涉及旅游资源各种类型各方面的专家。专家组为旅游资源保护工作提供咨询、建议、发表评论，并在每个五年规划的末期，提交本时期的《旅游资源保护报告》，由各级旅游行政管理部门向社会发布。

（二）保护情况通报制度

各级旅游行政管理部门对于本地区发生的重大破坏旅游资源事件应及时报告同级人民政府和上级旅游行政管理部门，及时向社会通报破坏事件的相关情况，正确引导舆论，接受社会各界监督。

（三）编制资源保护规划制度

各级旅游行政管理部门应协调处理好旅游资源保护和旅游发展之间的关系，单独编制旅游资源保护规划，并将其主要内容纳入本地的旅游业发展规划。

第四节　旅游环境的法律保护

一、旅游环境法律保护概述

（一）环境概述

1. 环境的概念。

环境是指围绕某中心事物的外部世界的总称。它可以分为自然环境和社会环境。

自然环境是人类赖以生存和发展所必需的自然条件和自然资源的总称,也就是人们通常泛指的自然界。自然环境按其主要的环境要素,可以分为大气环境、水环境、地质地貌环境、生物环境。

大气使各种生物得以生息、繁衍,为人类生存提供了适宜的温度条件。其中,大气上空的臭氧层是生命的保护伞,阻挡了对人体有害的紫外线、X射线和宇宙射线。大气环境质量的优劣,对旅游地旅游业的发展至关重要,因为暂时摆脱严重污染的环境,到少污染或无污染的地方去恢复健康、增强体质,日益成为人们出游的重要动机。

水是重要的旅游资源,但地球上淡水含量非常少,不足全球总水量的3%。如何合理利用水资源,防止水体污染,是环境保护的重要任务之一。

地质环境即地表的形态(地貌),是人类生活的载体、生产劳动的场所、矿物资源的开发基地。地貌通常可分为平原、盆地、高原、山地,各有其旅游价值,其中山地的旅游价值最大。此外,一些特殊的地质地貌如峡谷、岩溶、丹霞、火山、海岸等,也是重要的旅游资源,一旦破坏,难以恢复。

生物环境是指自然界里生物群体和一定空间环境共同组成的具有一定结构和功能的综合体系。它由生产者(绿色植物、单细胞藻类)、消费者(所有动物)、分解者(各种微生物、腐生性动物如蚯蚓和白蚁)、无生命物质(水、阳光、土壤、空气)四部分组成。生物也是重要的旅游资源,具有观赏、保健、休(疗)养价值。

社会环境是人类在自然环境的基础上,通过长期有意识的社会劳动所创造的人工环境,是人们生活的社会经济基础和上层建筑所造成的环境条件。它由人类活动而形成,比自然环境要复杂得多。

2. 旅游环境。

旅游环境是以旅游者为中心,以旅游目的地为主要空间范围,并且由自然生态环境和人文社会环境构成的复合环境系统。

自然生态环境主要包括旅游的大气环境、水环境、地质地貌环境、生物环境。它是旅游活动的基础环境,对旅游目的地旅游业的发展起着至关重要的作用。

人文社会环境主要包括文物古迹环境(古建筑、古遗址、古墓葬、园林、碑刻等)、民俗风情环境(旅游地衣、食、住、行以及文化、艺术等)、旅游城市环境、旅游地社会环境等。

旅游环境的特点是内容广泛、质量优越、地域特色显著，但十分脆弱。

（二）旅游环境保护

1. 旅游对环境的影响。

旅游业的发展给社会、经济、文化、自然环境带来了深刻的变化和影响，从正面来说，它提高了环境质量，推动了对自然资源、野生动植物以及自然环境的保护，可以促进对历史古迹的保护和民族传统文化的发展，还能够发挥环境教育的功能。

但另一方面，旅游业并不是“无烟工业”或“无污染工业”。国际自然保护联盟认为，旅游活动在地表与土壤、植物、野生动物、水资源、空气品质、环境卫生、景观美学、文化环境共八个方面对环境存在负面冲击。

2. 旅游环境法律保护。

旅游环境法律保护，就是利用各种涉及旅游资源与环境保护的有关法律法规，来约束旅游开发者和旅游者的行为，从而达到对旅游环境进行保护的目的。法律保护的基本特点是权威性、强制性、规范性和综合性，基本要求是有法可依、有法必依、执法必严、违法必究。

旅游是否会对生态环境产生负面影响，开发旅游利弊究竟孰大孰小，取决于在具体过程中是否实现了科学管理，而科学管理的基础在于完善的法制。我国从20世纪80年代以来，先后制定了众多与旅游环境保护相关的法律法规，最主要的有：《海洋环境保护法》、《文物保护法》、《水污染防治法》、《风景名胜区条例》、《大气污染防治法》、《环境保护法》、《野生动物保护法》、《森林法》等。

总体上说，我国的旅游环境法规体系是由五个部分组成的：宪法关于保护环境资源的规定、环境保护基本法、环境保护单行法、环境标准、其他部门法中关于保护旅游环境的法律规范。

目前，我国旅游环境法律保护方面存在的主要问题是：(1)法制不健全。(2)普法宣传教育不够。(3)有法不依，执法不严。

二、旅游环境污染与公害防治

（一）旅游环境污染

1. 大气污染。

(1) 大气污染的人为因素包括以下几方面。

工业污染：工矿企业生产过程中燃料消耗，往往将大量烟尘颗粒物、一氧化硫、二氧化硫、二氧化碳排放到空中,形成污染,尤以燃煤为最。

生活污染:日常生活中燃煤、燃气排放的各种物质也是重要的污染源,北方地区最为严重。

交通污染:各种交通工具运行过程中排放的废气和铅,主要集中在大城市,以汽车为甚。

(2) 大气污染对旅游环境的影响有以下几方面。

危害旅游者健康。表现为急性中毒、削弱免疫系统引发疾病、致癌等。

形成雾霾。中国各地日益加重的雾霾天气,已经对旅游环境造成了严重的危害。

影响旅游城市。墨西哥城曾被评为全世界空气污染方面对儿童最危险的城市,在该市的死亡者中,80%以上是5岁以下的儿童。

形成酸雨。煤炭等在燃烧时以气体形式排出二氧化硫等物,与空气中的水蒸气结合后形成高腐蚀性的硫酸和硝酸,再同雨雪一起回落到地面。酸雨对水体景观、森林景观、文物古迹会带来毁灭性破坏。

出现温室效应。煤、石油、天然气燃烧时产生过量的二氧化碳,像玻璃罩一样阻断地面热量向外层空间散发,热气滞留在大气中使地球气候变暖。温室效应会损害旅游者健康、造成海平面上升淹没旅游景观、引起气候异常和自然灾害、影响生物生存环境。

臭氧消耗。它会导致皮肤癌和白内障患者增加,生态系统破坏。

危害植物资源,影响旅游景观和旅游环境质量。

2. 水体污染。

由于排放废水、倾倒废物,使得部分海洋生物受到灭绝威胁,河流湖泊水质富营养化,出现供水困难,湿地遭到破坏。

3. 噪声污染。

噪声的来源主要有交通、工厂、施工、社会活动、家庭生活等。它能对人的心理、生理、听力、睡眠产生影响,对动物和古建筑的影响也很严重。

4. 固体废弃物污染。

固体废弃物大体包括工业废物、矿业废物、农业废物和城市垃圾。它对旅游环境的损害主要表现在侵占土地、污染水体、污染大气、污染土壤、危害旅游者健康、垃圾爆炸等。

5. 生态破坏。

(1) 生态系统的能量流动。生态系统中,全部生命所需的能量都来自太阳。绿色植物通过光合作用把太阳能转化为化学能,制造成有机物提供给消费者,这是整个生物圈能量的总来源。生态系统的能量流动是通过食物链进行的。第二种生物以第一种生物为食,第三种生物又以第二种生物为食,形成一个以食物为中心把生物连接起来的锁链形式。例如草原上,青草—兔子—狐狸—狼群;池塘中,藻类—浮游生物—小鱼—大鱼—鱼鹰。在食物链上的各个环节称为营养级,一个生态系统一般有 4—5 个营养级。低位营养级的生物向高位营养级的生物提供物质和能量。

从环境保护角度来说,需要高度注意的问题是,进入环境的有毒物质会沿着食物链浓集。即有毒物质首先被生产者摄取,然后沿食物链逐级转移,在转移过程中其浓度也会数万倍地增加,这种现象叫生物放大。比如美国纽约州长岛的沼泽中,为杀灭蚊虫而多年喷洒 DDT,农药通过浮游生物、小鱼、海鸥而逐级浓集,最后检测结果发现,海鸥体内的 DDT 被放大了 1 500 万倍！人处在食物链的顶端,是最高的营养级,生物放大对人类的威胁是不言而喻的。

环境遭到污染破坏后,将使生态失调,甚至造成生态危机。

(2) 生态破坏。目前,破坏生态的主要表现是:破坏森林、植被,土地荒漠化,生物多样性减少。

(二) 公害防治

旅游环境保护除了要依靠法律手段外,还要借助经济手段、规划手段、行政手段、宣传教育手段和科技手段。

1. 经济手段。

(1) 税收,如旅游资源税、环境资源税。

(2) 排污收费。

(3) 生态补偿费。

(4) 产品收费,根据产品具有潜在污染危害的特点而收取一定费用,以此抑制该产品的消费,并筹集资金用于污染治理。

2. 规划手段。

通过编制旅游规划,确定以下几点。

(1) 旅游景区的功能分区。

(2) 旅游发展目标、进度与布局。

(3) 开发、利用和保护风景名胜资源的措施。

(4) 旅游接待容量和旅游活动的组织管理措施。

3. 行政手段。

(1) 行政决定与通告。

(2) 旅游环境保护评选活动。

(3) 对旅游市场的综合治理与专项整治。

4. 宣传教育手段。

宣传教育的内容包括以下几方面。

(1) 环境意识。

(2) 环境伦理道德。

(3) 节约意识。

(4) 环境法制。

5. 科技手段。

(1) 数学手段。如利用数字、图表来表示旅游环境质量状况;利用公式、模型来计算旅游环境容量。

(2) 物理手段。如污水的物理处理法、野生动物的物理保护。

(3) 化学手段。主要用于对污水的处理。

(4) 生物手段。即通过利用植物、动物、微生物本身特有的功能,以达到监测防止环境污染和破坏,美化绿化旅游环境的作用。

(5) 工程手段。主要应用于野生动物保护、文物古迹保护、污染防止工程等。

三、旅游环境的水体与土地保护

(一) 水体保护

1. 河湖水体旅游资源的环境保护。

(1) 控制污水、废水排放。

(2) 以截污、清淤形式开展河湖治理工程。

(3) 对旅游城市进行河湖污染防治,如改革水价制度、建设污水处理厂等。

(4) 防治水体富营养化,如控制氮磷流失,强制推广使用无磷洗衣粉。

(5) 保护河湖两岸生态环境,如抓好绿化、护岸工作,保护上游水源等。

(6) 开发污水处理新技术。

(7) 加强水上旅游交通的管理，控制污水排放、垃圾收集和燃料污染。

2. 海洋水体旅游资源的环境保护。

(1) 根据海域区位、自然资源、环境条件和开发利用的要求，将海域划分为不同功能区，控制引导其使用方向。

(2) 建立海洋自然保护区。

(3) 控制陆源污染。如在夏威夷，所有废水都要经过处理达标后，再排入1 000米深的海底。

(4) 防治海上油质污染。

3. 瀑布泉水旅游资源的环境保护。

瀑布保护主要包括水量保护和水质保护。泉水保护一要重视泉水周围生态环境的保护，二要处理好生产与生活用水的关系，调整地下取水布局，抓好节约用水工作。

（二）土地保护

1. 土地的特性。

土地的基本特性有五个方面：位置固定，数量有限，不可替代，具有一定的生物生产能力，整体性。

我国土地的主要特点是：土地类型多，山地面积大，生物生产能力高的土地少，后备耕地资源少，人均土地尤其是耕地少。

2. 土地保护。

(1) 山地地貌的环境保护：控制旅游者上山数量，合理疏散人流；减少旅游垃圾滞留量；合理建设和利用索道；保护原有风貌与特色；适当实行短期封闭制；严格山地安全防火管理。

(2) 土地地貌的环境保护：控制游乐项目建设占用土地；防治旅游项目建设带来的污染与破坏；加强溶洞旅游资源的环境保护。

四、旅游环境的动、植物保护

（一）物种保护的意义

环境学上，常根据物种的种群数量与生境情况，把物种划分为濒危物种、渐危物种、稀有物种、一般物种四种。

物种保护的重点是野生物种，它对人类生存和发展的作用在于：(1)维持生态平衡。(2)提供物质和能量。(3)改良品种,如利用遗传工程学创造新的转基因物种、驯养培育新的家禽家畜。(4)促进科技、文化发展。例如人类根据鸟类飞翔原理发明飞机,受蝙蝠黑暗中飞行启发发明雷达,以萤火虫为蓝本制造出冷光,还出现了专门研究动物特殊功能并应用的学科——仿生学。(5)给人类以战胜疾病的希望。

(二) 动植物保护

1. 就地保护。

就地保护是指保护生态系统和自然环境,以及维护和恢复在其自然环境中有生存力的物种群体。建立自然保护区是就地保护野生动植物最有力、高效的措施。

自然保护区由于保存着比较完好的自然生态系统、珍稀动植物、特殊历史纪念物和景观,未经人工雕琢,往往对旅游者具有很强的吸引力,许多地区都将其作为重要旅游资源而加以开发利用。

2. 移地保护。

移地保护是指将生物多样性的组成部分移到它们的自然环境之外进行保护,它主要适用于受到高度威胁的动植物物种的紧急拯救。移地保护通常是单一的目标物种,主要措施有建立动物园、植物园以及各种引种繁育基地或中心。

我国通过建立动物园和植物园,使大熊猫、扬子鳄、白鳍豚、中华鲟、东北虎、朱鹮、银杉、苏铁、珙桐等珍稀濒危动植物得到了保护。

3. 古树名木的保护。

根据国务院1992年5月20日颁布的《城市绿化条例》的规定,百年以上树龄的树木,稀有、珍贵树木,具有历史价值或者重要纪念意义的树木,均属古树名木。建设部于2000年9月1日发布并实施的《城市古树名木保护管理办法》进一步规定,古树,是指树龄在100年以上的树木;名木,是指国内外珍贵稀有的树木以及具有历史价值、纪念意义及重要科研价值的树木。外国朋友赠送的礼品树、友谊树,外国元首亲自种植的纪念树都属于名木。古树名木分为一级和二级,凡树龄在300年以上,或者特别珍贵稀有,具有重要历史价值和纪念意义,重要科研价值的古树名木,为一级古树名木;其余为二级古树名木。不过,全国各地制定的关于保护古树名木的地方法规中,对古树名木的划分标准并不一致。

保护古树名木,有关部门应当进行全面调查,做出鉴定,登记造册,制定保护措施。对少数国宝级的古树如“迎客松”,还应进行特级护理,确定专人全天候监护。

五、旅游环境的大气与声环境保护

（一）旅游大气环境保护

1. 合理规划布局。

在旅游区附近地区，生产部门布局是否合理，与旅游区的大气环境关系极为密切。工业生产过分集中，则大气污染物排放量必然过大，而且不易稀释扩散。对旅游区内现有的污染企业，要设法迁出。

旅游服务设施也要合理布局，污水处理厂、厕所、垃圾处理场的位置，应考虑风向、距离等因素。

2. 改进燃烧方式。

中国能源结构以煤炭为主，全国70%以上的烟尘、90%以上的二氧化硫排放量都来自燃煤。为此，应当：(1)推广型煤。型煤是指以粉煤为原料，使用添加剂，按不同要求配比，用机械压制成不同形状，如煤球、砖煤、蜂窝煤，从而提高燃烧效率，减少废气排放。(2)区域集中采暖、供热。(3)改变燃料结构，如实现煤气化、以油代煤、开发清洁能源与可再生能源（风能、太阳能、地热能等）。

3. 减少并治理交通污染。

(1) 改革汽车燃料和设备，控制尾气污染。

(2) 推广使用少污染的交通工具。

(3) 控制私人汽车拥有量，大力发展公共交通。

4. 植树造林，净化空气。

森林有调节气候、净化空气、蓄水保土、防风固沙、降低噪音、养育野生动物、美化环境、提供林产品等作用，因此植树造林是一项防治大气污染的有效经济措施。

（二）旅游声环境保护

1. 途径控制。

(1) 噪声声源控制。如禁止使用高音喇叭、禁止汽车鸣笛等。

(2) 传播途径控制。

2. 管理控制。

以立法形式控制噪声，是国际公认的治理噪声的有效措施。

3. 技术控制。

(1) 吸声降噪。

(2) 隔音降噪。

(3) 绿化降噪。

六、风景名胜旅游资源的保护

2006 年 9 月 19 日,国务院公布了《风景名胜区条例》(以下简称《条例》),自 2006 年 12 月 1 日起施行。《条例》共分 7 章 52 条,其所称风景名胜区,是指具有观赏、文化或者科学价值,自然景观、人文景观比较集中,环境优美,可供人们游览或者进行科学、文化活动的区域。划分风景名胜区等级的标准有三条,即真实、典型和现状完好。

我国的风景名胜区划分为国家级风景名胜区和省级风景名胜区两个等级。自然景观和人文景观能够反映重要自然变化过程和重大历史文化发展过程,基本处于自然状态或者保持历史原貌,具有国家代表性的,可以申请设立国家级风景名胜区;具有区域代表性的,可以申请设立省级风景名胜区。

我国对风景名胜旅游资源实行保护、开发和利用的方针。保护是前提和基础,开发是手段,利用是目的。对风景名胜区旅游资源在保护的基础上加以合理开发和利用,既符合国际旅游发展的潮流,也符合我国环境保护的国策,有利于旅游业的可持续发展。通过利用风景名胜旅游资源,也可以促进旅游业的发展和经济的繁荣。

对风景名胜区的保护措施主要有以下几个。

第一,风景名胜区内的景观和自然环境,应当根据可持续发展的原则,严格保护,不得破坏或者随意改变。

第二,风景名胜区内的居民和游览者应当保护风景名胜区的景物、水体、林草植被、野生动物和各项设施。

第三,风景名胜区管理机构应当对风景名胜区内的重要景观进行调查、鉴定,并制定相应的保护措施。

第四,禁止违反风景名胜区规划,在风景名胜区内设立各类开发区和在核心景区内建设宾馆、招待所、培训中心、疗养院以及与风景名胜资源保护无关的其他建筑物;已经建设的,应当按照风景名胜区规划,逐步迁出。

第五,在国家级风景名胜区内修建缆车、索道等重大建设工程,项目的选址方案应当报国务院建设主管部门核准。

第六，风景名胜区内的其他建设项目应当符合风景名胜区规划，并与景观相协调，不得破坏景观、污染环境、妨碍游览。

第七，在风景名胜区内进行下列活动，应当经风景名胜区管理机构审核后，依照有关法律、法规的规定报有关主管部门批准：(1)设置、张贴商业广告。(2)举办大型游乐等活动。(3)改变水资源、水环境自然状态的活动。(4)其他影响生态和景观的活动。

国家建立风景名胜区管理信息系统，对风景名胜区规划实施和资源保护情况进行动态监测。国家级风景名胜区所在地的风景名胜区管理机构应当每年向国务院建设主管部门报送风景名胜区规划实施和土地、森林等自然资源保护的情况；国务院建设主管部门应当将土地、森林等自然资源保护的情况，及时抄送国务院有关部门。

除行政保护措施外，《条例》还规定，任何单位和个人都有保护风景名胜资源的义务，并有权制止、检举破坏风景名胜资源的行为，从而确立了风景名胜区的社会保护制度。

七、文物资源的法律保护

2002 年 10 月 28 日，《文物保护法》经过修订，由九届人大常委会通过，并以国家主席令形式签署施行。2007 年 12 月 29 日和 2013 年 6 月 29 日，第十届和第十二届全国人大常委会又先后两次对该法进行了部分修改。

文物是指人类社会历史发展过程中遗留下来的，由人类创造或者与人类活动有关的一切有价值的物质遗产的总称。文物是国家的宝贵财富，在文化旅游资源中占有重要的地位，也是国家用来发展旅游业的重要资源。因为文物以其直观形象性、历史真实性、社会典型性和不可再生性的基本特征及其所具有的历史价值、艺术价值和科学价值强烈地吸引着旅游者。文物旅游资源为旅游者提供了高层次的文化和精神享受，为我国旅游业的深层次开发奠定了坚实的基础，有利于增强我国旅游产品在国际旅游市场上的竞争力。

（一）国家法律保护的文物的范围

第一，具有历史、艺术、科学价值和古文化遗址、古墓葬、古建筑、石窟寺和石刻、壁画。

第二，与重大历史事件、革命运动或著名人物有关的，具有重要纪念意义、教育意义或史料价值的近现代重要史迹、实物、代表性建筑。

第三,历史上各个时代的珍贵艺术品、工艺美术品。

第四,重要的历史文献资料以及具有历史、艺术、科学价值的手稿、古旧图书等。

第五,反映历史上各个时代、各个民族社会制度、社会生产、社会生活的代表性实物。

此外,具有科学价值的古脊椎动物化石和古人类化石同文物一样受国家法律保护。

可见,国家法律保护的文物范围具有三个方面的特点:价值性,文物必须具有历史、艺术、科学价值;重要性,应当是重要的、有代表性的实物;广泛性,国家保护的文物涉及的种类众多。

(二) 文物资源法律保护的规定

1. 文物管理机构。

国家文物行政部门主管全国的文物保护工作。地方各级人民政府保护本行政区域内的文物。各省、自治区、直辖市和文物较多的自治州、县、市,可以设立文物保护管理机构,管理本行政区域内的文物工作。

文物工作实行保护为主、抢救第一、合理利用、加强管理的方针。保护是针对利用而言的,保护是利用的基础和前提,是第一位的,必须贯穿于利用的全过程。"抢救第一"则是指在保护工作诸环节中,要区分轻重缓急,突出抢救这一重点。"合理利用"一是说利用的"度"是否合理,是否超越了保护与利用之间的临界点,实行掠夺性利用;二是说利用的目的是否在于宣传教育和科学研究。"加强管理"强调的是正确处理文物利用过程中社会效益和经济效益的关系。

2. 关于文物所有权的有关规定。

所有权是物权的一种,是指所有人对物的占有、使用、收益和处分,并排除他人干涉的权利。关于不可移动文物的所有权,《文物保护法》规定:"中华人民共和国境内地下、内水和领海中遗存的一切文物,属于国家所有。古文化遗址、古墓葬、石窟寺属于国家所有。国家指定保护的纪念建筑物、古建筑、石刻、壁画、近代现代代表性建筑等不可移动文物,除国家另有规定的以外,属于国家所有。"根据社会主义市场经济条件下出现的土地使用权转让等新情况,《文物保护法》特别规定:"国有不可移动文物的所有权不因其所依附的土地所有权或者使用权的改变而改变。"

关于可移动文物的所有权，《文物保护法》规定，中国境内出土的文物，国家征集和购买的文物，公民、法人和其他组织捐赠给国家的文物，国家文物收藏单位及其他国家机关、部队和国有企事业组织等收藏、保管的文物，一律归国家所有。也就是说，国有可移动文物的来源是出土、征集、购买、捐赠和收藏。

除了国家所有的文物外，我国还有相当数量的文物属于集体所有和个人所有。如家传的古器物、书画、私家园林；具有历史价值和民族特色的生活用品、生产工具；具有文物价值和地方特色的民居、祠堂、牌坊；私人购置或继承下来的文物等。对于这些文物，国家法律也明确规定予以保护。《文物保护法》规定："属于集体所有和私人所有的纪念建筑物、古建筑和祖传文物以及依法取得的其他文物，其所有权受国家法律保护。"但法律同时还规定："文物的所有者必须遵守国家有关文物保护的法律法规的规定。"这就是说，文物所有者在行使其所有权时，应依法受到限制。比如，必须遵守国家有关文物保护的规定：出售私人收藏的文物，必须依法流通，不准倒卖国有文物或非国有馆藏珍贵文物以牟利；严禁把珍贵文物出售、转让、出租或质押给外国人。

3. 关于文物保护单位的有关规定。

第一，文物保护单位的分级管理。《文物保护法》规定："古文化遗址、古墓葬、古建筑、石窟寺、石刻、壁画、近代现代重要史迹和代表性建筑等不可移动文物，根据它们的历史、艺术、科学价值"，分别确定为不同级别的文物保护单位。据此，文物保护单位根据其价值分为三级：

第一级是县、市级文物保护单位，分别由县和设区的市（自治州）人民政府核定公布，报省（自治区、直辖市）人民政府备案。

第二级是省级文物保护单位，由省（自治区、直辖市）人民政府核定公布，报国务院备案。

第三级是国家级文物保护单位，即全国重点文物保护单位，分为古遗址、古墓葬、古建筑、石窟寺及石刻、近现代重要史迹及代表性建筑、其他六大类，由国家文物行政部门在各级文物保护单位中选择或直接确定，报国务院核定公布。到 2013 年 12 月止，国务院已公布了七批全国重点文物保护单位，具体情况为：1961 年 3 月，第一批，180 处；1982 年 2 月，第二批，62 处；1988 年 1 月，第三批，258 处；1996 年 11 月，第四批，250 处；2001 年 6 月，第五批，518 处；2006 年 5 月，第六批，1 080 处；2013 年 4 月，第七批，1 943 处。共计 4 291 处。

为了切实做好文物保护单位的保护工作,《文物保护法》规定,各级文物保护单位,分别由省级人民政府和市、县级人民政府划定必要的保护范围,做出标志说明,建立记录档案,并区别情况分别设置专门机构或者专人负责管理。全国重点文物保护单位的保护范围和记录档案,由省级文物行政部门报国务院文物行政部门备案。

为了避免各地城乡建设中破坏文物保护单位,《文物保护法》规定,各级人民政府制定城乡建设规划时,事先要由城乡建设规划部门会同文物行政部门商定对本行政区域内各级文物保护单位的保护措施,并将保护措施纳入城乡建设规划。一般来说,在文物保护单位的保护范围内不得进行其他建设工程。如有特殊需要进行建设工程的,必须经原公布的人民政府和上一级文物行政部门同意。在全国重点文物保护单位范围内进行其他建设工程,必须经省级人民政府和国务院文物行政部门同意。

为了防止文物保护单位保护中的造假、失职、逃避责任等行为,2007 年 12 月,全国人大常委会第一次专门修改了文物保护法,规定不可移动文物已经全部毁坏的,应当实施遗址保护,不得在原址重建。但是,因特殊情况需要在原址重建的,由省级文物行政部门报省政府批准;全国重点文物保护单位需要在原址重建的,由省级政府报国务院批准。

第二,文物保护单位的风貌。文物保护单位内不得进行其他建设,但根据文物保护的实际需要,经省级人民政府批准,可在文物保护单位的周围划出一定的建设控制地带,在此建设控制地带内进行建设工程,设计方案须征得相应的文物行政部门同意后,报城乡规划部门批准,其建设工程不得破坏文物保护单位的历史风貌,不得建设污染文物保护单位及其环境的设施,不得进行可能影响文物保护单位安全及其环境的活动。建设单位在工程选址和设计时,如果工程涉及文物保护单位,应尽量避开。因特殊情况不能避开,应实行原址保护,并要事先确定保护措施,根据文物保护单位的级别报相应的文物行政部门批准,然后将保护措施列入可行性研究报告或设计任务书。

第三,文物保护单位的迁移修缮。核定为文物保护单位的革命遗址、纪念建筑物、古墓葬、古建筑、石窟寺、石刻等,在进行修缮、迁移的时候,必须遵守不改变文物原状的原则,否则就破坏了它的历史真实性。在对文物古迹进行必要的保养、修缮时,要做到"修旧如旧",绝不能"整旧如新"。修缮、保养或重建工作,应由取得文物保护工作资质证书的单位承担。

文物保护单位无法实施原址保护,必须迁移异地保护或拆除的,应根据该文物保护单位的级别,经同级人民政府和上一级文物行政部门同意。全国重点文物保护单位不得拆除。需要迁移的,由省级人民政府报国务院决定。

法律规定,无论文物保护单位是原址保护,还是异地迁移或拆除,所需费用一律由建设单位列入基建工程预算。

第四,文物保护单位中的古建筑物利用。文物保护单位中有众多的古建筑物或古建筑。对这些纪念建筑物或古建筑的利用,《文物保护法》有明确规定,即可以建立博物馆、保管所或辟为参观游览场所。如果要作其他用途,应当根据文物保护单位的级别,由当地文物行政部门报原公布的人民政府批准。全国重点文物保护单位如果必须作其他用途,应当经省级人民政府同意,报国务院批准。

第五,文物保护单位中的不可移动文物管理。文物保护单位属于社会公益事业,不能实行企业管理。比如法律是不允许由旅游部门兼并文物保护单位,实行"强强联合",捆绑上市。《文物保护法》规定,国有不可移动文物不得转让和抵押。已建立博物馆,保管所或已辟为参观游览场所的国有文物保护单位,不得作为企业资产来经营。

非国有的不可移动文物虽然允许转让和抵押,但不得转让和抵押给外国人,而且应根据其级别报相应的文物行政部门备案。

4. 关于文物考古发掘的有关规定。

第一,必须履行报批手续。一切考古发掘工作都必须履行报批手续,未经批准,地下埋藏的文物,任何单位和个人都不得私自发掘。

第二,出土文物的归属。经发掘出土的文物,除根据考古需要经省级或国家文物行政部门批准,从事考古发掘的单位可以保留少量出土文物作为科研标本外,都必须登记造册,妥善保管,按规定移交给省级或国家文物行政部门指定的单位保管,任何单位和个人都不得侵占。

第三,出土文物的调用。根据保证文物安全、进行科研和充分发挥文物作用的目的而调用本行政区域内的出土文物,由国家文物行政部门报国务院批准。

第四,对大型基建项目单位保护文物的规定。进行大型基建项目时,建设单位要事先报请省级文物行政部门,对工程范围内有可能埋藏文物的地方进行考古调查或勘探工作。

第五,报告制度。在基建和农业生产中,任何单位或个人发现文物,都应保护现场,立即报告当地文物行政部门。

第六,外国机构或个人参与考古发掘的规定。未经国家文物行政部门报国务院特别许可,任何外国人或者外国团体都不得在中国境内进行考古调查、勘探和发掘。

5. 关于馆藏文物的管理规定。

第一,馆藏文物的来源。博物馆、图书馆等文物收藏单位取得文物的方式有购买、接受捐赠、依法交换、文物行政部门指定保管或调拨等。

第二,文物收藏单位的义务。各单位应当对馆藏文物区分等级,设置藏品档案,建立严格的管理制度,并报主管的文物行政部门备案。

第三,馆藏文物的安全责任人。文物收藏单位的法定代表人对馆藏文物的安全负责。国有文物收藏单位的法定代表人离任时,应当按馆藏文物档案办理移交手续。

第四,馆藏文物的调拨交换和借用。国有文物收藏单位的馆藏文物,可以依法相互进行调拨、交换和借用,但取得方应给予必要的合理补偿,并严格保管,不得丢失和损毁。禁止将馆藏文物赠与、出租或出售给其他单位及个人。

6. 关于民间收藏文物的管理规定。

第一,民间收藏文物的来源。文物收藏单位以外的公民、法人和其他组织,可以通过以下方式取得文物:依法继承或接受赠与、从文物商店购买、从拍卖企业购买、公民之间相互交换或依法转让。因此,根据《文物保护法》的规定,民间可以依法买卖文物,但国有文物、非国有的馆藏珍贵文物、来源不合法的文物等不允许流通。

第二,民间收藏文物的主要流通渠道。文物商店和文物拍卖企业是文物交易的重要场所,《文物保护法》规定:(1)文物商店必须经国家或省级文物行政部门批准设立,不得从事文物拍卖经营活动。(2)文物拍卖企业应当取得国家文物行政部门颁发的文物拍卖许可证,不得设立文物商店或从事文物购销经营活动。全国人大常委会 2013 年 6 月第二次修改的《文物保护法》中,还特别规定拍卖企业拍卖的文物,在拍卖前应当经省级文物局审核,并报国家文物局备案。(3)禁止设立中外合资、中外合作或外商独资的文物商店或文物拍卖企业,也不允许文物行政部门的工作人员举办或参与举办文物商店和文物拍卖企业的活动。

7. 关于文物出入境的管理规定。

除因出境展览需要外，未经国务院批准，国有文物、非国有文物中的珍贵文物以及国家规定禁止出境的其他文物，一律不得出境。

文物出境展览，应当报国家文物行政部门批准。一级文物数量较多时，必须报国务院批准。一级文物中的孤品和易损品，禁止出境展览。

文物出境应经国家文物行政部门指定的专门机构进行审核，由国家文物行政部门发给文物出境许可证，从指定的口岸出境。

第九章 旅游交通运输管理法规

内容提要

本章首先介绍了旅游交通运输的概念和特点、旅游运输合同的凭证和内容、承运人与旅游者的义务。随后分别介绍了民航、铁路、公路、水路四种交通运输形式的相关法律法规的主要规定。

第一节　旅游交通运输法规概述

旅游交通是旅游业发展的前提条件之一，也是旅游业的重要组成部分，与旅行社、旅游饭店一道被称为旅游业的三大支柱。因此，了解、熟悉、掌握旅游交通运输方面的法律法规，无论是对旅游者还是对旅游从业人员来说，都是非常重要的。

一、旅游交通运输概述

旅游交通运输是为旅游者实现旅游目的而提供空间位移服务的经营活动。如将旅游者从居住地运送到某景点，将旅游者从一个景点运送到另一个景点等。传统意义上的旅游交通包括航空运输、铁路运输、公路运输、水路运输等。随着旅游业的发展，许多山地景区建设了索道，客运索道运输作为一种新的旅游交通运输方式逐渐走入人们视野。

旅游交通运输是国民经济中整个交通运输业的重要组成部分，具有一般交通运输的共同要求，如安全性、计划性、及时性等。但由于旅游交通运输的服务对象是旅游者，这使得旅游交通运输与一般的交通运输相比有一些自身的特点。

（一）游览性

由于旅游交通运输的服务对象是旅游者，因此，旅游交通运输就应针对旅游者的特点，满足旅游者游览的实际需要：在线路编排上，尽量将沿途各景区、景点连接起来，组成一条完美的旅游线路，而不拘泥于传统的交通运输线；在时间安排上也以保证旅游者充分游览为前提，并不完全追求快捷。比如，近年来日益增加的旅游包机、旅游专列、旅游观光巴士等就是明显的例子。旅游交通运输的游览性还体现在一些独具特色的交通运输方式，如骑马、骑骆驼、坐轿子、乘竹筏等仍然盛行于一些旅游地。这主要是因为，这种旅游运输方式能给旅游者带来新奇、惊险、愉悦等感受，而这是一般交通所不具备的。

（二）舒适性

旅游是一种业余性的消遣活动，是人们满足了日常的衣、食、住、行等基本生活需求后自然产生的一种高层次的消费活动。正因为此，旅游交通运输工具往往比其他运输工具要求更为严格，更注重舒适度。比如，旅游列车在列车性能、美观、车厢设施、服务项目、服务质量等方面往往都有较高要求；邮轮及旅游汽车在内部设施方面一般也优于普通的客轮和汽车。

（三）季节性

一般来讲，旅游业有旺季、淡季之分，那么，旅游交通运输也免不了有旺季、淡季之分。在旅游旺季，旅游交通运输非常紧张，交通票据价格上扬；而在旅游淡季，旅游交通运输需求量下降，交通票据价格下降。

二、旅游运输合同

旅游运输合同是指承运人按照约定的运输方式，在运达期限内将旅游者及行李运达约定地点并由旅游者支付费用的合同。

（一）合同的凭证

在旅游交通运输中，多数情况下旅游者和交通运输企业并不特意签订书面合同,但这种书面合同确实是存在的,其证据就是承运人发售的客票、行李票等。我国《合同法》第293条规定:“客运合同自承运人向旅客交付客票时成立,但当事人另有约定或者另有交易习惯的除外。”也就是说,除特殊情况外,承运人向旅客交付客票即标志着合同的成立。

(二)合同的内容

旅游运输合同的内容一般体现在客票、行李票之中。如客票上一般有价金、行程、日期、车次、座位等内容,行李票上会标明行李的件数和重量。客票、行李票上的内容毕竟较简单,合同中还有许多需要明确的内容,比如双方的权利义务、纠纷处理等等在客票、行李票上常常是看不到的,但这并不意味着出现纠纷时双方没有依据可循,这时的依据实际上是我国的有关旅游交通运输的法律法规。此外,在不违反法律法规的前提下,合同双方还可以签订书面合同,进一步明确双方的权利义务。

(三)合同的变更和消灭

在旅游运输合同中,旅游者或承运人要求变更合同内容的情况经常出现。如承运人要求改变车次、运输时间、改变目的地或经停地等,旅游者也可能会遇到要求改变乘车时间、票价级别、更换乘机人等情况。我国《合同法》第77条规定:“当事人协商一致,可以变更合同。”在实际操作过程中,民航、铁路、公路等运输服务提供部门对变更合同的情况都有比较明确具体的规定。

旅游运输合同的消灭大致有下面一些类型:(1)旅游者按时到达目的地并取得行李,运输合同履行完毕。(2)旅游者自愿或承运人的责任而造成退票。(3)旅游者因为自身原因未能搭乘事先约定的交通工具,而又未能办理延期或退票手续,造成客票作废。(4)合同已经解除。合同的解除主要有两种情况,一种是双方协商一致解除合同,另一种情况是因为不可抗力使合同目的不能实现。

三、承运人和旅游者的义务

旅游者和承运人之间的权利义务互相依存,一方的权利即为另一方的义务。因此,本书仅从义务的角度对承运人与旅游者的权利和义务关系作阐述。

(一)承运人的义务

第一,满足旅游者通常、合理的运输要求。不歧视旅游者,无正当理由不能拒载旅游者。

第二，按照约定时间将旅游者安全运送到约定地点。没有约定运送期间的，承运人应在合理期间内将旅游者运送到约定地点。承运人迟延运输的，应当根据旅游者的要求安排改乘其他班次或者退票。

第三，按约定的或者通常的运输路线将旅游者运送到约定地点。

第四，向旅游者及时告知有关不能正常运输的重要事由和安全运输应当注意的事项。

第五，向旅游者提供相应的服务。擅自变更运输工具而降低服务标准的，应当根据旅游者的要求退票或者减收票款；提高服务标准的，不应当加收票款。

第六，在运送旅游者的过程中，要保证旅游者的人身、财产安全。一是在运输过程中，应当尽力救助患有急病、分娩、遇险的旅游者。二是对运输过程中旅游者的伤亡承担损害赔偿责任，但伤亡是旅游者自身健康原因造成的或者承运人证明伤亡是旅游者故意、重大过失造成的除外。值得注意的是，承运人的这一义务同样适用于按照规定免票、持优待票或者经承运人许可搭乘的无票旅游者。三是当承运人自身过错造成运输过程中旅游者自带物品毁损、灭失时，承运人有责任赔偿。

（二）旅游者的义务

1. 支付票款或运输费用。

承运人未按约定路线或者通常路线运输增加票款或者运输费用的，旅游者可以拒绝支付增加部分的票款或运输费用。有的交通运输部门规定，旅游者在购票时须提供有关证明，如购买航空客票时，旅游者应提供本人的有效身份证件。

2. 持有效客票乘运。

旅游者无票乘运、超程乘运、越级乘运或者持失效客票乘运的，应当补交票款。旅游者因自己的原因不能按照客票记载的时间乘坐的，应当在约定的时间内办理退票或者变更手续。

3. 按照约定的限量携带行李。

超过限量携带行李的，应当办理托运手续。

4. 应自觉接受承运人和有关部门的安全检查。

我国法律规定，旅游者不得随身携带或者在行李中夹带易燃、易爆、有毒、有腐蚀性、有放射性以及有可能危及运输工具上人身和财产安全的危险物品或者其他违禁物品。出入境时，旅游者不得携带国家规定的禁止出境和入境的物品。旅游者违反上述规定的，承运人可以将违禁物品卸下、销毁或者送交有关部门。旅游者坚持携带或者夹带违禁物品的,承运人应当拒绝运输。

第二节　航空运输管理法规

一、航空运输的界定

本书所称的航空运输指的是公共航空运输,即公共航空运输企业使用民用航空器经营的旅客、行李或者货物的运输。这里所说的民用航空器,是指除了用于执行军事、海关、警察飞行任务外的航空器。

航空运输分为国内航空运输和国际航空运输两种。国内航空运输,是指根据当事人订立的航空运输合同,运输的出发地点、约定的经停地点和目的地点均在中华人民共和国境内的运输。国际航空运输,是指根据当事人订立的航空运输合同,无论运输有无间断或者有无转运,运输的出发地点、目的地点或者约定的经停地点之一不在中华人民共和国境内的运输。

二、航空运输管理法规的基本内容

航空运输管理法规主要有《中华人民共和国民用航空法》(1996 年 3 月 1 日起施行)、《中国民用航空旅客、行李国内运输规则》(2004 年修订,2004 年 8 月 12 日起施行)、《中国民用航空旅客、行李国际运输规则》(1998 年 4 月 1 日起施行)、《国内航空运输承运人赔偿责任限额规定》(2006 年 3 月 28 日起施行)等。

(一) 客票

客票是航空旅客运输合同订立和运输合同条件的初步证据。承运人应当为每一旅客单独填开客票。客票至少应当包括旅客姓名、出票人名称、出票时间和地点、出发地点和目的地点等内容。客票只限客票上所列姓名的旅客本人使用,不得转让和涂改,否则,客票无效,票款不退。

1. 购票。

旅客购票应出示本人有效身份证件,购买儿童、婴儿票,应提供出生年月的有效证明。重病旅客购票,应持有医疗单位出具的适于乘机的证明,经航空公司同意后方可购票。

根据国家民航局的统一规定，已满 2 周岁未满 12 周岁的儿童按照同一航班成人普通票价的 50％购买儿童票，提供座位。未满 2 周岁的婴儿按照同一航班成人普通票价的 10％购买婴儿票，不提供座位；如需要单独占座位时，应购买儿童票。

2. 变更。

旅客购票后，如要求改变航班、日期、舱位等级，承运人及其销售代理人应根据实际可能积极办理。航班取消、提前、延误、航程改变或不能提供原定座位时，承运人应优先安排旅客乘坐后续航班或签转其他承运人的航班。因承运人的原因，旅客的舱位等级变更时，票款的差额多退少不补。

3. 退票。

由于承运人或旅客原因，旅客不能在客票有效期内完成部分或全部航程，可以在客票有效期内要求退票。退票只限在出票地、航班始发地、终止旅行地的承运人或其销售代理人售票处办理。

航班取消、提前、延误、航程改变或承运人不能提供原定座位时，旅客要求退票，始发站应退还全部票款，经停地应退还未使用航段的全部票款，均不收取退票费。

4. 误机。

误机是旅客未按规定时间办妥乘机手续或因其旅行证件不符合规定而未能乘机。旅客如发生误机，应到乘机机场或原购票地点办理改乘航班、退票手续。旅客误机后，如要求改乘后续航班，在后续航班有空余座位的情况下，承运人应积极予以安排，不收误机费。如要求退票，承运人可以收取适当的误机费。

5. 客票遗失。

旅客遗失客票，应以书面形式向航空公司申请挂失。在旅客申请挂失前，客票如已被冒用或冒退，航空公司不承担责任。在旅客向航空公司提供了证明后，航空公司可为旅客补开不可退票的新客票。

（二）行李

行李是指旅客在旅行中为了穿着、使用、舒适或者便利而携带的必要或者适量的物品和其他个人财物。分为托运行李、自理行李和随身携带物品。托运行李的重量每件不能超过 50 千克，自理行李的重量不能超过 10 千克，旅客随身携带的物品重量不能超过 5 千克。托运行李必须包装完善、锁扣完好、捆扎牢固，并能承受一定压力,能够在正常的操作条件下安全装卸和运输。对包装不符合要求的行李,航空公司可拒绝收运。

下列物品不得作为行李运输:(1)危险物品,包括爆炸品、气体、易燃液体、易燃固体、自燃物质、遇水释放易燃气体的物质、氧化剂、有机过氧化物、毒性物质、传染性物质、放射性物品、腐蚀品和不属于上述任何一类别而在航空运输中具有危险性的物质和物品。(2)枪支、弹药、管制刀具及其他类似的物品。(3)动物(符合规定的小动物除外)。(4)中华人民共和国或者运输过程中有关国家法律规定禁止出境、入境或者过境的物品。(5)包装、形状、重量、体积或者性质不适宜运输的物品。

(三) 承运人的责任

1. 保证飞行安全和航班正常,提供良好服务。

承运人应当以保证飞行安全和航班正常,提供良好服务为准则,采取有效措施,提高运输服务质量。在航空运输过程中,旅客发生疾病时,承运人应积极采取措施,尽力救护。旅客运输航班延误的,应当在机场内及时通告有关情况。

2. 人身损害责任及免责。

因发生在民用航空器上或者在旅客上、下民用航空器过程中的事件,造成旅客人身伤亡的,承运人应当承担责任。旅客可以自行决定向保险公司投保航空运输人身意外伤害险,但此项保险金额的给付,并不意味着承运人可以免除或减少应承担的赔偿金额。

免责:旅客的人身伤亡完全是由于旅客本人的健康状况造成的,承运人不承担责任。

3. 财产损害责任及免责。

在下列情况下发生的财产损害,承运人应承担责任:(1)因发生在民用航空器上或者在旅客上、下民用航空器过程中的事件,造成旅客随身携带物品毁灭、遗失或者损坏的。(2)因发生在航空运输期间(在机场内、民用航空器上或者机场外降落的任何地点,托运行李处于承运人掌管之下的全部期间)的事件,造成旅客的托运行李毁灭、遗失或者损坏的。

免责:旅客随身携带物品或者托运行李的毁灭、遗失或者损坏完全是由于行李本身的自然属性、质量或者缺陷造成的,承运人不承担责任。

4. 受害人有过错时承运人的责任。

在旅客、行李运输中,经承运人证明,损失是由索赔人的过错造成或者促成的,应当根据造成或者促成此种损失的过错的程度，相应免除或者减轻承运人的责任。

5. 航班延误时承运人的责任。

由于机务维护、航班调配、商务、机组等原因，造成航班在始发地延误或取消，承运人应当向旅客提供餐食或住宿等服务。

由于天气、突发事件、空中交通管制、安检等非航空公司原因，造成航班在始发地延误或取消，承运人应协助旅客安排餐食和住宿，费用可由旅客自理。

航班在经停地延误或取消，无论何种原因，承运人均应负责向经停旅客提供膳宿服务。

6. 航空运输承运人的赔偿责任限额。

赔偿责任限额是指当航空运输过程中发生的旅客人身、财产损失数额没有超出法定责任限额时，承运人按实际损失赔偿旅客；当损失数额超过责任限额时，承运人仅在法定责任限额内承担赔偿责任。

(1) 国内航空运输承运人赔偿责任限额。根据《国内航空运输承运人赔偿责任限额规定》，国内航空运输承运人对每名旅客的赔偿责任限额为人民币 40 万元；对每名旅客随身携带物品的赔偿责任限额为人民币 3 000 元；对旅客托运的行李和对运输的货物的赔偿责任限额为每千克人民币 100 元。

(2) 国际航空运输承运人的赔偿责任限额。根据《蒙特利尔公约》(又称《统一国际航空运输某些规则的公约》，国际民用航空组织 1999 年通过。2005 年 7 月 31 日，公约正式对我国生效)，在国际航空运输中发生旅客伤亡时，不论承运人是否有责任，只要损失不是索赔人一方或者第三人造成的，承运人的赔偿限额为 10 万特别提款权(这是国际货币基金组织创设的一种储备资产和记账单位，亦称"纸黄金"，按照公约签署当日的货币换算标准，2004 年 6 月 19 日，1 个特别提款权单位的价值为 1.462 21 美元)。当旅客伤亡是由承运人责任造成时，旅客还可以要求得到超过 10 万特别提款权的赔偿。10 万特别提款权只是一个限额，实际损失低于 10 万特别提款权的，根据旅客遭受到的实际损失予以赔偿。

在国际运输中发生航班延误时，每位旅客的最高赔偿限额为 4 150 特别提款权。但是，因天气原因、军事演习、机械故障等情况发生延误，在航空公司已经采取措施尽量避免给旅客带来损失的情况下，航空公司将不承担赔偿责任。

在行李运输中造成毁灭、遗失、损坏或者延误的，承运人的责任以每名旅客 1 000 特别提款权为限。除非旅客在向承运人交运托运行李时，特别声明在目的地点交付时的利益，并在必要时支付附加费。

《蒙特利尔公约》适用于国际航空运输。是否属于国际航空运输，要看航空运输合同中所规定的出发地点、目的地点和经停地点所处的位置，只要出发地和目的地在不同的缔约国内，或者出发地和目的地虽然在一个缔约国内，但在另一个国家有一个经停地点(即使该国不是缔约国)，就属于国际航空运输，与航空公司、旅客、航空工作人员的国籍以及飞机的国籍登记都没有关系。

赔偿责任限额的规定有利于促进航空运输业和航空保险业的发展，公平维护航空运输合同各方当事人的合法权益。但赔偿责任限额并不是在任何情况下都适用。如果航空运输中的损失是由于承运人或者其受雇人、代理人的故意或者明知可能造成损失而轻率地作为或者不作为造成的，承运人无权援用有关赔偿责任限额的规定。

第三节 铁路运输管理法规

一、铁路运输概述

在各种运输方式中，铁路运输的优点是载客多、运能强、价格低、污染少、安全系数高、受季节和气候的影响小，所以长期以来都受到旅游者的青睐。近年来，铁路部门为满足广大旅游者的需求，适时开行了假日列车、旅游列车，增开直达特快旅客列车、动车组列车、高速列车，旅游者通过铁路出游变得越来越方便。

铁路运输主要包括旅客运输、行李、包裹运输和特定运输。

二、铁路运输管理法规的基本内容

铁路运输管理法规主要有《中华人民共和国铁路法》(1991 年 5 月 1 日起施行)、《铁路旅客运输规程》(2010 年 10 月 13 日修订，2010 年 12 月 1 日施行)、《铁路旅客运输办理细则》(2010 年 10 月 13 日修订，2010 年 12 月 1 日施行)、《铁路旅客运输规程》(铁道部 1997 年 10 月 5 日发布，2007 年，2010 年修订)、《铁路交通事故应急救援和调查处理条例》(国务院 2007 年 7 月 11 日颁布，2007 年 9 月 1 日施行)、《铁路旅客人身伤害及自带行李损失事故处理办法》(2003 年 8 月 1 日铁道部令第 12 号公布)、《旅游专列运输管理办法》(2000 年 4 月 25 日起施行)、《铁路安全管理条例》(2013 年 7 月 24 日国务院第十八次常务会议通过,2014 年 1 月 1 日起施行)等。

(一) 铁路运输企业的责任

第一,铁路运输企业必须坚持社会主义经营方向和为人民服务的宗旨,改善经营管理,切实改进路风,提高运输服务质量。

第二,铁路运输企业应当采取有效措施做好旅客运输服务工作,做到文明礼貌、热情周到,保持车站和车厢内的清洁卫生,提供饮用开水,做好列车上的饮食供应工作。

第三,铁路安全管理坚持安全第一、预防为主、综合治理的方针。铁路运输企业应当保证旅客和货物运输的安全,做到列车正点到达。

第四,因铁路运输企业的过错造成旅客身体损害或物品损失时予以赔偿。

第五,铁路运输企业应当保证旅客按车票载明的日期、车次乘车,并到达目的站。因铁路运输企业的责任造成旅客不能按车票载明的日期、车次乘车的,铁路运输企业应当按照旅客的要求,退还全部票款或者安排改乘到达相同目的站的其他列车。

第六,铁路车站有关营业处所应有相应的票价表、运价表、杂费表、时刻表和旅客须知等内容。遇有变动,须于实施前通告,未经通告不得实施。在候车区域或上、下车通道还应有相应的车次、车厢序号指引牌、检票车次牌等导向标志。行李包裹承运处应有行包托运须知,行包包装标准,禁止托运和夹带违禁品的图例或文字说明、服务项目等。

(二) 旅客运输

1. 旅客列车的种类。

我国铁路旅客列车,按其设备设施、运行速度和服务项目等的差别,分为动车组列车、直达特快旅客列车、特快旅客列车、快速旅客列车、普通旅客快车、管内直达快车、普通旅客慢车和临时旅客列车等。

2. 铁路旅客运输合同。

铁路旅客运输合同是明确铁路承运人与旅客之间权利义务关系的协议。铁路旅客运输合同的基本凭证是车票。铁路旅客运输合同从售出车票时起成立,至按票面规定运输结束旅客出站时止,为合同履行完毕。旅客运输的运送期间自检票进站起至到站出站时止计算。

3. 车票。

车票是旅客乘车的凭证，同时也是旅客加入铁路旅行意外伤害强制保险的凭证。《铁路旅客意外伤害强制保险条例》规定，旅客之保险金额，不论车票坐席等次、全票、半票、免票，一律为每人人民币2万元。旅客之保险费，包括于票价内，一律按基本票价的2%收取。

(1) 车票票面内容。车票票面(特殊票种除外)主要应当载明:发站和到站站名、座别、卧别、径路、票价、车次、乘车日期、有效期。

(2) 车票的组成。车票包括客票和附加票两部分。客票部分为软座、硬座。附加票部分为加快票、卧铺票、空调票。

(3) 儿童票。根据2010年修订的《铁路旅客运输规程》的规定，随同成人旅行身高1.2—1.5米的儿童，享受半价客票、加快票和空调票(简称“儿童票”)。超过1.5米时应买全价票。每一成人旅客可免费携带一名身高不足1.2米的儿童，超过一名时，超过的人数应买儿童票。儿童票的座别应与成人车票相同，其到站不得远于成人车票的到站。免费乘车的儿童单独使用卧铺时，应购买全价卧铺票，有空调时还应购买半价空调票。

(4) 学生票。在普通大专院校(含国家教育主管部门批准有学历教育资格的民办大学)，军事院校，中、小学和中等专业学校、技工学校就读，没有工资收入的学生、研究生，家庭居住地和学校不在同一城市时，凭附有加盖院校公章的减价优待证的学生证(小学生凭书面证明)，每年可享受家庭至院校(实习地点)之间四次单程半价硬座客票、加快票和空调票(以下简称“学生票”)。动车组列车只发售二等座车学生票，学生票为全价票的75%。新生凭录取通知书、毕业生凭学校书面证明可买一次学生票。发售学生票时应以近径路或换乘次数少的列车发售。

(5) 车票改签。旅客不能按票面指定的日期、车次乘车时，应当在票面指定的日期、车次开车前办理一次提前或推迟乘车签证手续，特殊情况经站长同意可在开车后2小时内办理。持动车组列车车票的旅客改乘当日其他动车组列车时不受开车后2小时内限制。团体旅客不应晚于开车前48小时。持通票的旅客中转换乘时，应当办理中转签证手续。

4. 乘车条件。

旅客须按票面载明的日期、车次、席别乘车，并在票面规定有效期内到达到站。

烈性传染病患者、精神病患者或健康状况危及他人安全的旅客，站、车可以不予运送；已购车票按旅客退票的有关规定处理。

5. 携带品。

旅客携带品由自己负责看管。下列物品不得带入车内：(1)国家禁止或限制运输的物品。(2)法律、法规、规章中规定的危险品、弹药和承运人不能判明性质的化工产品。(3)动物及妨碍公共卫生(包括有恶臭等异味)的物品。(4)能够损坏或污染车辆的物品。(5)规格或重量不符合规定的物品。

(三) 行李运输

1. 行李的范围。

行李是指旅客自用的被褥、衣服、个人阅读的书籍、残疾人车和其他旅行必需品。

行李中不得夹带货币、证券、珍贵文物、金银珠宝、档案材料等贵重物品和国家禁止、限制运输物品、危险品。

2. 行李的托运与承运。

旅客在乘车区间内凭有效客票每张可托运一次行李，残疾人车不限次数。行李应随旅客所乘列车运送或提前运送。行李运输分为保价运输和不保价运输，托运人可选择其中一种运输方式。

3. 行李交付。

收货人凭行李领取凭证领取行李。如将领取凭证丢失，必须提出本人身份证、物品清单和担保人的担保书，承运人对上述单、证和担保人的担保资格认可后，由收货人签收办理交付。如在收货人声明领取凭证丢失前行李已被冒领，承运人不承担责任。

收货人领取行李时，如发现有短少或异状应在领货时及时提出。承运人必须认真检查，必要时可会同公安人员开包检查。检查发现有损失时，应编制事故记录交收货人作为要求赔偿的依据。

(四) 承运人赔偿责任

在运送期间因承运人过错给旅客造成身体损害或随身携带品损失时，铁路运输企业对每名铁路旅客人身伤亡的赔偿责任限额为人民币 15 万元，对每名铁路旅客自带行李损失的赔偿责任限额为人民币 2 000 元。铁路运输企业和旅客可以书面约定高于前款规定的赔偿责任限额。铁路运输企业给付赔偿金后，不影响旅客按照国家有关铁路旅客意外伤害强制保险规定获取保险金。经承运人证明事故是由承运人和旅客或托运人的共同过错所致,应根据各自过错的程度分别承担责任。此处“运送期间”指的是自旅客经剪票进站至到达行程终点出站时止的期间。

如损失是由于承运人故意或重大过失造成的,不受上述赔偿限额的限制,按实际损失赔偿。行李全部或部分灭失时,应退还全部或部分运费。

(五) 承运人免责范围

因下列原因造成的旅客身体损害承运人不承担责任:(1)不可抗力;(2)疾病及旅客自身的过错。

因下列原因造成的行李损失承运人不承担责任:(1)物品本身的自然属性或合理损耗;(2)包装方法或容器不良,从外部观察不能发现或无规定的安全标志时;(3)托运人自己押运、带运的包裹(因铁路责任除外);(4)托运人、收货人违反铁路规章或其他自身的过错。

(六) 关于旅游专列的特别规定

旅游专列是指由旅行社或单位(以下简称包车人)要求临时开行并往返全部包用的旅客列车。旅游专列在开行时间和线路上进行特别安排、以运送旅游团队为专门目的(不包括常规运营的旅游列车)。旅游专列是随着旅游的发展而出现的新生事物,已成为我们旅游生活的一部分。

1. 开行条件。

开行旅游专列编组不少于 12 节,载客车辆不少于 10 节。尽量使用新型空调车。旅游专列的值乘人员应经过培训合格持证上岗,不得临时雇用或由其他工种人员顶替。旅游专列的旅行速度不得低于同线路图定普通快车的速度。

2. 运输管理。

包车人应不少于 25 个工作日前向始发站或其上级客运主管部门提出开车要求并填写包车申请表。

旅游专列的运输费用由始发站使用代用票一次收清,其他站、车不得再另外收取任何费用。代用票交包车人持有,其余乘车旅客每人发给一张团体旅客证,团体旅客证随代用票使用有效。

旅游专列车发后,车票不办理中途改签、分乘、变径或退票。旅客自己要求中途下车出站时,凭团体旅客证出站,未乘区间车票失效,恢复旅行时应另行购票。旅游专列不得超员运输。

第四节　公路运输管理法规

一、公路运输概述

在铁路交通和航空运输欠发达的内陆地区，公路交通是主要的旅游交通形式。公路交通服务的最大优点是方便，不受出发时间的限制。旅游者可以乘汽车去任何通了公路的旅游景点参观游览，而且还能随时下车，参观自己想参观的地方，基本上可以做到点对点的服务。

二、公路运输管理法规的基本内容

公路运输管理法规主要有《中华人民共和国公路法》(2004 年 8 月第二次修正)、《中华人民共和国道路交通安全法》(2004 年 5 月 1 日起施行，2007 年 12 月 29 日修正，2008 年 5 月 1 日起施行)、《中华人民共和国道路交通安全法实施条例》(2004 年 5 月 1 日起施行)、《中华人民共和国道路运输条例》(2004 年 7 月 1 日起施行)、《道路旅客运输及客运站管理规定》(2005 年 8 月 1 日起施行，2009 年 4 月 20 日修订)、《汽车旅客运输规则》(1988 年 8 月 1 日起施行)、《汽车运价规则》(2009 年 9 月 1 日起执行)、《道路运输从业人员管理规定》(交通部 2006 年 11 月 23 日颁布，2007 年 3 月 1 日实施)等。

(一) 公路

公路按其在公路路网中的地位分为国道、省道、县道和乡道，并按技术等级分为高速公路、一级公路、二级公路、三级公路和四级公路。

禁止任何单位和个人在公路上非法设卡、收费、罚款和拦截车辆。除非公安机关的人民警察依法执行紧急公务，任何单位、个人不得在高速公路上拦截检查行驶的车辆。

(二) 汽车客运的主要规定

1. 客运经营者。

汽车客运经营者必须办理有关手续，取得合法资格后方准予参加营业性汽车客运。

客运经营者应当为旅客提供良好的乘车环境,确保车辆设备、设施齐全有效,保持车辆清洁、卫生。不得强迫旅客乘车,不得甩客、敲诈旅客,不得擅自更换运输车辆。

严禁客运车辆超载运行,在载客人数已满的情况下,允许再搭乘不超过核定载客人数10%的免票儿童。客运车辆不得违反规定载货。

客运经营者应采取必要的措施防止在运输过程中发生侵害旅客人身、财产安全的违法行为。当运输过程中发生侵害旅客人身、财产安全的治安违法行为时,客运经营者在自身能力许可的情况下,应当及时向公安机关报告并配合公安机关及时终止治安违法行为。

2. 客运人员。

经营性道路旅客运输驾驶员应当符合下列条件:(1)取得相应的机动车驾驶证一年以上;(2)年龄不超过60周岁;(3)三年内无重大以上交通责任事故;(4)掌握相关道路旅客运输法规、机动车维修和旅客急救基本知识;(5)经考试合格,取得相应的从业资格证件。

驾、乘人员应严格遵守交通规则和操作规程,精心保养车辆,出车前、行车中、收车后,应认真做好车辆的安全检查。驾驶员应合理安排作息时间,保证充足睡眠,行车途中思想集中,每天驾驶时间不得过长,确保行车安全。驾驶员连续驾驶时间不得超过四个小时。

客车行经险桥、渡口、危险地段和加油前,要组织旅客下车;事后以及中途就餐、停歇后均须核实人数方能开车。途中遇非常情况或发生事故,应尽快呼救,抢救伤员,保护现场,必要时组织旅客疏散。

3. 旅客。

旅客应自觉维护乘车秩序,服从站务及驾、乘人员安排。乘车时,要坐稳扶好,头、手不得伸出车外,不准翻越车窗,不准从车窗向外扔东西。车未停稳不准上下,不准随便开启车门。行车中不要与驾驶员闲谈及妨碍驾驶操作。

4. 营运客车种类。

营运客车分普通客车、中级客车、高级客车三类,每类分大型、中型、小型三种:(1)普通客车是指无特殊舒适装备或车内设置分隔货仓的客车;中级客车是指比同类普通客车座位减少,舒适性提高,备有宽、软座椅,寒冷地区有暖气设备的客车;高级客车是指舒适性高,密封性好,具有高级软座椅、空调等设备的客车。(2)小型客车是指横排最多只能装置三个座位，座位总数为15座及以下的客车（包括轿车）；中型客车是指横排（包括通道的可折式座椅）最多只能装置四个座位，座位总数为16至30座的客车；大型客车是指横排（不包括通道）可以装置四个及四个以上座位，且座位总数为31座及以上的客车。

5. 全票和半票。

成人及身高超过1.5米的儿童乘车购买全票。身高1.2米以下、不单独占用座位的儿童乘车免票，身高1.2—1.5米的儿童乘车购买儿童票。儿童票按照具体执行票价的50%计算。

6. 旅游客运。

旅游客运是以运送旅游者游览观光为目的，其线路必须有一端位于名胜古迹、风景区等旅游点的一种营运方式。

提供旅游综合服务的旅游客车上应备有饮水、常用药等服务性物品，并根据实际需要，装配御寒或降温设备，随车配有导游人员。

从事旅游客运的，应当在旅游区域按照旅游线路运输。

（三）道路交通事故处理

交通事故是指车辆在道路上因过错或者意外造成的人身伤亡或者财产损失的事件。

在道路上发生交通事故，车辆驾驶人应当立即停车，保护现场；造成人身伤亡的，车辆驾驶人应当立即抢救受伤人员，并迅速报告执勤的交通警察或者公安机关交通管理部门。因抢救受伤人员变动现场的，应当标明位置。乘车人、过往车辆驾驶人、过往行人应予以协助。

在道路上发生交通事故，未造成人身伤亡，当事人对事实及成因无争议的，可以即行撤离现场，恢复交通，自行协商处理损害赔偿事宜；不即行撤离现场的，应当迅速报告执勤的交通警察或者公安机关交通管理部门。在道路上发生交通事故，仅造成轻微财产损失，并且基本事实清楚的，当事人应当先撤离现场再进行协商处理。

交通警察应当对交通事故现场进行勘验、检查，收集证据；公安机关交通管理部门应当根据交通事故现场勘验、检查、调查情况和有关的检验、鉴定结论，及时制作交通事故认定书，作为处理交通事故的证据。

（四）道路交通事故赔偿

根据新修订的《中华人民共和国道路交通安全法》（2008年5月1日起施行），

机动车发生交通事故造成人身伤亡、财产损失的，由保险公司在机动车第三者责任强制保险责任限额范围内予以赔偿；不足的部分，按照下列规定承担赔偿责任。

第一，机动车之间发生交通事故的，由有过错的一方承担赔偿责任；双方都有过错的，按照各自过错的比例分担责任。

第二，机动车与非机动车驾驶人、行人之间发生交通事故，非机动车驾驶人、行人没有过错的，由机动车一方承担赔偿责任；有证据证明非机动车驾驶人、行人有过错的，根据过错程度适当减轻机动车一方的赔偿责任；机动车一方没有过错的，承担不超过10%的赔偿责任。

第三，交通事故的损失是由非机动车驾驶人、行人故意碰撞机动车造成的，机动车一方不承担赔偿责任。

第五节 水路运输管理法规

一、水路运输管理法规概述

水路运输历来是我国交通运输的重要组成部分，对推动我国交通运输业和旅游业的发展起了重要的推动作用。目前涉及水路运输管理的法规主要有《中华人民共和国水路运输管理条例》(国务院1987年5月12日发布，1997年12月3日修正，2008年12月27日第二次修订)、《水路旅客运输规则》(交通部1995年12月12日发布，1997年8月26日修正)、《水路运输违章处罚规定》(交通部1990年9月28日颁布，2009年6月5日修正)、《水路运输服务业管理规定》(交通部1996年6月18日发布，1998年7月30日第一次修正，2009年4月20日第二次修正)等。

二、水路运输管理法规的基本内容

(一) 水路运输概述

1. 水路运输分类。

水路运输分为营业性运输和非营业性运输。营业性运输是指为社会服务，发生费用结算的旅客运输(含旅游运输)和货物运输。非营业性运输是指为本单位或本身服务，不发生费用结算的运输。

2. 水路运输的承运人。

水路运输的承运人是指在沿海、江河、湖泊及其他通航水域内从事水路运输和水路运输服务业务的单位和个人。

3. 水路运输企业和水路运输服务企业。

水路运输企业，是指专门从事水路营业性运输的企业。水路运输服务企业，是指从事代办运输手续、代办货物中转、代为组织货源的企业（为多种运输方式服务的联运服务企业除外）。

设立水路运输企业应当具备下列条件：(1)具有与经营范围相适应的运输船舶；(2)有较稳定的客源或货源；(3)经营旅客运输的，应当落实客船沿线停靠港(站)点，并具备相应的服务设施；(4)有经营管理的组织机构和负责人；(5)有与运输业务相适应的自有流动资金。

设立水路运输服务企业应当具备下列条件：(1)有稳定的水路运输客源、货源和船舶业务来源；(2)有与经营范围相适应的组织机构和专业人员；(3)有固定的经营场所和必要的营业设施；(4)有符合规定的最低限额的注册资本。

交通主管部门对批准设立的水路运输企业和其他从事营业性运输的单位、个人，发给运输许可证；设立水路运输企业、水路运输服务企业以及水路运输企业以外的单位和个人从事营业性运输，由交通主管部门根据有关规定和运力运量综合平衡情况审查批准。交通主管部门对批准设立的水路运输企业和其他从事营业性运输的单位、个人，发给运输许可证；对批准设立的水路运输服务企业，发给运输服务许可证。取得运输许可证和运输服务许可证的单位和个人，凭证向当地工商行政管理机关申请营业登记，经核准领取营业执照后，方可开业。

（二）水路旅客运输

1. 水路旅客运输的含义。

水路旅客运输是指承运人以适合运送旅客的船舶经水路将旅客及其自带行李从一港运送至另一港，由旅客支付票款的运输行为。

2. 水路旅客运输的运送期间。

水路旅客运输的运送期间，自旅客登船时起至旅客离船时止。船票票价含接送费用的，运送期间并包括承运人经水路将旅客从岸上接到船上和从船上送到岸上的期间，但是不包括旅客在港站内、码头上或者在港口其他设施内的时间。

3. 水路旅客运输的方针和原则。

水路旅客运输工作,应贯彻"安全第一,正点运行,以客为主,便利旅客"的客运方针,遵循"全面服务,重点照顾"的服务原则。

4. 水路旅客运输经营规则。

承运人应按旅客运输合同所指定的船名、航次、日期和席位运送旅客。

承运人在旅客上船前、下船后和在客船航行途中应对旅客所持的船票进行查验,并作出查验记号。

承运人应制订旅客运输计划、客船班期时刻表。客船班期时刻表的编制,应考虑到与其他交通工具的衔接,对重点停靠港口,客船的到发时间应便利旅客中转和食宿安排。客船班期时刻表一经发布,不得随意改动。

客船应按班期时刻表正点运行。客船因故晚点,应将准确的到港时间及时通知客运站,并按客运站重新对外公布的时间开船。

承运人应负责旅客自登上客船(或舷梯)至离船(或舷梯)期间的安全,并负责对托运行李自装入客船行李舱至卸出行李舱期间的安全质量。

旅客上下船应与行李、货物(车辆)装卸作业隔开,不得交叉作业。

(三) 船票

船票是水路旅客运输合同成立的证明,是旅客乘船的凭证。

1. 船票的内容。

船票应具备下列基本内容:(1)承运人名称;(2)船名、航次;(3)起运港(站、点)和到达港(站、点);(4)舱室等级、票价;(5)乘船日期、开船时间;(6)上船地点(码头)。

2. 全价票和半价票。

船票分全价票和半价票。儿童身高超过1.2米但不超过1.5米者,应购买半价票,超过1.5米者,应购买全价票。半价票分别按各等级舱室票价的50%计算。

3. 学生票。

没有工资收入的大、中专学生和研究生,家庭居住地和院校不在同一城市,自费回家或返校时,凭附有加盖院校公章的减价优待证的学生证每年可购买往返两次院校与家庭所在地港口间的学生减价票(学生票)。学生回家或返校,途中有一段乘坐其他交通工具的,经确认后,也可购买学生票。应届毕业生从院校回家,凭院校的书面证明可购买一次学生票。新生入学凭院校的录取通知书,可购买一次从接到录取通知书的地点至院校所在地港口的学生票。

学生票票价按该航线最低等级票价的50%计算。

（四）水路行李运输

1. 含义。

水路行李运输是指承运人收取运费，负责将旅客托运的行李经水路由一港运送至另一港的运输。行李运单是水路行李运输合同成立的证明，行李运单的提单联是旅客提取行李的凭证。

2. 水路运输的运送期间。

旅客的托运行李的运送期间，自旅客将行李交付承运人或港口经营人时起至承运人或港口经营人交还旅客时止。

第十章 旅游安全管理法规

内容提要

本章主要包括旅游安全管理概述、旅游安全事故的处理、旅游突发公共事件应急预案、外国旅游者重大伤亡事故的处理等内容。通过本章的学习，使学习者牢固树立“发展旅游，安全第一”的观念，提高人们的安全防患意识。这就要求系统掌握旅游安全事故的一般处理程序、各类突发公共事件的处理程序，理解旅游安全的概念、旅游安全管理工作的职责，了解旅游安全事故及突发公共事件的等级划分、处理外国旅游者重大伤亡事故的注意事项等。

第一节 旅游安全管理概述

没有安全就没有旅游业的发展。我国历来十分重视旅游安全工作。自 1989 年以来，国家旅游局先后多次召开全国旅游安全管理工作会议，要求旅游工作人员齐心协力，忠于职守，切实做好旅游安全工作。为此国家旅游局先后制定了多部旅游安全管理规章制度，如为加强旅游安全管理工作，保障旅游者人身、财物安全，1990 年 2 月 20 日国家旅游局颁布了《旅游安全管理暂行办法》(以下简称《办法》)

及1994年1月22日颁布的实施细则；1993年4月15日国家旅游局发布的《重大旅游安全事故报告制度试行办法》和《重大旅游安全事故处理程序试行办法》；2006年7月国家旅游局制定了《旅游突发公共事件应急预案》(以下简称《预案》)等。此外，1989年3月29日国务院发布的《特别重大事故调查程序暂行规定》也是我国旅游安全事故处理的重要法律依据。以上法规的出台使我国的旅游安全管理工作初步纳入了规范化和制度化的轨道，使旅游安全管理工作有法可依。

一、旅游安全的概念

旅游安全是安全的一种，有广义和狭义之分，广义的旅游安全指旅游现象中的一切安全现象的总称，包括旅游活动中各相关主体的安全现象、人类活动中与旅游现象相关的安全事态、社会现象中与旅游活动相关的安全现象，如"恐怖主义"是一种社会政治现象，但它与旅游活动的开展相关，因此"恐怖活动"也属于旅游安全的范畴。狭义的旅游安全指旅游活动中各相关主体的一切安全现象的总称，包括旅游活动各环节中的安全现象、旅游活动中涉及人、设备、环境等相关主体的安全现象。

二、旅游安全管理工作的方针

旅游安全管理是指国家有关旅游安全管理机关、旅游企事业单位、旅游从业人员在旅游活动中为保障旅游者人身和财物安全，依据各项法律、法规和规章制度而实施的各种行为的总称。这些行为既包括有意识、有计划地对旅游活动中各种安全现象进行教育、防范、评估与控制，也包括安全管理方针、政策、法律、法规、规章、制度、措施的制定与实施以及安全保障体系的构建与运作等。

根据《办法》的规定，为了切实加强旅游安全管理工作，保障旅游者人身、财物安全，旅游安全管理应当贯彻"安全第一，预防为主"的方针。

"安全第一"是指在旅游活动中，无论是旅游行政管理部门，还是旅游经营单位或旅游从业人员，都必须自始至终把安全工作放在首位，丝毫不得有懈怠的思想。旅游活动中，安全第一的方针，是对以往实践的总结与认识。对旅游业来说，安全问题，是一个十分敏感的问题，不仅影响到旅游业的形象和信誉，也关系到旅游业的生存和发展。没有安全，就没有旅游的发展。

"预防为主"是指国家有关旅游安全管理机关、旅游企事业单位、旅游从业人员在旅游行政管理、旅游经营服务工作中,未雨绸缪,采取各项有效防范措施,彻底清除各种旅游安全隐患,把旅游事故消灭于萌芽状态。

三、旅游安全管理的机关

(一) 旅游安全工作应遵循的原则

做好旅游安全管理工作,应当遵循"统一领导,分级管理,以基层为主"的原则。

"统一领导"是指国家旅游局统一领导全国的旅游安全工作。

"分级管理"是指在国家旅游局统一领导下,各级旅游安全行政管理部门按照行政级别高低在规定的职责范围内对旅游安全分别进行管理。分级管理体制是一种垂直管理体制,旅游安全管理采用这个体制,既有利于统一管理,又有利于分工协作,分清责任,使旅游安全管理的各项措施落到实处。

"以基层为主"是指旅游安全管理的关键在基层,即关键在旅行社、旅游饭店、旅游车船公司、旅游景点景区、旅游购物商店、旅游娱乐场所以及其他旅游经营企业。

在旅游安全管理工作应遵循的原则当中,"统一领导"是前提,"分级管理"是保证,"以基层为主"是根本,三者相辅相成,缺一不可。

(二) 旅游安全管理机构应履行的职责

为了在旅游安全管理工作中贯彻上述原则,各级旅游行政管理部门必须建立和完善旅游安全管理机构,使这一工作有专门的机构负责。

第一,指导、督促、检查本地区旅游企、事业单位贯彻执行本办法及国家制定的涉。

第二,组织、实施旅游安全教育和宣传。

第三,会同有关部门对旅游企事业单位进行开业前的安全设施检查验收工作。

第四,督促、检查旅游企、事业单位落实有关旅游者人身、财物安全的保险制度。

第五,受理旅游者有关安全问题的投诉,并会同有关部门妥善处理。

第六,建立和健全安全检查工作制度,定期召开安全工作会议。

第七,参与涉及旅游者人身、财物安全的事故处理。

第二节 旅游安全事故的处理

一、旅游安全事故概念及其分类

旅游安全事故是指在旅游过程中,涉及旅游者人身、财物安全的事故。旅游安全事故根据严重程度或损失大小分为轻微、一般、重大和特大事故四个等级:(1)轻微事故是指一次事故造成旅游者轻伤,或经济损失在1万元以下者。(2)一般事故是指一次事故造成旅游者重伤,或经济损失在1万(含1万)至10万元者。(3)重大事故是指一次事故造成旅游者死亡或旅游者重伤致残,或经济损失在10万(含10万)至100万元者。(4)特大事故是指一次事故造成旅游者死亡多名,或经济损失在100万元以上,或者性质特别严重,产生重大影响者。

二、对旅游安全事故处理的一般程序

根据《办法》规定,事故发生单位在事故发生后,应当按下列程序处理。

(一) 抢救、侦查

抢救、侦查即一般、重大、特大安全事故发生后,地方旅游行政管理部门和有关旅游企事业单位要积极配合救护或医院、公安、交通等有关方面,积极组织对旅游者进行紧急救援,并妥善处理善后事宜。

(二) 保护现场

保护现场即事故发生单位必须会同事故发生地的有关单位严格保护现场,以便处理。

(三) 负责人现场处理

负责人现场处理即事故发生单位、归口管理部门等有关单位负责人应及时赶赴现场处理事故。

(四) 逐级报告

逐级报告即事故发生单位的导游、陪同人员要迅速上报主管部门(所属旅行社)、主管部门上报当地归口管理部门(旅游局);当地归口管理部门上报当地人民政府。如果发生了重大、特大事故,还要上报国家旅游局直至国务院。

所在地地方人民政府接到报告后,应当立即通知公安部门、人民检察机关和工会前往处理,必要时还要通报当地驻军,并请求支援。

报告内容分为事故发生后的首次报告、事故处理过程中的报告和事故处理结束后的书面报告三项。事故发生后的首次报告的内容包括事故发生的时间、地点、初步情况、联系电话;事故处理过程中的报告内容包括事故处理的进展情况、对事故原因的分析、有关方面的反映和要求、其他需要请示或报告的事项;事故处理结束后的书面报告内容包括事故经过及处理、原因及责任、教训及今后的防范措施,善后处理过程及赔偿情况,有关方面及死亡者或伤残者家属的反映,事故遗留问题及其他。

(五) 写出事故调查报告

写出事故调查报告即事故处理后,应当立即写出事故调查报告,其内容包括:(1)事故经过及处理;(2)事故原因及责任;(3)事故教训;(4)今后的防范措施。

特大事故报告应当包括以下内容:(1)事故发生的时间、地点、单位;(2)事故的简要经过、伤亡人数、直接经济损失的初步估计;(3)事故发生原因的初步判断;(4)事故发生后采取的措施及事故控制情况;(5)事故报告单位。

三、特别重大旅游安全事故的处理程序

根据《特别重大事故调查程序暂行规定》(以下简称《规定》),“特别重大事故”是指造成特别重大人身伤亡或者巨大经济损失以及性质特别严重、产生重大影响的事故。对于特别重大事故的处理,应当按照上述《规定》进行。特别重大的事故处理程序如下。

首先,当地公安部门立即赶赴现场,保护现场,收集证据。因抢救人员、防止事故扩大以及疏通交通等原因,需要移动现场物件的应当做出标志、绘制现场简图并写出书面记录,妥善保存现场重要痕迹、物证。

其次,当地人民政府组织现场勘察工作。

再次,立即口头报告,并于24小时内报送事故书面报告。

最后,由省级人民政府或国家旅游局组成特大事故调查组,必要时可由国务院独立组成,或由国务院授权部门组成特大事故调查组。调查组的组成单位应当根据发生事故的具体情况确定,一般包括事故发生单位的归口管理部门、公安部门、监察部门、计划综合部门、劳动部门、检察机关、工会等。涉及军民两个方面的特大

事故，应当邀请军队派员参加。根据调查工作的需要，还可以选聘其他部门或者单位的人员参加，也可以聘请有关专家进行技术鉴定和财产损失评估。但特大事故调查组成员应当符合下列两个条件：(1)具有事故调查所需要的某一方面的专长；(2)与所发生事故没有直接利害关系。

特大事故调查组织的职责如下：(1)查明事故发生的原因、人员伤亡及财产损失情况；(2)查明事故的性质和责任；(3)提出事故处理及防止类似事故再次发生所采取措施的建议；(4)提出对事故责任者的处理建议；(5)检查控制事故的应急措施是否得当和落实；(6)写出事故调查报告，并报送组织调查的部门，经组织调查的部门同意，调查工作即告结束。

为了便于调查工作的顺利展开，特大事故调查组被授予了必要的权力，即向事故发生单位、有关部门及有关人员了解事故的有关情况并索取有关资料，任何单位和个人不得拒绝；独立开展调查工作，不受任何单位和个人的阻碍、干涉。

第三节　旅游突发公共事件应急预案

旅游突发公共事件是一种旅游过程中突发的旅游公共性安全事故。为了迅速、有效地处置旅游者在旅游过程中所遇到的各种突发公共事件，尽可能地为旅游者提供救援和帮助，保护旅游者的生命安全，维护中国旅游形象，2006 年 7 月国家旅游局特别制定了《旅游突发公共事件应急预案》。

一、旅游突发公共事件的概念

旅游活动涉及众多环节，在每一个环节中都有可能遇到一些突发公共事件。旅游突发公共事件是指旅游者因自然灾害、事故灾难、突发公共卫生事件和突发社会安全事件而发生的重大游客伤亡事件。

第一，自然灾害、事故灾难导致的重大游客伤亡事件，包括水旱等气象灾害，山体滑坡和泥石流等地质灾害，民航、铁路、公路、水运等重大交通运输事故，其他各类重大安全事故等。

第二，突发公共卫生事件造成的重大游客伤亡事件，包括突发性重大传染性疾病疫情、群体性不明原因疾病、重大食物中毒,以及其他严重影响公众健康的事件等。

第三,突发社会安全事件特指发生重大涉外旅游突发事件和大型旅游节庆活动事故,包括发生港澳台和外国游客死亡事件,在大型旅游节庆活动中由于人群过度拥挤、火灾、建筑物倒塌等造成人员伤亡的突发事件。

二、旅游突发公共事件的等级

旅游突发公共事件按旅游者伤亡程度分为重大(Ⅰ级)、较大(Ⅱ级)、一般(Ⅲ级)三级。

重大(Ⅰ级)指一次突发事件造成旅游者 10 人以上重伤或 5 人以上死亡的,或一次造成 50 人以上严重食物中毒或造成 5 人以上中毒死亡的。

较大(Ⅱ级)指一次突发事件造成旅游者 5 至 9 人重伤或 1 至 4 人死亡,或一次造成 20 至 49 人严重食物中毒且有 1 至 4 人死亡的。

一般(Ⅲ级)指一次突发事件造成旅游者 1 至 4 人重伤,或一次造成 1 至 19 人严重食物中毒的。

三、突发公共事件处理的基本原则

(一) 以人为本,救援第一

在处理旅游突发公共事件中以保障旅游者生命安全为根本目的,尽一切可能为旅游者提供救援、救助。

(二) 属地救护,就近处置

在本地区政府领导下,由本地区旅游行政管理部门负责相关的应急救援工作,运用一切力量,力争在最短时间内将危害和损失降到最低程度。

(三) 及时报告,信息畅通

各级旅游行政管理部门在接到有关事件的救援报告时,要在第一时间内,立即向上级部门及相关单位报告,或边救援边报告,并及时处理和做好有关的善后工作。

四、各类突发公共事件的处理程序

国家旅游局设立旅游突发事件应急协调领导小组,下设领导小组办公室负责具体工作;市级以上旅游行政管理部门设立旅游突发事件应急领导小组。领导小组下设办公室,具体负责本地区旅游突发事件的应急指挥和相关的协调处理工作。

当发生重大(Ⅰ级)突发事件时,国家旅游局启动应急预案,事发所在地省级旅游行政管理部门启动相应应急预案,在省级人民政府领导下,进行具体响应。发生较大(Ⅱ级)以下突发事件由省级旅游行政管理部门决定启动相应的旅游应急预案,在省级人民政府(或相应的地方政府)领导下,参与和协调相关部门和单位及时采取应急处置措施。

(一)突发自然灾害和事故灾难事件的应急救援处置程序

第一,当自然灾害和事故灾难影响到旅游团队的人身安全时,随团导游人员在与当地有关部门取得联系争取救援的同时,应立即向当地旅游行政管理部门报告情况。

第二,当地旅游行政管理部门在接到旅游团队、旅游区(点)等发生突发自然灾害和事故灾难报告后,应积极协助有关部门为旅游团队提供紧急救援,并立即将情况报告上一级旅游行政管理部门。同时,及时向组团旅行社所在地旅游行政管理部门通报情况,配合处理有关事宜。

第三,国家旅游局在接到相关报告后,应协调相关地区和部门做好应急救援工作。

(二)突发重大传染病疫情的应急救援处置程序

第一,旅游团队在行程中发现疑似重大传染病疫情时,随团导游人员应立即向当地卫生防疫部门报告,服从卫生防疫部门做出的安排。同时向当地旅游行政管理部门报告,并提供团队的详细情况。

第二,旅游团队所在地旅游行政管理部门接到疫情报告后,要积极主动配合当地卫生防疫部门做好旅游团队住宿的旅游饭店的消毒防疫工作,以及旅游者的安抚、宣传工作。卫生防疫部门做出就地隔离观察的决定后,旅游团队所在地旅游行政管理部门要积极安排好旅游者的食宿等后勤保障工作,同时向上一级旅游行政管理部门报告情况,并及时将有关情况通报组团社所在地旅游行政管理部门。

第三,经卫生防疫部门正式确诊为传染病病例后,旅游团队所在地旅游行政管理部门要积极配合卫生防疫部门做好消毒防疫工作,并监督相关旅游经营单位按照国家有关规定采取消毒防疫措施,同时向团队需经过地区旅游行政管理部门通报有关情况,以便及时采取相应防疫措施。

第四,发生疫情所在地旅游行政管理部门接到疫情确诊报告后,要立即向上一级旅游行政管理部门报告。省级旅游行政管理部门接到报告后,应按照团队的行程路线,在本省范围内督促该团队所经过地区的旅游行政管理部门做好相关的消毒防疫工作。同时,应及时上报国家旅游局。国家旅游局应协调相关地区和部门做好应急救援工作。

(三)重大食物中毒事件应急救援处置程序

第一,旅游团队在行程中发生重大食物中毒事件时,随团导游人员应立即与卫生医疗部门取得联系争取救助,同时向所在地旅游行政管理部门报告。

第二,事发地旅游行政管理部门接到报告后,应立即协助卫生、检验检疫等部门认真检查团队用餐场所,找出毒源,采取相应措施。

第三,事发地旅游行政管理部门在向上级旅游行政管理部门报告的同时,应向组团旅行社所在地旅游行政管理部门通报有关情况,并积极协助处理有关事宜。国家旅游局在接到相关报告后,应及时协调相关地区和部门做好应急救援工作。

(四)突发社会安全事件的应急救援处置程序

第一,当发生港澳台和外国旅游者伤亡事件时,除积极采取救援外,要注意核查伤亡人员的团队名称、国籍、性别、护照号码以及在国内外的保险情况,由省级旅游行政管理部门或通过有关渠道,及时通知港澳台地区的急救组织相关或有关国家的急救组织,请求配合处理有关救援事项。

第二,在大型旅游节庆活动中发生突发事件时,由活动主办部门按照活动应急预案,统一指挥协调有关部门维持现场秩序,疏导人群,提供救援,当地旅游行政管理部门要积极配合,做好有关工作,并按有关规定及时上报事件有关情况。

(五)国(境)外发生突发事件的应急救援处置程序

在组织中国公民出国(境)旅游中发生突发事件时,旅行社领队要及时向所属旅行社报告,同时报告我国驻所在国或地区使(领)馆或有关机构,并通过所在国家或地区的接待社或旅游机构等相关组织进行救援,要接受我国驻所在国或地区使(领)馆或有关机构的领导和帮助,力争将损失降到最低程度。

五、应急保障和演练

各级旅游行政管理部门要围绕旅游突发事件应急救援工作加强对工作人员的培训和演习,做到熟悉相关应急预案和程序,了解有关应急支援力量、医疗救治、工程抢险等相关知识,保持信息畅通,保证各级响应的相互衔接与协调。要主动做好公众旅游安全知识、救助知识的宣传教育，不断提高旅游全行业与广大旅游者预防和处置旅游突发事件的能力。

旅游经营者应当对直接为旅游者提供服务的从业人员开展经常性应急救助技能培训，对提供的产品和服务进行安全检验、监测和评估，采取必要措施防止危害发生。旅游经营者组织、接待老年人、未成年人、残疾人等旅游者，应当采取相应的安全保障措施。

旅游者在人身、财产安全遇到危险时，有权请求旅游经营者、当地政府和相关机构进行及时救助。

中国出境旅游者在境外陷于困境时，有权请求我国驻当地机构在其职责范围内给予协助和保护。

旅游者接受相关组织或者机构的救助后，应当支付应由个人承担的费用。

第四节　外国旅游者重大伤亡事故的处理

一、外国旅游者伤亡事故处理的注意事项

根据《旅游安全管理暂行办法》的规定，处理外国旅游者重大伤亡事故时，应当注意下列事项。

第一，立即通过外事管理部门通知有关国家驻华使、领馆和组团单位。

第二，为前来了解、处理事故的外国使、领馆人员和组团单位及伤亡者家属提供方便。

第三，与有关部门协调，为国际急救组织前来参与对在国外投保的旅游者（团）的伤亡处理提供方便。

第四，对在华死亡的外国旅游者严格按照外交部《外国人在华死亡后的处理程序》进行处理。

二、外国旅游者在华死亡事故的处理程序

外交部《外国人在华死亡后的处理程序》发布于 1995 年，外国旅游者在旅游安

全事故中的死亡,具体处理程序如下。

(一)死亡确定

死亡分为正常死亡(因年迈、疾病而自然死亡)和非正常死亡(因意外突发事故死亡)。发现外国人在华死亡,应立即报告当地公安局、外事办公室并在这些部门同意后通知死者所属旅游团组负责人。正常死亡的,善后处理由接待单位负责,无接待单位的(包括零散游客),由公安机关会同有关部门共同处理。非正常死亡的,要保护好现场,由公安机关取证并处理。尸体在处理前应妥为保存,如防腐、冷冻等。

(二)尽快通知外国使领馆及死者家属

正常死亡由接待或聘用单位负责通知,无接待单位的由公安部门负责通知;非正常死亡由案件查处机关负责通知。依据《维也纳领事关系公约》或双边领事条约的规定或国际惯例,通知时限不应超过四天。

(三)尸体解剖

正常死亡者或死因明确的非正常死亡者,一般不需作尸体解剖。若死者家属或其所属驻华使、领馆要求解剖,我方可同意,但必须有死者家属或使、领馆有关官员签字的书面请求。非正常死亡者,为查明死因,需要进行解剖时由公安、司法机关按其有关规定办理。

(四)出具证明

正常死亡的,由县级以上医院出具《死亡证明书》、《住院诊断书》、《病历摘要》等;非正常死亡的,由公安机关或司法部门出具《死亡鉴定书》。应家属要求,这些证明可办理也可不办理认证,如公证等。

(五)尸体处理

死者家属或所属国使领馆提出书面请求并签字后,可就地火化,骨灰由其带回或运回,也可将尸体运回本国。根据外方要求,火化或运送回国前可举行简单的追悼会,有关单位可送花圈,也可将追悼仪式拍照送死者家属。如要举行宗教仪式,则应在我规定的宗教场所举行。应当婉拒将骨灰埋或撒在我国土地上的要求,但对我国做出特殊贡献的友好知名人士,则应报请省级或部级民政部门决定。同时,应当以我国殡葬改革,提倡火葬为由,婉拒外方在我国的土葬要求。

(六)骨灰、骸骨和遗体运输出境

运输尸体、棺柩、骸骨、骨灰出境,托运人必须提供医院或公安机关出具的《死亡证明书》或法医出具的《死亡鉴定书》及殡葬部门出具的《火化证明书》或涉外公证处出具的《死亡公证书》等证明文件，然后由中国殡葬协会国际运尸网络服务中心指定承运人办理《尸体、棺柩、骸骨、骨灰入出境防腐证明》、《尸体、棺柩、骸骨、骨灰入出境入殓证明》、《尸体、棺柩、骸骨、骨灰入出境卫生监管申报单》，同时取得由口岸出入境检验检疫机关出具的《尸体、棺柩、骸骨、骨灰入出境许可证》，海关凭《出境许可证》放行。包装要求是：骨灰、骸骨应装在封妥的罐内或盒内，外面用木箱套装。尸体做防腐处理后装入厚塑料袋中密封，放入装有木屑或碎木炭等吸潮物的金属箱内，用锌焊牢，装入两侧有把手的木棺内。

（七）死者遗物清点处理

应有死者偕行人员、所属国使领馆人员及中方人员在场或请公证人员到场，并由公证员将应到场而未到场的事实和原因注明。遗物清点必须造册，列出清单，清点人均应签字。移交遗物要开出移交书，一式两份，注明移交时间、地点、在场人、物品件数、种类和特征等。签字后办理公证手续。如死者有遗嘱，应将遗嘱拍照或复制，原件交死者家属或其所属国家驻华使、领馆。

（八）写出《死亡善后处理情况报告》

报送主管领导部门、外办、公安厅局、外交部等。内容包括死亡原因、抢救措施、诊断结果、处理情况、外方反应等。

第十一章 国际旅游管理法规

内容提要

本章概括叙述了国际旅游法规方面的有关问题，同时，结合我国加入世界贸易组织后旅游业进一步开放、国际旅游合作更加密切的实际，介绍了世贸组织和服务贸易方面的相关知识。在开发旅游资源，提高品牌知名度，增强国际吸引力方面，介绍《世界文化和自然遗产保护公约》的基本内容，了解联合国教科文组织在世界遗产的申请、审查、批准和保护方面的要求，也是十分必要的。

第一节 国际旅游管理法规概述

一、国际旅游管理法规的概念与特征

（一）国际法的概念、特征与原则

国际法是主要调整国与国关系的有拘束力的原则、规则和制度的总称，它为国际关系的有序调整提供法律依据。之所以强调“主要”一词，是因为国际法除了调整国与国的关系外，还调整由主权国家参加的政府间国际组织（如联合国、世界贸

易组织、国际民航组织等)与国家之间的关系。有时,这种政府间国际组织出于业务需要,也接纳某些地区性会员参加,如万国邮政联盟、世界卫生组织、世界气象组织等。

国际法包括国际政治、经济、文化等各个方面,是法律的一个特殊部门。与国内法比较,它有三个特征:(1)国际法的主体主要是国家。在一定条件下和一定范围内,某些政府间国际组织和区域性组织也是国际法主体。(2)国际法的制定者是参与国际关系的主权国家。(3)在强制实施方面,国际法不具备有组织的强制机关或强制措施,只能依靠国家单独的或集体的行动。

当代国际法的基本原则是:(1)国家主权平等原则。(2)不干涉别国内政原则。(3)和平解决国际争端原则。(4)条约必须遵守原则。

(二) 国际旅游管理法的概念与特征

国际旅游管理法也即国际旅游服务贸易法,是调整在跨国旅游服务活动中所形成的、与旅游活动密切相关的各种国际国内法律规范的总称。它是国际经济法的一个分支,同时适用国际公法、国际私法的某些法律制度。

国际经济法是调整自然人、法人、国家和国际经济组织在国际经济交往中所形成的各种法律关系的国内法规范和国际法规范的总称。它调整的范围包括国际投资关系、国际贸易关系、国际金融货币关系、国际技术转让关系、国际税收关系等各种国际经济关系。旅游业就属于国际贸易关系中服务贸易的范畴。

国际旅游管理法具有三个方面的特征:(1)主体具有广泛性。国际旅游服务贸易法的主体包括国际旅游者、官方旅游机构、国际旅游组织以及在一国或地区登记注册批准营业的国际或国内私营企业和旅游机构。(2)调整的法律关系具有综合性。在国际旅游服务贸易法律关系中,除旅游者所属国与旅游目的地国基于双边、多边条约或互惠而产生的法律关系外,还表现为旅游者同法定的旅游服务提供者之间的关系、旅游者在国外与旅馆、商店、饭店及其涉外旅游服务机构之间产生的各种关系。(3)表现形式具有多样性。国际旅游服务贸易法既包括国际旅游法,又包括国内旅游法,既包括实体法,又包括程序法。

二、国际旅游管理法规的主要内容

(一) 内容

国际旅游法的内容非常复杂,概括起来主要有以下几方面。

第一,关于国际旅游者的旅行权和法律地位问题的法律,包括国际旅游者的旅行权(流动权)、旅游者的出入境和旅游者在旅游目的地国的法律地位等方面的规定,如世界旅游组织 1980 年通过的《世界旅游宣言》(即《马尼拉宣言》)和 1985 年通过的《旅游权利法案》、《旅游法规》(统称《索菲亚文件》)等。

第二,关于旅游中介机构旅行社的法律规范。

第三,关于导游服务的法律规范。

第四,关于国际旅游交通运输方面的法律规定。如国际航空运输方面早期的《华沙公约》及其四份主要补充协定《海牙议定书》、《瓜达拉哈拉公约》、《危地马拉城议定书》以及《蒙特利尔议定书》,1999 年 5 月为取代华沙体制而签订的、我国于 2005 年批准生效的《统一国际航空运输某些规则的公约》(通称《蒙特利尔公约》)等。

第五,关于提供国际旅游者住宿的旅馆饭店服务的法律规范,如 1981 年国际旅馆协会于加德满都批准的《国际旅馆法》、1978 年统一私法国际协会创建的《关于旅馆合同的国际协定草案》等。

第六,关于国际旅游服务纠纷解决的法律规范,包括协商、调解、仲裁和诉讼等有关规定。

第七,关于旅游资源的国际法律保护的规定。

第八,关于国际旅游服务支付的法律规范,如外汇管制的规定等。

第九,关于国际旅游服务中消费者权益保护的法律规范。

(二) 基本原则

1. 国家对旅游资源的永久主权原则。

这也是经济主权原则的一个重要方面。由于旅游常被指责为破坏生态环境和导致环境污染的因素,在一定程度上引起环境的恶化,因此坚持国家对自然资源包括旅游资源的永久主权原则十分重要。根据该原则,各国有权管理在其境内旅游的外国旅游者,有权对以商业存在形式出现的外国旅游服务提供者予以管理、监督和规范,以保护本国的旅游资源,并享有充分、自由地处分其旅游资源的权利,根据本国经济发展目标开发、开放利用本国旅游资源。当然,各国对自然旅游资源的永久主权原则的坚持,不得违背其所承担的国际义务。

2. 非歧视待遇原则。

非歧视待遇主要包括最惠国待遇和国民待遇。

3. 市场准入自由化原则。

从服务贸易角度来说，市场准入是指缔约方以自己承诺清单中所列举的服务部门及其准入条件和限制为标准，对其他缔约方逐步开放其本国的服务市场。

4. 国际合作共谋发展的原则。

为了促进国际旅游业的健康发展，促进国际旅游服务贸易，共享国际旅游服务贸易所带来的利益，各国既有义务也有必要加强交流与合作，而不可能自我封闭，与世隔绝。

三、世界贸易组织与《服务贸易总协定》

（一）世界贸易组织

1. 概述。

世界贸易组织（World Trade Organization，WTO），成立于1995年1月1日，是独立于联合国的永久性国际组织，总部设在瑞士日内瓦莱蒙湖畔，其前身是临时机构"关税与贸易总协定"（General Agreement on Tariffs and Trade，GATT）。

世界贸易组织是具有法人地位的国际组织，负责管理世界经济和贸易秩序，在调解成员争端方面具有更高的权威性。与关贸总协定相比，世界贸易组织涵盖货物贸易、服务贸易以及知识产权贸易三大领域，而关贸总协定只适用于商品货物贸易。世界贸易组织与世界银行、国际货币基金组织一起，并称为当今世界经济体制的"三大支柱"。

世界贸易组织成员分为四类：发达成员、发展中成员、转轨经济体成员和最不发达成员。它通过规定各国政府所应承担的主要契约义务，来规范各国国内的贸易立法或规章的制定与实施，同时，还为各国提供一个场所，使它们通过集体辩论、谈判和裁决来发展贸易关系。简单地说，世界贸易组织的基本职能是：（1）管理和执行各项贸易协定。（2）作为多边贸易谈判的论坛。（3）解决贸易争端。（4）监督各成员方的贸易政策。

世界贸易组织的首要目标是帮助开展平稳、自由、公平的贸易。实现这些目标的途径包括：管理世界贸易组织协定、处理贸易争端、监督各国贸易政策、为发展中国家提供技术援助和培训、与其他国际组织开展合作等。

世界贸易组织的主要机构有部长会议、总理事会、委员会、总干事、秘书处。其中，部长会议是最高决策机构，每两年召开一次，主要讨论和决定涉及世界贸易组织职能的所有重要问题,并采取行动。部长会议下设有四个委员会(贸易与环境委员会,贸易与发展委员会,国际收支限制委员会,预算、财务与行政委员会)。总理事会负责部长会议休会期间的日常工作,并履行争端解决机构、贸易政策评审机构等方面的职能,下设有三个理事会(货物贸易理事会、与贸易有关的知识产权理事会、服务贸易理事会)。秘书处负责为世贸组织的所有机构提供会务安排、背景资料搜集、文件出版等秘书性服务工作。秘书处的首脑是总干事,由部长会议任命。

世界贸易组织的标识由六道向上弯曲的弧线组成,上三道和下三道分别为红、蓝、绿三种颜色,表示世界贸易组织是不同成员组成的国际机构。标识久看有动感,象征世界贸易组织充满活力,其设计者是新加坡的杨淑女士。她采用了中国传统书法的笔势,六道弧线带有毛笔书法起笔和收笔的韵味。

中国于2001年12月正式加入世界贸易组织。

2. 基本原则。

(1) 非歧视原则。各成员之间应在无歧视的基础上进行贸易,相互的贸易关系中不应存在差别待遇。该原则主要通过最惠国待遇和国民待遇来体现。

(2) 互惠原则。也叫对等原则,是世界贸易组织最为重要的原则之一,指的是两成员方在国际贸易中相互给予对方以贸易上的优惠待遇。

(3) 最惠国待遇原则。最惠国待遇原则是世界贸易组织的基石,指的是任何一个缔约方给任一贸易方(包括非世贸组织成员)的贸易优惠待遇或措施,必须立即并无条件地给予其他缔约方。

(4) 国民待遇原则。国民待遇原则是指,外国产品进入到另一成员方领土时,不应对它直接或间接征收比本国相同的产品更高的国内税或费用;在关于商品销售各个环节的规定方面,进口产品享受的待遇不应低于本国相同产品所享受的待遇。国民待遇原则是非歧视原则的具体表现,也是最惠国待遇原则的补充。比较而言,最惠国待遇强调"外外平等",国民待遇则侧重"内外平等"。

(5) 市场准入原则。从贸易的一般意义上来说,市场准入是指一成员方允许另一成员方的货物、劳务与资本参与本国市场的程度。

(6) 公平贸易原则。

(7) 透明度原则。透明度原则是指成员方所实施的与国际贸易相关的各种法令、条例、司法判决、行政决定,都必须予以公布,以便各国政府和贸易商熟悉它们。一成员方政府与另一成员方政府所缔结的影响国际贸易的协定,也必须公布,以防止成员方之间进行不公平的贸易，从而造成对其他成员方的歧视。

透明度原则和最惠国待遇原则、国民待遇原则一起，是建立世界统一市场经济体系的三大重要法律原则。

（二）《服务贸易总协定》

1. 由来与概念。

《服务贸易总协定》(General Agreement on Trade in Services, GATS)是全球范围内规制国际服务贸易的第一套多边原则和框架体系，对促进全球服务贸易进一步自由化，进而推动国际经济合作的更加广泛和深入，具有里程碑意义。

1986年，关贸总协定开始了乌拉圭回合多边贸易谈判，谈判过程中，美国最先提出了服务贸易自由化问题。谈判历时8年，1994年4月15日，124个成员在摩洛哥的马拉喀什签署了《乌拉圭回合多边贸易谈判成果协议最后文本》，通称《马拉喀什宣言》，宣言共包括了四个协定：《建立世界贸易组织协定》、《货物贸易总协定》、《服务贸易总协定》、《与贸易有关的知识产权协定》。

服务是一种特殊的商品，但不是物，而是行为。它与商品一样有使用价值。

什么是服务贸易？《服务贸易总协定》从四个方面进行了界定：(1)第一，过境交付，如电信、邮电、互联网视听、金融、信息服务，这是国际服务贸易的基本方式；(2)境外消费，如旅游、就医、求学；(3)商业存在，如外国公司来华开办银行和商店等商业机构，或开办会计事务所或律师事务所等专业机构，它是国际服务贸易提供方式中最为重要的方式，也是最敏感、最活跃的方式；(4)自然人流动，如外国医生、律师、教授、艺术家来华从事个体服务等。

自然人流动与商业存在有着规模上和时间上本质区别。两者的共同点是服务提供者到消费者所在国的领土内提供服务，但不同之处在于，以自然人流动方式提供服务的服务者在消费者所在国的领土内没有设立商业机构或专业机构，具有个体性和暂时性的特点。

服务贸易的特点是：不可存贮性、无形性、高智力性。

2. 内容与分类。

《服务贸易总协定》最后文本由三大部分内容组成：一是正文，即适用于全体成员国的原则与规定，包括一般义务与特定义务、具体承诺与安排、争端解决机制等。二是附件，即适用于全体成员国的单项服务贸易附录。三是各成员国提交的体现其具体义务的市场准入承诺清单。

从协议条款来说,共包括六个部分,二十九条。

其六个部分包括:(1)范围与定义。(2)一般义务和纪律。(3)具体承诺,含市场准入、国民待遇等。(4)逐步自由化。(5)制度条款,含磋商、争端解决、技术合作等。(6)最后条款。

根据世界贸易组织的分类,全球服务贸易共分为11大类142个服务项目。这11大类是:(1)商业服务,如专业服务、研究与开发。(2)通信服务。(3)建筑及有关工程服务。(4)销售服务,如批发、零售、代理。(5)教育服务。(6)环境服务,如污水与废物处理、卫生服务。(7)金融服务。(8)健康与社会服务。(9)与旅游相关的服务。(10)娱乐、文化与体育服务。(11)运输服务。

3.《服务贸易总协定》对中国旅游服务贸易的影响。

加入世界贸易组织以来,服务贸易条款给中国的旅游服务业带来了深刻而广泛的影响。这种影响表现为两个方面:(1)它使中国旅游服务提供者在市场竞争中拥有了与其他国家相同的对等资格。(2)对中国的旅游服务贸易提出了更高的要求,使中国旅游服务贸易面临着贸易自由化所带来的发达国家高层次旅游服务产品和服务资本进入的挑战。具体地说,其有利之处主要表现在:(1)门票价格实现了国民待遇,提高了透明度。有些旅游景点景区原来对团体、学生、老年人和残疾人优惠价的规定不很透明,提供某些特殊服务时尤其缺乏明码标价的行为,近年来各景区已按照世贸规则和国际惯例逐步给予了纠正。(2)《服务贸易总协定》的签署,虽然对旅游产品的质量提出了更高的要求,但在高质量的前提下,中国旅游产品的出口无疑也具有了更大的市场。(3)《服务贸易总协定》的签署,使得中国旅游市场进一步开放,旅游资源开发和保护、旅游设施建设等所亟需的资金有了更多的来源,这进一步扩大了中国旅游资源的容纳量,有利于中国旅游业的发展。(4)中国的旅游服务由于《服务贸易总协定》的签署而与国际旅游服务标准接轨,有利于提高服务质量与管理水平。(5)中国旅游服务贸易的法律规则得到了进一步的完善。

目前,尚需改进的方面大致有:(1)签证制度问题。由于中国同主要客源国日本、欧盟等没有互免签证制度,且中国办理签证所需时间较长,增大了外国旅游者入境的难度。(2)货币自由兑换问题。兑换本币既耗时费事又增加成本,常令外国旅游者却步。中国金融工具较少,人民币业务尚未完全开放,使外国旅游者深感不便。(3)从业人员的素质问题。由于导游职业准入门槛低,旅游业专业性不强等原因，常令旅游者感觉服务质量与期望值有差距。

第二节　出入境管理法规

一、外国人入出中国国境的管理

（一）旅游者自由出入国境的权利

随着旅游业的发展和国际间交流与合作的加强，世界各国都制定了关于外国人和本国公民出入境管理的法律法规。这些规定对保护国家主权发挥了重要作用，同时也是保护旅游者合法权益法律制度的重要组成部分。

自由旅行权是旅游者最基本的权利，是劳动权和休息权的必然延伸，属于基本人权范围。根据旅游者本国法律和旅游接待国法律，旅游者可以在履行一定手续的前提下，自由出入国境参加旅游活动。

除了各国政府通过国内法规定旅游者自由出入国境的权利外，各国政府之间还通过缔结国际条约、公约或政府间国际旅游组织的宣言、决议等方式，在全世界范围内共同保护各国旅游者的此项合法权益。其中著名的有 1980 年世界旅游组织在菲律宾首都马尼拉世界旅游大会上通过的《世界旅游宣言》，即《马尼拉宣言》；1985 年世界旅游组织在保加利亚首都索菲亚通过的《旅游权利法案》和《旅游法规》，统称《索菲亚文件》。它们明确规定了旅游者的自由旅行权，强调各国不得对旅游者采取任何歧视措施。

（二）外国旅游者入出境的原则和有效证件

1. 外国旅游者入境的一般原则。

2012 年 6 月 30 日，我国发布了《中华人民共和国出境入境管理法》，它和《海关法》、《出境入境边防检查条例》以及 2013 年 7 月 12 日国务院发布的《外国人入境出境管理条例》等法律法规一起，规定了外国旅游者入出境的有关原则。

一般来说，只要遵守中国法律，不危害我国国家安全、损害社会公共利益、破坏社会公共秩序，中国政府都允许外国旅游者入境。为了加强国与国之间的友好交往，我国还与一些国家签订了双边和多边协定，给予来华旅游者手续上的便利。

我国对外国旅游者入出境的依法管理和控制，主要表现在入出境的外国旅游者应具备法律规定的证件、手续，并且不具有法律限定的出境情形。

2. 外国旅游者入境有效证件。

第一，护照。护照是主权国家发给本国公民出入境和在国外旅行、居留的证件，以证明其国籍、身份和出国目的，由公民所在国家的外交或内务(警察、公安)部门颁发。

护照一般分为三种，即外交护照、公务护照和普通护照。有的国家还发行具有护照效力的证件。如法国颁发的通行证、英国颁发的旅游证、澳大利亚颁发的身份证在特殊情况下也可通用。有的国家对旅游团等集体出国人员只发给团体护照。

旅游护照有时效性，期限较短。我国《护照法》规定，普通护照的有效期为：护照持有人未满 16 周岁的五年，16 周岁以上的十年。凡入出中国边境的外国旅游者，都必须持有有效护照。

第二，签证。签证是指一国政府主管机关在外国人所持有的有效护照或者其他有效出入境证件上签注、盖印，表示允许外国人入出或者通过该国国境的许可证明。签证是目前各国政府普遍采取的入出境管理制度。

签证手续实际上是一国实施的有条件准许入境的措施。在我国，根据持证者是否享有外交特权和优待，分别给予外交、公务、礼遇或者普通签证；根据需要次数和时间限制，分为长期和短期签证，一般是一次入出境有效。其中，礼遇签证是这次发布出入境管理法时细分出的。有些国家为了加强友好交往，在互惠原则下，互免签证手续。此外，还有一些双边条约，规定互免签证手续。无论外交、公务、礼遇签证还是互免签证，都属于特殊签证。

旅游者办理护照后，应申请目的地国或经停国在其有效证件上签证。旅游者申请签证，必须口头答复被询问的有关情况，并履行以下手续：(1)提供有效证件；(2)填写签证申请表；(3)提供近期半身照片；(4)交验中国旅游行政管理部门的接待证明，即签证通知；(5)向法律规定的部门申请“L”签证。

国家旅游局、省级旅游局以及特定的旅行社依法行使到我国境内旅游的签证通知权。办理签证事宜的部门是中国政府驻外使领馆、外交部授权的其他驻外机关、外交部及其授权的其他机关、公安部及其授权的其他机关。

经授权的地方公安机关作为口岸签证机关，按照法律规定的事宜，对在外事、旅游活动中确需来华而来不及在中国驻外机关申办签证的外国人办理签证的，申办人一下飞机即可办理签证。这种方式俗称“落地签证”。

我国采取四种签证制度，通常情况下采取一次签证一次有效的方法，此外还有多次签证和免除签证。

签证有一定的格式和内容，包括签证有效期、有效次数、停留期、入出境口岸、同行人员等。外国旅游者应在签证有效期内，按照指定的入境口岸、交通工具、线路通行，未经许可，中途不得停留。

旅游者领取签证、证件后，如需申请变更或延长，应向原发证机关申办。

第三，外国人的旅行证。持有效签证或居留证件的外国旅游者，应乘飞机或火车前往我国规定对外开放的地区旅游，未经批准，不得乘自备交通工具前往。根据有关规定，此类地区称为甲类地区。控制对外开放的新增地区称为乙类地区。丙类地区是指仅允许经常去考察、进行技术交流或现场施工等公务活动的一般性对外开放地区。不对外国人开放的地区属丁类地区。

前往乙、丙、丁类地区，应办理旅行证。旅行证是指外国人前往不对外国人开放的地区旅行，向当地公安机关申请的旅行许可证件，由旅游者临时居留地或工作地的市县公安局办理。外国人旅行证最长为一年。

（三）外国人入出境检查制度

1. 海关检查。

海关检查是指海关在国境口岸依法对进出国境的货物、运输工具、行李物品、邮递物品和其他物品执行监督管理、征收关税和查禁走私等任务时所进行的检查。我国海关在执行任务时，贯彻既严格又方便的原则，既维护国家权益，又便利正常往来。

外国旅游者来中国，主要接受海关对其入境运输工具和行李物品的检查。在现代旅游活动中，旅游者不仅搭乘飞机、船舶和火车，在邻近国家之间还往往驾驶汽车、船舶等交通工具旅游。因此，各国都制定了对外国旅游者运输工具的监督和检查制度。进出中国国境的旅游者，应将携带的符合规定的行李物品交海关检查。旅游者应填写“旅客行李申报表”，经海关查验后签章，各执一份，旅游者回程时交海关审验。

来华居留不超过六个月的旅游者，携带海关认为必须复运出境的物品，由海关登记后放行。旅游者出境时，必须将原物带出。

2. 边防检查。

为维护国家主权和安全，禁止非法出入境活动，便利入出境人员和交通运输畅通,各国都在对外开放的港口、机场、国境车站和孔道以及特殊的进出口岸设立了边防检查站,对入出国境的人和物进行检查。

根据《出境入境边防检查条例》,我国的边防检查工作由公安部主管。

旅游者入境时,应主动出示、交验护照和其他有效证件;接受边防检查站对其行李物品的检查;携带枪支的,应依照我国《枪支管理办法》规定办理。

边防检查站有权阻止有下列情形之一的旅游者入境、出境:(1)未持入境、出境证件的;(2)持用无效入出境证件的;(3)持用他人入出境证件的;(4)持用伪造、涂改入出境证件的;(5)拒绝接受边防检查的;(6)未在限定口岸通行的;(7)国家公安部门、安全部门通知不准入出境的;(8)法律法规规定不准入出境的。

3. 安全检查。

安全检查是指中国海关和边防检查站为保证旅游者生命和财产安全,禁止携带武器、凶器和爆炸物品,采用安全门磁性探测检查、红外线透视、搜身、开箱检查等方法,对旅游者进行的安全检查。

新制定的《出境入境管理法》规定,经国务院批准,公安部、外交部根据出境入境管理的需要,可以对留存出境入境人员的指纹等人体生物识别信息作出规定。同时要求,申请办理外国人居留证件,应当提交本人的护照或者其他国际旅行证件,以及申请事由的相关材料,并留存指纹等人体生物识别信息。

采集、存储出境入境人员指纹等人体生物信息,在出入境管理时进行比对,可以有效甄别出境入境人员身份,对加强出境入境管理、保障国家安全具有积极意义,同时有助于提高口岸通关效率,便利人员出入境。将人体生物识别技术引入出境入境管理也符合国际通行作法,目前,欧盟、俄罗斯、新加坡、泰国等国家和地区都已在电子护照中存储指纹信息。英国、美国、日本、韩国等多个国家已经签发含有指纹信息的生物签证或者在入境检查时采集外国人指纹。

4. 卫生检查。

为防治传染病由国外传入或由国内传出,保护人身健康,各国都制定了国境卫生检疫法。

我国颁布了《国境卫生检疫法》,设立了国家质量监督检验检疫总局,作为国境卫生检疫机关,在入出境口岸依法对包括旅游者在内的有关人员及其携带的动植物和交通运输工具等实施传染病检疫、检测和卫生监督。只有经过检疫,由国境卫生检疫机关许可,才能入出境。

5. 动植物检疫。

为了保护农、林、牧、渔业生产和人体健康，维护对外贸易信誉，履行国际间的义务，防治危害动植物的病、虫、杂草及其他有害生物由国外传入或由国内传出，我国和其他各国都制定了动植物检疫的法律。

在我国边境口岸设立的动植物检疫站，代表国家对入出境的动物、动物产品、植物、植物产品及运载动植物的交通工具等执行检疫任务，旅游者应主动接受动植物检疫，按有关规定入出境。

我国法律规定的上述检查制度，合称“一关四检”。

（四）港澳台同胞入出境的法律问题

1. 港澳同胞入出境来往内地的法律问题。

1999 年 1 月以前，港、澳同胞来往内地旅游，只需申请办理《港、澳同胞回乡证》，10 年有效，不必另外办理签证。由于该证从 1978 年开始办理，已经使用多年，证件设计较早，在防伪性能、使用效率、管理水平等方面已不能适应形势的需要，于是公安部开发研制了智能型《港、澳居民来往内地通行证》，简称“回乡卡”，仍为 10 年有效。这种回乡卡外形好像信用卡，从 1999 年 1 月 15 日开始启用。回乡卡是机读卡，边防检查人员只需要将它插入机读器，平均不用 15 秒，即完成全部通关手续。该卡是港、澳居民进出内地的旅行证件以及在内地住宿、居留的身份证件，由公安部委托香港、澳门中国旅行社受理通行证申请，授权广东省公安厅审批和签发。凡是具有中国国籍的香港、澳门居民，只要未向国籍管理机关申报为外国人，无论是否持有外国护照或旅行证件，均可申请该通行证。

2009 年 1 月 1 日，港澳居民来往内地使用了 30 年的港澳同胞回乡证，终于正式“退役”，而第一批签发的回乡卡，也于同年 1 月 15 日到期换发。

2. 台湾同胞入出境来往祖国大陆的法律问题。

根据国务院《中国公民往来台湾地区管理办法》规定，台湾同胞回大陆探亲、旅游和短暂的商务考察，需办理旅行证件。台湾居民来往大陆的旅行证件系指《台湾居民来往大陆通行证》（以下简称《通行证》）和其他有效旅行证件。《通行证》也就是通常所说的《台胞证》，它只供进出大陆地区使用，不能用作国际旅行证件，不同于护照，每次入境时都需要“签注”。《台胞证》有效期三个月，可以申请延期两次，每次最长三个月。台胞如在大陆投资、就业、学习等，则需要办理“多次入出境签注”，有效期为一至五年。

凡是经由外国回大陆的台湾同胞，由我驻外使领馆签发《中华人民共和国旅行证》；经港、澳来大陆的，可向外交部驻港、澳签证处申请该证，也可申请由港、澳中国旅行社代办该证。

2005 年 4 月至 5 月，时任中国国民党主席连战和亲民党主席宋楚瑜相继访问祖国大陆。随后，大陆开始陆续出台一些新的措施和规定，便于台胞来往。例如，原来台湾居民在大陆需根据不同情况分别办理入出境手续、居留手续：在大陆居留需办理暂住加注；入出境需另外办理入出境签注，后来改为将台湾居民入出境手续、居留手续合二为一。又如，授权上海、江苏出入境管理部门试点为在大陆丢失证件或证件过期的台湾居民补发、换发五年有效《台胞证》等。

2008 年 12 月 15 日，祖国大陆和台湾地区根据海峡两岸关系协会和海峡交流基金会于 11 月 4 日在台北会谈达成的协议，正式实现了海运直航、空运直航和直接通邮，《告台湾同胞书》中首倡的两岸"三通"(通邮、通商、通航)终于由梦想变成现实。为此，国家公安部授权福州市等地简化入出境手续，方便台湾居民往来祖国大陆。主要措施包括：(1)《台胞证》到期后无须出境办理换证手续，可直接在福州市出入境窗口申请办理，五年有效。(2)放宽台湾居民来往祖国大陆签注及居留签注的有效期限和申请对象的限制，短期来大陆的台湾居民可根据需要申请三个月、一年一次或一年多次有效签注。(3)放宽台湾居民居留签注期限。(4)台湾居民可委托代办签注证件。(5)放宽台湾居民换发《台胞证》期限，取消旧证到期前半年内才能换发新证的限制。(6)台胞证及签注申请实行急事急办。《台胞证》申请在七个工作日内办结，急件在三个工作日内办结，签注申请在五个工作日内办结，加急签注在一个工作日内办结。

2015 年 6 月 18 日，国务院公布修改后的《中国公民往来台湾地区管理办法》，规定自 2015 年 7 月 1 日起，台湾居民持有效来往大陆通行证，无须办理签注，即可来往大陆。

需要强调的是，目前台湾同胞来往大陆和大陆居民往返台湾的一些最新管理规定或措施，不少还属于政策层面的内容，稳定性不够强，要上升到法规层面尚需时日。

二、中国公民出入境的管理

(一) 中国公民出入境管理概述

中国公民出境旅游，是改革开放以后逐步发展起来的全新消费领域和社会文化现象。从1981年开始，我国陆续正式批准了新加坡、马来西亚等100多个国家和地区为中国公民出国旅游目的地。经过逐年发展，我国已经形成了国际旅游、国内旅游、出境旅游三大市场相互促进、共同发展的新格局。《中华人民共和国出境入境管理法》、《中华人民共和国海关法》、《出境入境边防检查条例》、《中国公民出国旅游管理办法》等法律法规的相继颁布并实施，形成了中国公民出入境管理的法规制度。

（二）中国旅游者出入境的有效证件与检查制度

1. 中国旅游者出入境的有效证件。

第一，护照。中国公民因前往外国定居、探亲、学习、就业、旅行、从事商务活动等非公务原因出国的，由本人向户籍所在地的县级以上地方人民政府公安机关出入境管理机构申请普通护照。申请普通护照，应当提交本人的居民身份证、户口簿、近期免冠照片以及申请事由的相关材料。普通护照的登记项目包括：护照持有人的姓名、性别、出生日期、出生地，护照的签发日期、有效期、签发地点和签发机关。

从2007年1月起，中华人民共和国第一部《护照法》实施，新版护照也陆续在全国启用。与旧版护照相比，新版护照的变化是：(1)16周岁以上公民护照有效期由5年调整为10年；(2)取消延期，护照到期后重新换发；(3)“备注”栏原直接打印在护照页上，现为贴纸备注；(4)取消了身份证号码和国徽印章，增加了签发机关的中英文字样。

第二，旅行证。这是中国旅游者出入境的主要证件，由中国驻外国的外交代表机关、领事机关或外交部授权的其他驻外机关颁发。旅行证分为一年一次有效和两年多次有效两种。

第三，出入境通行证。该证为出入中国边境的通行证件，由省级公安部门及其授权的公安机关签发。证件在有效期内一次或多次有效。

第四，签证。中国公民凭护照或其他有效证件出入中国边境，无须办理签证。但作为允许旅游者前往一个国家或中途经过、停留的证件，中国旅游者在经批准出境获得护照后，应申请欲前往国家的旅行签证。

按国际惯例，一般按护照种类发给相应签证，但也可发给高于或低于护照种类的签证。出国旅游应向驻华使、领馆办理签证申请；既没有使、领馆，又没有其他使馆代办业务的，就必须到办理该国签证的国家去办理。

目前,旅行签证签发的形式有个人签证、团体签证、落地签证和返签。出国旅游要提前办理签证,办好签证后要特别注意有效期和停留期。

2. 中国旅游者出入境检查制度。

中国旅游者出入境时,也要接受"一关四检"的检查。

(三)出国旅游管理法律制度

1. 出境旅游管理概述。

旅游活动中,通常将一个国家的居民跨越国境到另一个国家的旅游活动称为出境旅游。我国的出境旅游由港澳旅游、边境旅游和出国旅游三个部分组成。港澳旅游是指组织内地居民以旅游团或其他方式前往香港、澳门地区的旅游活动。边境旅游是指经批准的旅行社组织和接待我国及毗邻国公民,集体从指定的边境口岸出入境,在双方政府商定的区域和期限内进行的旅游活动。出国旅游是指中国公民前往经国家批准的出国旅游目的地国家的旅游活动。

2001 年 12 月 12 日,《中国公民出国旅游管理办法》(以下简称《管理办法》)由国务院常务会议通过,2002 年 5 月 27 日经朱镕基总理签署国务院令公布,自 7 月 1 日起正式施行。这是我国旅游法制建设的又一重要成果,不仅对促进出国旅游的健康发展具有重要意义,而且对推动旅游全行业的发展、加强旅游法制建设、提升国家旅游整体形象也将发挥积极而现实的作用。

2. 出国旅游管理制度。

第一,出国旅游目的地批准管理制度。出国旅游目的地批准管理制度,是指对开放出国旅游目的地的国家或地区,由国家旅游局会同国务院有关部门提出,报国务院批准后,由国家旅游局公布的管理制度。任何单位和个人都不得组织中国公民到国家旅游局公布的出国旅游目的地国家或地区以外的地方旅游。

第二,出国旅游业务经营权审批管理制度。出国旅游业务经营权审批管理制度,是指经营出国旅游业务的旅行社,必须符合管理办法规定的条件,按照规定的程序,经旅游行政管理部门批准取得出国旅游业务经营权,方可经营出国旅游业务的管理制度。

出国旅游业务由于存在巨大的、长期被抑制的需求,以及经营操作主动性强、不会造成拖欠款、利润较高等特点,因此一直是旅行社经营上的兴奋点和利润增长点。为此,我国规定出国旅游属于特许经营业务,旅行社经营该业务,应当具备三个条件:(1)取得国际旅行社资格满一年;(2)经营入境旅游业务有突出业绩;(3)经营期间无重大违法行为和重大服务质量问题。

第三,“中国公民出国旅游团队名单表”管理制度。名单表管理制度是指旅游行政管理部门按照“总量控制,入出挂钩”的原则,对出国旅游人数实行总量控制,并对组团社名单表进行监督管理的制度。

国家旅游局根据上一年度全国入境旅游的业绩、出国旅游目的地的增加情况和出国旅游的发展趋势,在每年2月底前确定本年度组织出国旅游的人数安排总量,并下达给省级旅游行政管理部门。

名单表由国家旅游局统一印制,一式四份,编号下发。

第四,旅游团队的出入境管理制度。旅游团队的出入境管理制度是指组团社在组织旅游团队出境、入境时应当遵守《管理办法》及其他法律规定,履行相应手续,接受监督管理的制度。组团社应当办理签证、安排专职领队、整团出入境、接受边防检查、交验名单表。

第五,出国旅游经营规则和服务质量管理制度。出国旅游经营规则和服务质量管理制度,是指有出国旅游经营权的旅行社,按照《管理办法》及有关法律规定的经营规则和服务质量要求,从事出国旅游业务经营活动的管理制度。

经营规则主要是:(1)组织出国旅游活动,应当前往经批准并公布的旅游目的地国家或地区;(2)不得采取不正当手段经营,不得做虚假宣传,报价不得低于成本;(3)不得提供禁止的旅游项目。

(四)大陆居民往返港澳台地区的法律问题

1. 大陆居民出入境往返港澳地区的法律问题。

一般来说,大陆居民赴港澳旅游均需通过旅行社集中组团进行。由旅行社组织出游,旅游者应当自己到公安机关出入境管理部门办理通行证,不得委托办理。这是因为受理机关需要面见申请人,进行必要的询问,核实申请人的真实身份。

2003年7月28日,广东省在全国率先开办了个人赴港澳旅游,即通常所说的港澳“自由行”。此后,经国务院批准,内地31个省级行政区中已有49个城市先后获许个人到港澳地区旅游。因此,这49个城市的居民赴港澳旅游既可以参团进行,也可以自由行,当然还可以半自由行。

2. 大陆居民出入境往返台湾地区的法律问题。

1991年12月17日,国务院发布了《中国公民往来台湾地区管理办法》;2011年6月20日,国家旅游局、公安部、国务院台湾事务办公室联合修订发布了《大陆居民赴台湾地区旅游管理办法》,随后,海峡两岸旅游交流协会(简称“海旅会”)又分别发布了《大陆居民赴台湾地区个人旅游注意事项》以及《大陆居民赴台湾地区旅游注意事项》。

根据有关规定,大陆居民赴台湾地区旅游(简称“赴台旅游”),可采取团队旅游或个人旅游两种形式。如果采用团队旅游形式,必须由指定经营大陆居民赴台旅游业务的旅行社(简称“组团社”)组织,以团队形式整团往返。旅游团成员在台湾期间必须集体活动;如果采用个人旅游形式,大陆居民可自行前往台湾地区,在台湾期间可自行活动。经两岸协商,截至 2014 年 8 月,全国共有 4 批 36 座城市获准为台湾个人游试点城市。

赴台旅游必须持有效的《大陆居民往来台湾通行证》及旅游签注进行,签注字头为 L。

三、违反出入境管理的法律责任

(一) 外国旅游者违反入出境管理制度的法律责任

1. 外国旅游者入出境的权利和义务。

外国旅游者入出境的主要权利有:(1)外国旅游者享有入出境的合法权益,受中国法律保护;(2)人身自由不受侵犯,未经人民检察院批准、决定或人民法院决定,并由公安机关执行,不受逮捕;(3)根据双边或多边条约,按照互惠原则,免予签证;(4)法律法规规定的其他权利。

外国旅游者入出境的基本义务是:(1)入出中国国境,应经过中国政府主管机关许可,持有有效证件;(2)在签证有效期内,应遵守中国的法律法规,不危害中国国家安全,不损害社会公共利益,不破坏社会公共秩序。

外国旅游者如不办理旅行证,未经批准前往不对外开放的地区,可以处警告或 500 元以下罚款。情节严重的,并处限期出境。

2. 外国旅游者入出境的法律限制。

根据我国的法律规定,有下列情形之一的外国人包括旅游者,不得入境:(1)被中国政府驱逐出境、未满不准入境年限的;(2)被认为入境后可能进行恐怖、暴力、颠覆活动的;(3)患有精神病、麻风病、艾滋病、性病、开放性肺结核以及其他传染性疾病的;(4)被认为入境后可能进行走私、贩毒、卖淫活动的;(5)不能保障其在中国期间所需费用的;(6)被认为入境后可能进行危害我国国家安全和利益的其他活动的。

在华期间，如有下列情形之一的外国人，包括旅游者，不允许出境：(2)刑事案件的被告人；(2)公安机关或人民检察院或人民法院认为的犯罪嫌疑人；(3)人民法院通知有未了结民事案件不能离境的；(4)有其他违反中国法律行为尚未处理，经有关主管机关认定需要追究的。

（二）中国旅游者违反出入境管理制度的法律责任

1. 中国旅游者出入境的权利和义务。

中国公民在出入中国国境时，享有以下权利：(1)公民的人身权依法受到保护；(2)持本人有效证件出入中国国境；(3)依照法律规定携带行李物品。

出入中国国境的中国公民，应当承担下列义务：(1)维护国家利益；(2)依法办理出入境证件；(3)接受相应的出入境检查。

为了维护国家利益，出入境管理法中还规定了中国公民不准出境的几种情形：(1)刑事案件的被告人，公安机关或者人民检察院或者人民法院认定的犯罪嫌疑人；(2)人民法院通知有未了结民事案件不能离境的；(3)被判处刑罚正在服刑的；(4)正在被劳动教养的；(5)国家有关主管机关认为出境后将对国家安全造成重大损失的。

2. 出入境有效证件的有关规定。

护照或出入境证件持有人出现下列情形之一的，原发证机关或上级机关予以吊销或宣布作废：(1)持有人因非法进入前往国或非法居留被送回国内的；(2)持护照、证件招摇撞骗的；(3)从事危害国家安全，损害国家荣誉和利益的活动的。

违反这些法律规定，持证人还将受到收缴证件、警告、拘留的处罚。情节严重的，追究其刑事责任。

3. 出入境检查制度的有关规定。

有下列情形之一的，边防检查站有权阻止中国旅游者出入境：(1)未持出入境证件的；(2)持用他人出入境证件的；(3)持用伪造或者涂改的出入境证件的；(4)拒绝接受边防检查的；(5)未在限定口岸通行的；(6)国家公安、安全部门通知不准出入境的；(7)法律法规规定不准出入境的。

（三）出国旅游组团社的职责与法律责任

1. 组团社的职责。

第一，组团社应当维护旅游者合法权益，遵守规定的经营规则。

第二,按照合同约定的服务质量要求为旅游者提供服务,为旅游团队安排专职领队。

第三,保证提供的服务符合人身、财产安全的要求。

第四,履行相应的告知义务,要求境外接待社按照约定的团队活动计划安排旅游活动。

第五,旅游团队在境外遇到特殊困难和安全问题后,及时向旅游行政部门和公安机关报告。

第六,有责任防止参游人员在境外滞留不归。接到旅游者滞留不归的报告后,应及时向旅游行政部门和公安机关报告。有关部门处理时,有义务予以协助。

第七,有责任要求境外社不得组织旅游者参与涉及色情、赌博、毒品内容的活动或者危险性活动,对境外社违反要求的,应当予以制止。

2. 法律责任。

组团社有下列行为之一的,旅游行政管理部门可以暂停其经营出国旅游业务;情节严重的,取消其出国旅游业务经营资格:(1)入境旅游业绩下降的;(2)因自身原因,在一年内未能正常开展出国旅游业务的;(3)因出国旅游服务质量问题被投诉并经查实的;(4)有逃汇、非法套汇行为的;(5)以旅游名义弄虚作假,骗取护照、签证等出入境证件或者送他人出境的;(6)国家旅游行政管理部门认定的影响中国公民旅游秩序的其他行为。

组团社违反《管理办法》,不为旅游团安排专职领队的,由旅游行政部门责令改正,并处 5 000 元以上、2 万元以下罚款,并可暂停其出国旅游业务经营资格。多次不安排专职领队的,取消其出国旅游业务经营资格。

组团社对可能危及人身安全的情况未向旅游者做出真实说明和明确警示,或者未采取防止危害发生的措施的,由旅游行政部门责令改正,给予警告;情节严重的,对组团社停止其出国旅游业务经营资格,并处 5 000 元以上、2 万元以下罚款;造成人身伤亡事故的,依法追究其刑事责任,并承担赔偿责任。

组团社违反《管理办法》的规定,未要求境外接待社不得组织旅游者参与涉及色情、赌博、毒品内容的活动或者危险性活动,未要求其不得改变旅游行程、减少旅游项目,强迫或者变相强迫旅游者参加额外付费项目,或者在境外接待社违反上述要求时未予制止的,由旅游行政管理部门对组团社处以组织该旅游团队所收取费用两倍以上、五倍以下的罚款,并暂停其出国旅游业务经营资格。造成恶劣影响的,对组团社取消其出国旅游业务经营资格。对旅游者滞留境外不归，组团社不及时向有关部门报告的，由旅游行政部门给予警告，并暂停其出国旅游业务经营资格。

第三节　世界遗产的国际保护

一、世界遗产概述

世界遗产特指被联合国教科文组织确认的、人类罕见的且目前无法替代的财产，其价值必须具有真实性和唯一性，一旦列入《世界遗产名录》，将受到联合国教科文组织所有成员国的共同保护和集体援助。广义上，世界遗产包括文化遗产、自然遗产、自然与文化双重遗产、文化景观、非物质文化遗产五类。它们都由联合国教科文组织审定通过。中国是世界上唯一一个拥有全部五类世界遗产的国家。

人们通常所说的世界遗产，主要是指前四类。非物质文化遗产概念的出现较晚，最初被称为“民间创作”，直到 2001 年联合国教科文组织通过《世界文化多样性宣言》时才使用现称。它是指各国人民世代传承的、与民众生活密切相关的各种传统文化表现形式（如民俗活动、表演艺术、传统知识和技能，以及与之相关的器具、实物、手工制品等）和文化空间。

《保护世界文化和自然遗产公约》（以下简称《世界遗产公约》）是世界上保护旅游资源方面最重要的国际法文件之一，由联合国教科文组织大会第 17 届会议于 1972 年 11 月 16 日在巴黎通过。根据该公约，设立了世界遗产委员会和世界遗产基金。

联合国教科文组织世界遗产委员会是政府间组织，成立于 1976 年 11 月，由 21 个成员组成，负责《保护世界文化和自然遗产公约》的实施。其成员每届任期六年。委员会每年在不同的国家举行一次世界遗产大会，主要决定哪些遗产可以录入《世界遗产名录》，对已列入名录的世界遗产的保护工作进行监督指导。

世界遗产委员会的具体任务有四项：(1)在挑选录入《世界遗产名录》的文化和自然遗产地时，负责对世界遗产的定义进行解释；(2)审查世界遗产保护状况报告；(3)经过与有关缔约国协商，该委员会做出决定把濒危遗产列入《濒危世界遗产名录》;(4)管理世界遗产基金。

联合国教科文组织还专门设置了世界遗产中心,又称为“公约执行秘书处”。该中心协助缔约国具体执行《世界遗产公约》,对世界遗产委员会提出建议,执行世界遗产委员会的决定。

《世界遗产公约》共分为 9 个部分,38 条,包括:(1)前言,主要阐明制定本公约的重要意义;(2)文化遗产和自然遗产的定义;(3)文化和自然遗产的国家保护和国际保护;(4)建立世界遗产委员会;(5)保护世界遗产基金;(6)阐述了国际援助的条件和安排;(7)教育计划。规定缔约国应通过教育和宣传,增强公民对世界遗产的保护意识,消除对遗产造成威胁的危险;(8)规定缔约国应向大会递交实施《世界遗产公约》的情况报告;(9)最后条款。规定《世界遗产公约》使用的语言、批准及加入的程序等。

二、中国的世界遗产

2014 年,《世界遗产名录》共有 1 007 项世界遗产委员会承认的“具有突出普遍价值”的遗产,包括 779 项文化遗产、197 项自然遗产以及 31 项自然及文化混合遗产,涵盖了 161 个缔约国。

中国于 1985 年 12 月 22 日正式加入世界遗产公约,1986 年开始进行申报工作,到 2014 年 6 月,已有 47 项遗产得到批准,超过西班牙列世界第二,仅次于拥有 50 处世界遗产的意大利。

(一) 文化遗产 29 项

1987 年批准的 5 项:万里长城、北京故宫、周口店北京人遗址、敦煌莫高窟、秦始皇陵及兵马俑坑。

1994 年批准的 4 项:拉萨布达拉宫、曲阜孔庙孔林孔府、武当山古建筑群、承德避暑山庄及周围庙宇。

1997 年批准的 3 项:丽江古城、平遥古城、苏州古典园林(拙政园、留园、网师园、环秀山庄)。

1998 年批准的 2 项:颐和园、天坛。

1999 年批准的 1 项:大足石刻。

2000 年批准的 4 项:龙门石窟、青城山与都江堰、皖南古村落、明清皇家陵寝。其中,青城山与都江堰本来申报的是自然与文化双重遗产,但当年在澳大利亚凯恩斯召开的联合国教科文组织世界遗产委员会第24届全会决定，先通过其文化遗产身份，并承认其符合自然遗产四条标准中的两条，待进一步考察评估后再予认定。

2001年批准的1项：云冈石窟。

2004年批准的1项：高句丽王城、王陵及贵族墓葬（在吉林省集安市）。

2005年批准的1项：澳门历史城区。

2006年批准的1项：河南殷墟。

2007年批准的1项：开平碉楼与村落。

2008年批准的1项：福建土楼。

2010年批准的1项：河南嵩山“天地之中”历史古迹。

2012年批准的1项：元上都遗址。

2014年批准的2项：丝绸之路、中国大运河。

（二）自然遗产10项

武陵源、九寨沟、黄龙。它们均于1992年获得批准。

2003年批准的1项：三江并流。

2006年批准的1项：四川大熊猫栖息地。

2007年批准的1项：中国南方喀斯特，包括云南石林的剑状、柱状和塔状喀斯特，贵州荔波的锥状喀斯特（峰林），重庆武隆的立体喀斯特等。

2008年批准的1项：江西三清山。

2010年批准的1项：中国丹霞，包括全面展示丹霞地貌形成演化过程的6个丹霞地貌风景区，即福建泰宁、湖南崀山、广东丹霞山、江西龙虎山（包括龟峰）、浙江江郎山、贵州赤水。

2012年批准的1项：澄江化石群。

2013年批准的1项：新疆天山。

（三）世界文化景观4项

庐山，1996年获得批准。

山西五台山，2009年获批。

杭州西湖，2011年被批准。

红河哈尼梯田，2013年获得批准。

（四）自然与文化双重遗产4项

1987年批准的泰山。

1990年批准的黄山。

1996年批准的峨眉山—乐山大佛。

1999年批准的武夷山。

以上四部分共计45项。此外,还有几处扩展项目。

2000年:批准拉萨大昭寺作为文化遗产“布达拉宫”的扩展项目;批准艺圃、耦园、沧浪亭、狮子林、退思园五处作为文化遗产“苏州古典园林”的扩展项目。

2001年:批准罗布林卡作为文化遗产拉萨“布达拉宫”的扩展项目。

2003年:批准明孝陵、十三陵作为文化遗产“明清陵寝”的扩展项目。

2004年:批准沈阳故宫作为文化遗产“明清皇宫”的扩展项目;批准盛京三陵作为文化遗产“明清陵寝”的扩展项目。盛京是指沈阳,三陵即福陵——努尔哈赤与皇后叶赫那拉氏的合葬墓,昭陵——皇太极墓,永陵——清朝皇室爱新觉罗氏的祖陵。

三、申报世界遗产的程序

申报世界遗产,必须经过三个程序,四个步骤。

(一) 申请

缔约国向世界遗产委员会提交预备清单,即《世界遗产预备名录》。所有申请项目,都必须出自该名录。若想在当年委员会全会上使项目获得通过,就必须在前一年的上半年提出申请,同时要附送详细的文本、幻灯、录像、照片、图纸等材料。在我国,大体上作如下分工:(1)推出文化遗产,由国家文物局负责。(2)推出自然遗产,由建设部负责。(3)双重遗产由上述两个部门联合推出。

被推荐对象上报国务院得到批准后,由教科文组织中国委员会向教科文组织总部申报。通常,送交图文资料后需要一年时间。

(二) 考察

次年5月之前,世界遗产委员会派专家到申报项目国进行实地考察。在考察过程中,政府陪同官员要回答联合国专家对照申报材料提出的各种问题。

(三) 批准

有两个步骤:(1)专家考察后,写出评估报告,报6月召开的主席团会议审议。通常,主席团的意见是最后意见。(2)11月或者12月,世界遗产委员会召开全委会,申报项目在本次会议上最后通过。有时,个别项目会遭到否定。

因此，每个项目从申报到批准，一般需要两年时间。这并不包括国内的前期准备和改进工作时间。

四、申报世界遗产的限制

（一）《凯恩斯决议》

为了解决世界遗产地区分布不平衡和文化遗产自身品类的不平衡问题，2000年在澳大利亚凯恩斯召开的第24届世界遗产大会上，通过了一个文件，称为《凯恩斯决议》。核心内容是控制世界遗产的申报数量，规定从2001年起，拥有世界遗产项目的缔约国每年申报的新世界遗产数量不得超过1项，没有世界遗产的缔约国每年可以申报2至3项，但世界遗产委员会每年受理的申报项目数不超过30项。

试行三年之后，2004年在苏州第28届世界遗产大会上，对凯恩斯决议做了补充，规定有世界遗产项目的缔约国每年可以申报两项世界遗产，但是其中必须有1项自然遗产。

（二）《世界遗产公约》限制

根据《世界遗产公约》的规定，同一个项目只有一次独立申报的机会，一旦被否定，不得复议。比如1987年，“天津蓟县与远古地址保护区”申报世界文化遗产被否决。一般来说，申报未获批准的遗产项，大致有四种原因：(1)缺乏重要性和完整性。(2)推迟审议。比如四川大熊猫栖息地，曾于1987年、1990年两次被推迟审议，终于在2006年获得成功。1990年，湖北“铜绿山古铜矿遗址”、1994年，新疆“吐鲁番交河故城遗址”都先后被推迟审议。(3)申请国自己“撤回”申请。如1992年“路南石林风景区”、“黄果树瀑布自然景观及历史地区”两个申请项目被撤回。(4)资料不全，暂时不具备条件。如2009年“嵩山古建筑群”被退回补充资料，2010年以“天地之中”申报成功。

我国有多个项目申报后未获得批准，主要有三种情况：(1)有的项目在国内独一无二，但在国际上比较，并不占优势。(2)有的项目管理工作较差，未获批准。(3)一些项目申报准备工作不充分，仓促申报，遭到否定。因为按规定，列入《世界遗产名录》有两条最基本的标准，即不仅要取决于遗产自身独特的价值，而且还要取决于现有的保护水平。特别需要指出的是，2011年6月24日在巴黎举行的世界遗产委员会第35次大会上，五大连池在杭州西湖文化景观申遗成功的同时，选择了退出，究其原因，也是准备工作有欠缺，保护水平尤其不够。这也是一种撤回。

《世界遗产公约》的运作模式要求，缔约国应将本国今后五至十年内拟申遗的单位列入《世界遗产预备清单》，通报世界遗产中心备案。为此，2004 年苏州世界遗产大会之后，国家建设部同中国联合国教科文全委会明确提出，今后凡是申报世界遗产项目，必须从《中国国家自然遗产、国家自然与文化双遗产预备名录》中推荐。此后，建设部从 2006 年开始，相继公布了两批《中国国家自然遗产、国家自然与文化双遗产预备名录》，其中第一批自然遗产预备名录 17 处，双遗产预备名录 13 处，共 30 处；第二批自然遗产预备名录 18 处，双遗产预备名录 8 处，共 26 处。江西的武功山、高岭—瑶里、鄱阳湖湿地、井冈山均分列其中。国家文物局也在 2006 年重设了《中国世界文化遗产预备名单》，共计 35 个项目，其中包括江西的赣南围屋。

（三）世界遗产的申报趋势

由于《凯恩斯决议》及其补充文件的影响，不少缔约国都调整了自己的申报策略，从而使得世界遗产的申报和保护工作呈现出一些新的趋向。

第一，增加扩展项目的申报。

第二，大型综合性项目、跨国项目遗产成为新的申报热点。

第三，文化景观遗产强调的是自然与文化相结合，反映人与自然和谐相处的关系，因为符合当代人的审美取向和时代趋势，越来越多地受到《世界遗产名录》的青睐。

第四，联合申报、捆绑申报等新型申遗模式作为应对世界遗产申报新格局的一种重要创新手段，已成为世界遗产委员会所提倡的方式。

第五，世界遗产与非物质文化遗产的结合与相互促进，正成为世界遗产保护的新趋势。

第十二章 消费者权益保护法

内容提要

本章介绍了《消费者权益保护法》的基本内容。《消费者权益保护法》的调整范围既包括消费者,又包括经营者;既包括商品,也包括服务。它是一部以消费者权利为核心的法律。消费者的权利、经营者的义务、侵犯消费者合法权益应承担的法律责任,是本章重点介绍的内容。

第一节 《消费者权益保护法》概述

消费者是指为满足生活消费的需要而购买、使用商品或者接受服务的个人或单位。消费者的法律特征是:消费特征为生活消费;消费客体是商品或服务;消费方式包括购买、使用商品和接受服务;主体包括公民个人和单位。

消费者权益是指消费者依法享有的权利以及该权利受到保护时能够给消费者带来的应得利益,其核心是消费者的权利。

经营者是指以营利为目的,从事经营活动的公民、法人和其他经济组织。经营者的法律特征是:主体包括所有为消费者提供商品或服务的经营者;类别可从所有制形式、经营形态以及国籍等不同角度来划分;提供商品或服务以营利为目的,属有偿服务;提供商品或服务的方式有直接和间接两种;经营机构的成立必须经过依法注册登记。

《消费者权益保护法》是我国1993年10月制定的专门保护消费者权益的法律,该法于2013年10月修改并通过。它只规定消费者所享有的权利,不规定消费者应承担的义务。该法确定了三项基本原则。

第一,自愿、平等、公平、诚实信用原则。这也是民法的最基本原则。它要求经营者和消费者进行交易时,应当坚持当事人法律地位一律平等;经营者不得滥用经济实力进行强制交易;诚实信用,以善意的方式履行各自义务,不得侵犯交易相对人的合法权益,也不得规避法律或合同。

第二,国家对消费者合法权益予以特别保护的原则。在与经营者交易的过程中,消费者客观上处于弱者的地位,因为:(1)在科技突飞猛进、广告无孔不入的今天,消费者不可能人人对商品的结构、性能、品质等问题有明确而深刻的认识,从而导致消费者与生产者、销售者之间对商品的信息把握严重不对称,消费者权益因此极易受损。(2)消费者是分散的个人,而经营者大多是拥有专业知识、实力雄厚的法人组织。消费者个人受专业知识、精力、财力的限制,难以同经营者抗衡。(3)现代商品生产高度社会化,垄断也随之出现,使得格式合同大量存在,而传统的合同自由原则受到挑战。由于消费者处于弱者地位,因此不得不屈从于各种实力雄厚的经济组织所制定的众多不利于自己的合同条件。

根据上述情况,国家因此而给予消费者合法权益特别的保护。即当消费者的权益保护同经营者的权益保护发生冲突时,应当优先保护消费者的合法权益;同一纠纷有多种法律可供适用时,应当优先适用《消费者权益保护法》,当然也不完全排除其他法律的保护;国家在制定涉及消费者权益的法律、法规和政策时,应听取消费者的意见和要求。在给予消费者合法权益特别保护的同时,国家倡导文明、健康、节约资源和保护环境的消费方式,反对浪费。

第三,国家监督与社会监督相结合原则。国家监督是保护消费者权益的重要环节。有关的国家机关应当按照法律法规的规定,加强对经营者的监督,大力查处其侵害消费者合法权益的违法犯罪行为。另一方面,消费者权益也是社会利益的侧面反映。消费者利益涉及社会经济生活的各个方面。因此,必须动员广泛的社会力量进行监督，使消费者的权益保护真正落到实处。

第二节 消费者的基本权利

一、安全保障权

安全保障权是消费者最基本的权利，包括人身安全和财产安全两个方面。具体含义是：消费者在购买、使用商品和接受服务时，享有人身、财产安全不受侵害的权利。由于消费者购买、使用商品和接受服务是为了进行生活消费，所以商品和服务必须绝对安全可靠，必须绝对保证商品和服务的质量不会损害消费者的生命和健康。

二、知悉真情权

知悉真情权也叫信息获取权、了解权、知情权。它是指消费者享有知悉其购买、使用的商品或者接受服务的真实情况的权利。根据商品或者服务的不同情况，消费者有权要求经营者提供商品的综合信息，有权要求经营者提供商品的价格、产地、生产者、用途、性能、规格、等级、主要成分、生产日期、有效期限、检验合格证明、使用方法说明书、售后服务，或者服务的内容、规格、费用等有关情况。说明服务的名称、商标、内容、规格和费用等，有权索要服务单据。知悉真情权是实现消费者其他权利的一项基础性权利。这项权利的实现与否，将直接关系到消费者是否能据此做出正确的判断，进而决定是否购买商品或接受服务。

三、自主选择权

自主选择权是指消费者享有的自主选择商品或者服务的权利。这项权利包含了四个方面的内容：一是自由选择提供商品或者服务的经营者的权利。二是自主选择商品的品种或者服务方式的权利。三是自主决定购买或者不购买任何一种商品、接受或者不接受任何一项服务的权利。四是在自主选择商品或者服务时所享有的进行比较、鉴别和挑选的权利。

四、公平交易权

公平交易权是指消费者在购买商品或者接受服务时所享有的获得质量保障、价格合理、计量公正等公平交易的权利。为了保障消费者这项权利的实现,必须依法对劣质销售、价格不公、计量失度等不公平交易行为加以禁止。同时,法律还赋予消费者拒绝经营者的强制交易行为的权利。

五、求偿权

求偿权是指消费者因购买、使用商品或接受服务时受到人身、财产损害,依法享有获得赔偿的权利,其实质是消费者在其利益受损时所享有的一种救济权。享有求偿权的主体是商品购买者、使用者、服务接受者、第三人。

求偿权的范围:(1)人身权受到侵害。这既包括消费者的生命健康权,也包括消费者的其他人格权受到侵害。(2)财产权受到损害。它主要是指消费者在财产方面的直接损失和间接损失。(3)消费者因人身权受到侵害造成精神痛苦的,经营者也要根据不同情况给予赔偿。

求偿权的实现方式最基本、最常见的是赔偿损失,此外还有恢复原状、赔礼道歉、重做、更换、消除影响、恢复名誉等。

求偿权要受到一定的限制。一般来说,消费者只要因购买、使用商品或接受服务而受到人身、财产损失,就可依法获得赔偿,适用严格责任原则,不需要举证商品生产者、销售者或服务提供者具有过错。但是,如果损害是由受害者自己的过错造成的,那么商品生产者、销售者或服务提供者可以不承担责任。

六、结社权

结社权是指消费者享有的依法成立维护自身合法权益的社会团体的权利。赋予消费者以结社权,有助于消费者从分散、弱小走向聚合、强大,通过集体的力量来改变自己的弱者地位,维护自己的合法权益。

消费者社会团体既可以组织消费者,形成对商品和服务的广泛监督,促使一些侵害消费者权益的行为得到及时解决,又可以充当政府与消费者之间的桥梁,还可以指导消费者的消费行为,提高消费者的自我保护意识。

七、获得知识权

获得知识权是从知悉真情权中引申出来的一项权利。它是指消费者所享有的获得有关消费和消费者权益保护方面的知识的权利。

八、维护尊严权

维护尊严权是指消费者在购买、使用商品和接受服务时，享有人格尊严、风俗习惯受到尊重的权利。尊重消费者的人格尊严和民族、风俗习惯，是社会文明进步的标志，也是尊重和保障人权的重要体现。

九、监督批评权

监督批评权包括消费者依法享有的对商品生产、销售和服务提供以及保护消费者权益工作人员在保护消费者工作中的违法失职行为进行检举控告的权利，也包括对保护消费者权益工作提出批评、建议的权利。

第三节　经营者的基本义务

一、依法或按约履行义务

经营者向消费者提供商品和服务，应当恪守社会公德，诚信经营，保障消费者的合法权益；不得设定不公平、不合理的交易条件，不得强制交易。经营者与消费者有约定的，应当按约定履行义务，但双方的约定不得违背法律、法规的规定。

二、听取意见和接受监督

这项义务是与消费者的监督批评权相对应的。经营者应当通过有效途径或方式听取消费者对其提供的商品和服务的意见，比如设立专门机构、配置专职人员、与消费者对话等，接受消费者监督。

三、保障人身和财产安全

这项义务是与消费者的安全保障权相对应的。经营者应当保证其提供的商品或者服务符合保障人身、财产安全的要求。对可能危及人身、财产安全的商品和服务,应当向消费者做出真实的说明和明确的警示,并说明和标明正确使用商品、接受服务的方法以及防止危害发生的方法。宾馆、商场、餐馆、银行、机场、车站、港口、影剧院等经营场所的经营者,应当对消费者尽到安全保障义务。

经营者发现其提供的商品或者服务存在缺陷,有危及人身、财产安全危险的,应当立即向有关行政部门报告和告知消费者,并采取停止销售、警示、召回、无害化处理、销毁、停止生产或者服务等措施。采取召回措施的,经营者应当承担消费者因商品被召回支出的必要费用。

四、提供真实信息

这项义务是与消费者的知悉真情权相对应的。经营者向消费者提供有关商品或者服务的质量、性能、用途、有效期限等信息,应当真实、全面,不得作虚假或者引人误解的宣传。否则将构成不正当竞争行为,同时也是侵犯消费者合法权益的行为。

经营者对消费者就其提供的商品或者服务的质量和使用方法等问题提出的询问,应当做出真实、明确的答复;经营者提供商品或者服务应当明码标价。经营者应当标明其真实名称和标记。若租赁他人柜台或者场地的经营者,应当标明其真实名称和标记。

五、出具发票等购货凭证或服务单据

经营者提供商品或者服务,应当按照国家有关规定或者商业惯例向消费者出具发票等购货凭证或者服务单据。消费者索要发票等购货凭证或者服务单据的,经营者必须提供。

商业惯例是指某一行业的经营者在销售商品或提供服务时普遍遵循的做法,特别是指在向消费者出具发票等购货凭证或者服务单据方面的惯常做法。商业惯例虽不是国家法律、法规的规定,但却被有关经营者所公认和遵守,在维护正常的交易秩序、保护消费者权益方面发挥着作用。

由于发票等购货凭证或者服务单据对于界定经营者或消费者的权利义务有着重要的意义，因此，明确经营者的此项义务，有利于保护消费者的权益。

六、保证商品和服务的质量

经营者应当保证消费者在正常使用商品或者接受服务时，其所提供的商品或者服务应当具有的质量、性能、用途和有效期限，但消费者在购买该商品或者接受该服务前已经知道其存在瑕疵，且存在该瑕疵不违反法律强制性规定的除外。

经营者以广告、产品说明、实物样品或者其他方式表明商品或者服务质量状况的，应当保证其提供的商品或者服务的实际质量与表明的质量状况相符。

经营者提供的机动车、计算机、电视机、电冰箱、空调器、洗衣机等耐用商品或者装饰装修等服务，消费者自接受商品或者服务之日起六个月内发现瑕疵，发生争议的，由经营者承担有关瑕疵的举证责任。

七、承担“三包”和其他责任

经营者应当按照规定或者约定对商品承担包修、包换、包退的责任或者违约、侵权以及其他责任。根据不同服务行业，经营者按照国家有关规定或约定对其提供的服务承担责任。经营者不得故意拖延或者无理拒绝履行有关义务。

经营者提供的商品或者服务不符合质量要求的，消费者可以依照国家规定、当事人约定退货，或者要求经营者履行更换、修理等义务。没有国家规定和当事人约定的，消费者可以自收到商品之日起七日内退货；七日后符合法定解除合同条件的，消费者可以及时退货，不符合法定解除合同条件的，可以要求经营者履行更换、修理等义务。依照前款规定进行退货、更换、修理的，经营者应当承担运输等必要费用。

经营者采用网络、电视、电话、邮购等方式销售商品，消费者有权自收到商品之日起七日内退货，且无须说明理由，但下列商品除外：(1)消费者定做的；(2)鲜活易腐的；(3)在线下载或者消费者拆封的音像制品、计算机软件等数字化商品；(4)交付的报纸、期刊。

除前款所列商品外，其他根据商品性质并经消费者在购买时确认不宜退货的商品，不适用无理由退货。消费者退货的商品应当完好。经营者应当自收到退回商品之日起七日内返还消费者支付的商品价款。退回商品的运费由消费者承担；

经营者和消费者另有约定的,按照约定。

八、保证公平交易

格式合同,也叫定型化合同或标准化合同,是指经营者在与消费者订立合同前,经营者单方面拟定的条款。它具有四个特征:一是制定格式合同的主体是经营者。二是合同相对方只有接受与否的选择,没有决定合同内容的机会。三是合同指向的对象为不特定的多数消费者,具有适用对象上的普遍性特点。四是合同一经制定,便可以在长时间内反复使用,具有固定性和连续性的特点。

通知、声明和店堂告示,是指经营者采用明示的手段,向消费者告知其有关经营情况。它们是实践中几种常见的格式合同方式。此外,还有说明、顾客须知、注意事项等方式。

经营者在经营活动中使用格式条款的,应当以显著方式提请消费者注意商品或者服务的数量和质量、价款或者费用、履行期限和方式、安全注意事项和风险警示、售后服务、民事责任等与消费者有重大利害关系的内容,并按照消费者的要求予以说明。

经营者不得以格式条款、通知、声明、店堂告示等方式,作出排除或者限制消费者权利、减轻或者免除经营者责任、加重消费者责任等对消费者不公平、不合理的规定,不得利用格式条款并借助技术手段强制交易。格式条款、通知、声明、店堂告示等含有前款所列内容的,其内容无效。

采用网络、电视、电话、邮购等方式提供商品或者服务的经营者,以及提供证券、保险、银行等金融服务的经营者,应当向消费者提供经营地址、联系方式、商品或者服务的数量和质量、价款或者费用、履行期限和方式、安全注意事项和风险警示、售后服务、民事责任等信息。

九、尊重消费者的人身权

消费者的人身权是其基本人权,消费者的人身自由、人格尊严和个人信息不受侵犯。经营者不得对消费者进行侮辱、诽谤,不得搜查消费者身体及其携带的物品,不得侵犯消费者的人身自由,比如扣留、殴打消费者等。

经营者收集、使用消费者个人信息,应当遵循合法、正当、必要的原则,明示收集、使用信息的目的、方式和范围,并经消费者同意。经营者收集、使用消费者个人信息，应当公开其收集、使用规则，不得违反法律、法规的规定和双方的约定收集、使用信息。经营者及其工作人员对收集的消费者个人信息必须严格保密，不得泄露、出售或者非法向他人提供。

经营者应当采取技术措施和其他必要措施，确保信息安全，防止消费者个人信息泄露、丢失。在发生或者可能发生信息泄露、丢失的情况时，应当立即采取补救措施。经营者未经消费者同意或者请求，或者消费者明确表示拒绝的，不得向其发送商业性信息。

第四节　消费者权益的法律保护

一、国家对消费者权益的保护

（一）立法保护

国家通过制定有关保护消费者合法权益方面的法律法规，并利用适当的方式向社会宣示，促使人们自觉遵守，从而有效地防止侵犯消费者权益行为的发生。此外，国家制定有关消费者权益的法律、法规、规章和强制性标准，应当听取消费者和消费者协会等组织的意见。

（二）行政保护

在国家对消费者合法权益的行政保护措施中，各级人民政府及其工商行政管理部门负有重要的责任。各级人民政府应当加强领导，组织、协调、督促有关行政部门做好保护消费者合法权益的工作，落实保护消费者合法权益的职责；加强监督，预防危害消费者人身、财产安全行为的发生，及时制止危害消费者人身、财产安全的行为。

各级人民政府工商行政管理部门和其他有关行政部门应当依照法律、法规的规定，在各自的职责范围内，采取措施，保护消费者的合法权益。

有关行政部门应当听取消费者和消费者协会等组织对经营者交易行为、商品和服务质量问题的意见，及时调查处理。在各自的职责范围内，应当定期或者不定期对经营者提供的商品和服务进行抽查检验，并及时向社会公布抽查检验结果。

发现并认定经营者提供的商品或者服务存在缺陷，有危及人身、财产安全危险的，应当立即责令经营者采取停止销售、警示、召回、无害化处理、销毁、停止生产或者服务等措施。

(三) 司法保护

司法机关在保护消费者权益方面应本着分工负责、互相配合的原则各司其职。其中，公安机关对涉及暴力侵权、斗殴的消费纠纷，应及时查处；对于构成犯罪的侵害消费者权益的行为，公检法机关应按各自权限，积极立案侦查、起诉、审理并及时做出裁判；对于符合《民事诉讼法》起诉条件的消费者权益争议，人民法院应及时受理并依法裁判。

二、社会对消费者权益的保护

社会保护在很大程度上是国家保护的有效补充。国家鼓励、支持一切社会组织和个人对损害消费者权益的行为进行监督。

(一) 消费者组织的保护

消费者组织是指依法成立的，对商品和服务进行社会监督的保护消费者合法权益的社会组织，主要是指各级消费者协会和其他消费组织。消费者协会的性质属于自治性的社会组织，其宗旨是对损害消费者合法权益的行为进行社会监督。因此，各级消费者组织不得从事商品经营和营利性服务，不得以收取费用或者其他牟取利益的方式向消费者推荐商品和服务。

消费者协会履行下列公益性职责：(1)向消费者提供消费信息和咨询服务，提高消费者维护自身合法权益的能力，引导文明、健康、节约资源和保护环境的消费方式；(2)参与制定有关消费者权益的法律、法规、规章和强制性标准；(3)参与有关行政部门对商品和服务的监督、检查；(4)就有关消费者合法权益的问题，向有关部门反映、查询，提出建议；(5)受理消费者的投诉，并对投诉事项进行调查、调解；(6)投诉事项涉及商品和服务质量问题的，可以委托具备资格的鉴定人鉴定，鉴定人应当告知鉴定意见；(7)就损害消费者合法权益的行为，支持受损害的消费者提起诉讼或者依照本法提起诉讼；(8)对损害消费者合法权益的行为，通过大众传播媒介予以揭露、批评。

各级人民政府对消费者协会履行职责应当予以必要的经费等支持。消费者协会应当认真履行保护消费者合法权益的职责，听取消费者的意见和建议，接受社会监督。此外，依法成立的其他消费者组织依照法律、法规及其章程的规定，开展保护消费者合法权益的活动。

（二）新闻舆论的监督

新闻舆论监督是实现社会监督和消费者教育的重要工具，它在保护消费者合法权益的工作中也负有重要责任。广播、电视、报刊等大众传播媒介应当做好维护消费者合法权益的宣传，对侵害消费者合法权益的行为进行揭露、批评，使其受到社会的普遍谴责。任何单位和个人不得干涉新闻单位对消费者权益保护的舆论监督活动。

第五节　消费者权益争议的解决

一、消费者权益争议的解决途径

消费者权益争议是指消费者与经营者之间因消费者权益问题而发生的纠纷，这种纠纷从法律性质上来说，属于民事权益争议的范畴。

消费者权益争议解决的途径有：(1)与经营者协商和解；(2)请求消费者协会或者依法成立的其他调解组织调解；(3)向有关行政部门投诉；(4)根据与经营者达成的仲裁协议提请仲裁机构仲裁；(5)向人民法院起诉。

二、赔偿主体承担民事责任的形式和顺序

法律根据不同情况，规定了承担民事责任的形式赔偿主体和顺序。

第一，消费者在购买、使用商品时，合法权益受到损害的，可以向销售者要求赔偿。属于生产者的责任或属于向销售者提供商品的其他销售者的责任，销售者赔偿后，有权向生产者或其他销售者追偿。因商品缺陷造成人身、财产损害的，可以向销售者要求赔偿，也可以向生产者要求赔偿。属于生产者责任的，销售者赔偿后，有权向生产者追偿，反之亦然。消费者在接受服务时，其合法权益受到损害的，可以向服务提供者要求赔偿。

第二，消费者在购买、使用商品或者接受服务时，其合法权益受到损害，因原企

业分立、合并的,可以向变更后承受其权利、义务的企业要求赔偿。

第三,使用他人营业执照的违法经营者提供商品或者服务,损害消费者合法权益的,消费者可以向其要求赔偿,也可以向营业执照的持有人要求赔偿。

第四,消费者在展销会、租赁柜台购买商品或者接受服务,合法权益受到损害的,可以向销售者或服务者要求赔偿。展销会结束或者柜台租赁期满后,也可以向展销会的举办者、柜台的出租者要求赔偿。展销会的举办者、柜台的出租者赔偿后,有权向销售者或者服务者追偿。

第五,消费者通过网络交易平台购买商品或者接受服务,其合法权益受到损害的,可以向销售者或者服务者要求赔偿。网络交易平台提供者不能提供销售者或者服务者的真实名称、地址和有效联系方式的,消费者也可以向网络交易平台提供者要求赔偿;网络交易平台提供者作出更有利于消费者的承诺的,应当履行承诺。网络交易平台提供者赔偿后,有权向销售者或者服务者追偿。

网络交易平台提供者明知或者应知销售者或者服务者利用其平台侵害消费者合法权益,未采取必要措施的,依法与该销售者或者服务者承担连带责任。

第六,广告经营者、发布者设计、制作、发布关系消费者生命健康商品或者服务的虚假广告,造成消费者损害的,应当与提供该商品或者服务的经营者承担连带责任。

社会团体或者其他组织、个人在关系消费者生命健康商品或者服务的虚假广告或者其他虚假宣传中向消费者推荐商品或者服务,造成消费者损害的,应当与提供该商品或者服务的经营者承担连带责任。

消费者向有关行政部门投诉的,该部门应当自收到投诉之日起七个工作日内,予以处理并告知消费者。

对侵害众多消费者合法权益的行为,中国消费者协会以及在省、自治区、直辖市设立的消费者协会,可以向人民法院提起诉讼。

第六节　侵犯消费者合法权益应承担的法律责任

对侵犯消费者合法权益的行为人怎样进行有效的法律制裁,这直接关系到消费者的合法权益能否得到充分的保护。对侵害消费者合法权益的行为,通常根据违法行为的性质、情节和社会危害等因素,规定经营者分别承担民事责任、行政责任和刑事责任。

一、民事责任

(一) 侵犯消费者合法权益的民事责任的概括性规定

根据有关法律,法规的规定,经营者有下列行为之一的,应承担民事责任:(1)商品或者服务存在缺陷的;(2)不具备商品应当具备的使用性能而出售时未作说明的;(3)不符合在商品或者其包装上注明采用的商品标准的;(4)不符合商品说明、实物样品等方式表明的质量状况的;(5)生产国家明令淘汰的商品或者销售失效、变质的商品的;(6)销售的商品数量不足的;(7)服务的内容和收取的费用违反约定或法律规定的;(8)对消费者提出的修理、重作、更换、退货、补足商品数量、退还货款和服务费用或者赔偿损失的要求,故意拖延或者无理拒绝的;(9)法律、法规规定的其他损害消费者合法权益的情形。

经营者对消费者未尽到安全保障义务,造成消费者损害的,应当承担侵权责任。

(二) 侵犯消费者人身权的专门性规定

《消费者权益保护法》规定:(1)经营者在提供商品或服务时,造成消费者或其他受害人身体伤害的,应当赔偿医疗费、护理费、交通费等为治疗和康复支出的合理费用,以及因误工减少的收入。(2)经营者提供商品或者服务时,造成消费者或其他受害人残疾的,除赔偿上述费用外,还应当赔偿残疾生活辅助具费和残疾赔偿金。(3)经营者提供商品或者服务时,造成消费者或其他受害人死亡的,应当赔偿丧葬费和死亡赔偿金。(4)经营者提供商品或者服务时侵害消费者的人格尊严,侵犯消费者人身自由或者侵害消费者个人信息依法得到保护的权利的,应当停止侵害、恢复名誉、消除影响、赔礼道歉,并赔偿损失。(5)经营者有侮辱诽谤、搜查身体、侵犯人身自由等侵害消费者或者其他受害人人身权益的行为,造成严重精神损害的,受害人可以要求精神损害赔偿。

(三) 侵犯消费者财产权的专门性规定

根据《消费者权益保护法》的规定:(1)经营者提供商品或者服务造成消费者财产损害的,应当依照法律规定或者当事人约定承担修理、重作、更换、退货、补足商品数量、退还货款和服务费用或者赔偿损失等民事责任。消费者与经营者另有约定的,按其约定履行。(2)经营者以预收款方式提供商品或者服务的,应当按照约定提供。未按照约定提供的,应当按照消费者的要求履行约定或者退回预付款,并应当承担预付款的利息和消费者必须支付的合理费用。(3)经有关行政部门依法认定为不合格的商品,消费者要求退货的,经营者应当负责退货。

(四) 欺诈行为的惩罚性赔偿制度

《消费者权益保护法》中规定的惩罚性赔偿制度,是我国民事损害赔偿法律制度的一项重大突破,同时,这也是对我国损害赔偿法律制度的进一步丰富和完善。这项法律制度的主要内容是:经营者提供商品或者服务时有欺诈行为的,应当按照消费者的要求增加赔偿其受到的损失,增加赔偿的金额为消费者购买商品的价款或者接受服务的费用的三倍;增加赔偿的金额不足500元的,为500元。法律另有规定的,依照其规定。

经营者明知商品或者服务存在缺陷,仍然向消费者提供,造成消费者或者其他受害人死亡或者健康严重损害的,受害人有权要求经营者依照本法第四十九条、第五十一条等法律规定赔偿损失,并有权要求所受损失两倍以下的惩罚性赔偿。

二、行政责任

首先,经营者有下列情形之一,除承担相应的民事责任外,其他有关法律、法规对处罚机关和处罚方式有规定的,依照法律、法规的规定执行;法律、法规未作规定的,由工商行政管理部门或者其他有关行政部门责令改正,可以根据情节单处或者并处警告、没收违法所得、处以违法所得一倍以上十倍以下的罚款,没有违法所得的,处以50万元以下的罚款;情节严重的,责令停业整顿、吊销营业执照:(1)提供的商品或者服务不符合保障人身、财产安全要求的;(2)在商品中掺杂、掺假、以假充真、以次充好,或者以不合格商品冒充合格商品的;(3)生产国家明令淘汰的商品或者销售失效、变质商品的;(4)伪造商品的产地,伪造或者冒用他人的厂名、厂址,篡改生产日期,伪造或者冒用认证标志等质量标志的;(5)销售的商品应当检验、检疫而未作检验、检疫或者伪造检验、检疫结果的;(6)对商品或者服务作虚假或者引人误解的宣传的;(7)拒绝或者拖延有关行政部门责令对缺陷商品或者服务采取停止销售、警示、召回、无害化处理、销毁、停止生产或者服务等措施的;(8)对消费者提出的修理、重作、更换、退货、补足商品数量、退还货款和服务费用或者赔偿损失的要求，故意拖延或者无理拒绝的；(9)侵害消费者人格尊严、侵犯消费者人身自由或者侵害消费者个人信息依法得到保护的权利的；(10)法律、法规规定的对损害消费者权益应当予以处罚的其他情形。

工商行政管理部门实施行政处罚的方式主要有责令改正、警告、没收违法所得、罚款、责令停业整顿、吊销营业执照等六种。经营者有前款规定情形的，除依照法律、法规规定予以处罚外，处罚机关应当记入信用档案，向社会公布。经营者对行政处罚决定不服的，可以依法申请行政复议或者提起行政诉讼。

其次，拒绝、阻碍有关机关行政工作人员依法执行职务，未使用暴力、威胁方法的，由公安机关依照《治安管理处罚条例》的规定处罚。

最后，国家机关工作人员有玩忽职守或者包庇经营者侵害消费者合法权益的行为，未构成犯罪的，由其所在单位或者上级机关给予行政处分。

三、刑事责任

经营者提供商品或者服务，造成消费者或其他受害人人身伤害或死亡，构成犯罪的，依法追究刑事责任。

以暴力、威胁等方法阻碍有关机关行政工作人员依法执行职务的，依法追究刑事责任。

国家机关工作人员有玩忽职守或者包庇经营者侵害消费者合法权益的行为，情节严重，构成犯罪的，依法追究刑事责任。

第十三章

旅游合同管理法规

内容提要

本章包括旅游合同概述，旅游合同的订立与效力，旅游合同的履行、担保与变更，旅游合同的撤销与终止，旅游合同的争议与责任等内容。通过本章的学习，学生能更深刻地理解《旅行社条例》及其《实施细则》中有关旅游合同的内容，自觉维护旅游者的权益。这要求学生掌握合同订立的程序、合同的设立、合同的履行、合同的变更与转让，以及旅游合同的违约责任与解决合同争议的途径等基本内容；理解合同法的基本原则、合同的终止、合同争议的解决；了解合同的概念、形式及内容。

第一节　旅游合同概述

1999 年 3 月 15 日第九届全国人民代表大会第二次全体会议通过、1999 年 10 月 1 日起施行《中华人民共和国合同法》（以下简称《合同法》）。该法属于经济法范畴，内容分总则、分则、附则三大部分，有章、节、条、项、款五个层次，共 23 章 428 条。总则 8 章，依次是一般规定、合同的订立、合同的效力、合同的履行、合同的变更和转让、合同的权利义务终止、违约责任、其他规定；分则 15 章，依次是买卖合同、供用电、水、气、热力合同、赠与合同、借款合同、租赁合同、融资租赁合同、承揽合同、建设工程合同、运输合同、技术合同、保管合同、仓储合同、委托合同、行纪合同、居间合同。

在本法起草过程中，由于学术界在是否将旅游合同作为有名合同列入本法的问题上存在较大争议，因此，本法出台时，将本已作为有名合同列出的旅游合同删除，使之成为无名合同。按照法理学原理和本法的规定，包括旅游合同在内的无名合同适用本法总则的规定。同时，全国人大 1986 年通过的《中华人民共和国民法通则》（以下简称《民法通则》）、全国人大常委会 1995 年通过的《中华人民共和国担保法》（以下简称《担保法》）在调整旅游合同方面也可以发挥一定作用。除此之外，中国国务院在 2009 年颁布实施的《旅行社条例》、国家旅游局 1997 年发布的《旅行社国内旅游服务质量要求》、2002 年发布的《旅行社出境旅游服务质量》等法规和规章，都有关于旅游接待服务合同的专门规定。据此可知，中国已经初步形成了关于旅游合同的法律法规体系，在规范旅游合同方面取得了巨大的成就。

一、旅游合同的概念

合同又叫契约。根据《合同法》第二条规定："本法所称合同是平等主体的自然人、法人、其他组织之间设立、变更、终止民事权利义务关系的协议。"据此可以广义地将旅游合同界定为：平等主体的旅游者、旅游企业法人、其他旅游组织之间设立、变更、终止旅游民事权利义务关系的协议。而在旅游实践中，人们通常可以将旅游合同狭义地理解为旅游者与旅行社签订的旅游组团合同。

二、旅游合同的特征

旅游合同除具有约定性、合法性、约束性等合同的一般特征之外，至少还表现出以下三个重要的特征。

（一）主体的单一性

旅游合同只调整旅游法律关系中的横向关系，即旅游企业之间、旅游者与旅游企业之间的经济关系，而不适用调整其他关系。

（二）标的的特殊性

无论是就旅游者而言还是就旅游企业而言，旅游合同的标的是一种旅游经历以及为获得这种旅游经历所必需的吃、住、行、游、购、娱等旅游服务条件。

(三) 权利义务的双务性

双务性即旅游合同是双务合同,合同当事人的权利与义务是对等的。合同当事人必须按照旅游合同的约定相互享有民事权利,承担民事义务。例如,旅行社与旅游者签订了旅游合同,收取了旅游费用,就必须严格按照合同约定为旅游者提供各项旅游服务。

三、旅游合同的作用

旅游合同对规范旅游合同当事人的交易行为,维护旅游合同当事人的合法权益,促进旅游业健康发展,具有重要作用。具体可以从以下三个方面来理解。

(一) 有利于保护当事人的合法权益

旅游合同将当事人的权利义务关系明确下来,为当事人提供了必要的法律保障。违约行为发生后,守约方可以根据合同约定,追究违约方相应的法律责任,保护自己的合法权益。

(二) 有利于规范旅游经营者的服务行为

旅游业是涉及多个环节的综合性产业,旅游经营者之间只有依法订立旅游合同,明确当事人的权利义务关系,才能有效地规范他们之间的沟通协作行为,更好地为旅游者服务。

(三) 有利于促进旅游业的可持续发展

规范有效的旅游合同保证了旅游交易的安全和旅游秩序的稳定,使旅游市场交易的活跃和旅游经济效益的提高成为可能,必将促进旅游业的健康、稳定、持续地向前发展。

四、旅游合同订立的原则

旅游合同订立的原则是指合同的当事人在订立合同活动中应当遵循的基本准则。根据《合同法》,旅游合同的原则有以下六项。

(一) 平等原则

这是指当事人的法律地位的问题。《合同法》第三条规定:“合同当事人的法律地位平等,一方不得将自己的意志强加给另一方。”即当事人的法律资格平等或民事权能平等或身份平等,即当事人订立合同的意思表示以及应有的民事权利义务资格都是平等的，在身份上没有高低贵贱、上下隶属之分。

平等原则要求当事人：第一，在订立合同时，任何一方无权强制他人服从自己的意志；第二，合同依法成立后，对当事人双方产生平等的约束力，不允许任何一方享有特权；第三，合同发生纠纷时，当事人平等地受法律的保护；第四，合同当事人一方没有处罚对方当事人的权利。

（二）自愿原则

《合同法》第四条规定："当事人依法享有自愿订立合同的权利，任何单位和个人不得非法干预。"即当事人有权以平等原则为基础，在没有强制力干预的情况下，自愿订立旅游合同。但是，实行自愿原则必须遵守既有法律的限制性规定。

（三）公平原则

这是指合同当事人在交易过程中的权利与义务相当的意思。《合同法》第五条规定："当事人应当遵循公平原则确定各方的权利和义务。"即当事人应当按照公平正义的法律精神和理念，在互利的基础上确定各自的权利义务。此项原则弥补了法律规范和合同约定的先天不足，是处理各类旅游合同纠纷时应遵循的基本原则之一。

（四）诚信原则

《合同法》第六条规定："当事人行使权利、履行义务应当遵循诚实信用原则。"即当事人应当诚实守信，以善意的方式、方法行使权利并履行相应的义务，不得滥用权力，规避义务。例如，旅行社在与旅游者签订合同时，不得利用旅游者对旅游知识的缺乏欺诈隐瞒旅游者，损害其合法权益。

（五）合法原则

《合同法》第七条规定："当事人订立、履行合同，应当遵守法律、行政法规，尊重社会公德，不得扰乱社会经济秩序，损害社会公共利益。"如无出境业务经营资格的旅行社与旅游者不能订立出境旅游合同。

（六）法律约束力原则

《合同法》第八条规定："依法成立的合同，对当事人具有法律约束力。当事人应当按照约定履行自己的义务，不得擅自变更或者解除合同。""依法成立的合同，受法律保护。"即依法订立的合同对当事人具有法律约束力，受法律保护，当事人应当按照约定履行自己的义务，不得擅自变更或者解除合同。

五、旅游合同的类型

依据不同的标准,可以将合同分为不同的类型。例如,依据法律是否对合同赋予特定名称为标准,分为有名合同与无名合同;依据法律是否要求合同必须具备一定形式和手续为标准,分为要式合同与不要式合同;依据当事人权利义务是否对等为标准,分为双务合同与单务合同;依据当事人是否因给付而取得利益为标准,分为有偿合同与无偿合同等。一般认为,旅游合同属于无名合同、不要式合同、双务合同、有偿合同。另外,还可以依据不同的标准将其细分为不同的类型。

(一)依据当事人国籍的不同

分为国内旅游合同和涉外旅游合同。

(二)依据业务性质和权利义务内容的不同

分为旅游产品购销合同、旅游产品加工承揽合同、旅游建设工程承包合同、旅游货物运输合同、旅游仓储保管合同、旅游供用电合同、旅游财产租赁合同、旅游借款合同、旅游财产保险合同、旅行社责任保险合同、旅游科技合同等。

(三)依据合同标的不同

分为提供劳务的旅游合同、财产转移的旅游合同和完成工作任务的旅游合同。其中,提供劳务的旅游合同是旅游合同的基本类型,是指旅游企业为旅游者提供劳务,旅游者按约定标准付给报酬的合同,如旅行社和旅游者之间的旅游组团合同、旅行社或旅游者个人同饭店之间的客房租用合同、旅行社或旅游者个人与航空公司等交通企业之间的客运合同等。而旅行社和旅游者之间的旅游组团合同更是旅游合同最常见、最容易发生纠纷的一个类型。

六、旅游合同的内容

旅游合同的内容是指将当事人权利及义务关系具体化的各项条款。正确的旅游合同内容是当事人行使旅游合同权利、承担旅游合同义务的法律依据。世界各国对合同内容都提出了明确的要求,主要有:合同内容必须明确具体,不得含糊不清;必须清楚地规定合同期限,包括合同有效期限和履行期限;尽量减少以致消除留待以后确定的事项和问题等。根据《合同法》和《旅行社条例》的规定,旅游合同应当包括以下条款。

(一) 当事人(包括代理人)的名称或者姓名和住所

名称是指法人或其他组织在登记机关正式登记的真实称谓;姓名是指以自然人身份出现的公民个人在身份证或户籍登记上的正式称谓。当事人(包括代理人)的名称或姓名和住所是确定当事人主体资格、地域管辖的重要依据,必须相互核对清楚并真实、准确、完整地书写在旅游合同载体相应的位置上。除此之外,旅行社与旅游者签订的旅游合同,旅行社的经营范围、联系电话、旅行社业务经营许可证编号和旅行社经办人的联系电话也必须在旅游合同上有所体现。

(二) 旅游标的

旅游合同标的是合同法律关系的客体,可以分为物、行为和智力成果三类。其中,物通常是旅游购销合同、旅游物资供应合同中的标的,如旅游纪念品、艺术品、生活日用品等有形旅游商品。行为通常是旅行社组团、接团合同、旅游饭店合同、旅游交通运输合同中的标的。智力成果通常是旅游建设工程承包合同、旅游规划设计委托合同等旅游合同中的标的。

(三) 旅游标的数量与质量

数量是指旅游标的大小、多少和轻重的综合,质量是指旅游标的内在素质和外观形态的综合。此项内容是旅游标的的具体化和确定当事人权利义务范围的尺度。

在旅游合同中,旅游行程的出发地、途经地和目的地;旅游行程中交通、住宿、餐饮服务安排及其标准;旅行社统一安排的游览项目的具体内容及时间;旅游者自由活动的时间和次数;旅游者应当交纳的旅游费用及交纳方式;旅行社安排的购物次数、停留时间及购物场所的名称;需要旅游者另行付费的游览项目及价格等内容,在旅游合同中都要有详细的规定。

(四) 旅游标的价款或者报酬

价款和酬金一般统称为价金,是一方当事人履行旅游合同义务时另一方当事人以货币形式支付的代价。在旅游合同标的为物时,取得标的物所应支付的代价为价款;在旅游合同标的为行为或智力成果时,支付的是报酬或酬金。例如,旅游组团合同必须约定旅游价格或旅游费用,包括币种(人民币或某种外币)、金额(单价和总额)、支付方式(一次性支付或分期付款)、结算方式(现金结算或票据结算)、优惠幅度等具体内容。

(五) 履行期限、地点和方式

履行期限是指当事人履行旅游合同义务的时间界限,即负有交付标的义务的当事人交付标的的起止时间,或者负有支付价款或酬金义务的当事人支付价款或酬金的起止时间。履行地点是指合同标的交付与接受的地方,即当事人按合同约定履行义务的地点。在旅游组团合同中,履行地点具体表现为交接团地点、搭乘交通工具地点、参观游览地点(景点)、住宿餐饮地点、娱乐购物地点等。履行方式是指当事人履行合同义务的具体方法。不同性质的标的具有不同的履行方式。例如,在旅游组团合同中,付款方式有一次性付款、分期付款、现金付款、票据付款等方式;出行方式有乘机、乘船、乘车等方式、出境方式有整团出境等方式。

(六)违约责任与解决争议方法

旅游合同的违约责任一般应根据有关的法律法规来确定,在法律法规没有明文规定时,合同当事人也可以自行协商确定。例如,旅游组团合同中必须约定解除或变更合同的条件和提前通知的期限;约定旅游者不按法律规定退团、旅行社不按法律规定转团或取消预定,都属于违约行为,应当支付不低于法定数额的违约金;关于违约责任与解决争议方法的具体内容详见本章第五节。

(七)签约地点、时间和旅游服务监督、投诉电话

在旅游合同中明确签约时间和地点,旅游服务监督和投诉电话,可以保证旅游合同的顺利实施,同时也可以及时对旅行社违约行为进行监督,确保旅游者的利益。

此外,旅游合同当事人还可以在合同中订立诸如风险、担保等双方协商一致的其他内容。

需要特别强调的是,在旅游实践当中,为了简化程序,方便交易,提高交易效率,节约交易成本,旅游企业与旅游者订立的旅游合同往往全部或部分采用具有定型化特点的格式条款。所谓格式条款是指当事人为了重复使用而预先拟定,并在订立合同时未与对方协商的条款。全部采用格式条款订立的合同叫做格式合同,又叫定式合同、标准合同。按照《合同法》的规定,旅游经营者在提供格式合同时必须遵循公平原则确定当事人之间的权利和义务,并采取合理的方式提请对方注意免除或者限制其责任的条款,按照对方的要求,对该条款予以说明。当对格式条款的理解发生争议时,应当按照通常理解予以解释。对格式条款有两种以上解释时,应当做出不利于提供格式条款一方的解释。在旅行社与旅游者签订的合同中,对格式条款有两种以上解释时,应做出有利于旅游者的解释。格式条款和非格式条款不一致时,应当采用非格式条款。

七、旅游合同的形式

合同的形式是指合同当事人之间订立合同的方式，是合同当事人意思表示一致的外在表现形式，是合同内容的载体。《合同法》第十条规定："当事人订立合同，有书面形式、口头形式和其他形式。法律、行政法规规定采用书面形式的，应当采用书面形式。当事人约定采用书面形式的，应当采用书面形式。"其他形式主要是指推定形式和默认形式。需要指出的是，由于旅游活动所涉及的环节比较多，而且在不同的环节对旅游服务的要求不尽相同，容易发生争议，因此各类旅游合同，特别是旅行社与旅游者签订的旅游组团合同一般不宜采用口头、推定和默认这三种形式，而应当采用书面形式，以便发生合同纠纷时，易于取证和分清责任。

八、旅游合同的管理

《合同法》第一百二十七条规定："工商行政管理部门和其他有关行政主管部门在各自的职权范围内，依照法律、行政法规的规定，对利用合同危害国家利益、社会公共利益的违法行为，负责监督处理；构成犯罪的，依法追究刑事责任。"根据这一规定，负责合同管理的政府主管部门，有县级以上人民政府工商、价格、商务、外汇等有关部门在职责范围内对合同负有管理职责的部门。其管理工作的内容是依据法律、法规的规定，对利用合同进行的违法活动负责监督处理。"其他有关行政主管部门"自然也包括旅游行政管理部门，即县级以上各级旅游局。例如，国家旅游局提供《旅行社国内旅游组团合同范本》就是行使旅游合同管理职能的体现。

第二节　旅游合同的订立与效力

一、旅游合同的订立

旅游合同的订立是指当事人之间经过平等协商，就旅游合同内容达成一致并依法签订协议的法律行为。旅游合同的订立是旅游合同关系确立的前提和基础。中国《合同法》第十三条规定："当事人订立合同，采取要约、承诺方式。"据此，旅游合同的订立程序或过程应当包括要约与承诺两个阶段。

(一)旅游合同的要约

旅游合同的要约也叫订约提议,又有发价、报价、出价、发盘、出盘等叫法,是一方当事人希望和他人订立旅游合同的意思表示。提出要约的一方称作要约人,接受要约的一方称作受要约人。而希望他人向自己发出要约的意思表示则被称为要约邀请或要约引诱。按照规定,寄送的价目表、拍卖公告、招标公告、招股说明书、商业广告等都可以视为要约邀请。其中,商业广告的内容如果符合要约的规定,则视为要约。要约生效必须具备四个条件:一是要约人必须清楚表明愿意按照要约内容订立合同;二是必须向特定的人发出;三是内容或主要条款必须明确肯定;四是必须传达到受要约人。

一般而言,要约对受要约人没有约束力,即受要约人有承诺的权利,没有承诺的义务,受要约人表示沉默并不构成承诺。但法律有特别规定的除外。《合同法》第十七条规定:"要约可以撤回。撤回要约的通知应当在要约到达受要约人之前或者与要约同时到达受要约人。"第十八条:"要约可以撤销。撤销要约的通知应当在受要约人发出承诺通知之前到达受要约人。"但是在有些情况下则不得撤销。《合同法》第十九条:"有下列情形之一的,要约不得撤销:第一,要约人确定了承诺期限或者以其他形式明示要约不可撤销;第二,受要约人有理由认为要约是不可撤销的,并已经为履行合同作了准备工作。"另外,《合同法》第二十条规定:"有下列情形之一的,要约失效:第一,拒绝要约的通知到达要约人;第二,要约人依法撤销要约;第三,承诺期限届满,受要约人未做出承诺;第四,受要约人对要约的内容做出实质性变更。"

(二)旅游合同的承诺

旅游合同的承诺又叫接受提议,是指接受要约的人(受要约人)按照旅游合同要约规定的方式对旅游合同要约内容完全同意并愿意订立合同的意思表示。做出承诺的受要约人称为承诺人。

承诺生效必须符合四个条件:一是承诺必须以与要约人订立合同为目的,并由受要约人或他的代理人发出,否则不视为承诺。二是承诺必须在要约规定的有效期内发出,除了一些特殊情况外,迟到的承诺不视为承诺而视为新要约。三是承诺内容必须与要约内容充分一致,即受要约人完全同意要约人的建议而不对要约的内容作出实质性变更,否则应视为新要约。四是承诺的传递方式必须符合要约的规定。

承诺与要约一样是可以撤回的。但是，撤回承诺的通知应当在承诺通知到达要约人之前或者与承诺通知同时到达要约人，否则不得撤回。

（三）旅游合同的成立

旅游合同的成立是旅游合同要约和承诺的结果。原则上讲，承诺生效时合同即告成立。按照《合同法》规定，当事人采用合同书形式订立合同的，自双方当事人签字或者盖章时合同成立；当事人采用信件、数据电文等形式订立合同的，可以在合同成立之前要求签订确认书。签订确认书时合同成立；法律、行政法规规定或者当事人约定采用书面形式订立合同，当事人未采用书面形式但一方已经履行主要义务，对方接受的，该合同成立；采用合同书形式订立合同，在签字或者盖章之前，当事人一方已经履行主要义务，对方接受的，该合同成立。

另外，关于合同成立的地点，也是一个需要明确的问题。一般来讲，承诺生效的地点就是合同成立的地点。但是，由于承诺生效的地点不同，因此合同成立的地点也不同。《合同法》规定，即采用数据电文形式订立合同的，收件人的主营业地为合同成立的地点；没有主营业地的，其经常居住地为合同成立的地点。当事人另有约定的，按照其约定。当事人采用合同书形式订立合同的，双方当事人签字或者盖章的地点为合同成立的地点。

二、旅游合同的效力

旅游合同的效力，也叫旅游合同的生效，是指旅游合同的法律约束力，即迫使合同当事人必须依照合同约定履行义务的强制性力量。已经签订的旅游合同是否有效，直接关系到旅游合同能否履行，当事人合法权益能否得到有效保护。因此，法律作出了详细的规定，以确认旅游合同的有效与无效。

（一）旅游合同的有效

旅游合同要有法律约束力，必须具备合同成立的要件，即法定条件。按照《民法通则》、《合同法》及有关旅游法律的规定，旅游合同生效的法定条件包括：第一，旅游合同主体必须具备法定资格；第二，旅游合同条款必须合法、完备；第三，旅游合同形式与成立程序必须符合法定要求；第四，必须是在合同的起始时间和解除时间之间，即只有在生效时间内的合同才是有效合同；第五，必须由法定代表人或其授权的合格代理人签字。

(二) 旅游合同的无效

合同的无效是相对于合同的有效而言的,是指合同虽然已经成立,但因缺乏生效要件而自始就不具有法律约束力。

1. 旅游合同无效的要件。

依据《合同法》第五十二条及其他相关法律的规定,有下列情形之一的,旅游合同即可判定为无效:(1)订立合同的当事人不具备主体资格;(2)合同主要条款不全或不明确、不具体;(3)采用欺诈、胁迫等非法手段订立的合同;(4)以合法形式掩盖非法目的的合同;(5)恶意串通,损害国家、集体或者第三人利益的合同;(6)损害社会公共利益的合同;(7)违反法律、行政法规强制性规定的合同;(8)提供格式合同的一方免除其主要责任、加重对方责任、排除对方主要权利的合同;(9)合同生效时间未到或合同已经撤销、解除或终止;(10)法定代表人或其授权的合格代理人未签字或签字者不是法定代表人或其授权的合格代理人。

2. 无效条款。

无效条款是指合同中约定的违反法律规定或当事人意志,没有法律约束力的条款,包括无效的责任条款和无效的免责条款。责任条款是指当事人在合同中约定的当事人应当承担的未来责任的条款。例如,要求对方承担过重责任的条款。免责条款是指当事人在合同中约定的排除或者限制一方当事人未来责任的条款。我国《合同法》规定,造成对方人身伤害的以及因故意或者重大过失造成对方财产损失的,是法定无效的免责条款。例如,旅游组团合同、旅游劳动合同中约定的“伤亡责任自负”以及旅游者到旅游购物商店购物时看到或听到的“商品一经售出,概不退换”等,皆属无效条款。另外,个别条款无效,并不影响其他合同条款或整个合同的效力。

(三) 旅游合同无效的法律后果

旅游合同被确认为无效或被撤销后,将导致旅游合同自订立起就没有法律约束力的法律后果。旅游合同尚未履行的不得履行,正在履行的终止履行,已经履行的,对旅游合同引起的财产后果应按照《合同法》的规定,分不同情况作如下处理:(1)返还因该合同取得的财产。返还财产有单方返还和双方返还两种情况。返还财产应以恢复原状为原则。(2)折价补偿。如果不能返还或者没有必要返还从另一方取得的财产,可以折成一定的价款进行补偿。(3)赔偿损失。一方有过错的,应当赔偿对方因此遭到的损失;双方都有过错,应各自赔偿因自己的过错给对方造成损失的责任。如果属于共同过错造成的损失，应根据各自的过错程度承担与自己过错相适应的责任。(4)收归国家所有或者返还集体或第三人。属于损害国家利益而取得的财产，应收归国家所有；属于损害集体利益而取得的财产，应返还给集体；属于损害第三人利益而取得的财产，应返还给第三人。

第三节　旅游合同的履行、担保与变更

一、旅游合同的履行

合同的履行是合同法的核心，是指合同当事人按照合同的约定，依法承担合同义务，实现各自权利的行为过程。为了实现合同当事人的权利义务，分清各自的法律责任，旅游合同当事人有必要按照法律规定的原则，认真履行合同。

(一) 旅游合同履行的原则

旅游合同履行的原则主要包括正确全面履行、诚实信用履行两项。

1. 正确全面履行。

《合同法》第六十条第一款规定："当事人应当按照约定全面履行自己的义务。"正确全面履行，又叫实际履行原则，含义有二：一是指按照合同规定的标的及其品质履行；二是按合同规定的主体、时间、地点、条件和方式履行。即旅游合同当事人不能用其他标的来代替合同标的，也不能以偿付违约金、赔偿金来代替履约。例如，有的旅游经营者未经旅游者书面同意，擅自取消、改变约定的旅游项目或用价值低的旅游项目取代价值高的旅游项目，谋取差价等。

2. 诚实信用履行原则。

《合同法》第六十条第二款规定："当事人应当遵循诚实信用原则，根据合同的性质、目的和交易习惯履行通知、协助、保密等义务。"具体要求包括：不得履行已知的有害于对方的合同；以善良管理人的注意程度妥善保管准备交付的特定物；及时通知对方履约情况；督促、协助或帮助对方履行合同(此为协作履行或适当履行)；为对方保守商业等有关合同履行的各种秘密；合理履行合同未规定的其他义务。

(二)旅游合同履行的规则

旅游合同履行的规则主要包括协议补充履行规则、政府定价变动时的履行规则、替代履行规则、当事人变动时的履行规则、履行合同过程中抗辩权的行使规则、提前或部分履行债务的规则、合同履行过程中代位权的行使规则、合同履行过程中撤销权的行使规则等。

1. 协议补充履行规则。

已经生效的旅游合同可能存在着条款不明和理解有歧义的情况,实际履行起来有困难。各国合同法一般都是通过两种途径使条款不明的合同尽可能明确化。一是通过法律的补缺性规定使不明确的条款明确化;二是通过对合同的合法解释使理解有争议的合同条款明确化。《合同法》第六十一条规定:“合同生效后,当事人就质量、价款或者报酬、履行地点等内容没有约定或者约定不明确的,可以协议补充;不能达成补充协议的,按照合同有关条款或者交易习惯确定。”第六十二条:“当事人就有关合同内容约定不明确,依照本法第六十一条的规定仍不能确定的,适用下列规定:第一,质量要求不明确的,按照国家标准、行业标准履行;没有国家标准、行业标准的,按照通常标准或者符合合同目的的特定标准履行。第二,价款或者报酬不明确的,按照订立合同时履行地的市场价格履行;依法应当执行政府定价或者政府指导价的,按照规定履行。第三,履行地点不明确,给付货币的,在接受货币一方所在地履行;交付不动产的,在不动产所在地履行;其他标的,在履行义务一方所在地履行。第四,履行期限不明确的,债务人可以随时履行,债权人也可以随时要求履行,但应当给对方必要的准备时间。第五,履行方式不明确的,按照有利于实现合同目的的方式履行。第六,履行费用的负担不明确的,由履行义务一方负担。”

2. 政府定价变动时的履行规则。

《合同法》第六十三条规定:“执行政府定价或者政府指导价的,在合同约定的交付期限内政府价格调整时,按照交付时的价格计价。逾期交付标的物的,遇价格上涨时,按照原价格执行;价格下降时,按照新价格执行。逾期提取标的物或者逾期付款的,遇价格上涨时,按照新价格执行;价格下降时,按照原价格执行。”

例如,1999 年 2 月 20 日,章某参加某旅行社组织的云南八日游,交纳旅游费 4 600元,旅游合同规定 3 月 10 日出团。同年 1 月底,国家发文规定团体优惠价不得低于 90%。旅行社未能拿到预定的折扣票,经协商,章某勉强补交 400 元。回京后，章某认为旅行社应该遵守合同，不得额外加价，要求退还补交的机票款。从上述关于合同价格变动履行规则可知，章某要求于法无据。

3. 替代履行的规则。

替代履行又叫债权、债务的转移。原则上，合同当事人应该亲自履行合同，但法律也允许债务人向第三人履行债务，或者第三人向债权人履行债务，但条件是当事人必须事先约定同意，而且履行结果符合约定，否则应当承担违约责任。《合同法》第六十四条规定："当事人约定由债务人向第三人履行债务的，债务人未向第三人履行债务或者履行债务不符合约定，应当向债权人承担违约责任。"第六十五条规定："当事人约定由第三人向债权人履行债务的，第三人不履行债务或者履行债务不符合约定，债务人应当向债权人承担违约责任。"

例如，某年某月，甲社交由乙社接待的旅游团行至重庆后，又由丙社接待。丙社以购买三峡船票需付现金为名，从甲社领队骗得5 000元以冲抵乙社所欠4万元债务，而乙社并不知情。很显然，丙社在未与甲乙二社协商一致的情况下，让甲社为乙社偿债，属无效行为。

4. 当事人变动时的履行规则。

由于当事人的变动并未使当事人的权利能力和行为能力有所变化，因此其承担的履约义务不应当发生变化，当事人必须继续履行合同，否则应承担违约责任。《合同法》第七十六条规定："合同生效后，当事人不得因姓名、名称的变更或者法定代表人、负责人、承办人的变动而不履行合同义务。"但是，债权人分立、合并或者变更住所没有通知债务人，致使履行债务发生困难的，债务人可以中止履行或者将标的物提存。

5. 履行合同过程中抗辩权的行使规则。

抗辩权是指被告提出事实，证明原告诉讼请求不成立或不完全成立，并以此免除或减轻自己责任的行为权利。在履行合同过程中，行使抗辩权的目的就是要使对方的请求权消灭或使其效力延期发生。抗辩权分为同时履行抗辩权和不安抗辩权。为了维护公平，《合同法》对在履行合同过程中行使抗辩权的规则作出了以下规定：(1)同时履行时抗辩权的行使规则。当事人互负债务，没有先后履行顺序的，应当同时履行。一方在对方履行债务之前或对方履行债务不符合约定时，有权拒绝其相应的履行要求。(2)有先后履行顺序时抗辩权的行使规则。当事人互负债务，有先后履行顺序，先履行一方未履行或履行债务不符合约定的，后履行一方有权拒绝其相应的履行要求。(3)不安抗辩权的行使规则。应当先履行债务的当事人,有确切证据证明对方有下列情形之一的,可以中止履行:第一,经营状况严重恶化;第二,转移财产、抽逃资金,以逃避债务;第三,丧失商业信誉;第四,有丧失或者可能丧失履行债务能力的其他情形。但是,当事人没有确切证据中止履行的,应当承担违约责任。同时,中止履行时应当及时通知对方,在对方提供适当担保时,应当恢复履行。如果中止履行,对方在合理期限内未恢复履行能力并且未提供适当担保,中止履行的一方可以解除合同。

6. 提前或部分履行债务的规则。

债权人可以拒绝债务人提前或部分履行债务,但提前或部分履行不损害债权人利益的除外。债务人提前或部分履行债务给债权人增加的费用,由债务人负担。

7. 合同履行过程中代位权的行使规则。

因债务人怠于行使其到期债权,对债权人造成损害的,债权人可以向人民法院请求以自己的名义代位行使债务人的债权,但该债权专属于债务人自身的除外。代位权的行使范围以债权人的债权为限。债权人行使代位权的必要费用,由债务人负担。

8. 合同履行过程中撤销权的行使规则。

因债务人放弃其到期债权或者无偿或者以明显不合理的低价转让财产,对债权人造成损害的,债权人可以请求人民法院撤销债务人的行为。债务人以明显不合理的低价转让财产,对债权人造成损害,并且受让人知道该情形的,债权人也可以请求人民法院撤销债务人的行为。撤销权的行使范围以债权人的债权为限。债权人行使撤销权的必要费用,由债务人负担。撤销权自债权人知道或者应当知道撤销事由之日起一年内行使。自债务人的行为发生之日起五年内没有行使撤销权的,该撤销权消灭。

二、旅游合同的担保

旅游合同的担保是指双方当事人为了保证合同切实履行,应一方当事人要求而采取的具有法律效力的保证措施。

(一) 担保的法律特征

1. 担保作用具有预防性。

它是在未发生违约的情况下采取的预防性措施。有了担保,即便发生了违约现象，守约方也可以获得一定的补偿和安慰，违约方则要相应地付出一定的代价和受到惩罚。

2. 担保义务具有从属性。

担保与合同之间是一种从属关系，必须以所担保的合同存在为前提，担保不能单独存在。例如，主合同义务履行完毕，担保义务也随之终止。

3. 担保范围有一定限制。

一般认为，担保义务的范围最大不应超越主合同义务，在这个前提下，担保的实际范围可由担保人与主债务人之间协商确定。

4. 担保合同关系具有特殊性。

担保合同中存在保证人与主债权人和主债务人两种权利义务等法律关系，不存在主债权人和主债务人之间的权利义务等法律关系。

（二）担保的方式

担保方式也可称作担保形式。根据《担保法》规定，担保主要有保证、抵押、质押、留置和定金五种方式，但在旅游行业中，根据实际需要，除了这五种方式之外，更常见的还有违约金这种方式。

1. 保证。

保证指旅游合同的主债务人应主债权人的要求，请第三方作为保证人（担保人）与主债权人订立合同，由第三方向主债权人保证，在主债务人不能履行债务时由保证人履行的担保方式。保证的主要特点有六：一是自然人或者法人以不特定的财产和信誉为他人债务提供担保；二是保证人必须是主合同以外具备清偿能力的第三人，债务人不得为自己的债务担保；三是保证人根据保证方式承担法律责任，即债务人不履行债务，债权人向法院提起诉讼时，保证人和债务人可被列为共同被告；四是保证应采取书面形式订立合同；五是保证人的保证责任可以是被保证人的全部义务，也可以是部分义务；如果是部分义务，则应在合同中加以明确，否则视为全部义务；六是保证可以在合同中约定保证条款，由保证人加盖印章，也可以单独订立保证合同。另外，保证合同成立后，有三点需要特别注意：一是保证人应督促被保证人认真履行合同，否则当被保证人不履行合同时，按保证约定，就要由保证人履行或承担连带赔偿责任；二是保证人向另一方代为履行合同或赔偿损失以后，有权向被保证人追偿；三是未经保证人确认，保证人对合同变更后被保证人扩大的义务可以不承担保证责任。

2. 违约金。

违约金指一方不履行或不完全履行合同时,按法律规定或合同约定而应给付对方的一定数额金钱的保证方式。违约金分为法定违约金与约定违约金。约定违约金应当在合同中订立,没有订立约定违约金的合同,当事人无权要求另一方偿付违约金。违约金具有补偿和惩罚双重性质,但其支付的数额应与对方的实际损失或损害大体相当,如果过低或过高,法院有权应当事人要求进行适当增减。

3. 定金。

定金指合同当事人一方为证明合同的成立和保证合同的履行,在依合同规定应给付的标的数额内按一定比例先行给付对方部分现金的保证方式。定金具有担保、付款、惩罚三重作用,根据《合同法》规定,定金在合同履行后应当返还或折抵为价款,在合同未能履行时,给付定金的一方不履行合同无权请求返还定金,接受定金的一方不履行合同要加倍返还定金。一般来说,定金应以书面形式约定,附有定金条款的合同自实际支付定金之日起生效。《担保法》第九十一条规定:"定金的数额由当事人约定,但不得超过主合同标的额的20%。"实践中,定金同违约金、预付款和押金之间很容易混淆,应当注意其本质上的区别。

4. 留置权。

留置权指合同当事人依合同约定,债权人占有债务人财物,在债务人不按合同给付款项并超过约定期限时,债权人有权留置该项财物并依法从变卖该项财物的价值中优先受偿的保证方式。如果变价款不足以抵偿债务数额,行使留置权的债权人有权要求清偿不足部分;如果变价款超过债务数额则超过部分应退还留置财物所有人即债务人。例如,客人不能偿付酒店账单而留置其存放在酒店的行李、贵重物品等。行使留置权必须满足两个条件:一是合法占有对方财物;二是债务已到清偿期。

5. 抵押。

抵押指合同义务人或义务人提供的第三人以一定财产作为履行合同的担保而向对方提供财产保证的保证方式。提供财产的一方称为抵押人,接受财产一方的称为抵押权人。当义务人不履行义务时,债权人可依抵押合同的规定取得抵押物,以抵押物折价受偿或从变卖抵押物的价款中优先受偿。值得注意的是,法律禁止流通或禁止强制执行的财物不能作为抵押物。抵押只转移所有权,不转移实际控制权,如果既转移所有权又转移实际控制权,则称为质押或出质。

以上保证方式在各种旅游合同中都有运用。其中旅行社与旅游者签订的接待服务合同，多采用定金、违约金的保证方式；酒店与旅行社、旅游者签订的客房预订合同除主要采用定金、违约金方式外，还常采用留置方式；旅游企业与银行之间的借贷合同则多采用抵押或质押方式，也有采用保证合同方式的。具体采用哪种保证方式，应当由当事人根据业务性质和实际需要，协商确定。

三、旅游合同的变更

《合同法》第八条规定："依法成立的合同，对当事人具有法律约束力。当事人应当按照约定履行自己的义务，不得擅自变更或者解除合同。依法成立的合同，受法律保护。"但是，法律也规定，当事人在一定条件下，可以依法变更旅游合同。旅游合同的变更包括旅游合同内容的变更和旅游合同主体（当事人）的变更。前者是指合同的当事人保持不变，仅变更合同的内容；后者是指合同的内容保持不变，仅变更合同的主体，又称为合同的转让。多数情况下，旅游合同的变更仅指旅游合同内容的变更。

（一）旅游合同内容的变更

旅游合同内容的变更是指已经成立的旅游合同尚未履行或未全部履行完毕之前由合同当事人依法对原合同部分内容所进行的修改或补充。例如，改变旅游线路，增减旅游项目、变更旅游期限、调整旅游费用等。

旅游合同内容的变更具有的特征是：第一，它是在有效的原合同尚未履行或未全部履行完毕之前进行的变更，没有原合同，也就不存在变更问题；第二，它是对原合同内容的部分而非全部变动，如果是全部变更，则属于订立新合同；第三，原合同中没有变更的内容仍然有效；第四，在当事人未达成变更协议之前，原合同仍然有效；第五，变更内容约定不明确的变更，推定为未变更。

变更旅游合同内容时，必须满足四个条件：第一，必须具有法定变更事由；第二，必须以原合同有效为前提；第三，必须协商一致；第四，必须合法。

旅游合同内容变更的程序与订立旅游合同的程序基本相同。首先，由要求变更旅游合同的一方当事人向对方当事人发出变更旅游合同要约；其次，对方当事人在接到变更旅游合同的要约通知后，应在法律规定或要约约定的期限内做出答复，或者向另一方当事人发出新的变更旅游合同的要约，经反复协商后达成一致意见，依法对原合同进行变更；最后，有些合同变更后，须按照法律法规的规定办理批准、登记等手续才能正式生效。

中国《民法通则》第115条规定:合同的变更不影响当事人要求赔偿损失的权利。据此,因合同的变更而使对方当事人受到损失的,对合同变更负有责任的一方应当承担损害赔偿责任;合同变更之前存在一方不履行合同义务或者履行合同义务不符合约定而应当承担损失赔偿责任的,合同变更后违约方仍然应当承担损害赔偿责任。

(二)旅游合同主体的变更

旅游合同主体的变更,又叫旅游合同的转让,是指旅游合同当事人依法将合同规定的权利和义务全部或部分转让给第三者的民事法律行为。其主要特征是:向第三人转让;合同主体发生变化;合同内容不发生变化。

旅游合同主体的变更涉及让与人、受让人和合同另一方当事人三方的利益,形成两种法律关系,即原合同当事人之间的关系和让与人与受让人之间的关系。根据转让对象的不同,可以把旅游合同的转让分为债权转让、债务转让和债权债务一并转让三种情况。对于每一种情况,《合同法》都作了明确的规定。

1. 债权转让。

债权转让是指旅游合同的债权人通过与其他合同当事人协议,依法将合同中自己的权利全部或者部分转让给第三人的行为。债权转让时应当遵循以下规则:一是债权人转让权利时无需经过债务人同意,但应当通知债务人,未经通知,该转让对债务人不发生效力;二是债权人转让权利给受让人的通知不得撤销(经受让人同意的除外);三是转让债权应当办理登记、批准手续的,债权人必须履行批准、登记的义务等;四是债务人接到债权转让通知后,债务人对让与人的抗辩,可以向受让人主张;五是债务人接到债权转让通知时,债务人对让与人享有债权,并且债务人的债权先于转让的债权到期或者同时到期的,债务人可以向受让人主张抵消;六是债权受让人在取得主权利的同时取得与债权有关的从权利(但该从权利专属于债权人自身的除外)。

2. 债务转让。

债务转让是指债务人将其在合同中的义务全部或部分转让给第三人的行为。转让的债务应具备两个可转让的条件:一是债务人须具有处分债务的能力;二是债务具有可让与性。债务转让时应当遵循以下规则:第一,转让债务时,除债务人与第三人达成转让债务的协议外,还必须取得债权人的同意,才能对债权人产生法律效力。例如，某旅行社由于组团人数不足，将已与其订约的旅游者转让给其他旅行社时，一定要征得旅游者的同意，否则旅行社将承担由此产生的违约责任。第二，新债务人可以主张原债务人对债权人的抗辩，但是也应当承担与主债务有关的从债务（但该从债务专属于原债务人自身的除外）。第三，债务人转让债务，法律、行政法规规定应当办理批准、登记等手续的应当办理批准、登记手续。

另外，当事人一方经对方同意，可以将自己在合同中的权利和义务一并转让给第三人。

应当特别注意的是，法律规定了债权债务转让的条件和不得转让的情形。其中，可以转让的条件有二个：第一，债权人有处分债权的能力；第二，债权具有可让与性。不得转让的情形有三个：第一，根据合同性质不得转让的债权债务，主要包括合同的标的与当事人自身有关的债权债务；第二，按照当事人约定不得转让的债权债务；第三，依照法律规定不得转让的债权债务。

第四节　旅游合同的撤销与终止

一、旅游合同的撤销

旅游合同的撤销是当事人一方，向仲裁机构或有撤销权的法院提出请求，经审理符合可撤销条件将旅游合同撤销，使之失去法律约束力的行为过程。旅游合同的撤销具有四个法律特征：一是必须具有法定事由；二是必须有一方当事人行使请求权；三是撤销权必须由人民法院或者仲裁机构来行使；四是合同撤销后即丧失法律约束力。

（一）导致旅游合同被撤销的情形

导致旅游合同被撤销，主要是基于以下三大法定事由。

1. 订立旅游合同时出现重大误解。

所谓重大误解是指当事人对合同性质、标的质量、数量、价款、缔约资格等重要问题的错误认识。例如，误认假货为真货、租赁为购买、定金为预付款等。

2. 订立的旅游合同显失公平。

所谓显失公平是指当事人在合同中的权利义务极不平等，例如，漫天要价、只对一方提出苛刻限制、过分压价等。构成显失公平的要件有四:一是须为有偿合同;二是合同的内容明显背离公平原则;三是得利一方具有违反诚信原则,利用对方弱点的故意;四是显失公平状态出现在合同订立之时。

3. 订立合同时当事人一方采用欺诈、胁迫手段,或者乘人之危,迫使对方在违背真实意思的情况下订立合同。

在上述三种情况下签订的旅游合同违反了当事人的真实意思表示,如果强行履行,会给当事人造成损失或损害,因此在当事人提出异议时,应予以撤销。

(二) 行使撤销权的基本规则

《合同法》规定,行使撤销权应当遵循以下规则。

第一,限制民事行为能力人订立的合同,经法定代理人追认后,该合同有效,但纯获利益的合同或者与其年龄、智力、精神健康状况相适应而订立的合同,不必经法定代理人追认。相对人可以催告法定代理人在一个月内予以追认。法定代理人未作表示的,视为拒绝追认。合同被追认之前,相对人有撤销的权利。

第二,行为人没有代理权、超越代理权或者代理权终止后以被代理人名义订立的合同,未经被代理人追认,对被代理人不发生效力,由行为人承担责任。相对人可以催告被代理人在一个月内予以追认。被代理人未作表示的,视为拒绝追认。合同被追认之前,善意相对人有撤销的权利。

第三,有下列情形之一的,撤销权消灭:具有撤销权的当事人自知道或者应当知道撤销事由之日起一年内没有行使撤销权;具有撤销权的当事人知道撤销事由后明确表示或者以自己的行为放弃撤销权。

二、旅游合同的终止

旅游合同的终止,又叫旅游合同的消灭,是指当事人结束旅游合同权利义务关系的状况。《合同法》规定,有下列情形出现时,合同即可终止。

(一) 债务已经按照约定履行

债务人完全履行了自己的义务,债权人全部实现了自己的权利,就说明订立合同的目的已经实现,合同确立的权利义务关系就消灭了,合同因此而终止。

(二) 合同解除

合同解除是旅游合同终止的一种特殊情况,是指因双方当事人协议或者法定事由而提前终止已经生效的旅游合同的行为。旅游合同的解除有协议解除与法定解除两种形式。协议解除是指通过当事人协商一致或约定，自愿解除合同的法律行为。协议解除可具体分为两种情况：一是临时协商解除，即合同履行前或履行中，经当事人协商一致即可解除合同。二是事先约定解除，即订立合同的当事人可以约定一方解除合同的条件，一旦该条件成就，即可解除合同。法定解除则是指当事人因法定事由的出现而被迫解除合同的法律行为。依照《合同法》规定，可以解除合同的情形有：因不可抗力致使不能实现合同目的；在履行期限届满之前，当事人一方明确表示或者以自己的行为表明不履行主要债务；当事人一方迟延履行主要债务，经催告后在合理期限内仍未履行；当事人一方迟延履行债务或者有其他违约行为致使不能实现合同目的；法律规定的其他情形。

另外，解除合同应当遵循一定的规则。首先，旅游合同当事人一方按照合同约定的条件或者按照法定的情形解除旅游合同，应当以书面形式履行通知的义务，自旅游合同解除通知到达对方时生效，对方有异议的，可以请求人民法院或者仲裁机构确认解除合同的效力。其次，法律法规规定解除合同应当办理批准、登记等手续的，应当依法办理有关手续。再次，旅游合同的解除不影响当事人要求赔偿的权利、不影响合同中约定的清算条款、不影响约定的解决争议的条款。又次，法律规定或者当事人约定解除权行使期限，期限届满当事人不行使的，该权利消灭。法律没有规定或者当事人没有约定解除权行使期限，经对方催告后在合理期限内不行使的，该权利消灭。最后，合同解除后，尚未履行的，终止履行；已经履行的，根据履行情况和合同性质，当事人可以要求恢复原状、采取其他补救措施，并有权要求赔偿损失。

（三）债务相互抵消

当事人互负到期债务，该债务的标的物种类、品质相同的，任何一方可以将自己的债务与对方的债务抵消，但依照法律规定或者按照合同性质不得抵消的除外。债务相互抵消必须具有以下条件：必须是当事人双方互负债务；两项债务标的物种类、品质相同，如果不同，除当事人双方协商一致以外，不得抵消；两项债务都已到履行期；主张抵消的一方应当通知对方；抵消不得附条件或者附期限。

（四）债权人免除债务

债权人在不损害国家、集体、第三人利益的前提下，可以免除债务人的部分或全部债务。免除部分债务的，部分债务消灭；免除全部债务的，全部债务消灭，与债务相对应的债权也消灭。债权人免除了债务人所负债务，实际是债权人自愿放弃了债权,合同自然终止。

(五) 债权债务同归于一人,但涉及第三人利益的除外

例如,两家互负债务的旅行社订立合同后合并为一家旅行社,则债权债务同归合并后的这家旅行社,原合同即可终止。

(六) 法律规定或者当事人约定终止合同的其他情形

合同终止后,不影响合同中结算和清理条款的效力,当事人必须遵循诚实信用原则,根据交易习惯履行通知、协助、保密等附随义务。

第五节　旅游合同的争议与责任

一、旅游合同的争议

旅游合同的争议是指旅游合同当事人对旅游合同履行情况和对不履行或不完全履行合同的后果产生的纠纷。

(一) 旅游合同中容易产生争议的地方

从理论上讲,旅游合同自成立到终止的每一个环节都可能出现争议。但从实践来看,旅游合同中容易产生争议的地方主要集中在四个方面:合同是否成立和有效;当事人对合同文字或者履行效果的理解和评价;违约所造成的损失大小;合同适用何种法律。

(二) 解决旅游合同争议的途径

目前,中国解决旅游合同争议的主要途径有五个。其中,《合同法》规定了四个最具普遍性的解决途径,即当事人自行和解、第三人调解、向仲裁机构申请仲裁和向人民法院提起民事诉讼。《合同法》第一百二十八条规定:“当事人可以通过和解或者调解解决合同争议。”“当事人不愿和解、调解或者和解、调解不成的,可以根据仲裁协议向仲裁机构申请仲裁。涉外合同的当事人可以根据仲裁协议向中国仲裁机构或者其他仲裁机构申请仲裁。当事人没有订立仲裁协议或者仲裁协议无效的,可以向人民法院起诉。当事人应当履行发生法律效力的判决、仲裁裁决、调解书;拒不履行的,对方可以请求人民法院执行。”另外,中国国家旅游行政主管部门

还建立了旅游投诉制度，为旅游合同争议的解决又开辟了一个简便有效的重要途径。

二、旅游合同的责任

旅游合同的责任是指在旅游合同的订立和履行过程中当事人应当承担的法律责任。旅游合同的责任分为缔约责任和违约责任。

（一）旅游合同缔约责任

旅游合同缔约责任，又称缔约过失责任，是指在订立合同过程中，一方当事人因没有履行应负义务而导致对方遭受损失时应承担的法律责任。依据《合同法》第四十二条、第四十三条的规定，缔约过失责任主要包括以下两种情况。

1. 订立合同过程中的责任。

《合同法》第四十二条规定，当事人在订立合同过程中有下列情形之一，给对方造成损失的，应当承担损害赔偿责任：一是假借订立合同，恶意进行协商。即一方当事人并没有订立合同的意思，与对方协商只是为了损害对方利益，有意使对方丧失与他人的交易机会，或增加对方的缔约成本。例如，甲旅行社听到竞争对手乙旅行社准备协议收购丙旅行社，于是先找到丙旅行社进行协商。但当得知乙旅行社放弃了收购丙旅行社，转而收购了另一家旅行社后，甲旅行社随即终止了与丙旅行社的协商，使丙旅行社丧失了被收购的机会。二是故意隐瞒与订立合同有关的重要事实或者提供虚假情况。三是有其他违背诚实信用原则的行为。

2. 违反保守商业秘密义务的责任。

商业秘密是指不为公众所知悉、能为权利人带来经济利益、具有实用性并经权利人采取保密措施的技术信息和经营信息。《合同法》第四十三条规定："当事人在订立合同过程中知悉的商业秘密，无论合同是否成立，不得泄露或者不正当地使用。泄露或者不正当地使用该商业秘密给对方造成损失的，应当承担损害赔偿责任。"

（二）旅游合同违约责任

1. 旅游合同违约责任的概念和特征。

旅游合同违约责任是指旅游合同当事人在不履行或不完全履行合同所规定的义务时依据法律规定或合同约定所应承担的责任。与其他民事责任相比，违约责任主要有四大法律特征：第一，违约性，即有不履行或不适当履行的违约行为存在。

其中,不履行包括当事人不能履行或者拒绝履行;不适当履行就是指不按照合同约定的条件履行。第二,具有相对性,即违约责任只能在特定的当事人之间产生。第三,兼具强制性和任意性,即一方面,债权人可以请求国家强制债务人承担违约责任,另一方面,当事人可以在法律规定的范围内,按照自己的意志对违约责任做出事先安排和设定。第四,兼具补偿性和惩罚性,即补偿受损方,惩罚违约方。

2. 旅游合同违约责任的归责原则。

《合同法》第一百零七条对违约责任采取严格责任原则进行归责,旅游合同也不能例外。所谓严格责任原则,又叫无过错责任,是指除不可抗力外,只要有违约损害事实、违约损害行为以及违约损害事实与违约损害行为之间有因果关系这三个条件,就可以构成违约责任。即使因合同以外的第三人原因造成当事人违约,也应当由违约人向守约人承担违约责任,但他有权向造成其违约责任的第三人进行追偿。例如,因地接社原因造成组团社违约,尽管组团社没有过错,也应当由组团社先行赔偿旅游者损失。这与过错责任原则要求必须能够证明当事人在主观上是否有过错相比,要严格得多。

(三) 旅游合同责任的承担方式

旅游合同责任的承担方式是指在订立和履行旅游合同中有责任的当事人,依照法律法规的规定或者合同的约定应当接受的制裁方式。主要有下列六种。

1. 继续履行。

继续履行是指在合同履行期限届满后,守约方要求违约方在指定或约定的期限内继续履行原合同义务的行为。例如,旅游者要求违约旅行社补齐约定的旅游项目,旅行社要求超额预订客房的饭店安排替代饭店并承担因此额外支出的费用等。继续履行不排除守约方获得违约金和损失赔偿金的权利。继续履行包括金钱债务的继续履行和非金钱债务的继续履行两类。金钱债务是以支付价款或报酬的形式履行的债务。当事人一方没有支付价款或报酬的,对方可以要求其支付价款或者报酬。非金钱债务是指除了金钱债务以外的物、行为和智力成果,在下列三种情况下可以不继续履行:一是法律上或者事实上不能履行;二是债务的标的不适于强制履行或者履行费用过高;三是债权人在合理期限内未要求履行。

2. 采取补救措施。

采取补救措施是指违约方为了消除违约影响而采取除继续履行、支付赔偿金、支付违约金、支付定金以外的其他补救措施的行为。这种承担方式一般适用于合同履行不当，如质量上不符合规定。受损害方可以根据标的的性质以及损失的大小，合理选择要求违约方采取修理、更换、重作、退货、减少价款或者报酬等补救措施，以此承担违约责任，弥补对方的损失。

3. 赔偿损失。

赔偿损失是指违约方依照法律规定或者合同约定赔偿对方当事人所受损失的行为。当事人应当遵守下列赔偿损失的规则：一是等额赔偿规则，即赔偿额应相当于因违约所造成的损失额，包括合同履行后可以获得的利益；二是赔偿限制规则，即赔偿损失不得超过违约当事人订立合同时预见或者应当预见到的因违反合同可能造成的损失；三是经营欺诈惩罚赔偿规则，因经营者欺诈给对方造成损失的，受损的一方可以依照有关法规要求对方增加赔偿其受到的损失；四是减少损失规则，即违约发生后，守约方应当采取适当措施防止损失的扩大，否则无权就扩大的损失要求赔偿。守约方因防止损失扩大支出的合理费用由违约方承担。

4. 支付违约金。

违约金既是一种债的担保形式，也是一种违约责任形式。《合同法》第一百一十四条规定："当事人可以约定一方违约时应当根据违约情况向对方支付一定数额的违约金，也可以约定因违约产生的损失赔偿额的计算方法。约定的违约金低于造成的损失的，当事人可以请求人民法院或者仲裁机构予以增加；约定的违约金过分高于造成的损失的，当事人可以请求人民法院或者仲裁机构予以适当减少。当事人就迟延履行约定违约金的，违约方支付违约金后，还应当履行债务。"

5. 用定金赔偿。

定金与违约金一样，既是一种债的担保形式，又是一种违约责任形式。《合同法》第一百一十五条规定："给付定金的一方不履行约定的债务的，无权要求返还定金；收受定金的一方不履行约定的债务的，应当双倍返还定金。"第一百一十六条："当事人既约定违约金，又约定定金的，一方违约时，对方可以选择适用违约金或者定金条款。"

6. 预期违约。

预期违约又叫先期违约，是指在合同生效之后履行期限届满之前，一方当事人以明示或默示的方式表示不履行合同义务时，另一方当事人可以提前认定对方违约并要求其承担违约责任的一种违约承担方式。其构成要件有四：一是必须以生效的合同为前提；二是必须在合同生效之后履行期限届满之前；三是主张人可以是合同的任何一方当事人;四是一方当事人必须有以明示或默示的方式表明其不履行合同义务的事实发生。《合同法》规定,在预期违约情形发生时,守约方可以选择解除合同或不解除合同。在明示预期违约的情形下,守约方可直接通知对方解除合同;在默示预期违约的情形下,守约方可以中止履行合同,要求对方提供充分的履行保证,如果在合理的期限内对方未能提供充分的担保,守约方可以解除合同。合同解除不影响非违约方要求赔偿损失的权利。

(四)旅游合同责任的减轻与免除

合同责任的减轻与免除是指有责任的一方在一定条件下可予以减轻或免除合同责任。合同责任的减轻或免除主要包括两种情况:一是债权人放弃追究债务人的责任;二是存在减轻或免除责任的事由。免责事由是指免除责任的原因和理由,具体包括约定免责事由和法定免责事由。

约定免责事由是指当事人约定可以免除责任的事由,包括免责条款和当事人约定的不可抗力条款。所谓免责条款,是指当事人双方在合同中预先约定的,旨在限制或免除其未来责任的条款。免责条款必须是合法的,否则无效。

法定免责事由是法律规定的免除责任的事由,主要是指不可抗力。《合同法》第一百一十七条规定:"因不可抗力不能履行合同的,根据不可抗力的影响,部分或者全部免除责任,但法律另有规定的除外。"不可抗力是指不能预见、不能避免并不能克服的客观情况。不能预见是指合同当事人在订立合同时,受当时主客观条件限制,对合同履行过程中可能发生的不利的客观情况无法预见;不能避免是指合同当事人对于可能出现的意外情况尽管采取了及时合理的措施,但是在客观上仍无法避免其发生;不能克服是指当事人没有能力克服;时间限制性是指不可抗力必须是发生在合同订立之后履行完毕之前。但是,当事人迟延履行后发生不可抗力则不能免除责任。例如,某年,北京某旅行社接待一澳门旅游团,在未征得旅游团同意的情况下,将2月11日游长城改为2月14日。不料2月13日下大雪,游览长城未果。旅游团遂诉至质监所,要求赔偿。这是迟延履约发生不可抗力的典型案例,旅行社不能以不可抗力为由拒绝赔偿。

同时,《合同法》第一百一十八条规定,当事人一方因不可抗力不能履行合同的,应当及时通知对方,以减轻可能给对方造成的损失,并应当在合理期限内提供证明。否则不能部分或者全部免除违约责任。

第十四章

旅游产业政策

内容提要

本章主要包括旅游产业政策的概念、旅游产业政策的内容、旅游产业政策的制定等内容。通过本章的学习，使学生了解我国的旅游产业政策，并能够运用相关政策更好地为旅游业服务。这就要求学生掌握旅游产业政策的含义、特征、作用，理解制定旅游产业政策的要求与原则，了解旅游政策与法规的联系与区别等相关知识。

第一节　旅游产业政策的概念与特征

一、旅游产业政策的含义

政府为了在一定程度上对经济进行干预，需要制定产业政策。产业政策是指政府在一定时期内出于改变产业之间资源分配以及各种企业的有关经营活动等目的而采取的政策，简单地说，就是政府对一个产业发展的整体态度和主导意见，内容包括发展方向、原则要求、产业布局、政策导向和支持措施等。

旅游业综合性和竞争性很强，面临的环境和社会问题十分复杂，风险性也很大。因此，旅游业的投资决策、市场竞争都需要有正确的行动指南。科学地制定和实施旅游产业政策，可以有效引导、诱导和指导经营者的旅游投资和市场竞争行为，从而减少风险，提高效益，保障旅游业的健康快速发展。旅游产业政策，是指政府为了实现特定时期特定的经济与社会目标，专门针对旅游产业而制定的各种政策。

2009 年 11 月 25 日，国务院常务会议讨论并原则通过《关于加快发展旅游业的意见》，明确提出旅游业是战略性产业，资源消耗低，带动系数大，就业机会多，综合效益好，要求把旅游业培育成国民经济的战略性支柱产业和人民群众更加满意的现代服务业。旅游业面临着一个新的发展机遇期。在此背景下，制定内容完善、切实可行的旅游产业政策具有极强的必要性。

旅游产业政策的基本含义：(1)产业政策是充分发挥市场配置资源作用的主要工具；(2)产业政策是政府调控旅游发展的主要手段；(3)制定产业政策是完善旅游产业体系的工作要求；(4)制定产业政策是实现旅游强国目标的现实需要；(5)制定旅游产业政策的条件业已成熟。

二、旅游产业政策的功能

旅游产业政策主要有四个方面的作用。

第一，引导，为旅游业发展明确方向。例如，政府通过制定旅游业发展规划，确定旅游业发展的战略目标，引导企业的投资与经营方向。

第二，服务，由政府来提供，用以保证旅游企业正常经营，降低成本。例如，编制发布旅游统计资料，组织开拓国际旅游市场等。

第三，协调，处理旅游部门与政府其他职能部门、旅游产业与其他产业之间的关系。例如，旅游部门与其他职能部门进行联合执法，代表旅游产业参与涉及旅游方面的外汇、税收、价格等政策的制定等。

第四，监控，强调完善旅游市场机制，维护旅游市场秩序。例如，制定旅游行业标准，监督旅游市场主体行为等。

三、旅游产业政策的特征

旅游产业政策是国家发展旅游业的一个政策体系，其特征主要包括五个方面。

（一）导向性

旅游产业政策是政府为了实现特定的社会经济目标而制定的，必须明确产业发展目标、重点、实施步骤和保障措施，注重对旅游经济主体的行为进行引导，促使其经济活动符合产业发展规律以及宏观调控的要求。

（二）阶段性

旅游产业在不同发展阶段中，其历史背景、物质基础、目标任务均有所区别。政府为了加快旅游业发展而制定的产业政策，必然应当考虑不同时期的特殊性，对具体政策导向和核心内容做出相应变化和调整，以达到促进旅游经济发展的政策目标。比如在起步阶段，基础薄弱，旅游产业政策对旅游产业规模的形成、产业增长的导向作用会适当加强；在较为成熟阶段，旅游供给相对过剩，旅游产业政策对维护市场竞争的公平性、产业的均衡发展等目标的导向作用变得更为重要。

（三）相对稳定性

旅游产业政策虽然会随着社会经济的发展而做出相应调整，但如果调整过于频繁，又会使得产业内的经济主体无所适从，从而丧失对政策的预见性。这不利于旅游产业的持续健康发展。社会经济发展阶段的演变，是一个较为缓慢的过程，旅游产业政策在各个社会经济发展阶段内，应当保持相对稳定性，以保证正常发挥其导向功能。

（四）系统性

旅游产业关联度高，同时，旅游产业政策又是国家产业政策的组成部分，因此，旅游产业政策的制定，应兼顾和其他产业的协调与有机联系问题。一方面，旅游产业政策必须与其他产业政策相协调、相融合，正确处理好产业之间的各种投入与产出关系，避免整个国民经济体系出现失衡，避免某些经济环节成为其他经济环节发展的瓶颈。另一方面，旅游产业内部也有各行业部门的特定政策，旅游产业政策需要进行统筹调整，使它们成为一个运作高效的完整系统。

（五）灵活性

旅游产业政策是政府为了实现特定时期既定的经济与社会目标，保障旅游业的健康快速发展，针对旅游产业而制定的各种政策。由于旅游业具有快速发展，灵活多变等特征，为此，使得旅游产业政策与旅游法规对比也相应具有了更为灵活的特征。旅游产业的发展必然要求为之服务的旅游产业政策发生相应变化，同时由于在中国这样一个大国之中，各地旅游业发展的区域差异性极强，随之在国家旅游产业政策的基本框架之内，旅游产业政策也必然表现出鲜明的区域差异性。灵活多样是旅游产业政策的重要特征之一。

第二节　旅游产业政策的制定

一、制定旅游产业政策的原则

（一）政府主导与市场调节相结合原则

这也就是政府有限主导原则。在推动我国旅游经济发展过程中，政府在管理上常见的误区是管得多、管得细，这并不可取。微观层面的事项可以由市场来决定，政府应侧重处理旅游产业宏观层面的问题，如为旅游产业提供公共产品，为旅游突发事件提供政策支持。现阶段，我国旅游产业促进政策应采取政府有限主导与市场调节相结合的原则，运用系统管理模式来促进旅游业的协调发展。

（二）利益相关者原则

利益相关者是指因某一事件而受到影响的任何组织与个人。根据我国的国情和旅游业发展实际，旅游产业的利益相关者可以分为旅游开发商、政府部门、当地社区、旅游者、相关组织等五大类。在运用利益相关者理论分析制定旅游产业政策时，要着重研究在旅游产业发展过程中利益相关者的构成、代表、主次以及他们之间相互博弈达到均衡的程度。因为他们有着不同的观点与目标，而且彼此相互冲突，需要通过政策进行激励、调节和引导。

（三）原则性与灵活性相结合原则

我国存在城乡经济二元性、区域经济发展不平衡性的特点，导致宏观经济政策具有区域差别性。旅游产业政策要服从国家宏观经济政策，因而也有着区域差别性。在沿海经济发达地区，旅游产业政策主要是引导旅游市场发展；在经济发展较滞后、市场机制欠完善、基础设施相对较差的中西部地区，旅游产业政策应主导旅游业发展，既要引导旅游产业发展方向，又要参与重点项目开发、大型企业兼并重组。这就要求国家层面的旅游产业政策应当原则性与灵活性并重。

（四）目标取向多元性原则

由于旅游业发展既有经济功能，又有社会价值，还有环境效益，因此旅游产业政策的制定与评估也要多元化，不仅要考虑旅游业发展带来的经济贡献，更要考虑对生态、社会带来的社会贡献。

（五）阶段性原则

旅游业发展目标具有阶段性，在导入期，我国的发展目标主要是增加外汇收入；而在发展期和成熟期，则分别是经济收入与促进社会发展。现阶段，我国旅游业正处在全面发展阶段，产业政策应当按照《关于加快发展旅游业的意见》中确定的"以国内旅游为重点，积极发展入境旅游，有序发展出境旅游"来制定，使旅游业实现服务质量明显提高、市场秩序明显好转、可持续发展能力明显增强，成为国民经济的战略性支柱产业和人民群众更加满意的现代服务业。

二、制定旅游产业政策的要求

（一）符合旅游产业发展的客观规律

旅游产业政策要具有针对性，重要的是遵循旅游产业发展的客观规律。必须吸取和借鉴国内外旅游业发展的成功经验，包括国际惯例或通常做法（如海外旅游者购物退税、简化入境签证手续等）、旅游业发达国家的发展经验、我国各地促进旅游业发展的有效措施，防范影响旅游业发展的各种不利因素。

（二）符合我国旅游业的发展现状

各国旅游产业的发展规律大体一致，但由于国情不同、社会经济环境不同、旅游业发展阶段不同，产业政策的内容也会有所区别。目前，我国制定旅游产业政策应考虑的背景与问题是：首先，旅游业迅猛发展，大旅游、大产业、大市场的格局已然成形；其次，全国性的市场经济体制正在逐步完善，各种市场经济规则快速建立，旅游业需要尽快全面适应；再者，旅游业发展所依赖的基础条件、配套设施和综合环境与发达国家相比，还有较大差距。根据这些情况，产业政策必须处理好政府作用与市场作用的关系。市场经济条件下，东部与中西部不同区域之间政府如何支持旅游业发展有着明显的差别。

（三）具有适当的前瞻性

产业政策是一定时期内旅游发展的指导政策，这种导向作用决定了它必须具有相对的稳定性、预见性和超前性。制定旅游产业政策，既要立足于旅游业发展实际，又要着眼于旅游业发展趋势和世界旅游业发展潮流，要围绕建设国民经济战略性支柱产业、实现旅游强国目标来着手。

（四）具有必要的保障措施

产业政策的贯彻实施，必须有一定的经济手段、法律手段、行政手段加以保障。旅游业是依托性较强的产业，保障措施显得尤为重要。因此，产业政策的某些规定，不仅要有原则，还要有一些相对明确的硬性规定。根据国务院《关于加快发展旅游业的意见》，旅游基础设施和重点旅游项目建设今后要纳入国民经济和社会发展规划；要抓紧旅游综合立法，加快制定旅游市场监管、资源保护、从业规范等专项法规，不断完善相关法律法规。只有将发展方向与保障措施紧密结合，才能使产业政策真正发挥导向作用。

三、旅游产业政策的目标

（一）经济目标

注重旅游资源配置的优化和分配的公平化，提高旅游产业的竞争力，通过旅游业的发展，带动社会经济结构的全面改善和国家经济的全面发展。

（二）社会目标

缩小城乡经济差距和区域经济差距，促进全国经济和谐发展。

促进社会主义新农村建设，提高农村城镇化程度和农民收入。

推动和谐社会建设，即促进人与人的交流与信任、实现人与自然的和谐。

充分就业，创造更多的工作机会。

完善社会保障功能，为落后区域和贫困人群提供更多发展机会。

（三）环境目标

注重旅游产业的可持续发展，积极推进低碳经济，通过旅游业的“绿色”发展，良性改善和优化区域生态环境质量。

第三节　旅游产业政策的内容

经过多年的改革开放，我国的旅游业发展虽然取得了举世瞩目的成就，但一直未能制定形成系统完善的旅游产业政策体系，与旅游业的巨大进展形成鲜明的对比。当前，研究我国的旅游市场规律，总结发展经验，尽快出台完善的旅游产业政策，显得十分迫切。

根据产业经营活动的特点，旅游产业政策可以划分为旅游产业结构政策、旅游区域布局政策、旅游资源开发与保护政策、旅游市场促销政策、旅游消费政策、旅游投资政策、旅游产业技术政策和旅游产业保障政策等。

根据旅游产业政策所涉及的范围，可以划分为旅游产业结构政策、旅游产业组织政策和旅游产业专项政策。其中，旅游产业结构政策包括资源开发结构政策、产品结构政策、市场结构政策、部门结构政策、区域功能结构政策；旅游产业组织政策包括竞争秩序政策、促进有效竞争政策、中小企业政策；旅游专项政策包括旅游财税政策、旅游投资政策、旅游消费政策、旅游环保政策、旅游外汇政策、旅游土地政策、旅游扶贫政策等。

由于旅游产业政策具有鲜明的灵活性和区域差异性等特征，所以实践中，并不要求制定和实行“放之四海而皆准”的旅游产业政策。

一、旅游产业结构政策

产业结构政策属于产业政策的主要组成部分，是指旅游产业各分布区域、各行业部门、各产品类型、各目标市场、各经济成分、旅游经济各环节的构成及其相互之间的比例关系。

旅游产业结构政策需要解决两大问题：(1)协调旅游产业与相关产业的关系，形成合理的比例。(2)优化旅游产业内部结构：一是旅游产业各要素在规模上的比例关系，反映旅游产业结构量的内容；二是以旅游产业各要素之间投入、产出为基本内容的关联关系，反映旅游产业结构质的特征。

旅游产业结构政策的调节手段主要有行政手段、财政税收手段、金融手段和信息手段等。例如，2003 年 5 月在“非典”横行时期，为了帮助旅行社尽快走出困境，国家旅游局和财政部暂时退还了旅行社部分质量保证金，这为扶持旅行社企业渡过难关起到了十分积极的作用。

二、旅游区域布局政策

旅游产业由于受到资源分布、区位、交通条件、旅游行程等因素影响，导致在产业布局上与其他行业有所不同。我国旅游发展道路和发展战略有自己的特殊性，客观上形成了旅游地区格局重东部、轻中西部的局面。因此，在承认旅游产业发展地区性差异的前提下,为了配合国家西部开发战略的实施,保证我国旅游产业的持续发展有新的增长点,应当在继续发展好东部地区旅游业的同时,大力加强中西部地区旅游业的发展。具体来说,包括三个方面的内容。

第一,三大区域应发挥各自优势,形成一系列配套政策,促进旅游业发展。

第二,充分发挥城市在区域旅游发展中的作用,形成最佳旅游城市、优秀旅游城市、旅游强县的体系。

第三,实行区域旅游的专业化分工与协作。区域旅游发展的关键在于有利于形成特色,将概念性产品转化为实体性产品,用特色资源形成特殊吸引力。旅游产业布局政策必须打破行政区划限制,根据资源互补、优势互补原则,加强旅游产品点与线、点与面之间的联系,开展区域旅游协作,形成独具优势和强大竞争力的旅游产品系列。

三、旅游资源开发与保护政策

旅游业的可持续发展有赖于旅游资源的保护。要健全旅游规划体系,建立旅游资源与产品的开发标准体系,实行旅游规划和建设单位资质认证制度。与此同时,要加强对旅游企业开发和经营行为的监督管理,坚决制止破坏旅游环境和旅游资源的行为。这就要求改进旅游产业中分头管理、政出多门的现象,明确主管部门各自职责,引入联合执法机制和问责机制。

四、旅游市场促销政策

旅游业发展既要面向国内,更要面向国外。旅游促销具有一定的公共产品性质,政府需要制定相关的产业政策,加强旅游促销:(1)强化管理与协调,实施整体的国家形象宣传促销计划;(2)转变观念,建立旅游发展基金,形成体系化的促销机制,扶持旅游企业的促销行为,积极推进开展电子商务;(3)严厉打击旅游市场促销中的虚假宣传、商业诽谤等不正当竞争行为。

五、旅游消费政策

旅游消费政策是旅游产业政策中的一个创新,反映的是旅游产业以市场为导向的观念。旅游消费政策从需求的角度,通过一系列政策手段来影响、调整消费者的消费行为,以起到扩大旅游需求、缓解旅游供给矛盾的作用。

旅游消费政策的主要内容是:(1)增加居民稳定的可支配收入;(2)大力提倡国民休闲旅游计划;(3)贯彻落实带薪休假制度;(4)积极开发旅游项目;(5)简化入境手续,扩大海外旅游需求;(6)实施有效的激励出境旅游消费政策。

六、旅游投资政策

(一) 建立健全的旅游投资引导机制

第一,加大旅游投资力度,建设旅游基础设施,实现旅游投资地区和项目间的平衡。

第二,建立适应市场经济特点的投资引导机制,通过协调、引导、规划以及其他间接性政府工具等手段,引导社会资金流向合理区域及合理项目,避免社会资金过于集中或分散。

第三,发挥政府监督职能,对投资行为进行监管,防止某些企业片面追求利润最大化的行为。

(二) 调整和优化投资结构

第一,优化饭店投资结构。

第二,加大旅游景区投资力度。

第三,注重专项旅游产品发展。

(三) 拓宽旅游业融资渠道

第一,建立招商中介机构。

第二,充分利用资本市场。

(四) 调整旅游企业政策

第一,统一旅游企业与其他企业的水、电、气价格,消除旅游企业的不平等地位与待遇。

第二,支持旅游企业上市融资,积极探索建立境内外旅游产业基金,从资本运营层面支持旅游产业发展。

第三,支持旅游企业网络化发展,培育旅游企业集团。

(五) 优化旅游投资宏观环境

第一,树立符合市场特征和时代潮流的旅游产业观,把观念创新付诸规划和发展的具体行动中。

第二,完善相关政策和法律法规。根据国务院《关于加快发展旅游业的意见》,

中央将抓紧旅游综合立法,加快制定旅游市场监管、资源保护、从业规范等专项法规,不断完善相关法律法规。

七、旅游产业技术政策

现代经济发展中,技术含量越来越高,高技术与高生产力、强竞争力之间存在着直接的线性关系。因此,在旅游产业中应用电脑预订、电子信函、卫星通信、先进交通工具、新型建材,成为提高产业素质的重要条件。政府应当制定相应的政策,用以引导和干预旅游产业技术进步,这些政策就是由旅游产业的技术政策所组成,内容包括旅游产业技术进步的指导性政策、组织政策、激励性政策等。

八、旅游产业保障政策

产业政策是针对性政策,其实施必须要有相应的政策和手段来加以保障,但这些保障政策是综合性的、成体系的。换句话说,旅游产业政策的有效实施,在很大程度上取决于保障的手段。推行产业政策的手段不同,甚至可能会改变产业政策的属性。所以,在旅游产业保障政策方面必须要求:(1)相关职能部门把旅游产业政策作为未来旅游产业发展的纲领性文件,作为今后部署、检查、评比旅游工作的重要标准,用以督促旅游主管部门对产业政策的落实。(2)旅游产业相关部门履行各自职能,支持旅游部门贯彻实施好旅游产业政策。(3)用法律法规等形式保证旅游产业政策的实施。

九、旅游扶贫政策

第一,重视旅游扶贫开发的可行性研究。

第二,加强旅游基础设施和服务设施建设。

第三,充分运用市场经济规则配置资源和生产要素,调动各方积极性。

第四,关注贫困人口的就业与发展。

学习与思考

（一）案 例 点 评

案例1　旅游合同的纠纷

案情介绍：

2013年7月10日，81岁高龄的阙邦闻为参加“黄山二日游”向吴山广场旅行社支付了旅游费398元，吴山广场旅行社出具了收款发票，旅游集散中心出具了名为“暑期万名师生畅游黄山二日游A”的专用票证，载明了出行日期、上车地点和车号。7月16日，阙邦闻在约定上车点黄龙体育中心体育馆上车，如期开始此次旅游行程。当日中午，阙邦闻一行26人到达黄山。由于受到台风影响，黄山虽未封山，但景区内的索道缆车已关闭停开，旅游者只能徒步登上黄山，导游遂带领阙邦闻在内的26人于当日下午2时左右从云谷寺开始步行登山。下午5时许，阙邦闻在登至黄山白鹅岭（景点）至孔雀松（景点）之间的石阶路时突然摔倒在地，不省人事。导游立即拨打报警电话求救，一段时间后，接诊的医疗急救人员赶到事发现场对阙邦闻采取抢救措施，但经抢救无效，宣告死亡。随后，黄山风景区管委会机关门诊部出具的死亡证明对阙邦闻的死因表述为“猝死”。

阙邦闻妻子管伯英及子女等五人诉称，旅游集散中心、吴山广场旅行社存在违约行为，请求判令旅游集散中心、吴山广场旅行社赔偿交通食宿费6 000元、1 055

美元(折合人民币 8 018 元)、丧葬费 13 783.5 元、死亡赔偿金 289 440 元和精神损害赔偿金 5 万元,共计 367 241.5 元。

旅游集散中心辩称,阙邦闻的死亡属于意外事件,旅游集散中心不应承担民事责任。请求驳回管伯英等五人的诉请。吴山广场旅行社辩称,其与阙邦闻之间不存在合同关系,其仅是旅游集散中心的代售点,故其不应承担民事责任。

案例分析:

本案为旅游服务合同纠纷,双方对于合同一方当事人为阙邦闻没有异议,争议在于合同另一方是旅游集散中心和吴山广场旅行社还是仅仅是旅游集散中心。从本案事实来看,本次“黄山二日游”广告宣传的组织者为旅游集散中心,收取阙邦闻交纳的旅游费 398 元和向其开具正式发票的是吴山广场旅行社,而向阙邦闻出具载明出行日期、上车地点和车号专用票证的又是旅游集散中心。据此表明旅游集散中心和吴山广场旅行社均参与了本次“黄山二日游”的组织工作且无证据证明吴山广场旅行社只是旅游集散中心的代售点和代收方。因此,本案中旅游集散中心和吴山广场旅行社应共同作为合同当事人。

旅游公司作为旅游服务活动的提供者,根据《中华人民共和国消费者权益保护法》第七条、《旅行社管理条例》第二十一条的规定,其提供的服务应当符合保障旅游者人身安全的要求;对可能危及旅游者人身安全的事宜,应作出真实的说明和明确的警示,并采取防止危害发生的措施。据此,出于保障旅游者人身安全的目的,告知、警示等义务即成为旅行公司的法定附随义务。本案中旅游集散中心和吴山广场旅行社明知阙邦闻是年逾八十的老年人,在适逢台风影响的恶劣气候条件下,组织其参加登山旅游活动时,更应考虑到其生理和心理特点,采取更周到细致的服务措施,防止危害发生,但没有证据表明其严格履行了前述法定附随义务,与阙邦闻的死亡后果存有一定的因果关系,应当由旅游集散中心和吴山广场旅行社承担违约责任。同时,阙邦闻应当明知自己已逾八十,存在年老体弱、体力下降等客观事实,仍然在没有亲属的陪同下,独自参团出省旅游,显然是过于自信,缺乏对自身体力状况、适应能力的准确判断,而且也未见其采取必要的自我保护措施,为本次死亡事件的发生埋下了安全隐患,故其应对此承担一定的责任。综合考量当事人双方的过错程度,以及与阙邦闻死亡后果之间的原因力大小,由于旅游集散中心和吴山广场旅行社没有切实履行法律、行政法规规定之义务,是导致发生旅游者阙邦闻死亡结果的主要原因,其应对阙邦闻死亡所造成的损失承担 70%

的赔偿责任；而阙邦闻由于自身亦有一定过错，可以相应减轻旅游集散中心和吴山广场旅行社的赔偿责任，对因其死亡所造成的损失由其法定继承人，即上诉人自负30%的责任。

案件启示：

旅游公司在提供旅游服务的过程中，应当依照旅游合同的约定和法律的规定，对可能危及旅游者人身安全的事宜，向其作出明确的告知和警示，并采取适当措施以防止危害的发生。如其没有履行上述义务造成游客人身伤亡的，应当赔偿游客相关损失。

旅游者在游览的过程中，应结合自身实际条件，选择自己能力范围以内的旅行项目和路线，以免带来不必要的伤害。

案例2　群龙无首的境外之旅

案情介绍：

杜某夫妇参加某旅行社组织的“新、马、泰、港、澳16日游”旅游团。在临登飞机时旅游者发现，该旅游团是由六家旅行社组织的，大家手中的旅游日程各不相同。更让旅游者感到疑惑和躁动不安的是，该旅游团没有领队，而团队中的绝大多数人是初次跨出国门。这个出境旅游团在整个旅途中遇到许多困难。在国外如何转机，入境卡怎么填，需要哪些旅行文件，怎样与境外旅行社接洽等无人过问。在新加坡入境时，因不熟悉情况，旅游团被边检部门盘查一个半小时之久，影响了游览活动。旅游过程中，因没有领队与境外接待社协调，原来的日程安排被多次变更。旅游团在异国他乡，人生地不熟，只好听从境外导游的摆布。旅游结束后，杜某夫妇以旅行社未提供相应服务，损害其合法权益为由，要求旅行社赔偿其损失。

旅行社辩称，组团人数不足，由若干家旅行社将旅游者拼为一个团，是旅行社的通常做法，只要按约定准时出游，是否告知旅游者并没有实际意义；此次组团出境旅游，事先双方并没有约定派领队，因此，旅行社未派领队并不构成违约。

案例分析：

《旅行社管理条例实施细则》第44条规定：“旅行社因不能成团，将已签约的旅游者转给其他旅行社出团时，须征得旅游者书面同意。”旅游者出游选择旅行社，除考虑其价格、标准、行程等因素外，同时应特别注意旅行社的资信状况和履约能力，以使自身的权益得到保障。旅游者享有自主选择提供服务的旅行社的权利,未经旅游者书面同意,擅自将旅游者转给其他旅行社的,是一种违约行为,转让的旅行社应当承担相应的法律责任。

《旅行社管理条例实施细则》第 5 条规定:组织中国境内居民到外国和港澳地区旅游,应当为其安排领队及委托接待服务。《中国公民自费出国旅游管理暂行办法》第 10 条规定:"团队的旅游活动须在领队的带领下进行。"领队是指由旅行社派出,为出境旅游者提供协助、服务,同境外旅行社接洽,督促其履行接待计划,调解纠纷,协助出境旅游者和境外接待社处理意外事件的人员。作为法定义务,无疑是任何旅游合同的默示条款。旅行社违反了合同默示条款,就是一种违约行为。

本案中,因旅行社违规运作,致使杜某夫妇不得不为吃、住、行、游等操心劳神,没有享受到应有的服务。旅行社既要赔偿旅游者住宿、景点等损失外,还要退赔领队服务费等。

案件启示:

1. 签约旅行社未经旅游者同意不得擅自将旅游者转让给其他旅行社。

2. 提供领队服务是旅行社的法定义务。

案例 3 变更行程的代价

案情介绍:

2010 年 2 月,某旅行社接待香港某旅行社组织的内地观光团,按照合同约定,该旅游团在北京游览四天,其中 2 月 11 日是游览长城。该旅行社委派导游关某担任该团导游。关某未经旅行社同意,擅自将游览长城的日期改为 2 月 14 日,即离京的前一天,而将 2 月 11 日改为购物。观光团的团员对此变更曾表示异议,但关某称此变更是旅行社的安排。不料,2 月 13 日晚天降大雪,2 月 14 日晨该观光团赴长城时,"雪拥居庸车不前",积雪封路,只得返回。翌日,该观光团离京返港后向旅游行政管理部门进行书面投诉,称该旅行社委派的导游未征得旅游者同意,擅自改变旅游行程,违反了合同约定,造成旅游观光未能游览长城,旅行社应承担赔偿责任,该旅行社则辩称,改变旅游行程,属导游个人行为,与旅行社无关,而导游关某辩称,造成长城未能游览,是由于大雪封路的原因,属不可抗力,依据法律规定,不承担赔偿责任。

案例分析：

旅行社擅自改变旅游行程，造成该观光团未能游览长城，属违约行为。我国《合同法》第八条规定："依法成立的合同，对当事人具有法律约束力。当事人应当按照约定履行自己的义务，不得擅自变更或者解除合同。"在本案中，作为合同的一方当事人旅行社应当严格按照合同约定，为旅游团组织安排旅游游览活动。由于导游关某擅自改变旅游行程，造成该观光团未能游览长城，违反了合同约定，当属违约行为。

导游的行为应视为旅行社行为。在本案中，导游关某是根据旅行社的委派，担任该观光团的向导，因此，旅行社必须对其委派的导游承担法律后果。我国《民法通则》对此作了明确规定，即"企业法人对他的法定代理人和其他工作人员的经营活动，承担民事责任"。因此，在本案中，旅行社不得以导游个人行为未经旅行社同意为由而不承担责任。

案件启示：

在本案中，造成该观光团未能游览长城的原因，并非不可抗力，而是导游人员擅改旅游行程，也就是说，如果不改变约定的旅游行程，游览长城这一项目是能够实现的。旅行社违约在先。而且，并非只要是不可抗力发生，就可以不承担责任。我国《合同法》规定："因不可抗力不能履行合同的，根据不可抗力的影响，部分或者全部免除责任，但法律另有规定的除外。当事人迟延履行合同后发生不可抗力的，不能免除责任。""当事人一方因不可抗力不能履行合同的，应当及时通知对方，以减轻可能给对方造成的损失，并应当在合理期限内提供证明。"由此规定可见，在本案中，旅行社不得以不可抗力为理由，推卸赔偿责任。

导游人员是旅游业的形象大使，是旅行社的形象代言人，他的一言一行、一举一动，代表的绝不仅仅是他个人，而且是他所工作的旅行社，导游的行为与旅行社行为是紧密相连的。加强、规范旅游行业的经营管理，提高导游人员的业务能力和素养，培养出一批批优秀导游人才，是旅游业繁荣发达、可持续发展的根本保障。

（二）题型训练之填空题

1. 法作为与国家密不可分的社会现象，是在一定条件下产生和发展的，有着深刻的________和阶级根源。

2. 到了原始社会末期,随着生产力的发展,生产关系的变化,尤其是三次社会大分工,开始出现了私有财产,进而出现了________。

3. 私有制和阶级的产生,最终导致了________的产生。

4. 通过法律形式获得集中表达的统治阶级的意志,就是________。

5. 按照不同社会形态来划分,可将法分为四类:奴隶制法、封建制法、资本主义法________和________。

6. 封建制法的________是保护封建土地所有制和等级特权。

7. 我国旅游业第一部旅游法规是1985年5月颁布的________________。

8. 1979年,美国政府颁布了本国旅游基本法________________。

9. 宪法,是国家的根本大法,它规定了一个国家的社会制度和国家制度的________,是民主制度的法律化,是国家机关和公民活动应该遵循的________,是治国安邦的总章程。

10. 中华人民共和国是________、________为基础的人民民主专政的社会主义国家。

11. ________是我国政权的组织形式。我国人民行使国家权力的机关是全国人民代表大会和地方各级人民代表大会。

12. 民族自治机关是自治区、________、________的人民代表大会和人民政府。

13. 中华人民共和国经济制度的基础是生产资料的________,即全民所有制和劳动群众集体所有制。

14. 中华人民共和国国旗是________。

15. 中华人民共和国首都是________。

16. 2013年4月25日,第十二届全国人大常委会第二次会议审议通过了________,国家主席习近平签署第三号主席令予以公布。

17. 旅游业是服务业的龙头,发展旅游业对扩大就业、________、________等具有重要作用,也是应对国际金融危机的主要举措之一。

18. 2014年8月21日国务院在国发〔2014〕31号文件《关于促进旅游业改革发展的若干意见》中明确,促进旅游业改革发展,要依法兴旅,创新发展理念,坚持________,坚持融合发展,坚持________。

19. 旅游法采取了超脱的立法模式。这是一种综合立法模式,涵盖了________、________、民商法三大法律体系的内容。

20.《旅游法》全面界定了政府、________和________三方的责任。

21. 旅游景区管理制度，包括景区开放、________、________等制度。

22. 规划在促进旅游业科学发展、协调相关者利益方面具有________和________的作用。

23. 2009年5月1日起实施的________是我国现行的旅行社管理方面的主要法规。

24. 旅行社分社的经营范围不得超出________的经营范围。

25. 旅行社从事的旅游业务主要是指________、________、________旅游者等活动。

26. 旅行社接待是指旅行社根据与旅游者达成的协议为________、________、________、________、________、________及导游服务等。

27. 旅行社是以________为目的的企业法人。

28. 旅行社根据业务经营和发展的需要，可以设立________和________（包括门市部、营业部）等分支机构。

29. 旅行社应当将________与________一起悬挂在营业场所的显要位置。

30. 旅行社应当为旅游者提供约定的各项服务，所提供的服务不得低于________或行业标准。

31. 旅行社组织旅游活动，必须投保________，可以提示旅游者购买旅游意外保险。

32. 旅行社提供有偿服务，应当按照国家有关规定向旅游者出具________。

33. 导游人员是旅游业活的灵魂，是旅游业的“窗口”，被赞誉为________________。

34. 1987年12月1日，国家旅游局发布了________________。

35. 我国自________年开始实行全国统一的导游人员资格考试制度。

36. 导游证可分为________导游证和________导游证两种。

37. 领队证不得________、________、出借或转让。

38. ________导游人员（简称地陪）是指受接待旅行社委派，代表接待社实施接待计划，为旅游团（者）提供当地旅游活动安排、讲解、翻译等服务的工作人员。

39. 旅行社聘用专职导游人员成为旅行社的员工时，应当与其聘用的导游依法________、________、缴纳社会保险费用。

40. 2001年12月26日制订公布了《导游人员管理实施办法》，其中确定了导游人员的计分管理和________两项制度。

41. 公安机关对饭店的治安管理包括开业管理和________。

42. 娱乐场所应当制定安全工作方案和________，必须在显著位置悬挂警示________

和禁止标志。

43. 饭店星级评定的程序分为申请、________、________、________和批复五个环节。

44. 旅游饭店星级评定,采取________和________相结合的方法进行。

45. 绿色饭店________为出发点,倡导绿色消费。

46. 食品主要有三种:________、________、________。

47. 旅游纠纷是指旅游者与旅游经营者、旅行辅助人之间因旅游发生的侵权纠纷________或者________。

48. 从旅游纠纷的________来划分,旅游纠纷可分为导游业务纠纷、旅游交通纠纷、旅游住宿纠纷、旅游饮食纠纷、旅游购物纠纷、游览观光纠纷等。

49. 旅游纠纷协调的合法原则包括两层含义,一是________上要合法,二是________要合法。

50. 在一般情况下,旅游投诉由旅游合同签订地或者被投诉人所在地________以上地方旅游投诉处理机构管辖。

51. 旅游仲裁协议必须以书面形式订立,有三种主要表现形式:________、________及其他书面文件表现的仲裁协议。

52. ________是指法院在当事人和其他诉讼参与人的参加下,以审理、判决、执行等方式解决旅游纠纷的活动,以及由这些活动产生的各种诉讼关系的总和。

53. 旅游纠纷诉讼的管辖法院一般实行________的原则。

54. ________是能够证明案件真实情况的各种事实,也是法院认定有争议的案件事实的根据。

55. 凡是直接来源于案件事实,未经复制、转述的证据是________。

56. 我国实行________,当事人不服一审法院做出的裁判,可以向上一级法院提起上诉,经上一级法院审理并做出裁判后,诉讼便告终结。

57. 旅游资源是指自然界和人类社会凡能对旅游者产生吸引力,可以为旅游业合理利用,并可产生________、________和________的各种事物和因素。

58. 一般来说,构成旅游资源必须具备两个条件:一是对旅游者来说具有游览和使用价值;二是对旅游业来说要有________。

59. 旅游资源是旅游业发展的________和________,是旅游目的地对旅游者产生吸引力的源泉。

60. 根据《旅游资源保护暂行办法》的规定，各级旅游行政管理部门必须高度重视旅游资源的保护与管理工作，坚持____________的原则。

61. 水是重要的旅游资源，但地球上淡水含量非常少，不足全球总水量的________。

62. 噪声的来源主要有________、________、________、社会活动、家庭生活等。

63. 土地的基本特性有五个方面：________，________，________，具有一定的生物生产能力，整体性。

64. 旅游服务设施也要________，污水处理厂、厕所、垃圾处理场的位置，应考虑风向、距离等因素。

65. 旅游交通与________、________一道被称为是旅游业的三大支柱。

66. 除特殊情况外，承运人向旅客交付________即标志着合同的成立。

67. 我国法律规定，旅游者不得随身携带或者在行李中夹带________、________、________、有腐蚀性、有放射性以及有可能危及运输工具上人身和财产安全的危险物品或者其他违禁物品。

68. 行李是分为________、________和随身携带物品。

69. 车票包括________和________两部分。

70. 动车组列车只发售二等座车学生票，学生票为全价票的________。

71. ________交通服务的最大优点是方便，不受出发时间的限制。

72. 在道路上发生交通事故，车辆驾驶人应当________。

73. 水路旅客运输工作，应贯彻遵循________的服务原则。

74. ________是水路旅客运输合同成立的证明，是旅客乘船的凭证。

75. 1990 年 2 月 20 日国家旅游局颁布了____________。

76. 旅游安全管理应当贯彻____________的方针。

77. 旅游安全管理机构应建立和健全安全检查工作制度，定期召开__________。

78. 在组织中国公民出国(境)旅游中发生突发事件时，旅行社领队要及时向所属旅行社报告，同时报告________或地区使(领)馆或有关机构。

79. 国际法包括国际________、________、________等各个方面，是法律的一个特殊部门。

80. ________是调整自然人、法人、国家和国际经济组织在国际经济交往中所形成的各种法律关系的国内法规范和国际法规范的总称。

81. 世贸组织是具有法人地位的国际组织，负责管理________和________。

82. 世贸组织与________、________一起,并称为当今世界经济体制的“三大支柱”。
83. 世贸组织的首要目标是帮助开展________、________、________的贸易。
84. 中国于________年________月正式加入世界贸易组织。
85. 列入《世界遗产名录》有两条最基本的标准,即不仅要取决于________,而且还要取决于________。
86. 消费者权益其核心是________。
87. ________是我国1993年10月制定的专门保护消费者权益的法律,该法于2013年10月修改并通过。
88. 公平交易权是指消费者在购买商品或者接受服务时所享有的获得________、________、________等公平交易的权利。
89. ________是指消费者在购买、使用商品和接受服务时,享有人格尊严、风俗习惯受到尊重的权利。
90. 经营者收集、使用消费者个人信息,应当遵循________、________、________的原则。
91. 1999年3月15日第九届全国人民代表大会第二次全体会议通过、1999年10月1日起施行____________。
92. 规范有效的旅游合同保证了旅游交易的安全和旅游秩序的稳定,必将促进旅游业的________、________、________地向前发展。
93. 旅游合同订立的原则是指合同的当事人在订立合同活动中应当遵循的______________。
94. ________是旅游合同关系确立的前提和基础。
95. ________是合同法的核心。
96. 定金具有________、________、________三重作用。
97. 产业政策内容包括________、________、________、政策导向和支持措施等。
98. 旅游产业政策是政府为了实现特定的____________而制定的。
99. 旅游产业由于受到资源分布、________、________、________等因素影响,导致在产业布局上与其他行业有所不同。
100. 旅游消费政策以________为导向,从________的角度,通过一系列政策手段来影响、调整消费者的消费行为,以起到扩大旅游需求、缓解旅游供给矛盾的作用。

(三) 题型训练之选择题(1)

1. 物质生活条件中决定社会面貌、性质和发展方向的主要因素是(　　)。

A. 地理环境　　B. 生产方式　　C. 人口　　D. 土地

2. 人类社会最早出现的以私有制为基础的法的历史类型是(　　)。

A. 奴隶制法　　B. 封建制法　　C. 资本主义法　　D. 社会主义法

3. (　　)是建立在资本主义私有制基础上的上层建筑，是代表资产阶级利益和意志的法律。

A. 奴隶制法　　B. 封建制法　　C. 资本主义法　　D. 社会主义法

4. 将法律的内容分为实体法和程序法的划分标准是(　　)。

A. 法的创立和表现形式　　B. 法的制定主体和适用范围

C. 法律的内容　　D. 法律效力

5. 下列不属于封建制法特征的是(　　)。

A. 法自君出，君主言出法随，他既是最高立法者，又是最高司法者

B. 公开确认和维护等级特权制度

C. 刑罚残酷，野蛮擅断

D. 大量带有原始习惯的残余

6. (　　)是指违反民事法律规范，无正当理由不履行民事义务或因侵害他人合法权益所应承担的法律责任。

A. 行政法律责任　　B. 民事法律责任

C. 违宪责任　　D. 刑事责任

7. (　　)年7月5日，托马斯·库克组织的禁酒大会，在历史上被认为是现代旅游的开端。

A. 1840　　B. 1841　　C. 1842　　D. 1843

8. 第二次世界大战后，以(　　)的出现标志着旅游业进入现代旅游发展阶段。

A. 喷气式飞机　　B. 轮船　　C. 火车　　D. 汽车

9. 我国宪法的修改，必须由全国人民代表大会常务委员会或者(　　)以上的全国人民代表大会代表提议。

A. 1/5　　B. 2/5　　C. 3/5　　D. 4/5

10. 我国人民民主专政的根本标志是(　　)。

A. 工人阶级的领导　　B. 工农联盟

C. 爱国统一战线　　D. 各民族团结一致

11. (　　)是由集体经济组织内的劳动者共同占有生产资料的一种经济形式。

A. 全民所有制经济　　B. 劳动群众集体所有制经济

C. 劳动者个体经济　　D. 私营经济

12. 下面这些人中谁有选举权和被选举权?(　　)

A. 12 岁的小学生王某　　B. 17 岁的高中生小智

C. 18 岁的工人阿斌　　D. 16 岁的大学生小林

13. 我国全国人民代表大会每届任期(　　)年。

A. 1　　B. 3　　C. 5　　D. 7

14. 中华人民共和国主席、副主席由全国人民代表大会选举。有选举权和被选举权的,年满(　　)周岁的中华人民共和国公民可以被选为中华人民共和国主席、副主席。

A. 40　　B. 45　　C. 50　　D. 55

15. 在我国,(　　)是最高国家权力机关的执行机关,是最高国家行政机关。

A. 人民代表大会　　B. 中央军事委员会

C. 人民法院　　D. 国务院

16. 中华人民共和国中央军事委员会领导全国武装力量,中央军事委员会实行(　　)。

A. 总理负责制　　B. 主席负责制

C. 人民代表大会负责制　　D. 人民负责制

17. 到 2012 年底旅游法颁布前夕,我国国内旅游消费达 2.3 万亿元,国内旅游市场规模居全球(　　)。

A. 第一　　B. 第二　　C. 第三　　D. 第四

18. 旅行社组织、接待旅游者时指定具体购物场所,安排另行付费旅游项目,旅游者有权在旅游行程结束后(　　)日内,要求旅行社为其办理退货并先行垫付退货货款,或者退还另行付费旅游项目的费用。

A. 10　　B. 20　　C. 25　　D. 30

19. 旅行社具备履行条件,经旅游者要求仍拒绝履行合同,造成旅游者人身损害、滞留等严重后果的,旅游者还可以要求旅行社支付旅游费用(　　)的赔偿金。

A. 一倍以上两倍以下　　B. 两倍

C. 一倍以上三倍以下　　D. 三倍

20. 订立包价旅游合同时，旅行社应当向旅游者详细说明的内容不包括(　　)、时间等内容。

A. 行程安排　　B. 服务项目　　C. 标准　　D. 目的地特产

21. 旅行社的哪项行为不属于安排导游领队违法？(　　)

A. 未按照规定为出入境团队旅游安排领队或导游全程陪同

B. 安排未取得导游证或者领队证的人员提供服务

C. 进行虚假宣传，误导旅游者

D. 要求导游垫付或者向导游收取费用

22. 旅行社被处以 5 000 元以上 5 万元以下罚款的有可能是因为(　　)。

A. 业务经营违法　　B. 零负团费行为

C. 未尽报告义务　　D. 旅游项目违法

23. 导游林某于 2011 年被吊销导游证，他最早在哪一年可以再次申请导游证呢？(　　)

A. 2011 年　　B. 2012 年　　C. 2013 年　　D. 2014 年

24. 旅行社取得经营许可满(　　)年，且未因侵害旅游者合法权益受到行政机关罚款以上处罚的，方可以申请经营出境旅游业务。

A. 1　　B. 2　　C. 3　　D. 4

25.《旅行社条例》于(　　)开始施行。

A. 2009 年 5 月 1 日　　B. 2009 年 1 月 21 日

C. 2008 年 5 月 1 日　　D. 1996 年 10 月 15 日

26. 国内旅游业务包括(　　)。

A. 招徕我国旅游者在国内旅游

B. 招徕我国旅游者在我国边境旅游

C. 招徕港、澳、台旅游者在国内旅游

D. 为我国旅游者代购、代订国内外交通客票等

27. 设立经营国内旅游业务，入境旅游业务，出境旅游业务的旅行社，注册资本不得少于(　　)人民币。

A. 50 万元　　B. 100 万元　　C. 30 万元　　D. 200 万元

28. 符合条件的经营国内，入境游旅行社，每增加一个分社，增存质量保证金(　　)人民币。

A. 5万元　　B. 10万元　　C. 15万元　　D. 20万元

29. 需经营出境旅游业务的旅行，应当存入质量保证金(　　)人民币。

A. 20万元　　B. 100万元　　C. 120万元　　D. 140万元

30. 旅行社自交纳或者补足质量保证金之日起三年内未因侵害旅游者合法权益受到行政机关罚款以上处罚的，旅游行政管理部门应当将旅行社质量保证金的交存数额降低(　　)，并向社会公告。

A. 10％　　B. 30％　　C. 50％　　D. 70％

31. 旅游者有下列情形之一的，旅行社可以解除合同。(　　)

A. 患有传染病等疾病，可能危害其他旅游者健康和安全的

B. 携带危害公共安全的物品且不同意交有关部门处理的

C. 从事违法或者违反社会公德的活动的

D. 集合经常迟到的

32. 下列条件的人员可以参加导游资格考试的是(　　)。

A. 美籍华人刘小姐　　B. 初中毕业的李小姐

C. 有心脏病的马先生　　D. 某大学的陈老师

33.《导游人员管理实施办法》规定，获得导游资格证(　　)未从业的，资格证自动失效。

A. 1年　　B. 2年　　C. 3年　　D. 4年

34. 导游人员在带团旅游时，得知旅游目的地发生道路塌方的消息，如果团队继续前往，就有可能使旅游者的人身安全发生危险，此时，导游人员(　　)。

A. 可以调整或变更旅游行程计划，但在此之前，须征得旅行社同意

B. 可以调整或变更旅游行程计划，但须征得所有旅游者同意

C. 可以调整或变更旅游行程计划，但须征得多数旅游者同意，并应当立即报告旅行社

D. 不可以调整或变更旅游行程计划，但可以采取安全措施

35. 我国的导游人员等级考核分为(　　)。

A. 两个系列、两个等级　　B. 两个系列、四个等级

C. 四个系列、两个等级　　D. 四个系列、四个等级

36. 导游人员违法、违规行为计分方法实行年度(　　)分制。

A. 10　　B. 5　　C. 100　　D. 8

37. 南昌市某旅行社欲聘用具有特定语言能力的李某临时从事导游活动。按照《导游人员管理条例》,应(　　)。

A. 由李某向南昌市旅游局申请领取临时导游证

B. 由李某向江西省旅游局申请领取临时导游证

C. 由该旅行社向南昌市旅游局申请领取临时导游证

D. 由该旅行社向江西省旅游局申请领取临时导游证

38. 导游王某在导游活动中未佩戴导游证,应当扣(　　)。

A. 6 分　　B. 10 分　　C. 4 分　　D. 8 分

39. 导游陈某在讲解中抽烟,应当扣(　　)。

A. 2 分　　B. 4 分　　C. 6 分　　D. 8 分

40. 根据《娱乐场所管理条例》,娱乐场所由(　　)以上文化主管部门负责日常监督管理。

A. 地级　　B. 县级　　C. 市级　　D. 省级

41. 根据《旅游饭店星级的划分与评定》,我国旅游饭店星级评定实行(　　)。

A. 三星级　　B. 四星级　　C. 五星级　　D. 六星级

42. 国家旅游局具体负责评定(　　)。

A. 所有星级饭店　　B. 一、二、三星级饭店

C. 四、五星级饭店　　D. 五星级饭店

43. 在我国境内,正式开业(　　)以上的饭店,可申请饭店星级评定。

A. 3 个月　　B. 6 个月　　C. 1 年　　D. 3 年

44. 对旅游饭店的各项指标进行检查复核采取(　　)的方式进行。

A. 必备条件和评分相结合　　B. 定期检查和不定期检查相结合

C. 定期的明查和不定期的暗访相结合　　D. 国家和省两级旅游局相结合

45. 绿色饭店等级以(　　)为标识。

A. 五角星　　B. 银杏叶　　C. 皇冠　　D. 钻石

46. 将旅游纠纷分为旅游游览行为纠纷、旅游经营行为纠纷、旅游管理行为纠纷,是按(　　)来进行划分。

A. 旅游纠纷的争议内容　　B. 旅游纠纷的调整对象

C. 旅行社的业务经营范围　　D. 是否存在合同

47. 在解决旅游纠纷的方式中,(　　)是最简便、成本最低的。

A. 协商　　B. 调解　　C. 投诉　　D. 仲裁

48. 根据旅游纠纷调解主持人的身份不同,不属于此类旅游纠纷调解的是(　　)。

A. 民间调解　　B. 协商调解　　C. 仲裁调解　　D. 法院调解

49. (　　)制度是最具旅游特色的解决旅游纠纷的方式。

A. 旅游协商　　B. 旅游仲裁　　C. 旅游投诉　　D. 旅游诉讼

50. 不属于旅游投诉范围的是(　　)。

A. 认为旅游经营者违反合同约定的

B. 超过旅游合同结束之日 90 天的

C. 因旅游经营者的责任致使投诉人人身、财产受到损害的

D. 因不可抗力、意外事故致使旅游合同不能履行或者不能完全履行,投诉人与被投诉人发生争议的

51. 属于传来证据的是(　　)。

A. 物证的原物　　B. 合同书的原件　　C. 文件的影印件　　D. 勘验笔录

52. 我国《文物保护法》规定,中华人民共和国境内地下、内水和领海中遗存的一切文物,属于(　　)。

A. 国家所有　　B. 集体所有　　C. 个人所有　　D. 企业所有

53. 以下属于文化旅游资源的是(　　)。

A. 地形　　B. 水文　　C. 气候　　D. 革命遗址

54. 不属于旅游资源自身评价的是(　　)。

A. 资源的特色　　B. 资源的价值和功能

C. 资源的环境　　D. 资源的密度与空间组合

55. 地貌中,(　　)的旅游价值最大。

A. 平原　　B. 盆地　　C. 高原　　D. 山地

56. 旅游环境保护中不属于经济手段的是(　　)。

A. 税收,如旅游资源税、环境资源税　　B. 门票收费

C. 排污收费　　D. 生态补偿费

57. 我国确定风景名胜区级别的依据是(　　)。

A. 文物的历史、艺术、科学价值　　B. 文物的观赏、文化、科学价值

C. 文物的文化、科学、艺术价值　　D. 文物的历史、艺术、文化价值

58. 我国法律规定，对风景名胜旅游资源实行(　　)的方针。

A. 保护、利用　　B. 保护、开发

C. 严格保护、限量开发　　D. 保护、开发和利用

59. 王先生家里有一件传家之宝，经鉴定属于一级珍贵文物，王先生对这件文物的使用权不包括(　　)。

A. 继续珍藏　　B. 捐赠给国家

C. 转卖给美国朋友约翰　　D. 送给中国朋友

60. 在对文物古迹进行必要的保养、修缮时，要做到(　　)。

A. 修旧如旧　　B. 焕然一新　　C. 修旧如新　　D. 锦上添花

61. 一般文物出口或者个人携带私人收藏文物出境，都必须向海关申报，并由(　　)行政管理部门发给许可出口凭证。

A. 公安　　B. 工商　　C. 文物　　D. 外贸

62. 航空公司将客票售出，便意味着与旅客签订了(　　)。

A. 购票协议　　B. 行李运输合同　　C. 定座协议　　D. 航空运输合同

63. 根据民航总局的统一规定，已满(　　)周岁未满(　　)周岁的儿童按照同一航班成人普通票价的50%购买儿童票。

A. 2　12　　B. 2　10　　C. 1　6　　D. 1　14

64. 依照《铁路交通事故应急救援和调查处理条例》，铁路运输企业应当承担赔偿责任的，对每名旅客人身伤亡的赔偿责任限额为人民币(　　)。

A. 4万元　　B. 8万元　　C. 10万元　　D. 15万元

65. 李某患有心脏病，在乘坐某航班飞行时旧病复发，导致死亡，依据有关法规，承运人(　　)。

A. 应承担责任　　B. 承担主要责任　　C.承担次要责任　　D. 不承担责任

66. 汽车客运驾驶员连续驾驶时间不得超过(　　)小时。

A. 1个　　B. 2个　　C. 3个　　D. 4个

67. 在天津上大学的小张暑假坐船回辽宁老家，船票价格为一等580元，二等为380元，三等为200元，四等为150元。请问小张的船票价格应该是(　　)元。

A. 580　　B. 200　　C. 150　　D. 75

68. 根据《旅游安全管理暂行办法》的规定，为了切实加强旅游安全管理工作，保障旅游者人身、财物安全，旅游安全管理应当贯彻(　　)的方针。

A. 安全第一,预防为主　　B. 统一领导,分级管理,以基层为主

C. 安全第一,兼顾效益　　D. 以社会安全部门的管理为主

69. 某旅行社组织的团队游客,在乘坐登山缆车时,因严重超载发生旅游安全事故,造成十余名游客死亡,二十名游客受伤,对此事故的调查处理应当适用(　　)。

A.《旅游安全管理暂行办法》

B.《旅游安全管理暂行办法实施细则》

C.《旅行社办理旅游意外保险暂行规定》

D.《特别重大事故调查程序暂行规定》

70. 某旅游团游览途中发生车祸,造成了 3 名旅游者重伤,直接经济损失 3 万元人民币的后果。根据《旅游安全管理暂行办法》及《实施细则》的相关规定,此次事故为(　　)。

A. 轻微事故　　B. 一般事故　　C. 重大事故　　D. 特大事故

71. 重大(Ⅰ级)指一次突发事件造成旅游者(　　)人以上重伤或(　　)人以上死亡的,或一次造成 50 人以上严重食物中毒或造成 5 人以上中毒死亡的。

A. 10　5　　B. 5　10　　C. 10　20　　D. 20　10

72. 世贸组织的最高决策机构是(　　)。

A. 总理事会　　B. 部长会议　　C. 委员会　　D. 总干事

73. 在我国,不对外国人开放的地区是(　　)。

A. 甲类地区　　B. 乙类地区　　C. 丙类地区　　D. 丁类地区

74. 外国人旅行证的有效期最长为(　　)。

A. 1 年　　B. 2 年　　C. 3 年　　D. 5 年

75. 发给来中国旅游、探亲或处理其他私人事务入境的外国人的签证是(　　)。

A. C 字签证　　B. G 字签证　　C. F 字签证　　D. L 字签证

76. 我国不采取的签证制度是(　　)。

A. 一次签证一次有效　　B. 一次签证多次有效

C. 多次签证　　D. 免除签证

77. 某人因伤害罪被判处有期徒刑 3 年缓期 3 年执行,在缓刑执行期间其欲出境旅游。下列命题正确的是(　　)。

A. 外事部门不批准其出境　　B. 公安机关不批准其出境

C. 旅游行政管理部门可以批准其出境　D. 公安机关可以批准其出境

78. 北京市居民王某应聘在珠海市喜乐公司短期工作，他欲报名参加当地旅行社组织的出境旅游，他应当向（　　）的市、县公安机关申请办理出境证件。

A. 组团旅行社所在地　　B. 出境口岸所在地

C. 户口所在地　　D. 公司所在地

79.（　　）是世界上唯一一个拥有全部五类世界遗产的国家。

A. 美国　　B. 英国　　C. 中国　　D. 法国

80. 以下全部属于世界文化遗产的是（　　）。

A. 长城、敦煌莫高窟、丽江古城、龙门石窟

B. 北京故宫、平遥古城、天坛、九寨沟

C. 秦始皇陵、布达拉宫、武陵源、福建土楼

D. 颐和园、黄龙、河南殷墟、丝绸之路

81. 消费者在购买、使用商品或者接受服务时，有权询问和了解商品或服务的有关情况，享有（　　）。

A. 安全保障权　　B. 知情权　　C. 公平交易权　　D. 监督权

82. 消费者在自主选择商品或服务时，有权进行比较、鉴别和挑选，享有（　　）。

A. 监督批评权　　B. 受尊重权　　C. 知识获取权　　D. 自主选择权

83. 消费者因购买、使用商品或者接受服务受到人身、财产损害的，享有依法获得赔偿的权利。消费者获得赔偿最基本、最常见的方式是（　　）。

A. 赔偿损失　　B. 赔礼道歉　　C. 消除影响　　D. 恢复名誉

84. 某旅游商店在店堂告示中标明"售出商品，概不退换"。一旅游者在导游员的带领下购买该商店的商品，后经有关质量鉴定部门认定为不合格产品，旅游者要求退货。依照《消费者权益保护法》的规定，经营者（　　）。

A. 可以坚持"售出商品，概不退换"

B. 可以坚持不退款，但可更换同种商品

C. 可以坚持不退款，但可购买其他等值商品

D. 应当负责退货

85. 郑某参加了甲旅行社组织的海南五日游后，认为权益受到损害准备索赔时，甲旅行社与乙旅行社合并为丙旅行社。郑某应向（　　）要求索赔。

A. 原甲旅行社法定代表人　　B. 甲旅行社的主管部门

C. 丙旅行社　　D. 丙旅行社的主管部门

86. 经营者应当按照规定或者约定对商品承担(　　)的责任或者违约、侵权以及其他责任。

A. 包修、包换、包邮　　B. 包邮、包换、包退

C. 包修、包邮、包退　　D. 包修、包换、包退

87. 依照我国法律规定,消费者协会是依法成立的对商品和服务进行社会监督的保护消费者合法权益的(　　)。

A. 社会组织　　B. 非社团法人　　C. 行政机关　　D. 仲裁机构

88. 司法机关在保护消费者权益方面应本着(　　)的原则各司其职。

A. 分工协作、互相管理　　B. 分工负责、互相配合

C. 各自负责、层层管理　　D. 分级管理、统一指导

89. 根据《中华人民共和国消费者权益保护法》消费者协会不得从事(　　)。

A. 消费信息和咨询服务　　B. 支持消费者提起诉讼

C. 商品经营和营利性服务　　D. 调解服务

90. 经营者提供商品或者服务时有欺诈行为的,应当按照消费者的要求增加赔偿其受到的损失,增加赔偿的金额为消费者购买商品的价款或者接受服务的费用的(　　)。

A. 一倍　　B. 两倍　　C. 三倍　　D. 五倍

91. 在《合同法》的基本原则中,(　　)是一项法律适用原则,它可以弥补法律的不足,也可弥补合同的不足。

A. 平等原则　　B. 诚实信用原则　　C. 公平原则　　D. 自愿原则

92. 旅行社与旅游者签订的旅游组团合同一般采用(　　)。

A. 口头形式　　B. 书面形式　　C. 推定形式　　D. 默认形式

93. 一般来说,旅行社业务运作过程中,向旅游者提交的旅游线路价目表属于(　　)。

A. 承诺　　B. 要约　　C. 要约磋商　　D. 要约邀请

94. 一般认为,旅游合同属于(　　)。

A. 有名合同、不要式合同、双务合同、有偿合同

B. 无名合同、不要式合同、双务合同、无偿合同

C. 无名合同、不要式合同、单务合同、有偿合同

D. 无名合同、不要式合同、双务合同、有偿合同

95.《担保法》第九十一条规定:“定金的数额由当事人约定,但不得超过主合同标的额的(　　)。”

A. 10%　　B. 15%　　C. 20%　　D. 25%

96. 成立的旅游合同尚未履行或未全部履行完毕之前由合同当事人依法对原合同部分内容所进行的修改或补充是指(　　)。

A. 合同变更　　B. 合同转让

C. 合同撤销　　D. 合同解除

97. 甲与乙签订一份购销羊肉的合同,约定甲在春节前供应给乙 100 斤羊肉,春节前未送到,元宵节后才送到,乙拒收,并要求解除合同,下列对本案说法正确的(　　)。

A. 乙不能拒收,但可以解除合同

B. 乙不能拒收,也不能随意解除合同

C. 乙在甲延迟履行合同时,未尽催告义务,不得解除合同

D. 乙可以不经催告而自行解除合同

98. 旅游产业政策是政府为了实现特定时期既定的经济与社会目标,保障旅游业的健康快速发展,针对旅游产业而制定的各种政策。这是指旅游产业政策的(　　)特征。

A. 阶段性　　B. 系统性

C. 灵活性　　D. 导向性

99. 现阶段,我国旅游产业促进政策应采取(　　)的原则,运用系统管理模式来促进旅游业的协调发展。

A. 政府主导　　B. 政府有限主导与市场调节相结合

C. 市场调节　　D. 放任自由

100. 旅游产业政策的贯彻实施,必须有一定的(　　)加以保障。

A. 经济手段、法律手段、行政手段　　B. 经济手段、文化手段、行政手段

C. 经济手段、法律手段、文化手段　　D. 文化手段、法律手段、行政手段

101. 不属于旅游消费政策的是(　　)。

A. 增加居民稳定的可支配收入　　B. 大力提倡国民休闲旅游计划

C. 景区实行价格战,降低门票价格　　D. 贯彻落实带薪休假制度

(四)题型训练之选择题(2)

1. 按照不同社会形态来划分,可将法分为(　　)。

A. 奴隶制法　B. 封建制法　C. 原始习惯法　D. 资本主义法

E. 社会主义法

2. 属于资本主义法特征的有(　　)。

A. 宣布私有财产神圣不可侵犯　B. 刑罚残酷,野蛮擅断

C. 规定法律面前人人平等　D. 确认法制原则

3. 属于社会主义法特征的有(　　)。

A. 高度的法制性　B. 广泛的人民性　C. 真正的正义性　D. 广泛的社会性

E. 真正的民主性

4. 法律责任的实现方式,是指承担或追究法律责任的具体形式,包括(　　)。

A. 惩罚　B. 补偿　C. 制裁　D. 强制

5. 日本的旅游法律分为(　　)。

A. 旅游基本法　B. 旅游管理法

C. 旅游行业法　D. 与旅游相关的法律

6. 旅游法律关系的要素有(　　)。

A. 旅游法律关系的主体　B. 旅游法律关系的内容

C. 旅游法律关系的客体　D. 旅游法律关系的行为

7. 旅游法律关系的保护措施包括(　　)。

A. 经济措施　B. 行政措施　C. 民事措施　D. 刑事措施

8. 依照我国宪法和选举法的规定,我国选举制度的基本原则为(　　)。

A. 选举权的普遍性原则　B. 选举权的平等性原则

C. 直接选举和间接选举并用原则　D. 无记名投票原则

9. 三资企业是指(　　)。

A. 中外合资企业　B. 私营资本企业

C. 中外合作企业　D. 外资企业

10. 我国的公民个人合法财产所有权,是指公民对自己通过劳动和其他合法方式获得的货币和其他具有使用价值的物品所享有的(　　)。

A. 占有权　B. 使用权　C. 收益权　D. 处分权

11. 以下属于公民的基本权利的是(　　)。

A. 平等权　B. 纳税权　C. 政治权利和自由　D. 维护国家统一权

12. 公民文化教育权利与自由的内容包括(　　)。

A. 言论自由

B. 受教育权

C. 政治自由

D. 科学研究、文学艺术创作和其他文化生活的自由

13. 旅游法体现的几大特色是(　　)。

A. 综合法　B. 民生法　C. 人本法　D. 衔接法

14.《旅游法》中规定了旅游者的权利,这些权利包括(　　)等。

A. 自主选择权　B. 公平交易权　C. 知情权　D. 受尊重权

E. 求偿权

15.《旅游法》中规定了旅游者的义务,这些义务包括(　　)等。

A. 遵守公序良俗　B. 依法行使权利　C. 禁止非法滞留　D. 如实提供信息

E. 配合处置事件

16.《旅游法》确定了旅游合同的(　　)重要制度。

A. 旅游者优先保护规则　B. 特殊责任承担制度

C. 情势变更制度　D. 旅行社优先保护规则

17. 旅行社经营范围包括(　　)。

A. 边境旅游业务　B. 国内旅游业务　C. 入境旅游业务　D. 出境旅游业务

18. 旅行社根据业务经营和发展的需要,按相关规定,可以设立的分支机构有(　　)。

A. 门市部　B. 办事处　C. 营业部　D. 联络处

19. 根据《旅行社条例》规定,旅行社的设立应符合下列条件(　　)。

A. 有固定的经营场所

B. 有必要的营业设施

C. 有符合规定的注册资本

D. 有必要的经营管理人员和导游人员

E. 法律、行政法规规定的其他条件

20. 下列属于申请设立旅行社应提交文件的是(　　)。

A. 设立申请书　　B. 法定代表人履历表及身份证明

C. 企业章程　　D. 依法设立的验资机构出具的验资证明

E. 固定资产清单

21. 旅行社在经营活动中应当遵循(　　)的原则,提高服务质量,维护旅游者的合法权益。

A. 自愿　　B. 平等　　C. 公平　　D. 诚信

22. 旅行社在与旅游者签订旅游合同时,应当对旅游合同的具体内容作出(　　)的说明。

A. 科学　　B. 真实　　C. 准确　　D. 完整

23. 旅行社委派的导游人员和领队人员不得有下列行为(　　)。

A. 拒绝履行旅游合同约定的义务

B. 讲解时抽烟、吃东西的

C. 欺骗、胁迫旅游者购物或者参加需要另行付费的游览项目

D. 因不可抗力改变合同安排行程的

24. 根据《导游人员管理条例》规定,(　　)不得领取导游证。

A. 长期在中国定居的美籍外企管理人员

B. 在私营企业打工年满 18 周岁的小黄

C. 曾经过失犯罪而受到过刑事处罚的刘某

D. 年满 16 周岁的旅游学校在校生

25. 按技术等级可将导游人员分为(　　)。

A. 初级导游人员　　B. 中级导游人员　　C. 高级导游人员　　D. 特级导游人员

26. 在进行导游活动时,无论遇到何种情况,导游人员均不得擅自中止导游活动。一般来说,构成中止导游活动必须具备的条件有(　　)。

A. 必须在导游活动结束之前　　B. 必须征得多数旅游者同意

C. 必须是擅自中止　　D. 必须是彻底中止

E. 必须是未向旅行社事先说明

27. 导游人员在导游活动中有下列(　　)情形之一的,扣除 10 分。

A. 损害国家利益和民族尊严言行的

B. 诱导或安排旅游者参加黄、赌、毒活动项目的

C. 欺骗、胁迫旅游者消费的

D. 拒绝、逃避检查,或者欺骗检查人员的

E. 未通过年审继续从事导游业务的

28. 导游人员在导游活动中有下列(　　　)情形之一的,扣除8分。

A. 有殴打或谩骂旅游者行为的

B. 讲解中掺杂迷信内容的

C. 向旅游者兜售物品或购买旅游者物品的

D. 擅自终止导游活动的

E. 因自身原因造成旅游团重大危害和损失的

29. 导游人员在导游活动中有下列(　　　)情形之一的,扣除6分。

A. 向旅游者兜售物品或购买旅游者物品的

B. 私自带人随团游览的

C. 以明示或者暗示的方式向旅游者索要小费的

D. 无故不随团活动的

E. 因自身原因漏接漏送或误接误送旅游团的

30. 导游员王某进行导游活动时,与旅游购物商店串通起来欺骗旅游者消费,使该团旅游者购买了大量假劣旅游商品,依据《导游人员管理条例》,旅游行政部门可以处罚(　　　)。

A. 王某　　　　B. 王某所在的旅行社

C. 王某所在旅行社的经理　　　　D. 旅游购物商店

31. 旅游饭店经营环节的治安管理包括(　　　)。

A. 健全制度　　B. 严格登记　　C. 保管财物　　D. 加强防范

32. 娱乐场所禁止从事(　　　)等内容的娱乐活动。

A. 危害国家安全　　B. 违反宗教政策　　C. 宣扬色情　　D. 赌博

E. 毒品交易

33. 吴先生参加一个豪华旅行团,住宿标准是白金五星酒店,请问他可能入住的酒店有(　　　)。

A. 上海希尔顿酒店　　　　B. 北京中国大饭店

C. 上海波特曼丽嘉酒店　　　　D. 广州花园酒店

34. 饭店与客人之间权利和义务终止的情况有(　　　)。

A. 结账终止　B. 提前终止　C. 合同终止　D. 违约终止

E. 驱逐终止

35. 饭店有权拒绝接待(　　)。

A. 曾有逃账记录的陈某　B. 感冒的林小姐

C. 外国友人吉森　D. 携带危险物品的王某

E. 衣着干净但简朴的张大爷

36. 对访查未能达标的星级饭店,将被(　　)。

A. 口头提醒　B. 书面警告　C. 通报批评　D. 限期整顿

E. 降低星级或取消星级

37. 根据我国《食品安全法》的规定,食品安全的基本要求是(　　)。

A. 无毒无害

B. 符合应当有的营养要求

C. 营养均衡

D. 对人体健康不造成急性、亚急性或者慢性危害

E. 食品中不得加入药物

38. 目前解决旅游纠纷的方式主要有(　　)这几种方式。

A. 协商　B. 调解　C. 投诉　D. 仲裁

E.诉讼

39. 以调解方式解决旅游纠纷应遵循(　　)原则。

A. 当事人自愿原则　B. 合法原则

C. 互赢原则　D. 查明事实、分清是非原则

40. 旅游投诉的特征有(　　)。

A. 投诉所涉及的是旅游纠纷

B. 投诉人是旅游者

C. 被投诉人是旅游经营者

D. 旅游投诉处理机构是旅游行政管理部门、旅游质量监督管理机构或者旅游执法机构

41. 旅游纠纷仲裁主要有(　　)特点。

A. 自愿性　B. 公权性　C. 灵活性　D. 保密性

E. 程序性

42. 一个地方旅游业发展的好坏,同该地旅游资源的(　　)密切相关。

A. 赋存状况　B. 数量多少　C. 类型的多样性　D. 特色的独特性

E. 空间分布与组合的合理程度

43. 旅游资源的基本特征有(　　)。

A. 生态性　B. 多样性　C. 独特性　D. 地域性

E. 娱乐性

44. 划分风景名胜区等级的标准有三条,即(　　)。

A. 典型　B. 直观　C. 真实　D. 现状完好

45.《风景名胜区条例》规定,禁止在风景名胜区内进行下列活动(　　)。

A. 开山、采矿等破坏景观的活动

B. 修建储存爆炸性、易燃性等物品的设施

C. 在景物或设施上刻画、涂污

D. 乱扔垃圾

46.《文物保护法》规定属于国家所有的文物有(　　)。

A. 古文化遗址　B. 古墓葬

C. 集体所有的古建筑　D. 私人所有的祖传文物

E.石窟寺

47. 国家法律保护的文物范围具有(　　)特点。

A. 社会性　B. 价值性　C. 重要性　D. 广泛性

48. 与一般的交通运输相比,旅游交通运输自身的特点包括(　　)。

A. 游览性　B. 舒适性　C. 及时性　D. 季节性

49. 承运人对行李的责任规定中,"航空运输期间"是指(　　)。

A. 在机场外　B. 民用航空器上

C. 机场内　D. 机场外降落的任何地点

E. 托运行李处于承运人掌管之下的全部期间

50. 在以下(　　)情况下,应当免除航空承运人责任。

A. 在旅客、行李运输中,完全是由于索赔人的过错造成的

B. 旅客将小宠物作为一般行李托运,因延误时间造成死亡

C. 在民航飞机起降时乘客不听劝阻在过道上行走而受伤

D. 在民用航空器中滑倒摔伤

51. 居住在安徽的林先生参加了“上海腾飞旅行社”组织的“上海—香港三日游”，飞机从上海出发，却不料在浙江上空出现故障，于厦门迫降，导致林先生时间和财产的损失。请问，林先生可以向(　　　)的人民法院提起诉讼?

A. 安徽　B. 上海　C. 浙江　D. 厦门

E. 香港

52. 旅游安全工作应遵循的原则有(　　　)。

A. 统一领导　B. 安全第一　C. 分级管理　D. 以基层为主

53. 旅游安全事故根据严重程度或损失大小分为(　　　)几个等级。

A. 特大事故　B. 轻微事故　C. 一般事故　D. 重大事故

54. 突发公共事件处理的基本原则为(　　　)。

A. 以人为本，救援第一　B. 属地救护，就近处置

C. 预防为主，及时报警　D. 及时报告，信息畅通

55. 当代国际法的基本原则是(　　　)。

① 国家主权平等原则　② 不干涉别国内政原则

③ 和平解决国际争端原则　④ 条约必须遵守原则

A. ①②　B. ②③　C. ①④　D. ①②③④

56. 国际旅游法的基本原则包括(　　　)。

A. 互惠原则　B. 非歧视待遇原则

C. 市场准入自由化原则　D. 公平贸易原则

57. 服务贸易的特点是(　　　)。

A. 不可存贮性　B. 同步性　C. 无形性　D. 高智力性

58.《告台湾同胞书》中首倡的两岸“三通”是指(　　　)。

A. 通信　B. 通邮　C. 通商　D. 通航

59. 目前，旅行签证签发的形式有(　　　)。

A. 个人签证　B. 团体签证　C. 落地签证　D. 返签

60. 属于自然与文化双重遗产的是(　　　)。

A. 泰山　B. 九寨沟　C. 武夷山　D. 三清山

61. 经营者与消费者进行交易，应当遵循(　　　)的原则。

A. 自愿　B. 平等　C. 公平　D. 诚实信用

62. 消费者在购买商品或接受服务时，有权获得的交易公平条件包括(　　　)。

A. 质量保障　B. 价格合理　C. 计量正确　D. 索要发票

E. 货比三家

63. 某旅游者在自选工艺品商店观赏工艺品时服务员过来说:“你要喜欢,可以从货架上拿下来仔细看。”旅游者看后觉得不满意,又放回原处,服务员说:“你挑选这么长时间,不买不行。”该服务员侵犯了旅游者的(　　)。

A. 自主选择权　B. 维护尊严权　C. 公平交易权　D. 知识获取权

64. 经营者不得以(　　)等方式,作出排除或者限制消费者权利、减轻或者免除经营者责任、加重消费者责任等对消费者不公平、不合理的规定。

A. 格式条款　B. 通知　C. 声明　D. 店堂告示

65. 国家保护消费者权益不受侵犯,主要通过(　　)实现。

A. 舆论监督　B. 立法保护　C. 司法保护　D. 行政保护

66. 消费者权益争议解决的途径是(　　)。

A. 与经营者协商和解

B. 请求消费者协会或者依法成立的其他调解组织调解

C. 向有关行政部门投诉

D. 根据与经营者达成的仲裁协议提请仲裁机构仲裁

E. 向人民法院起诉

67. 旅游合同除具有约定性、合法性、约束性等合同的一般特征之外,还表现出(　　)的特征。

A. 实施的强制性　B. 主体的单一性

C. 标的的特殊性　D. 权利义务的双务性

68. 下列属于要约邀请的是(　　)。

A. 寄送的价目表　B. 拍卖公告　C. 招标公告　D. 招股说明书

E. 商业广告

69. 旅游产业政策的功能包括(　　)。

A. 控制　B. 引导　C. 服务　D. 协调

E. 监控

70. 旅游产业政策是国家发展旅游业的一个政策体系,其特征主要包括(　　)。

A. 导向性　B. 连续性　C. 相对稳定性　D. 系统性

E. 灵活性

(五)题型训练之名词解释

1. 旅游法
2. 法律责任
3. 旅游法律法规关系
4. 资本主义法
5. 社会主义法
6. 宪法
7. 人民民主专政
8. 人民代表大会制度
9. 特别行政区
10. 民族区域自治制度
11. 全民所有制经济
12. 旅游综合管理制度
13. 旅游安全保障制度
14. 旅游促进和公共服务制度
15. 情势变更制度
16. 旅行社
17. 旅行社分社
18. 旅行社服务网点
19. 旅行社责任保险
20. 导游人员
21. 导游证
22. 劳动合同
23. 导游人员计分管理
24. 导游人员年审管理
25. 旅游饭店
26. 娱乐场所
27. 绿色饭店

28. 视频安全事故
29. 旅游纠纷
30. 旅游纠纷调解
31. 旅游投诉
32. 旅游纠纷仲裁
33. 旅游纠纷诉讼
34. 诉讼管辖
35. 二审终审制
36. 旅游资源
37. 环境
38. 旅游环境
39. 工业污染
40. 文物
41. 旅游交通运输
42. 旅游运输合同
43. 航空运输
44. 交通事故
45. 水路旅游运输
46. 旅游安全
47. 旅游安全管理
48. 旅游安全事故
49. 特别重大事故
50. 旅游突发公共事件
51. 国际法
52. 国际旅游管理法
53. 世界贸易组织
54. 服务贸易总协定
55. 护照
56. 签证
57. 海关检查

58. 非物质文化遗产
59. 消费者
60. 消费者组织
61. 公平交易权
62. 商业惯例
63. 旅游合同
64. 旅游合同的效力
65. 无效条款
66. 旅游合同的担保
67. 旅游合同内容的变更
68. 旅游产业政策
69. 旅游产业结构政策
70. 旅游市场促销政策

(六) 题型训练之简答题

1. 如何理解"法在本质上表现为一种意志",它包括哪些内容?
2. 旅游法的基本特征有哪些?
3. 简述旅游法的调整对象。
4. 旅游法的作用是什么?
5. 简述我国旅游法制建设的现状特征。
6. 人民代表大会的基本内容包括哪些?
7. 特别行政区制度特别在何处?
8. 简述民族区域自治制度遵循的基本原则。
9. 简述公民的基本权利。
10. 简述公民的基本义务。
11. 旅游法的意义体现在哪些方面?
12. 旅游法的主要内容有哪些?
13. 简述旅游者的权利救济方式。
14. 旅游促进制度有哪些重要内容?

15. 旅行社的法律责任有哪些？
16. 简述旅行社的特征。
17. 设立旅行社需要哪些条件？
18. 申请设立旅行社需要提交哪些文件？
19. 旅行社的权利有哪些？
20. 旅行社有哪些义务？
21. 参加导游人员自个考试应具备哪些条件？
22. 导游证和临时导游证的区别在哪？
23. 简述导游人员的权利。
24. 导游人员对旅游行政部门哪些行政行为不服时，可以申请复议？
25. 订立劳动合同时需要注意哪几个特殊问题？
26. 简述导游人员的义务与法律责任。
27. 构成中止导游活动行为成立的条件有哪些？
28. 实行旅游饭店服务标准化的意义？
29. 简述饭店对客人的权利。
30. 饭店对客人的义务有哪些？
31. 简述 10 版星标的主要特点。
32. 食品安全法的基本内容有哪些？
33. 简述食品安全的生产的经营要求。
34. 食品安全标准包括哪些内容？
35. 食品安全社会监督机构有哪些？
36. 如何处理食品安全事故？
37. 简述旅游纠纷调解的优点。
38. 明确旅游投诉管辖权有何意义？
39. 如何处理旅游投诉？
40. 旅游纠纷诉讼的程序有哪些？
41. 概况旅游资源保护的基本内容。
42. 旅游资源保护的措施有哪些？
43. 简述大气污染对旅游环境的影响。
44. 进行土地保护的有效措施有哪些？

45. 简述旅游大气环境保护的策略。
46. 旅游运输合同的消灭和变更有哪些类型?
47. 简述承运人的义务。
48. 旅游者的义务有哪些?
49. 简述水路运输管理法规的基本内容。
50. 设立水路运输企业需要具备哪些条件?
51. 列举船票的基本内容。
52. 旅游安全工作应遵循哪些原则?
53. 简述旅游安全管理机构的职责。
54. 旅游安全事故处理的一般程序是什么?
55. 如何开展重大食物中毒事件应急救援程序?
56. 简述国际旅游管理法规的主要内容。
57. 世界贸易组织的基本职能是什么?
58. 申报世界遗产需要哪些程序?
59. 简述消费者的基本权利。
60. 简述消费者的基本义务。
61. 消费者权益争议的解决途径有哪些?
62. 简述旅游合同订立的原则。
63. 旅游合同的内容有哪些?
64. 旅游合同无效有哪些法律后果?
65. 旅游合同终止的情况有哪些?
66. 简述旅游合同责任的承担方式。
67. 旅游产业政策的基本含义有哪些?
68. 制定旅游产业政策要遵循哪些原则?
69. 旅游市场促销政策有哪些?
70. 简述如何理解旅游投资政策。

(七)题型训练之论述题

1. 通过对旅游立法内容的学习,你认为我国旅游立法应注意哪些问题?

2. 谈谈你对旅游法律关系保护的理解。

3. 试述我国宪法的历史发展。

4. 对于国家的财产保护制度,你有何看法?

5. 论述旅游规划的具体内容。

6. 我国的旅游法制建设尚处于探索发展阶段,分析它的不足之处并提出发展建议。

7. 2009 年 5 月 1 日起施行的《旅行社条例》与之前的《旅行社管理条例》(已废除)相比较,主要变化体现在哪些方面?

8. 试述旅行社设立申请与审批的改革发展趋势。

9. 谈谈导游人员资格证书与导游证的关系。

10. 谈谈你对"导游人员"的理解和看法。

11. 近年来,食品安全事件屡屡发生,请结合实例,论述我国食品安全存在的问题。

12. 论述安全法实施现状并分析其发展趋势。

13. 试述我国旅游资源管理现状并举例分析。

14. 我国旅游环境法律保护方面存在的主要问题有哪些?

15. 用你所学知识,论述如何控制环境污染与公害防治?

16. 谈谈如何对风景名胜区进行有效保护。

17. 如何处理道路交通事故?

18. 道路交通事故发生后,如何进行赔偿?结合案例分析说明。

19. 试述旅游突发公共事件,并举例说明。

20. 如何处理外国旅游者重大伤亡事故?

21. 谈谈你对贸易总协定的认识。

22. 结合你所学知识,谈谈《服务贸易总协定》对中国旅游服务贸易的影响。

23. 论述出国旅游组团社的职责与法律责任。

24. 世界遗产的申遗有哪些新趋势?

25. 试述欺诈行为的惩罚性赔偿制度,并举例说明。

26. 请运用所学知识,谈谈你对旅游合同订立过程中要约与承诺的认识。

27. 请你运用所学,试述旅游合同变更的特征与满足要件,举例说明。

28. 试述旅游合同的责任,并举例说明。

29. 通过所学谈谈你对我国旅游产业政策的认识。

30. 立足我国旅游发展的实际情况,试述我国的旅游区域政策。

(八) 题型训练之案例分析题

[案例一]

2010 年 1 月，安徽省宣城市某电器公司开展有奖促销活动，获奖顾客可获得港澳双卧六日游大奖。电器公司委托宣城 A 旅行社承办此项旅游活动，A 旅行社与没有出境游资质的宣城 B 旅行社合作，其后 B 旅行社又与深圳 C 旅行社签订了赴港澳游的委托协议。参加港澳双卧六日游的游客与 B 旅行社签订了出境旅游合同。2010 年 3 月 24 日，51 人的港澳旅游团从安徽出发，香港接待社为 D 旅行社。该团在港旅游期间，香港接待社所派导游李巧珍多次胁迫游客购物，并进行人身侮辱。该团游客将导游李巧珍在旅游大巴上谩骂游客的言行暗录下来，回内地后将录像传至互联网上，引起社会广泛关注。网友戏称导游为“恶女阿珍”。

请问：(1) B 旅行社是否有资格与游客签订出境旅游合同？

(2) 导游李巧珍的行为应受到怎样的处罚？

[案例二]

个体工商户刘某家中有祖传遗留下来的青花瓷瓶一对。今年 5 月，因生意急需资金周转，刘某便将祖传青瓷花瓶以每只 2 500 元的价格卖给美籍游客。

请问：刘某的行为是否违法？为什么？

[案例三]

2011 年 12 月 24 日，H 省某商场女服务员对保安员卫某、丁某说，她怀疑某顾客(涂某)有偷窃行为。因为她在一堆内衣前磨蹭了很久，她走后又发现内衣有明显的短缺，而她的棉袄也显得鼓鼓囊囊。卫某、丁某待顾客涂某交完款，准备走出出口时将她拦住，要求检查一下她所购物品是否与购物单相符。检查后没有发现什么问题，卫某、丁某又要求涂某脱下棉袄进行检查，丁某并当即叫来女服务员李某、林某进行监督，遭到涂某和她丈夫颜某的严辞拒绝。卫某、丁某及保安员卓某等企图强行检查，结果与颜某、涂某发生扭打，引起众人围观，在其他顾客的干预下，强行检查没有得逞，但颜某、涂某被带至保安室询问达 20 分钟之久。在涂某一再坚持自己已经怀孕，不能久留的情况下，保安员不得不结束询问。之后，涂某以商场侵犯其人身权、名誉权为由向消费者协会投诉，要求商场赔礼道歉并赔偿精神损失费5万元。

消费者协会在经过调查后提出了调解意见：(1)商场派人到顾客涂某的单位向涂某赔礼道歉；(2)商场赔偿顾客涂某、颜某精神损失费共3 000元；(3)商场赔偿顾客涂某、颜某的医药费、交通费、投诉材料费、误工费等共1 328.75元。

商场既不同意道歉，更不同意赔款，调解失败，涂某于是向法院提出起诉。

请问：涂某的诉求有没有理由？为什么？

[案例四]

2014年2月，北京市民唐先生经中国国际旅行社安排，参加了境外旅游。回国后，旅行社代办的一次性旅游护照"规定"由旅行社收回。今年初，因要赴美国培训，唐先生重新申办了因私护照，但在申请签证时被拒签。理由是有人利用2014年的旅游护照制作假护照并盗用他的相关身份资料申请了赴美签证。唐先生质询旅行社时获知，旅行社因工作失误已将他的护照丢失。虽然旅行社多次向美大使馆出具函件证明上述事实，但唐先生还是被拒签了。唐先生因此被解除了与美国公司的聘用合同，失去了良好的工作机会。为此，唐先生向法院提起诉讼，要求中国国际旅行社赔偿其所受的一切损失。

请问：中国国际旅行社要不要承担唐先生的损失？

[案例五]

某单位20名职工参加某旅游联合开发公司上海分公司组织的嵊泗四日游活动。在旅游活动进入第三天时，由于该公司设在嵊泗的招待所提供了不洁食物，致使其中17名职工食物中毒，使原定的第四日旅游活动不得不中止。游客由此提出诉讼，既要求退还全部旅游费用，又要求赔偿医疗费、误工工资等经济损失。但旅游公司只同意赔偿因食物中毒造成的医疗费、误工工资等损失和第四日的旅游费用，不同意退还前三日的旅游费用。

请问：此种情况该如何处理？理由是什么？

[案例六]

2010年7月18日，南京杨某等12名游客报名参团港澳五日游，在港澳游玩结束返回珠海逗留期间,珠海地接导游擅自将游览百货公司行程变更为珠宝店,并极力向游客推销香烟和珠宝,但游客都不愿意购买,为此双方发生激烈争吵,导游威胁并将所有游客赶下大巴车,双方对峙1小时之后,司机自愿将游客送到广州白云机场,导游一度阻拦。事后,游客将导游骂人的视频上传网络,并向南京市旅游质量监督管理所投诉南京市某旅行社未经游客同意擅自将旅游业务委托给其他旅行社,以及向深圳地接社支付的费用低于接待和服务成本。

依据《旅行社条例》,南京市旅游园林局对该旅行社作出责令改正、罚款3万元、停业整顿一个月的行政处罚。

请问:此种处罚是否合理?理由是什么?

[案例七]

2013年7月,游客黄某向旅游行政管理部门投诉,称其在参加某国际旅行社组织的旅游活动中,在某景区餐厅用餐后,发现放置在旅游车上的摄像机被盗。经检查,担任该旅游团导游员的许某在游客下车用餐时,没有提醒客人随身携带贵重物品,而且当客人下车后,导游员许某没有检查车窗是否关紧,司机也下车,以致车上无人看管物品。

请问:(1) 对客人被盗的摄像机等物品,旅行社是否应当承担相应的赔偿责任?为什么?

(2) 依照《导游人员管理条例》的规定,对此类情形,导游人员正确的做法是什么?

[案例八]

2012年5月23日,游客谢某、王某等七人在桂林偶遇某旅行社组织的"桂林—西安七日游"旅行团,由于不少团员是熟人,谢某等七人准备随团参加前往西安的后半程游览。导游征得旅行社同意后,答应了他们的要求。因旅行团的食宿均已联系妥当,导游提出谢某等七人的食宿只能临时安排,费用根据实际所需收取。第三天,旅游团从桂林乘飞机前往西安,在咸阳机场下飞机后,准备当晚入住国泰酒店。由于事先联系的交通工具容纳不了,导游便安排这七人中的五人乘出租车前往酒店,而且导游当即叫来了X出租车公司的两部出租车,但每车需要50元的出租费,而旁边一部返程出租车只要20元,谢某等便要退掉X出租车公司的出租车,改乘其他出租车，遭到导游拒绝。其理由之一是，X出租车公司是机场与人合资兴办的公司，为树立形象，提高司机的素质和确保行车安全，机场不允许其他出租车从机场向外拉客，乘坐其他车恐怕被扣留；理由之二是，X出租车公司的出租车是旅行社联系的车辆，有绝对的安全保障，乘坐其他车出问题后只能由游客自己负责。

请问：导游的理由成立吗？为什么？

[案例九]

李某取得导游证后，在北京某旅行社从事了多年兼职导游工作。后调至广东某校担任教师。学校所在地经济较为发达，外出旅游人数逐年增多，李某遂与北京某旅行社联系，表示愿与旅行社建立委托代理关系，在当地为该旅行社组织招徕游客。该旅行社考察后，与李某正式订立了委托代理协议，在该市建立了联络处，由李某充当该旅行社在当地的代理人，组织招徕当地游客赴北京旅游。李某取得代理人身份后不仅在当地组织招徕当地游客赴北京旅游，还与湖北、四川等许多地方的旅行社建立了协作关系，招徕组织游客前往各地旅游。后因服务质量纠纷，被游客投诉至当地旅游行政管理部门。旅游行政管理部门申请对李某予以罚款及责令停业处罚。李某对此处罚不服，遂向上一级旅游行政管理部门申请复议。

请问：(1) 李某能否申请行政复议？理由何在？

(2) 旅行社能否在外地设立联络处及委托李某代理旅游业务？有何依据？

(3) 旅游行政管理部门对李某的处罚是否合法？有何依据？

[案例十]

某旅游运输公司打算转让一艘豪华游轮，遂在报纸和电台上发布转让消息。张某知道后，去电询问并索要相关资料，公司传真了资料，报出了转让底价。之后，张某复电同意购买，但提出要给时间筹集资金，公司同意给五天时间。第五天，当张某急匆匆地带着购货款赶到公司时，被告知游轮已被另一家旅游公司以超过底价的价格买走。张某当即要求公司对其往返路费、误工费、贷款利息等进行赔偿，遭到公司拒绝。

请问：(1) 公司拒绝赔偿有无理由？为什么？

(2) 此类案例有无合适的处理途径？

附录

主要旅游法规

1.《中华人民共和国旅游法》

《中华人民共和国旅游法》经 2013 年 4 月 25 日十二届全国人大常委会第二次会议通过，2013 年 4 月 25 日中华人民共和国主席令第 3 号公布。自 2013 年 10 月 1 日起施行。

第一章　总则

第一条　为保障旅游者和旅游经营者的合法权益，规范旅游市场秩序，保护和合理利用旅游资源，促进旅游业持续健康发展，制定本法。

第二条　在中华人民共和国境内的和在中华人民共和国境内组织到境外的游览、度假、休闲等形式的旅游活动以及为旅游活动提供相关服务的经营活动，适用本法。

第三条　国家发展旅游事业，完善旅游公共服务，依法保护旅游者在旅游活动中的权利。

第四条　旅游业发展应当遵循社会效益、经济效益和生态效益相统一的原则。国家鼓励各类市场主体在有效保护旅游资源的前提下，依法合理利用旅游资源。利用公共资源建设的游览场所应当体现公益性质。

第五条　国家倡导健康、文明、环保的旅游方式，支持和鼓励各类社会机构开展旅游公益宣传，对促进旅游业发展做出突出贡献的单位和个人给予奖励。

第六条　国家建立健全旅游服务标准和市场规则，禁止行业垄断和地区垄断。旅游经营者应当诚信经营，公平竞争，承担社会责任，为旅游者提供安全、健康、卫生、方便的旅游服务。

第七条　国务院建立健全旅游综合协调机制，对旅游业发展进行综合协调。

县级以上地方人民政府应当加强对旅游工作的组织和领导，明确相关部门或者机构，对本行政区域的旅游业发展和监督管理进行统筹协调。

第八条　依法成立的旅游行业组织，实行自律管理。

第二章　旅游者

第九条　旅游者有权自主选择旅游产品和服务，有权拒绝旅游经营者的强制交易行为。

旅游者有权知悉其购买的旅游产品和服务的真实情况。

旅游者有权要求旅游经营者按照约定提供产品和服务。

第十条　旅游者的人格尊严、民族风俗习惯和宗教信仰应当得到尊重。

第十一条　残疾人、老年人、未成年人等旅游者在旅游活动中依照法律、法规和有关规定享受便利和优惠。

第十二条　旅游者在人身、财产安全遇有危险时，有请求救助和保护的权利。

旅游者人身、财产受到侵害的，有依法获得赔偿的权利。

第十三条　旅游者在旅游活动中应当遵守社会公共秩序和社会公德，尊重当地的风俗习惯、文化传统和宗教信仰，爱护旅游资源，保护生态环境，遵守旅游文明行为规范。

第十四条　旅游者在旅游活动中或者在解决纠纷时，不得损害当地居民的合法权益，不得干扰他人的旅游活动，不得损害旅游经营者和旅游从业人员的合法权益。

第十五条　旅游者购买、接受旅游服务时，应当向旅游经营者如实告知与旅游活动相关的个人健康信息，遵守旅游活动中的安全警示规定。

旅游者对国家应对重大突发事件暂时限制旅游活动的措施以及有关部门、机构或者旅游经营者采取的安全防范和应急处置措施，应当予以配合。

旅游者违反安全警示规定，或者对国家应对重大突发事件暂时限制旅游活动的措施、安全防范和应急处置措施不予配合的，依法承担相应责任。

第十六条　出境旅游者不得在境外非法滞留，随团出境的旅游者不得擅自分团、脱团。

入境旅游者不得在境内非法滞留，随团入境的旅游者不得擅自分团、脱团。

第三章　旅游规划和促进

第十七条　国务院和县级以上地方人民政府应当将旅游业发展纳入国民经济和社会发展规划。

国务院和省、自治区、直辖市人民政府以及旅游资源丰富的设区的市和县级人民政府，应当按照国民经济和社会发展规划的要求，组织编制旅游发展规划。对跨行政区域且适宜进行整体利用的旅游资源进行利用时，应当由上级人民政府组织编制或者由相关地方人民政府协商编制统一的旅游发展规划。

第十八条　旅游发展规划应当包括旅游业发展的总体要求和发展目标，旅游资源保护和利用的要求和措施,以及旅游产品开发、旅游服务质量提升、旅游文化建设、旅游形象推广、旅游基础设施和公共服务设施建设的要求和促进措施等内容。

根据旅游发展规划,县级以上地方人民政府可以编制重点旅游资源开发利用的专项规划,对特定区域内的旅游项目、设施和服务功能配套提出专门要求。

第十九条 旅游发展规划应当与土地利用总体规划、城乡规划、环境保护规划以及其他自然资源和文物等人文资源的保护和利用规划相衔接。

第二十条 各级人民政府编制土地利用总体规划、城乡规划,应当充分考虑相关旅游项目、设施的空间布局和建设用地要求。规划和建设交通、通信、供水、供电、环保等基础设施和公共服务设施,应当兼顾旅游业发展的需要。

第二十一条 对自然资源和文物等人文资源进行旅游利用,必须严格遵守有关法律、法规的规定,符合资源、生态保护和文物安全的要求,尊重和维护当地传统文化和习俗,维护资源的区域整体性、文化代表性和地域特殊性,并考虑军事设施保护的需要。有关主管部门应当加强对资源保护和旅游利用状况的监督检查。

第二十二条 各级人民政府应当组织对本级政府编制的旅游发展规划的执行情况进行评估,并向社会公布。

第二十三条 国务院和县级以上地方人民政府应当制定并组织实施有利于旅游业持续健康发展的产业政策,推进旅游休闲体系建设,采取措施推动区域旅游合作,鼓励跨区域旅游线路和产品开发,促进旅游与工业、农业、商业、文化、卫生、体育、科教等领域的融合,扶持少数民族地区、革命老区、边远地区和贫困地区旅游业发展。

第二十四条 国务院和县级以上地方人民政府应当根据实际情况安排资金,加强旅游基础设施建设、旅游公共服务和旅游形象推广。

第二十五条 国家制定并实施旅游形象推广战略。国务院旅游主管部门统筹组织国家旅游形象的境外推广工作,建立旅游形象推广机构和网络,开展旅游国际合作与交流。

县级以上地方人民政府统筹组织本地的旅游形象推广工作。

第二十六条 国务院旅游主管部门和县级以上地方人民政府应当根据需要建立旅游公共信息和咨询平台,无偿向旅游者提供旅游景区、线路、交通、气象、住宿、安全、医疗急救等必要信息和咨询服务。设区的市和县级人民政府有关部门应当根据需要在交通枢纽、商业中心和旅游者集中场所设置旅游咨询中心,在景区和通往主要景区的道路设置旅游指示标识。

旅游资源丰富的设区的市和县级人民政府可以根据本地的实际情况,建立旅游客运专线或者游客中转站,为旅游者在城市及周边旅游提供服务。

第二十七条 国家鼓励和支持发展旅游职业教育和培训,提高旅游从业人员素质。

第四章 旅游经营

第二十八条 设立旅行社,招徕、组织、接待旅游者,为其提供旅游服务,应当具备下列条件，取得旅游主管部门的许可，依法办理工商登记：

（一）有固定的经营场所；

（二）有必要的营业设施；

（三）有符合规定的注册资本；

（四）有必要的经营管理人员和导游；

（五）法律、行政法规规定的其他条件。

第二十九条　旅行社可以经营下列业务：

（一）境内旅游；

（二）出境旅游；

（三）边境旅游；

（四）入境旅游；

（五）其他旅游业务。

旅行社经营前款第二项和第三项业务，应当取得相应的业务经营许可，具体条件由国务院规定。

第三十条　旅行社不得出租、出借旅行社业务经营许可证，或者以其他形式非法转让旅行社业务经营许可。

第三十一条　旅行社应当按照规定交纳旅游服务质量保证金，用于旅游者权益损害赔偿和垫付旅游者人身安全遇有危险时紧急救助的费用。

第三十二条　旅行社为招徕、组织旅游者发布信息，必须真实、准确，不得进行虚假宣传，误导旅游者。

第三十三条　旅行社及其从业人员组织、接待旅游者，不得安排参观或者参与违反我国法律、法规和社会公德的项目或者活动。

第三十四条　旅行社组织旅游活动应当向合格的供应商订购产品和服务。

第三十五条　旅行社不得以不合理的低价组织旅游活动，诱骗旅游者，并通过安排购物或者另行付费旅游项目获取回扣等不正当利益。

旅行社组织、接待旅游者，不得指定具体购物场所，不得安排另行付费旅游项目。但是，经双方协商一致或者旅游者要求，且不影响其他旅游者行程安排的除外。

发生违反前两款规定情形的，旅游者有权在旅游行程结束后三十日内，要求旅行社为其办理退货并先行垫付退货货款，或者退还另行付费旅游项目的费用。

第三十六条　旅行社组织团队出境旅游或者组织、接待团队入境旅游，应当按照规定安排领队或者导游全程陪同。

第三十七条　参加导游资格考试成绩合格，与旅行社订立劳动合同或者在相关旅游行业组织注册的人员，可以申请取得导游证。

第三十八条　旅行社应当与其聘用的导游依法订立劳动合同、支付劳动报酬、缴纳社会保险费用。

旅行社临时聘用导游为旅游者提供服务的,应当全额向导游支付本法第六十条第三款规定的导游服务费用。

旅行社安排导游为团队旅游提供服务的,不得要求导游垫付或者向导游收取任何费用。

第三十九条　取得导游证,具有相应的学历、语言能力和旅游从业经历,并与旅行社订立劳动合同的人员,可以申请取得领队证。

第四十条　导游和领队为旅游者提供服务必须接受旅行社委派,不得私自承揽导游和领队业务。

第四十一条　导游和领队从事业务活动,应当佩戴导游证、领队证,遵守职业道德,尊重旅游者的风俗习惯和宗教信仰,应当向旅游者告知和解释旅游文明行为规范,引导旅游者健康、文明旅游,劝阻旅游者违反社会公德的行为。

导游和领队应当严格执行旅游行程安排,不得擅自变更旅游行程或者中止服务活动,不得向旅游者索取小费,不得诱导、欺骗、强迫或者变相强迫旅游者购物或者参加另行付费旅游项目。

第四十二条　景区开放应当具备下列条件,并听取旅游主管部门的意见:

(一)有必要的旅游配套服务和辅助设施;

(二)有必要的安全设施及制度,经过安全风险评估,满足安全条件;

(三)有必要的环境保护设施和生态保护措施;

(四)法律、行政法规规定的其他条件。

第四十三条　利用公共资源建设的景区的门票以及景区内的游览场所、交通工具等另行收费项目,实行政府定价或者政府指导价,严格控制价格上涨。拟收费或者提高价格的,应当举行听证会,征求旅游者、经营者和有关方面的意见,论证其必要性、可行性。

利用公共资源建设的景区,不得通过增加另行收费项目等方式变相涨价;另行收费项目已收回投资成本的,应当相应降低价格或者取消收费。

公益性的城市公园、博物馆、纪念馆等,除重点文物保护单位和珍贵文物收藏单位外,应当逐步免费开放。

第四十四条　景区应当在醒目位置公示门票价格、另行收费项目的价格及团体收费价格。景区提高门票价格应当提前六个月公布。

将不同景区的门票或者同一景区内不同游览场所的门票合并出售的,合并后的价格不得高于各单项门票的价格之和,且旅游者有权选择购买其中的单项票。

景区内的核心游览项目因故暂停向旅游者开放或者停止提供服务的,应当公示并相应减少收费。

第四十五条　景区接待旅游者不得超过景区主管部门核定的最大承载量。景区应当公布景区主管部门核定的最大承载量，制定和实施旅游者流量控制方案，并可以采取门票预约等方式，对景区接待旅游者的数量进行控制。

旅游者数量可能达到最大承载量时，景区应当提前公告并同时向当地人民政府报告，景区和当地人民政府应当及时采取疏导、分流等措施。

第四十六条　城镇和乡村居民利用自有住宅或者其他条件依法从事旅游经营，其管理办法由省、自治区、直辖市制定。

第四十七条　经营高空、高速、水上、潜水、探险等高风险旅游项目，应当按照国家有关规定取得经营许可。

第四十八条　通过网络经营旅行社业务的，应当依法取得旅行社业务经营许可，并在其网站主页的显著位置标明其业务经营许可证信息。

发布旅游经营信息的网站，应当保证其信息真实、准确。

第四十九条　为旅游者提供交通、住宿、餐饮、娱乐等服务的经营者，应当符合法律、法规规定的要求，按照合同约定履行义务。

第五十条　旅游经营者应当保证其提供的商品和服务符合保障人身、财产安全的要求。

旅游经营者取得相关质量标准等级的，其设施和服务不得低于相应标准；未取得质量标准等级的，不得使用相关质量等级的称谓和标识。

第五十一条　旅游经营者销售、购买商品或者服务，不得给予或者收受贿赂。

第五十二条　旅游经营者对其在经营活动中知悉的旅游者个人信息，应当予以保密。

第五十三条　从事道路旅游客运的经营者应当遵守道路客运安全管理的各项制度，并在车辆显著位置明示道路旅游客运专用标识，在车厢内显著位置公示经营者和驾驶人信息、道路运输管理机构监督电话等事项。

第五十四条　景区、住宿经营者将其部分经营项目或者场地交由他人从事住宿、餐饮、购物、游览、娱乐、旅游交通等经营的，应当对实际经营者的经营行为给旅游者造成的损害承担连带责任。

第五十五条　旅游经营者组织、接待出入境旅游，发现旅游者从事违法活动或者有违反本法第十六条规定情形的，应当及时向公安机关、旅游主管部门或者我国驻外机构报告。

第五十六条　国家根据旅游活动的风险程度，对旅行社、住宿、旅游交通以及本法第四十七条规定的高风险旅游项目等经营者实施责任保险制度。

第五章　旅游服务合同

第五十七条　旅行社组织和安排旅游活动，应当与旅游者订立合同。

第五十八条　包价旅游合同应当采用书面形式，包括下列内容：

（一）旅行社、旅游者的基本信息；

(二) 旅游行程安排;

(三) 旅游团成团的最低人数;

(四) 交通、住宿、餐饮等旅游服务安排和标准;

(五) 游览、娱乐等项目的具体内容和时间;

(六) 自由活动时间安排;

(七) 旅游费用及其交纳的期限和方式;

(八) 违约责任和解决纠纷的方式;

(九) 法律、法规规定和双方约定的其他事项。

订立包价旅游合同时,旅行社应当向旅游者详细说明前款第二项至第八项所载内容。

第五十九条　旅行社应当在旅游行程开始前向旅游者提供旅游行程单。旅游行程单是包价旅游合同的组成部分。

第六十条　旅行社委托其他旅行社代理销售包价旅游产品并与旅游者订立包价旅游合同的,应当在包价旅游合同中载明委托社和代理社的基本信息。

旅行社依照本法规定将包价旅游合同中的接待业务委托给地接社履行的,应当在包价旅游合同中载明地接社的基本信息。

安排导游为旅游者提供服务的,应当在包价旅游合同中载明导游服务费用。

第六十一条　旅行社应当提示参加团队旅游的旅游者按照规定投保人身意外伤害保险。

第六十二条　订立包价旅游合同时,旅行社应当向旅游者告知下列事项:

(一) 旅游者不适合参加旅游活动的情形;

(二) 旅游活动中的安全注意事项;

(三) 旅行社依法可以减免责任的信息;

(四) 旅游者应当注意的旅游目的地相关法律、法规和风俗习惯、宗教禁忌,依照中国法律不宜参加的活动等;

(五) 法律、法规规定的其他应当告知的事项。

在包价旅游合同履行中,遇有前款规定事项的,旅行社也应当告知旅游者。

第六十三条　旅行社招徕旅游者组团旅游,因未达到约定人数不能出团的,组团社可以解除合同。但是,境内旅游应当至少提前七日通知旅游者,出境旅游应当至少提前三十日通知旅游者。

因未达到约定人数不能出团的,组团社经征得旅游者书面同意,可以委托其他旅行社履行合同。组团社对旅游者承担责任,受委托的旅行社对组团社承担责任。旅游者不同意的,可以解除合同。

因未达到约定的成团人数解除合同的,组团社应当向旅游者退还已收取的全部费用。

第六十四条　旅游行程开始前,旅游者可以将包价旅游合同中自身的权利义务转让给第三人，旅行社没有正当理由的不得拒绝，因此增加的费用由旅游者和第三人承担。

第六十五条　旅游行程结束前，旅游者解除合同的，组团社应当在扣除必要的费用后，将余款退还旅游者。

第六十六条　旅游者有下列情形之一的，旅行社可以解除合同：

（一）患有传染病等疾病，可能危害其他旅游者健康和安全的；

（二）携带危害公共安全的物品且不同意交有关部门处理的；

（三）从事违法或者违反社会公德的活动的；

（四）从事严重影响其他旅游者权益的活动，且不听劝阻、不能制止的；

（五）法律规定的其他情形。

因前款规定情形解除合同的，组团社应当在扣除必要的费用后，将余款退还旅游者；给旅行社造成损失的，旅游者应当依法承担赔偿责任。

第六十七条　因不可抗力或者旅行社、履行辅助人已尽合理注意义务仍不能避免的事件，影响旅游行程的，按照下列情形处理：

（一）合同不能继续履行的，旅行社和旅游者均可以解除合同。合同不能完全履行的，旅行社经向旅游者作出说明，可以在合理范围内变更合同；旅游者不同意变更的，可以解除合同。

（二）合同解除的，组团社应当在扣除已向地接社或者履行辅助人支付且不可退还的费用后，将余款退还旅游者；合同变更的，因此增加的费用由旅游者承担，减少的费用退还旅游者。

（三）危及旅游者人身、财产安全的，旅行社应当采取相应的安全措施，因此支出的费用，由旅行社与旅游者分担。

（四）造成旅游者滞留的，旅行社应当采取相应的安置措施。因此增加的食宿费用，由旅游者承担；增加的返程费用，由旅行社与旅游者分担。

第六十八条　旅游行程中解除合同的，旅行社应当协助旅游者返回出发地或者旅游者指定的合理地点。由于旅行社或者履行辅助人的原因导致合同解除的，返程费用由旅行社承担。

第六十九条　旅行社应当按照包价旅游合同的约定履行义务，不得擅自变更旅游行程安排。

经旅游者同意，旅行社将包价旅游合同中的接待业务委托给其他具有相应资质的地接社履行的，应当与地接社订立书面委托合同，约定双方的权利和义务，向地接社提供与旅游者订立的包价旅游合同的副本，并向地接社支付不低于接待和服务成本的费用。地接社应当按照包价旅游合同和委托合同提供服务。

第七十条　旅行社不履行包价旅游合同义务或者履行合同义务不符合约定的，应当依法承担继续履行、采取补救措施或者赔偿损失等违约责任；造成旅游者人身损害、财产损失的,应当依法承担赔偿责任。旅行社具备履行条件,经旅游者要求仍拒绝履行合同,造成旅游者人身损害、滞留等严重后果的,旅游者还可以要求旅行社支付旅游费用1倍以上3倍以下的赔偿金。

由于旅游者自身原因导致包价旅游合同不能履行或者不能按照约定履行,或者造成旅游者人身损害、财产损失的,旅行社不承担责任。

在旅游者自行安排活动期间,旅行社未尽到安全提示、救助义务的,应当对旅游者的人身损害、财产损失承担相应责任。

第七十一条　由于地接社、履行辅助人的原因导致违约的,由组团社承担责任;组团社承担责任后可以向地接社、履行辅助人追偿。

由于地接社、履行辅助人的原因造成旅游者人身损害、财产损失的,旅游者可以要求地接社、履行辅助人承担赔偿责任,也可以要求组团社承担赔偿责任;组团社承担责任后可以向地接社、履行辅助人追偿。但是,由于公共交通经营者的原因造成旅游者人身损害、财产损失的,由公共交通经营者依法承担赔偿责任,旅行社应当协助旅游者向公共交通经营者索赔。

第七十二条　旅游者在旅游活动中或者在解决纠纷时,损害旅行社、履行辅助人、旅游从业人员或者其他旅游者的合法权益的,依法承担赔偿责任。

第七十三条　旅行社根据旅游者的具体要求安排旅游行程,与旅游者订立包价旅游合同的,旅游者请求变更旅游行程安排,因此增加的费用由旅游者承担,减少的费用退还旅游者。

第七十四条　旅行社接受旅游者的委托,为其代订交通、住宿、餐饮、游览、娱乐等旅游服务,收取代办费用的,应当亲自处理委托事务。因旅行社的过错给旅游者造成损失的,旅行社应当承担赔偿责任。

旅行社接受旅游者的委托,为其提供旅游行程设计、旅游信息咨询等服务的,应当保证设计合理、可行,信息及时、准确。

第七十五条　住宿经营者应当按照旅游服务合同的约定为团队旅游者提供住宿服务。住宿经营者未能按照旅游服务合同提供服务的,应当为旅游者提供不低于原定标准的住宿服务,因此增加的费用由住宿经营者承担;但由于不可抗力、政府因公共利益需要采取措施造成不能提供服务的,住宿经营者应当协助安排旅游者住宿。

第六章　旅游安全

第七十六条　县级以上人民政府统一负责旅游安全工作。县级以上人民政府有关部门依照法律、法规履行旅游安全监管职责。

第七十七条　国家建立旅游目的地安全风险提示制度。旅游目的地安全风险提示的级别划分和实施程序,由国务院旅游主管部门会同有关部门制定。

县级以上人民政府及其有关部门应当将旅游安全作为突发事件监测和评估的重要

内容。

第七十八条　县级以上人民政府应当依法将旅游应急管理纳入政府应急管理体系，制定应急预案，建立旅游突发事件应对机制。

突发事件发生后，当地人民政府及其有关部门和机构应当采取措施开展救援，并协助旅游者返回出发地或者旅游者指定的合理地点。

第七十九条　旅游经营者应当严格执行安全生产管理和消防安全管理的法律、法规和国家标准、行业标准，具备相应的安全生产条件，制定旅游者安全保护制度和应急预案。

旅游经营者应当对直接为旅游者提供服务的从业人员开展经常性应急救助技能培训，对提供的产品和服务进行安全检验、监测和评估，采取必要措施防止危害发生。

旅游经营者组织、接待老年人、未成年人、残疾人等旅游者，应当采取相应的安全保障措施。

第八十条　旅游经营者应当就旅游活动中的下列事项，以明示的方式事先向旅游者作出说明或者警示：

（一）正确使用相关设施、设备的方法；

（二）必要的安全防范和应急措施；

（三）未向旅游者开放的经营、服务场所和设施、设备；

（四）不适宜参加相关活动的群体；

（五）可能危及旅游者人身、财产安全的其他情形。

第八十一条　突发事件或者旅游安全事故发生后，旅游经营者应当立即采取必要的救助和处置措施，依法履行报告义务，并对旅游者作出妥善安排。

第八十二条　旅游者在人身、财产安全遇有危险时，有权请求旅游经营者、当地政府和相关机构进行及时救助。

中国出境旅游者在境外陷于困境时，有权请求我国驻当地机构在其职责范围内给予协助和保护。

旅游者接受相关组织或者机构的救助后，应当支付应由个人承担的费用。

第七章　旅游监督管理

第八十三条　县级以上人民政府旅游主管部门和有关部门依照本法和有关法律、法规的规定，在各自职责范围内对旅游市场实施监督管理。

县级以上人民政府应当组织旅游主管部门、有关主管部门和工商行政管理、产品质量监督、交通等执法部门对相关旅游经营行为实施监督检查。

第八十四条　旅游主管部门履行监督管理职责，不得违反法律、行政法规的规定向监督管理对象收取费用。

旅游主管部门及其工作人员不得参与任何形式的旅游经营活动。

第八十五条　县级以上人民政府旅游主管部门有权对下列事项实施监督检查：

(一) 经营旅行社业务以及从事导游、领队服务是否取得经营、执业许可;

(二) 旅行社的经营行为;

(三) 导游和领队等旅游从业人员的服务行为;

(四) 法律、法规规定的其他事项。

旅游主管部门依照前款规定实施监督检查,可以对涉嫌违法的合同、票据、账簿以及其他资料进行查阅、复制。

第八十六条　旅游主管部门和有关部门依法实施监督检查,其监督检查人员不得少于二人,并应当出示合法证件。监督检查人员少于二人或者未出示合法证件的,被检查单位和个人有权拒绝。

监督检查人员对在监督检查中知悉的被检查单位的商业秘密和个人信息应当依法保密。

第八十七条　对依法实施的监督检查,有关单位和个人应当配合,如实说明情况并提供文件、资料,不得拒绝、阻碍和隐瞒。

第八十八条　县级以上人民政府旅游主管部门和有关部门,在履行监督检查职责中或者在处理举报、投诉时,发现违反本法规定行为的,应当依法及时作出处理;对不属于本部门职责范围的事项,应当及时书面通知并移交有关部门查处。

第八十九条　县级以上地方人民政府建立旅游违法行为查处信息的共享机制,对需要跨部门、跨地区联合查处的违法行为,应当进行督办。

旅游主管部门和有关部门应当按照各自职责,及时向社会公布监督检查的情况。

第九十条　依法成立的旅游行业组织依照法律、行政法规和章程的规定,制定行业经营规范和服务标准,对其会员的经营行为和服务质量进行自律管理,组织开展职业道德教育和业务培训,提高从业人员素质。

第八章　旅游纠纷处理

第九十一条　县级以上人民政府应当指定或者设立统一的旅游投诉受理机构。受理机构接到投诉,应当及时进行处理或者移交有关部门处理,并告知投诉者。

第九十二条　旅游者与旅游经营者发生纠纷,可以通过下列途径解决:

(一) 双方协商;

(二) 向消费者协会、旅游投诉受理机构或者有关调解组织申请调解;

(三) 根据与旅游经营者达成的仲裁协议提请仲裁机构仲裁;

(四) 向人民法院提起诉讼。

第九十三条　消费者协会、旅游投诉受理机构和有关调解组织在双方自愿的基础上,依法对旅游者与旅游经营者之间的纠纷进行调解。

第九十四条　旅游者与旅游经营者发生纠纷,旅游者一方人数众多并有共同请求的,可以推选代表人参加协商、调解、仲裁、诉讼活动。

第九章　法律责任

第九十五条　违反本法规定，未经许可经营旅行社业务的，由旅游主管部门或者工商行政管理部门责令改正，没收违法所得，并处1万元以上10万元以下罚款；违法所得10万元以上的，并处违法所得1倍以上5倍以下罚款；对有关责任人员，处2 000元以上2万元以下罚款。

旅行社违反本法规定，未经许可经营本法第二十九条第一款第二项、第三项业务，或者出租、出借旅行社业务经营许可证，或者以其他方式非法转让旅行社业务经营许可的，除依照前款规定处罚外，并责令停业整顿；情节严重的，吊销旅行社业务经营许可证；对直接负责的主管人员，处2 000元以上2万元以下罚款。

第九十六条　旅行社违反本法规定，有下列行为之一的，由旅游主管部门责令改正，没收违法所得，并处5 000元以上5万元以下罚款；情节严重的，责令停业整顿或者吊销旅行社业务经营许可证；对直接负责的主管人员和其他直接责任人员，处2 000元以上2万元以下罚款：

（一）未按照规定为出境或者入境团队旅游安排领队或者导游全程陪同的；

（二）安排未取得导游证或者领队证的人员提供导游或者领队服务的；

（三）未向临时聘用的导游支付导游服务费用的；

（四）要求导游垫付或者向导游收取费用的。

第九十七条　旅行社违反本法规定，有下列行为之一的，由旅游主管部门或者有关部门责令改正，没收违法所得，并处5 000元以上5万元以下罚款；违法所得5万元以上的，并处违法所得1倍以上5倍以下罚款；情节严重的，责令停业整顿或者吊销旅行社业务经营许可证；对直接负责的主管人员和其他直接责任人员，处2 000元以上2万元以下罚款：

（一）进行虚假宣传，误导旅游者的；

（二）向不合格的供应商订购产品和服务的；

（三）未按照规定投保旅行社责任保险的。

第九十八条　旅行社违反本法第三十五条规定的，由旅游主管部门责令改正，没收违法所得，责令停业整顿，并处3万元以上30万元以下罚款；违法所得30万元以上的，并处违法所得1倍以上5倍以下罚款；情节严重的，吊销旅行社业务经营许可证；对直接负责的主管人员和其他直接责任人员，没收违法所得，处2 000元以上2万元以下罚款，并暂扣或者吊销导游证、领队证。

第九十九条　旅行社未履行本法第五十五条规定的报告义务的，由旅游主管部门处5 000元以上5万元以下罚款；情节严重的，责令停业整顿或者吊销旅行社业务经营许可证；对直接负责的主管人员和其他直接责任人员，处2 000元以上2万元以下罚款，并暂扣或者吊销导游证、领队证。

第一百条　旅行社违反本法规定，有下列行为之一的，由旅游主管部门责令改正，处3

万元以上30万元以下罚款，并责令停业整顿；造成旅游者滞留等严重后果的，吊销旅行社业务经营许可证；对直接负责的主管人员和其他直接责任人员，处2 000元以上2万元以下罚款，并暂扣或者吊销导游证、领队证：

（一）在旅游行程中擅自变更旅游行程安排，严重损害旅游者权益的；

（二）拒绝履行合同的；

（三）未征得旅游者书面同意，委托其他旅行社履行包价旅游合同的。

第一百零一条　旅行社违反本法规定，安排旅游者参观或者参与违反我国法律、法规和社会公德的项目或者活动的，由旅游主管部门责令改正，没收违法所得，责令停业整顿，并处2万元以上20万元以下罚款；情节严重的，吊销旅行社业务经营许可证；对直接负责的主管人员和其他直接责任人员，处2 000元以上2万元以下罚款，并暂扣或者吊销导游证、领队证。

第一百零二条　违反本法规定，未取得导游证或者领队证从事导游、领队活动的，由旅游主管部门责令改正，没收违法所得，并处1 000元以上1万元以下罚款，予以公告。

导游、领队违反本法规定，私自承揽业务的，由旅游主管部门责令改正，没收违法所得，处1 000元以上1万元以下罚款，并暂扣或者吊销导游证、领队证。

导游、领队违反本法规定，向旅游者索取小费的，由旅游主管部门责令退还，处1 000元以上1万元以下罚款；情节严重的，并暂扣或者吊销导游证、领队证。

第一百零三条　违反本法规定被吊销导游证、领队证的导游、领队和受到吊销旅行社业务经营许可证处罚的旅行社的有关管理人员，自处罚之日起未逾3年的，不得重新申请导游证、领队证或者从事旅行社业务。

第一百零四条　旅游经营者违反本法规定，给予或者收受贿赂的，由工商行政管理部门依照有关法律、法规的规定处罚；情节严重的，并由旅游主管部门吊销旅行社业务经营许可证。

第一百零五条　景区不符合本法规定的开放条件而接待旅游者的，由景区主管部门责令停业整顿直至符合开放条件，并处2万元以上20万元以下罚款。

景区在旅游者数量可能达到最大承载量时，未依照本法规定公告或者未向当地人民政府报告，未及时采取疏导、分流等措施，或者超过最大承载量接待旅游者的，由景区主管部门责令改正，情节严重的，责令停业整顿1个月至6个月。

第一百零六条　景区违反本法规定，擅自提高门票或者另行收费项目的价格，或者有其他价格违法行为的，由有关主管部门依照有关法律、法规的规定处罚。

第一百零七条　旅游经营者违反有关安全生产管理和消防安全管理的法律、法规或者国家标准、行业标准的，由有关主管部门依照有关法律、法规的规定处罚。

第一百零八条　对违反本法规定的旅游经营者及其从业人员，旅游主管部门和有关部门应当记入信用档案，向社会公布。

第一百零九条　旅游主管部门和有关部门的工作人员在履行监督管理职责中滥用职权、玩忽职守、徇私舞弊，尚不构成犯罪的，依法给予处分。

第一百一十条　违反本法规定，构成犯罪的，依法追究刑事责任。

附则

第一百一十一条　本法下列用语的含义：

（一）旅游经营者，是指旅行社、景区以及为旅游者提供交通、住宿、餐饮、购物、娱乐等服务的经营者。

（二）景区，是指为旅游者提供游览服务、有明确的管理界限的场所或者区域。

（三）包价旅游合同，是指旅行社预先安排行程，提供或者通过履行辅助人提供交通、住宿、餐饮、游览、导游或者领队等两项以上旅游服务，旅游者以总价支付旅游费用的合同。

（四）组团社，是指与旅游者订立包价旅游合同的旅行社。

（五）地接社，是指接受组团社委托，在目的地接待旅游者的旅行社。

（六）履行辅助人，是指与旅行社存在合同关系，协助其履行包价旅游合同义务，实际提供相关服务的法人或者自然人。

第一百一十二条　本法自 2013 年 10 月 1 日起施行。

2.《旅行社条例》

（中华人民共和国国务院令第 550 号）

《旅行社条例》已经 2009 年 1 月 21 日国务院第 47 次常务会议通过，现予公布，自 2009 年 5 月 1 日起施行。

总　理　温家宝

二〇〇九年二月二十日

第一章　总则

第一条　为了加强对旅行社的管理，保障旅游者和旅行社的合法权益，维护旅游市场秩序，促进旅游业的健康发展，制定本条例。

第二条　本条例适用于中华人民共和国境内旅行社的设立及经营活动。

本条例所称旅行社，是指从事招徕、组织、接待旅游者等活动，为旅游者提供相关旅游服务，开展国内旅游业务、入境旅游业务或者出境旅游业务的企业法人。

第三条　国务院旅游行政主管部门负责全国旅行社的监督管理工作。

县级以上地方人民政府管理旅游工作的部门按照职责负责本行政区域内旅行社的监督管理工作。

县级以上各级人民政府工商、价格、商务、外汇等有关部门,应当按照职责分工,依法对旅行社进行监督管理。

第四条 旅行社在经营活动中应当遵循自愿、平等、公平、诚信的原则,提高服务质量,维护旅游者的合法权益。

第五条 旅行社行业组织应当按照章程为旅行社提供服务,发挥协调和自律作用,引导旅行社合法、公平竞争和诚信经营。

第二章 旅行社的设立

第六条 申请设立旅行社,经营国内旅游业务和入境旅游业务的,应当具备下列条件:

(一) 有固定的经营场所;

(二) 有必要的营业设施;

(三) 有不少于 30 万元的注册资本。

第七条 申请设立旅行社,经营国内旅游业务和入境旅游业务的,应当向所在地省、自治区、直辖市旅游行政管理部门或者其委托的设区的市级旅游行政管理部门提出申请,并提交符合本条例第六条规定的相关证明文件。受理申请的旅游行政管理部门应当自受理申请之日起 20 个工作日内作出许可或者不予许可的决定。予以许可的,向申请人颁发旅行社业务经营许可证,申请人持旅行社业务经营许可证向工商行政管理部门办理设立登记;不予许可的,书面通知申请人并说明理由。

第八条 旅行社取得经营许可满两年,且未因侵害旅游者合法权益受到行政机关罚款以上处罚的,可以申请经营出境旅游业务。

第九条 申请经营出境旅游业务的,应当向国务院旅游行政主管部门或者其委托的省、自治区、直辖市旅游行政管理部门提出申请,受理申请的旅游行政管理部门应当自受理申请之日起 20 个工作日内作出许可或者不予许可的决定。予以许可的,向申请人换发旅行社业务经营许可证,旅行社应当持换发的旅行社业务经营许可证到工商行政管理部门办理变更登记;不予许可的,书面通知申请人并说明理由。

第十条 旅行社设立分社的,应当持旅行社业务经营许可证副本向分社所在地的工商行政管理部门办理设立登记,并自设立登记之日起 3 个工作日内向分社所在地的旅游行政管理部门备案。

旅行社分社的设立不受地域限制。分社的经营范围不得超出设立分社的旅行社的经营范围。

第十一条 旅行社设立专门招徕旅游者、提供旅游咨询的服务网点(以下简称旅行社服务网点)应当依法向工商行政管理部门办理设立登记手续,并向所在地的旅游行政管理部门备案。

旅行社服务网点应当接受旅行社的统一管理,不得从事招徕、咨询以外的活动。

第十二条 旅行社变更名称、经营场所、法定代表人等登记事项或者终止经营的,应当到工商行政管理部门办理相应的变更登记或者注销登记，并在登记办理完毕之日起10个工作日内，向原许可的旅游行政管理部门备案，换领或者交回旅行社业务经营许可证。

第十三条　旅行社应当自取得旅行社业务经营许可证之日起3个工作日内，在国务院旅游行政主管部门指定的银行开设专门的质量保证金账户，存入质量保证金，或者向作出许可的旅游行政管理部门提交依法取得的担保额度不低于相应质量保证金数额的银行担保。

经营国内旅游业务和入境旅游业务的旅行社，应当存入质量保证金20万元；经营出境旅游业务的旅行社，应当增存质量保证金120万元。

质量保证金的利息属于旅行社所有。

第十四条　旅行社每设立一个经营国内旅游业务和入境旅游业务的分社，应当向其质量保证金账户增存5万元；每设立一个经营出境旅游业务的分社，应当向其质量保证金账户增存30万元。

第十五条　有下列情形之一的，旅游行政管理部门可以使用旅行社的质量保证金：

（一）旅行社违反旅游合同约定，侵害旅游者合法权益，经旅游行政管理部门查证属实的；

（二）旅行社因解散、破产或者其他原因造成旅游者预交旅游费用损失的。

第十六条　人民法院判决、裁定及其他生效法律文书认定旅行社损害旅游者合法权益，旅行社拒绝或者无力赔偿的，人民法院可以从旅行社的质量保证金账户上划拨赔偿款。

第十七条　旅行社自交纳或者补足质量保证金之日起三年内未因侵害旅游者合法权益受到行政机关罚款以上处罚的，旅游行政管理部门应当将旅行社质量保证金的交存数额降低50%，并向社会公告。旅行社可凭省、自治区、直辖市旅游行政管理部门出具的凭证减少其质量保证金。

第十八条　旅行社在旅游行政管理部门使用质量保证金赔偿旅游者的损失，或者依法减少质量保证金后，因侵害旅游者合法权益受到行政机关罚款以上处罚的，应当在收到旅游行政管理部门补交质量保证金的通知之日起5个工作日内补足质量保证金。

第十九条　旅行社不再从事旅游业务的，凭旅游行政管理部门出具的凭证，向银行取回质量保证金。

第二十条　质量保证金存缴、使用的具体管理办法由国务院旅游行政主管部门和国务院财政部门会同有关部门另行制定。

第三章　外商投资旅行社

第二十一条　外商投资旅行社适用本章规定；本章没有规定的，适用本条例其他有关规定。

前款所称外商投资旅行社，包括中外合资经营旅行社、中外合作经营旅行社和外资旅行社。

第二十二条　设立外商投资旅行社，由投资者向国务院旅游行政主管部门提出申请，并提交符合本条例第六条规定条件的相关证明文件。国务院旅游行政主管部门应当自受理申请之日起30个工作日内审查完毕。同意设立的，出具外商投资旅行社业务许可审定意见书；不同意设立的，书面通知申请人并说明理由。

申请人持外商投资旅行社业务许可审定意见书、章程，合资、合作双方签订的合同向国务院商务主管部门提出设立外商投资企业的申请。国务院商务主管部门应当依照有关法律、法规的规定，作出批准或者不予批准的决定。予以批准的，颁发外商投资企业批准证书，并通知申请人向国务院旅游行政主管部门领取旅行社业务经营许可证，申请人持旅行社业务经营许可证和外商投资企业批准证书向工商行政管理部门办理设立登记；不予批准的，书面通知申请人并说明理由。

第二十三条　外商投资旅行社不得经营中国内地居民出国旅游业务以及赴香港特别行政区、澳门特别行政区和台湾地区旅游的业务，但是国务院决定或者我国签署的自由贸易协定和内地与香港、澳门关于建立更紧密经贸关系的安排另有规定的除外。

第四章　旅行社经营

第二十四条　旅行社向旅游者提供的旅游服务信息必须真实可靠，不得作虚假宣传。

第二十五条　经营出境旅游业务的旅行社不得组织旅游者到国务院旅游行政主管部门公布的中国公民出境旅游目的地之外的国家和地区旅游。

第二十六条　旅行社为旅游者安排或者介绍的旅游活动不得含有违反有关法律、法规规定的内容。

第二十七条　旅行社不得以低于旅游成本的报价招徕旅游者。未经旅游者同意，旅行社不得在旅游合同约定之外提供其他有偿服务。

第二十八条　旅行社为旅游者提供服务，应当与旅游者签订旅游合同并载明下列事项：

（一）旅行社的名称及其经营范围、地址、联系电话和旅行社业务经营许可证编号；

（二）旅行社经办人的姓名、联系电话；

（三）签约地点和日期；

（四）旅游行程的出发地、途经地和目的地；

（五）旅游行程中交通、住宿、餐饮服务安排及其标准；

（六）旅行社统一安排的游览项目的具体内容及时间；

（七）旅游者自由活动的时间和次数；

（八）旅游者应当交纳的旅游费用及交纳方式；

（九）旅行社安排的购物次数、停留时间及购物场所的名称；

（十）需要旅游者另行付费的游览项目及价格；

（十一）解除或者变更合同的条件和提前通知的期限；

（十二）违反合同的纠纷解决机制及应当承担的责任；

（十三）旅游服务监督、投诉电话；

（十四）双方协商一致的其他内容。

第二十九条　旅行社在与旅游者签订旅游合同时，应当对旅游合同的具体内容作出真实、准确、完整的说明。

旅行社和旅游者签订的旅游合同约定不明确或者对格式条款的理解发生争议的，应当按照通常理解予以解释；对格式条款有两种以上解释的，应当作出有利于旅游者的解释；格式条款和非格式条款不一致的，应当采用非格式条款。

第三十条　旅行社组织中国内地居民出境旅游的，应当为旅游团队安排领队全程陪同。

第三十一条　旅行社为接待旅游者委派的导游人员或者为组织旅游者出境旅游委派的领队人员，应当持有国家规定的导游证、领队证。

第三十二条　旅行社聘用导游人员、领队人员应当依法签订劳动合同，并向其支付不低于当地最低工资标准的报酬。

第三十三条　旅行社及其委派的导游人员和领队人员不得有下列行为：

（一）拒绝履行旅游合同约定的义务；

（二）非因不可抗力改变旅游合同安排的行程；

（三）欺骗、胁迫旅游者购物或者参加需要另行付费的游览项目。

第三十四条　旅行社不得要求导游人员和领队人员接待不支付接待和服务费用或者支付的费用低于接待和服务成本的旅游团队，不得要求导游人员和领队人员承担接待旅游团队的相关费用。

第三十五条　旅行社违反旅游合同约定，造成旅游者合法权益受到损害的，应当采取必要的补救措施，并及时报告旅游行政管理部门。

第三十六条　旅行社需要对旅游业务作出委托的，应当委托给具有相应资质的旅行社，征得旅游者的同意，并与接受委托的旅行社就接待旅游者的事宜签订委托合同，确定接待旅游者的各项服务安排及其标准，约定双方的权利、义务。

第三十七条　旅行社将旅游业务委托给其他旅行社的，应当向接受委托的旅行社支付不低于接待和服务成本的费用；接受委托的旅行社不得接待不支付或者不足额支付接待和服务费用的旅游团队。

接受委托的旅行社违约，造成旅游者合法权益受到损害的，作出委托的旅行社应当承担相应的赔偿责任。作出委托的旅行社赔偿后，可以向接受委托的旅行社追偿。

接受委托的旅行社故意或者重大过失造成旅游者合法权益损害的，应当承担连带责任。

第三十八条　旅行社应当投保旅行社责任险。旅行社责任险的具体方案由国务院旅游行政主管部门会同国务院保险监督管理机构另行制定。

第三十九条　旅行社对可能危及旅游者人身、财产安全的事项，应当向旅游者作出真实的说明和明确的警示，并采取防止危害发生的必要措施。

发生危及旅游者人身安全的情形的，旅行社及其委派的导游人员、领队人员应当采取必要的处置措施并及时报告旅游行政管理部门；在境外发生的，还应当及时报告中华人民共和国驻该国使领馆、相关驻外机构、当地警方。

第四十条　旅游者在境外滞留不归的，旅行社委派的领队人员应当及时向旅行社和中华人民共和国驻该国使领馆、相关驻外机构报告。旅行社接到报告后应当及时向旅游行政管理部门和公安机关报告，并协助提供非法滞留者的信息。

旅行社接待入境旅游发生旅游者非法滞留我国境内的，应当及时向旅游行政管理部门、公安机关和外事部门报告，并协助提供非法滞留者的信息。

第五章　监督检查

第四十一条　旅游、工商、价格、商务、外汇等有关部门应当依法加强对旅行社的监督管理，发现违法行为，应当及时予以处理。

第四十二条　旅游、工商、价格等行政管理部门应当及时向社会公告监督检查的情况。公告的内容包括旅行社业务经营许可证的颁发、变更、吊销、注销情况，旅行社的违法经营行为以及旅行社的诚信记录、旅游者投诉信息等。

第四十三条　旅行社损害旅游者合法权益的，旅游者可以向旅游行政管理部门、工商行政管理部门、价格主管部门、商务主管部门或者外汇管理部门投诉，接到投诉的部门应当按照其职责权限及时调查处理，并将调查处理的有关情况告知旅游者。

第四十四条　旅行社及其分社应当接受旅游行政管理部门对其旅游合同、服务质量、旅游安全、财务账簿等情况的监督检查，并按照国家有关规定向旅游行政管理部门报送经营和财务信息等统计资料。

第四十五条　旅游、工商、价格、商务、外汇等有关部门工作人员不得接受旅行社的任何馈赠，不得参加由旅行社支付费用的购物活动或者游览项目，不得通过旅行社为自己、亲友或者其他个人、组织牟取私利。

第六章　法律责任

第四十六条　违反本条例的规定，有下列情形之一的，由旅游行政管理部门或者工商行政管理部门责令改正，没收违法所得，违法所得 10 万元以上的，并处违法所得 1 倍以上 5 倍以下的罚款；违法所得不足 10 万元或者没有违法所得的，并处 10 万元以上 50 万元以下的罚款：

（一）未取得相应的旅行社业务经营许可，经营国内旅游业务、入境旅游业务、出境旅游业务的；

（二）分社的经营范围超出设立分社的旅行社的经营范围的；

（三）旅行社服务网点从事招徕、咨询以外的活动的。

第四十七条　旅行社转让、出租、出借旅行社业务经营许可证的，由旅游行政管理部门责令停业整顿1个月至3个月，并没收违法所得；情节严重的，吊销旅行社业务经营许可证。受让或者租借旅行社业务经营许可证的，由旅游行政管理部门或者工商行政管理部门责令停止非法经营，没收违法所得，并处10万元以上50万元以下的罚款。

第四十八条　违反本条例的规定，旅行社未在规定期限内向其质量保证金账户存入、增存、补足质量保证金或者提交相应的银行担保的，由旅游行政管理部门责令改正；拒不改正的，吊销旅行社业务经营许可证。

第四十九条　违反本条例的规定，旅行社不投保旅行社责任险的，由旅游行政管理部门责令改正；拒不改正的，吊销旅行社业务经营许可证。

第五十条　违反本条例的规定，旅行社有下列情形之一的，由旅游行政管理部门责令改正；拒不改正的，处1万元以下的罚款：

（一）变更名称、经营场所、法定代表人等登记事项或者终止经营，未在规定期限内向原许可的旅游行政管理部门备案，换领或者交回旅行社业务经营许可证的；

（二）设立分社未在规定期限内向分社所在地旅游行政管理部门备案的；

（三）不按照国家有关规定向旅游行政管理部门报送经营和财务信息等统计资料的。

第五十一条　违反本条例的规定，外商投资旅行社经营中国内地居民出国旅游业务以及赴香港特别行政区、澳门特别行政区和台湾地区旅游业务，或者经营出境旅游业务的旅行社组织旅游者到国务院旅游行政主管部门公布的中国公民出境旅游目的地之外的国家和地区旅游的，由旅游行政管理部门责令改正，没收违法所得，违法所得10万元以上的，并处违法所得1倍以上5倍以下的罚款；违法所得不足10万元或者没有违法所得的，并处10万元以上50万元以下的罚款；情节严重的，吊销旅行社业务经营许可证。

第五十二条　违反本条例的规定，旅行社为旅游者安排或者介绍的旅游活动含有违反有关法律、法规规定的内容的，由旅游行政管理部门责令改正，没收违法所得，并处2万元以上10万元以下的罚款；情节严重的，吊销旅行社业务经营许可证。

第五十三条　违反本条例的规定，旅行社向旅游者提供的旅游服务信息含有虚假内容或者作虚假宣传的，由工商行政管理部门依法给予处罚。

违反本条例的规定，旅行社以低于旅游成本的报价招徕旅游者的，由价格主管部门依法给予处罚。

第五十四条　违反本条例的规定，旅行社未经旅游者同意在旅游合同约定之外提供其他有偿服务的，由旅游行政管理部门责令改正，处1万元以上5万元以下的罚款。

第五十五条　违反本条例的规定，旅行社有下列情形之一的，由旅游行政管理部门责令改正，处2万元以上10万元以下的罚款；情节严重的，责令停业整顿1个月至3个月：

（一）未与旅游者签订旅游合同；

(二) 与旅游者签订的旅游合同未载明本条例第二十八条规定的事项;

(三) 未取得旅游者同意,将旅游业务委托给其他旅行社;

(四) 将旅游业务委托给不具有相应资质的旅行社;

(五) 未与接受委托的旅行社就接待旅游者的事宜签订委托合同。

第五十六条　违反本条例的规定,旅行社组织中国内地居民出境旅游,不为旅游团队安排领队全程陪同的,由旅游行政管理部门责令改正,处1万元以上5万元以下的罚款;拒不改正的,责令停业整顿1个月至3个月。

第五十七条　违反本条例的规定,旅行社委派的导游人员和领队人员未持有国家规定的导游证或者领队证的,由旅游行政管理部门责令改正,对旅行社处2万元以上10万元以下的罚款。

第五十八条　违反本条例的规定,旅行社不向其聘用的导游人员、领队人员支付报酬,或者所支付的报酬低于当地最低工资标准的,按照《中华人民共和国劳动合同法》的有关规定处理。

第五十九条　违反本条例的规定,有下列情形之一的,对旅行社,由旅游行政管理部门或者工商行政管理部门责令改正,处10万元以上50万元以下的罚款;对导游人员、领队人员,由旅游行政管理部门责令改正,处1万元以上5万元以下的罚款;情节严重的,吊销旅行社业务经营许可证、导游证或者领队证:

(一) 拒不履行旅游合同约定的义务的;

(二) 非因不可抗力改变旅游合同安排的行程的;

(三) 欺骗、胁迫旅游者购物或者参加需要另行付费的游览项目的。

第六十条　违反本条例的规定,旅行社要求导游人员和领队人员接待不支付接待和服务费用、支付的费用低于接待和服务成本的旅游团队,或者要求导游人员和领队人员承担接待旅游团队的相关费用的,由旅游行政管理部门责令改正,处2万元以上10万元以下的罚款。

第六十一条　旅行社违反旅游合同约定,造成旅游者合法权益受到损害,不采取必要的补救措施的,由旅游行政管理部门或者工商行政管理部门责令改正,处1万元以上5万元以下的罚款;情节严重的,由旅游行政管理部门吊销旅行社业务经营许可证。

第六十二条　违反本条例的规定,有下列情形之一的,由旅游行政管理部门责令改正,停业整顿1个月至3个月;情节严重的,吊销旅行社业务经营许可证:

(一) 旅行社不向接受委托的旅行社支付接待和服务费用的;

(二) 旅行社向接受委托的旅行社支付的费用低于接待和服务成本的;

(三) 接受委托的旅行社接待不支付或者不足额支付接待和服务费用的旅游团队的。

第六十三条　违反本条例的规定,旅行社及其委派的导游人员、领队人员有下列情形之一的,由旅游行政管理部门责令改正,对旅行社处2万元以上10万元以下的罚款;对导游人员、领队人员处4 000元以上2万元以下的罚款；情节严重的，责令旅行社停业整顿1个月至3个月，或者吊销旅行社业务经营许可证、导游证、领队证：

（一）发生危及旅游者人身安全的情形，未采取必要的处置措施并及时报告的；

（二）旅行社组织出境旅游的旅游者非法滞留境外，旅行社未及时报告并协助提供非法滞留者信息的；

（三）旅行社接待入境旅游的旅游者非法滞留境内，旅行社未及时报告并协助提供非法滞留者信息的。

第六十四条　因妨害国（边）境管理受到刑事处罚的，在刑罚执行完毕之日起五年内不得从事旅行社业务经营活动；旅行社被吊销旅行社业务经营许可的，其主要负责人在旅行社业务经营许可被吊销之日起五年内不得担任任何旅行社的主要负责人。

第六十五条　旅行社违反本条例的规定，损害旅游者合法权益的，应当承担相应的民事责任；构成犯罪的，依法追究刑事责任。

第六十六条　违反本条例的规定，旅游行政管理部门或者其他有关部门及其工作人员有下列情形之一的，对直接负责的主管人员和其他直接责任人员依法给予处分：

（一）发现违法行为不及时予以处理的；

（二）未及时公告对旅行社的监督检查情况的；

（三）未及时处理旅游者投诉并将调查处理的有关情况告知旅游者的；

（四）接受旅行社的馈赠的；

（五）参加由旅行社支付费用的购物活动或者游览项目的；

（六）通过旅行社为自己、亲友或者其他个人、组织牟取私利的。

第七章　附则

第六十七条　香港特别行政区、澳门特别行政区和台湾地区的投资者在内地投资设立的旅行社，参照适用本条例。

第六十八条　本条例自2009年5月1日起施行。1996年10月15日国务院发布的《旅行社管理条例》同时废止。

3.《旅行社条例实施细则》

（国家旅游局令　第30号）

《旅行社条例实施细则》已经2009年4月2日国家旅游局第四次局长办公会议审议通过，现予公布，自2009年5月3日起施行。

局长　邵琪伟

二〇〇九年四月三日

第一章 总则

第一条 根据《旅行社条例》(以下简称《条例》),制定本实施细则。

第二条 《条例》第二条所称招徕、组织、接待旅游者提供的相关旅游服务,主要包括:

(一) 安排交通服务;

(二) 安排住宿服务;

(三) 安排餐饮服务;

(四) 安排观光游览、休闲度假等服务;

(五) 导游、领队服务;

(六) 旅游咨询、旅游活动设计服务。

旅行社还可以接受委托,提供下列旅游服务:

(一) 接受旅游者的委托,代订交通客票、代订住宿和代办出境、入境、签证手续等;

(二) 接受机关、事业单位和社会团体的委托,为其差旅、考察、会议、展览等公务活动,代办交通、住宿、餐饮、会务等事务;

(三) 接受企业委托,为其各类商务活动、奖励旅游等,代办交通、住宿、餐饮、会务、观光游览、休闲度假等事务;

(四) 其他旅游服务。

前款所列出境、签证手续等服务,应当由具备出境旅游业务经营权的旅行社代办。

第三条 《条例》第二条所称国内旅游业务,是指旅行社招徕、组织和接待中国内地居民在境内旅游的业务。

《条例》第二条所称入境旅游业务,是指旅行社招徕、组织、接待外国旅游者来我国旅游,香港特别行政区、澳门特别行政区旅游者来内地旅游,台湾地区居民来大陆旅游,以及招徕、组织、接待在中国内地的外国人,在内地的香港特别行政区、澳门特别行政区居民和在大陆的台湾地区居民在境内旅游的业务。

《条例》第二条所称出境旅游业务,是指旅行社招徕、组织、接待中国内地居民出国旅游,赴香港特别行政区、澳门特别行政区和台湾地区旅游,以及招徕、组织、接待在中国内地的外国人、在内地的香港特别行政区、澳门特别行政区居民和在大陆的台湾地区居民出境旅游的业务。

第四条 对旅行社及其分支机构的监督管理,县级以上旅游行政管理部门应当按照《条例》、本细则的规定和职责,实行分级管理和属地管理。

第五条 鼓励旅行社实行服务质量等级制度;鼓励旅行社向专业化、网络化、品牌化发展。

第二章 旅行社的设立与变更

第六条 《条例》第六条第(一)项规定的经营场所应当符合下列要求:

(一) 申请者拥有产权的营业用房,或者申请者租用的、租期不少于1年的营业用房;

（二）营业用房应当满足申请者业务经营的需要。

第七条 《条例》第六条第（二）项规定营业设施应当至少包括下列设施、设备：

（一）2部以上的直线固定电话；

（二）传真机、复印机；

（三）具备与旅游行政管理部门及其他旅游经营者联网条件的计算机。

第八条 申请设立旅行社，应当向省、自治区、直辖市旅游行政管理部门（简称省级旅游行政管理部门，下同）提交下列文件：

（一）设立申请书，内容包括申请设立的旅行社的中英文名称及英文缩写，设立地址，企业形式、出资人、出资额和出资方式，申请人、受理申请部门的全称、申请书名称和申请的时间；

（二）法定代表人履历表及身份证明；

（三）企业章程；

（四）依法设立的验资机构出具的验资证明；

（五）经营场所的证明；

（六）营业设施、设备的证明或者说明；

（七）工商行政管理部门出具的《企业名称预先核准通知书》。

省级旅游行政管理部门可以委托设区的市（含州、盟，下同）级旅游行政管理部门，受理当事人的申请并作出许可或者不予许可的决定。

第九条 受理申请的旅游行政管理部门可以对申请人的经营场所、营业设施、设备进行现场检查，或者委托下级旅游行政管理部门检查。

第十条 旅行社申请出境旅游业务的，应当向国务院旅游行政主管部门提交原许可的旅游行政管理部门出具的，证明其经营旅行社业务满两年，且连续两年未因侵害旅游者合法权益受到行政机关罚款以上处罚的文件。

旅行社取得出境旅游经营业务许可的，由国务院旅游行政主管部门换发旅行社业务经营许可证。旅行社持旅行社业务经营许可证向工商行政管理部门办理经营范围变更登记。

国务院旅游行政主管部门可以委托省级旅游行政管理部门受理旅行社经营出境旅游业务的申请，并作出许可或者不予许可的决定。

旅行社申请经营边境旅游业务的，适用《边境旅游暂行管理办法》的规定。

旅行社申请经营赴台湾地区旅游业务的，适用《大陆居民赴台湾地区旅游管理办法》的规定。

第十一条 旅行社因业务经营需要，可以向原许可的旅游行政管理部门申请核发旅行社业务经营许可证副本。

旅行社业务经营许可证及副本，由国务院旅游行政主管部门制定统一样式，国务院旅游行政主管部门和省级旅游行政管理部门分别印制。

旅行社业务经营许可证及副本损毁或者遗失的，旅行社应当向原许可的旅游行政管理部门申请换发或者补发。

申请补发旅行社业务经营许可证及副本的，旅行社应当通过本省、自治区、直辖市范围内公开发行的报刊，或者省级以上旅游行政管理部门网站，刊登损毁或者遗失作废声明。

第十二条　旅行社名称、经营场所、出资人、法定代表人等登记事项变更的，应当在办理变更登记后，持已变更的《企业法人营业执照》向原许可的旅游行政管理部门备案。

旅行社终止经营的，应当在办理注销手续后，持工商行政管理部门出具的注销文件，向原许可的旅游行政管理部门备案。

外商投资旅行社的，适用《条例》第三章的规定。未经批准，旅行社不得引进外商投资。

第十三条　国务院旅游行政主管部门指定的作为旅行社存入质量保证金的商业银行，应当提交具有下列内容的书面承诺：

（一）同意与存入质量保证金的旅行社签订符合本实施细则第十五条规定的协议；

（二）当县级以上旅游行政管理部门或者人民法院依据《条例》规定，划拨质量保证金后3个工作日内，将划拨情况及其数额，通知旅行社所在地的省级旅游行政管理部门，并提供县级以上旅游行政管理部门出具的划拨文件或者人民法院生效法律文书的复印件；

（三）非因《条例》规定的情形，出现质量保证金减少时，承担补足义务。

旅行社应当在国务院旅游行政主管部门指定银行的范围内，选择存入质量保证金的银行。

第十四条　旅行社在银行存入质量保证金的，应当设立独立账户，存期由旅行社确定，但不得少于1年。账户存期届满，旅行社应当及时办理续存手续。

第十五条　旅行社存入、续存、增存质量保证金后7个工作日内，应当向作出许可的旅游行政管理部门提交存入、续存、增存质量保证金的证明文件，以及旅行社与银行达成的使用质量保证金的协议。

前款协议应当包含下列内容：

（一）旅行社与银行双方同意依照《条例》规定使用质量保证金；

（二）旅行社与银行双方承诺，除依照县级以上旅游行政管理部门出具的划拨质量保证金，或者省级以上旅游行政管理部门出具的降低、退还质量保证金的文件，以及人民法院作出的认定旅行社损害旅游者合法权益的生效法律文书外，任何单位和个人不得动用质量保证金。

第十六条　旅行社符合《条例》第十七条降低质量保证金数额规定条件的，原许可的旅游行政管理部门应当根据旅行社的要求，在10个工作日内向其出具降低质量保证金数额的文件。

第十七条　旅行社按照《条例》第十八条规定补足质量保证金后7个工作日内，应当向原许可的旅游行政管理部门提交补足的证明文件。

第三章　旅行社的分支机构

第十八条　旅行社分社(简称分社，下同)及旅行社服务网点(简称服务网点，下同)，不具有法人资格，以设立分社、服务网点的旅行社(简称设立社，下同)的名义从事《条例》规定的经营活动，其经营活动的责任和后果，由设立社承担。

第十九条　设立社向分社所在地工商行政管理部门办理分社设立登记后，应当持下列文件向分社所在地与工商登记同级的旅游行政管理部门备案：

(一) 设立社的旅行社业务经营许可证副本和企业法人营业执照副本；

(二) 分社的《营业执照》；

(三) 分社经理的履历表和身份证明；

(四) 增存质量保证金的证明文件。

没有同级的旅游行政管理部门的，向上一级旅游行政管理部门备案。

第二十条　分社的经营场所、营业设施、设备，应当符合《条例》第六条第(一)项、第(二)项及本实施细则第六条、第七条规定的要求。

分社的名称中应当包含设立社名称、分社所在地地名和“分社”或者“分公司”字样。

第二十一条　服务网点是指旅行社设立的，为旅行社招徕旅游者，并以旅行社的名义与旅游者签订旅游合同的门市部等机构。

设立社设立服务网点的区域范围，应当在设立社所在地的设区的市的行政区划内。

设立社不得在前款规定的区域范围外，设立服务网点。

第二十二条　服务网点应当设在方便旅游者认识和出入的公众场所。

服务网点的名称、标牌应当包括设立社名称、服务网点所在地地名等，不得含有使消费者误解为是旅行社或者分社的内容，也不得作易使消费者误解的简称。

服务网点应当在设立社的经营范围内，招徕旅游者、提供旅游咨询服务。

第二十三条　设立社向服务网点所在地工商行政管理部门办理服务网点设立登记后，应当在3个工作日内，持下列文件向服务网点所在地与工商登记同级的旅游行政管理部门备案：

(一) 设立社的旅行社业务经营许可证副本和企业法人营业执照副本；

(二) 服务网点的《营业执照》；

(三) 服务网点经理的履历表和身份证明。

没有同级的旅游行政管理部门的，向上一级旅游行政管理部门备案。

第二十四条　分社、服务网点备案后，受理备案的旅游行政管理部门应当向旅行社颁发《旅行社分社备案登记证明》或者《旅行社服务网点备案登记证明》。

第二十五条　设立社应当与分社、服务网点的员工,订立劳动合同。

设立社应当加强对分社和服务网点的管理,对分社实行统一的人事、财务、招徕、接待制度规范,对服务网点实行统一管理、统一财务、统一招徕和统一咨询服务规范。

第四章　旅行社经营规范

第二十六条　旅行社及其分社、服务网点,应当将《旅行社业务经营许可证》、《旅行社分社备案登记证明》或者《旅行社服务网点备案登记证明》,与营业执照一起,悬挂在经营场所的显要位置。

第二十七条　旅行社业务经营许可证不得转让、出租或者出借。

旅行社的下列行为属于转让、出租或者出借旅行社业务经营许可证的行为:

(一) 除招徕旅游者和符合本实施细则第三十四条第一款规定的接待旅游者的情形外,准许或者默许其他企业、团体或者个人,以自己的名义从事旅行社业务经营活动的;

(二) 准许其他企业、团体或者个人,以部门或者个人承包、挂靠的形式经营旅行社业务的。

第二十八条　旅行社设立的办事处、代表处或者联络处等办事机构,不得从事旅行社业务经营活动。

第二十九条　旅行社以互联网形式经营旅行社业务的,除符合法律、法规规定外,其网站首页应当载明旅行社的名称、法定代表人、许可证编号和业务经营范围,以及原许可的旅游行政管理部门的投诉电话。

第三十条　《条例》第二十六条规定的旅行社不得安排的活动,主要包括:

(一) 含有损害国家利益和民族尊严内容的;

(二) 含有民族、种族、宗教歧视内容的;

(三) 含有淫秽、赌博、涉毒内容的;

(四) 其他含有违反法律、法规规定内容的。

第三十一条　《条例》第三十四条所规定的旅行社不得要求导游人员和领队人员承担接待旅游团队的相关费用,主要包括:

(一) 垫付旅游接待费用;

(二) 为接待旅游团队向旅行社支付费用;

(三) 其他不合理费用。

第三十二条　旅行社招徕、组织、接待旅游者,其选择的交通、住宿、餐饮、景区等企业,应当符合具有合法经营资格和接待服务能力的要求。

第三十三条　在签订旅游合同时,旅行社不得要求旅游者必须参加旅行社安排的购物活动或者需要旅游者另行付费的旅游项目。

同一旅游团队中,旅行社不得由于下列因素,提出与其他旅游者不同的合同事项:

(一) 旅游者拒绝参加旅行社安排的购物活动或者需要旅游者另行付费的旅游项

目的；

(二) 旅游者存在的年龄或者职业上的差异。但旅行社提供了与其他旅游者相比更多的服务，或者旅游者主动要求的除外。

第三十四条　旅行社需要将在旅游目的地接待旅游者的业务作出委托的，应当按照《条例》第三十六条的规定，委托给旅游目的地的旅行社并签订委托接待合同。

旅行社对接待旅游者的业务作出委托的，应当按照《条例》第三十六条的规定，将旅游目的地接受委托的旅行社的名称、地址、联系人和联系电话，告知旅游者。

第三十五条　旅游行程开始前，当发生约定的解除旅游合同的情形时，经征得旅游者的同意，旅行社可以将旅游者推荐给其他旅行社组织、接待，并由旅游者与被推荐的旅行社签订旅游合同。

未经旅游者同意的，旅行社不得将旅游者转交给其他旅行社组织、接待。

第三十六条　旅行社及其委派的导游人员和领队人员的下列行为，属于擅自改变旅游合同安排行程：

(一) 减少游览项目或者缩短游览时间的；

(二) 增加或者变更旅游项目的；

(三) 增加购物次数或者延长购物时间的；

(四) 其他擅自改变旅游合同安排的行为。

第三十七条　在旅游行程中，当发生不可抗力、危及旅游者人身、财产安全，或者非旅行社责任造成的意外情形，旅行社不得不调整或者变更旅游合同约定的行程安排时，应当在事前向旅游者作出说明；确因客观情况无法在事前说明的，应当在事后作出说明。

第三十八条　在旅游行程中，旅游者有权拒绝参加旅行社在旅游合同之外安排的购物活动或者需要旅游者另行付费的旅游项目。

旅行社及其委派的导游人员和领队人员不得因旅游者拒绝参加旅行社安排的购物活动或者需要旅游者另行付费的旅游项目等情形，以任何借口、理由，拒绝继续履行合同、提供服务，或者以拒绝继续履行合同、提供服务相威胁。

第三十九条　旅行社及其委派的导游人员、领队人员，应当对其提供的服务可能危及旅游者人身、财物安全的事项，向旅游者作出真实的说明和明确的警示。

在旅游行程中的自由活动时间，旅游者应当选择自己能够控制风险的活动项目，并在自己能够控制风险的范围内活动。

第四十条　为减少自然灾害等意外风险给旅游者带来的损害，旅行社在招徕、接待旅游者时，可以提示旅游者购买旅游意外保险。

鼓励旅行社依法取得保险代理资格，并接受保险公司的委托，为旅游者提供购买人身意外伤害保险的服务。

第四十一条　发生出境旅游者非法滞留境外或者入境旅游者非法滞留境内的，旅行社应当立即向所在地县级以上旅游行政管理部门、公安机关和外事部门报告。

第四十二条 在旅游行程中,旅行社及其委派的导游人员、领队人员应当提示旅游者遵守文明旅游公约和礼仪。

第四十三条 旅行社及其委派的导游人员、领队人员在经营、服务中享有下列权利:

(一)要求旅游者如实提供旅游所必需的个人信息,按时提交相关证明文件;

(二)要求旅游者遵守旅游合同约定的旅游行程安排,妥善保管随身物品;

(三)出现突发公共事件或者其他危急情形,以及旅行社因违反旅游合同约定采取补救措施时,要求旅游者配合处理防止扩大损失,以将损失降低到最低程度;

(四)拒绝旅游者提出的超出旅游合同约定的不合理要求;

(五)制止旅游者违背旅游目的地的法律、风俗习惯的言行。

第四十四条 旅行社应当妥善保存《条例》规定的招徕、组织、接待旅游者的各类合同及相关文件、资料,以备县级以上旅游行政管理部门核查。

前款所称的合同及文件、资料的保存期,应当不少于两年。

旅行社不得向其他经营者或者个人,泄露旅游者因签订旅游合同提供的个人信息;超过保存期限的旅游者个人信息资料,应当妥善销毁。

第五章 监督检查

第四十五条 根据《条例》和本实施细则规定,受理旅行社申请或者备案的旅游行政管理部门,可以要求申请人或者旅行社,对申请设立旅行社、办理《条例》规定的备案时提交的证明文件、材料的原件,提供复印件并盖章确认,交由旅游行政管理部门留存。

第四十六条 县级以上旅游行政管理部门对旅行社及其分支机构实施监督检查时,可以进入其经营场所,查阅招徕、组织、接待旅游者的各类合同、相关文件、资料,以及财务账簿、交易记录和业务单据等材料,旅行社及其分支机构应当给予配合。

县级以上旅游行政管理部门对旅行社及其分支机构监督检查时,应当由两名以上持有旅游行政执法证件的执法人员进行。

不符合前款规定要求的,旅行社及其分支机构有权拒绝检查。

第四十七条 旅行社应当按年度将下列经营和财务信息等统计资料,在次年3月底前,报送原许可的旅游行政管理部门:

(一)旅行社的基本情况,包括企业形式、出资人、员工人数、部门设置、分支机构、网络体系等;

(二)旅行社的经营情况,包括营业收入、利税等;

(三)旅行社组织接待情况,包括国内旅游、入境旅游、出境旅游的组织、接待人数等;

(四)旅行社安全、质量、信誉情况,包括投保旅行社责任保险、认证认可和奖惩等。

对前款资料中涉及旅行社商业秘密的内容,旅游行政管理部门应当予以保密。

第四十八条 《条例》第十七条、第四十二条规定的各项公告,县级以上旅游行政管理部门应当通过本部门或者上级旅游行政管理部门的政府网站向社会发布。

质量保证金存缴数额降低、旅行社业务经营许可证的颁发、变更和注销的，国务院旅游行政主管部门或者省级旅游行政管理部门应当在作出许可决定或者备案后20个工作日内向社会公告。

旅行社违法经营或者被吊销旅行社业务经营许可证的，由作出行政处罚决定的旅游行政管理部门，在处罚生效后10个工作日内向社会公告。

旅游者对旅行社的投诉信息，由处理投诉的旅游行政管理部门每季度向社会公告。

第四十九条　因下列情形之一，给旅游者的合法权益造成损害的，旅游者有权向县级以上旅游行政管理部门投诉：

（一）旅行社违反《条例》和本实施细则规定的；

（二）旅行社提供的服务，未达到旅游合同约定的服务标准或者档次的；

（三）旅行社破产或者其他原因造成旅游者预交旅游费用损失的。

划拨旅行社质量保证金的决定，应当由旅行社或者其分社所在地处理旅游者投诉的县级以上旅游行政管理部门作出。

第五十条　县级以上旅游行政管理部门，可以在其法定权限内，委托符合法定条件的同级旅游质监执法机构实施监督检查。

第六章　法律责任

第五十一条　违反本实施细则第十二条第三款、第二十三条、第二十六条的规定，擅自引进外商投资、设立服务网点未在规定期限内备案，或者旅行社及其分社、服务网点未悬挂旅行社业务经营许可证、备案登记证明的，由县级以上旅游行政管理部门责令改正，可以处1万元以下的罚款。

第五十二条　违反本实施细则第二十二条第三款、第二十八条的规定，服务网点超出设立社经营范围招徕旅游者、提供旅游咨询服务，或者旅行社的办事处、联络处、代表处等从事旅行社业务经营活动的，由县级以上旅游行政管理部门依照《条例》第四十六条的规定处罚。

第五十三条　违反本实施细则第三十二条的规定，旅行社为接待旅游者选择的交通、住宿、餐饮、景区等企业，不具有合法经营资格或者接待服务能力的，由县级以上旅游行政管理部门责令改正，没收违法所得，处违法所得3倍以下但最高不超过3万元的罚款，没有违法所得的，处1万元以下的罚款。

第五十四条　违反本实施细则第三十三条的规定，要求旅游者必须参加旅行社安排的购物活动、需要旅游者另行付费的旅游项目，或者对同一旅游团队的旅游者提出与其他旅游者不同合同事项的，由县级以上旅游行政管理部门责令改正，处1万元以下的罚款。

第五十五条　违反本实施细则第三十四条第二款的规定，旅行社未将旅游目的地接待旅行社的情况告知旅游者的，由县级以上旅游行政管理部门依照《条例》第五十五条的规定处罚。

第五十六条　违反本实施细则第三十五条第二款的规定,旅行社未经旅游者的同意,将旅游者转交给其他旅行社组织、接待的,由县级以上旅游行政管理部门依照《条例》第五十五条的规定处罚。

第五十七条　违反本实施细则第三十八条第二款的规定,旅行社及其导游人员和领队人员拒绝继续履行合同、提供服务,或者以拒绝继续履行合同、提供服务相威胁的,由县级以上旅游行政管理部门依照《条例》第五十九条的规定处罚。

第五十八条　违反本实施细则第四十四条的规定,未妥善保存各类旅游合同及相关文件、资料,保存期不够两年,或者泄露旅游者个人信息的,由县级以上旅游行政管理部门责令改正,没收违法所得,处违法所得 3 倍以下但最高不超过 3 万元的罚款;没有违法所得的,处 1 万元以下的罚款。

第五十九条　吊销旅行社业务经营许可证的行政处罚,由原许可的省级以上旅游行政管理部门作出。

对旅行社作出停业整顿行政处罚的,旅行社在停业整顿期间,不得招徕旅游者、签订旅游合同;停业整顿期间,不影响已签订的旅游合同的履行。

第七章　附则

第六十条　本实施细则由国务院旅游行政主管部门负责解释。

第六十一条　本实施细则自 2009 年 5 月 3 日起施行。2001 年 12 月 27 日国家旅游局公布的《旅行社管理条例实施细则》同时废止。

4.《导游人员管理条例》

(1999 年 10 月 1 日起施行　中华人民共和国国务院令　第 263 号)

第一条　为了规范导游活动,保障旅游者和导游人员的合法权益,促进旅游业的健康发展,制定本条例。

第二条　本条例所称导游人员,是指依照本条例的规定取得导游证,接受旅行社委派,为旅游者提供向导、讲解及相关旅游服务的人员。

第三条　国家实行全国统一的导游人员资格考试制度。

具有高级中学、中等专业学校或者以上学历,身体健康,具有适应导游需要的基本知识和语言表达能力的中华人民共和国公民,可以参加导游人员资格考试;经考试合格的,由国务院旅游行政部门或者国务院旅游行政部门委托省、自治区、直辖市人民政府旅游行政部门颁发导游人员资格证书。

第四条　在中华人民共和国境内从事导游活动,必须取得导游证。

取得导游人员资格证书的，经与旅行社订立劳动合同或者在导游服务公司登记，方可持所订立的劳动合同或者登记证明材料，向省、自治区、直辖市人民政府旅游行政部门申请领取导游证。

具有特定语种语言能力的人员，虽未取得导游人员资格证书，旅行社需要聘请临时从事导游活动的，由旅行社向省、自治区、直辖市人民政府旅游行政部门申请领取临时导游证。

导游证和临时导游证的样式规格，由国务院旅游行政部门规定。

第五条　有下列情形之一的，不得颁发导游证：

（一）无民事行为能力或者限制民事行为能力的；

（二）患有传染性疾病的；

（三）受过刑事处罚的，过失犯罪的除外；

（四）被吊销导游证的。

第六条　省、自治区、直辖市人民政府旅游行政部门应当自收到申请领取导游证之日起15日内，颁发导游证；发现有本条例第五条规定情形，不予颁发导游证的，应当书面通知申请人。

第七条　导游人员应当不断提高自身业务素质和职业技能。

国家对导游人员实行等级考核制度。导游人员等级考核标准和考核办法，由国务院旅游行政部门制定。

第八条　导游人员进行导游活动时，应当佩戴导游证。

导游证的有效期限为3年。导游证持有人需要在有效期满后继续从事导游活动的，应当在有效期限届满3个月前，向省、自治区、直辖市人民政府旅游行政部门申请办理换发导游证手续。

临时导游证的有效期限最长不超过3个月，并不得展期。

第九条　导游人员进行导游活动，必须经旅行社委派。

导游人员不得私自承揽或者以其他任何方式直接承揽导游业务，进行导游活动。

第十条　导游人员进行导游活动时，其人格尊严应当受到尊重，其人身安全不受侵犯。

导游人员有权拒绝旅游者提出的侮辱其人格尊严或者违反其职业道德的不合理要求。

第十一条　导游人员进行导游活动时，应当自觉维护国家利益和民族尊严，不得有损害国家利益和民族尊严的言行。

第十二条　导游人员进行导游活动时，应当遵守职业道德，着装整洁，礼貌待人，尊重旅游者的宗教信仰、民族风俗和生活习惯。

导游人员进行导游活动时，应当向旅游者讲解旅游地点的人文和自然情况，介绍风土人情和习俗;但是,不得迎合个别旅游者的低级趣味,在讲解、介绍中掺杂庸俗下流的内容。

第十三条　导游人员应当严格按照旅行社确定的接待计划,安排旅游者的旅行、游览活动,不得擅自增加、减少旅游项目或者中止导游活动。

导游人员在引导旅游者旅行、游览过程中,遇有可能危及旅游者人身安全的紧急情形时,经征得多数旅游者的同意,可以调整或者变更接待计划,但是应当立即报告旅行社。

第十四条　导游人员在引导旅游者旅行、游览过程中,应当就可能发生危及旅游者人身、财物安全的情况,向旅游者做出真实说明和明确警示,并按照旅行社的要求采取防止危害发生的措施。

第十五条　导游人员进行导游活动,不得向旅游者兜售物品或者购买旅游者的物品,不得以明示或者暗示的方式向旅游者索要小费。

第十六条　导游人员进行导游活动,不得欺骗、胁迫旅游者消费或者与经营者串通欺骗、胁迫旅游者消费。

第十七条　旅游者对导游人员违反本条例规定的行为,有权向旅游行政部门投诉。

第十八条　无导游证进行导游活动的,由旅游行政部门责令改正并予以公告,处1 000元以上3万元以下的罚款;有违法所得的,并处没收违法所得。

第十九条　导游人员未经旅行社委派,私自承揽或者以其他任何方式直接承揽导游业务,进行导游活动的,由旅游行政部门责令改正,处1 000元以上3万元以下的罚款;有违法所得的,并处没收违法所得;情节严重的,由省、自治区、直辖市人民政府旅游行政部门吊销导游证并予以公告。

第二十条　导游人员进行导游活动时,有损害国家利益和民族尊严的言行的,由旅游行政部门责令改正;情节严重的,由省、自治区、直辖市人民政府旅游行政部门吊销导游证并予以公告;对该导游人员所在的旅行社给予警告直至责令停业整顿。

第二十一条　导游人员进行导游活动时未佩戴导游证的,由旅游行政部门责令改正;拒不改正的,处500元以下的罚款。

第二十二条　导游人员有下列情形之一的,由旅游行政部门责令改正,暂扣导游证3至6个月;情节严重的,由省、自治区、直辖市人民政府旅游行政部门吊销导游证并予以公告:

(一)擅自增加或者减少旅游项目的;

(二)擅自变更接待计划的;

(三)擅自中止导游活动的。

第二十三条　导游人员进行导游活动,向旅游者兜售物品或者购买旅游者的物品的,或者以明示或者暗示的方式向旅游者索要小费的,由旅游行政部门责令改正,处1 000元以上3万元以下的罚款;有违法所得的,并处没收违法所得;情节严重的,由省、自治区、直辖市人民政府旅游行政部门吊销导游证并予以公告;对委派该导游人员的旅行社给予警告直至责令停业整顿。

第二十四条　导游人员进行导游活动,欺骗、胁迫旅游者消费或者与经营者串通欺骗、胁迫旅游者消费的,由旅游行政部门责令改正,处1 000元以上3万元以下的罚款;有违法所得的,并处没收违法所得;情节严重的,由省、自治区、直辖市人民政府旅游行政部门吊销导游证并予以公告;对委派该导游人员的旅行社给予警告直至责令停业整顿;构成犯罪的,依法追究刑事责任。

第二十五条　旅游行政部门工作人员玩忽职守、滥用职权、徇私舞弊,构成犯罪的,依法追究刑事责任;尚不构成犯罪的,依法给予行政处分。

第二十六条　景点景区的导游人员管理办法,由省、自治区、直辖市人民政府参照本条例制定。

第二十七条　本条例自1999年10月1日起施行。1987年11月14日国务院批准、1987年12月1日国家旅游局发布的《导游人员管理暂行规定》同时废止。

5.《导游人员管理实施办法》

《导游人员管理实施办法》已经2001年12月26日国家旅游局局长办公会议讨论通过,现予以公布,自2002年1月1日起施行。

国家旅游局局长　何光暐

2001年12月27日

第一章　总则

第一条　为了加强导游队伍建设,维护旅游市场秩序和旅游者的合法权益,依据《导游人员管理条例》和《旅行社条例》,制定本办法。

第二条　旅游行政管理部门对导游人员实行分级管理。

第三条　旅游行政管理部门对导游人员实行资格考试制度和等级考核制度。

第四条　旅游行政管理部门对导游人员实行计分管理制度和年度审核制度。

第二章　导游资格证和导游证

第五条　国家实行统一的导游人员资格考试制度。经考试合格者,方可取得导游资格证。

第六条　国务院旅游行政管理部门负责制定全国导游人员资格考试的政策、标准和对各地考试工作的监督管理。

省级旅游行政管理部门负责组织、实施本行政区域内导游人员资格考试工作。

直辖市、计划单列市、副省级城市负责本地区导游人员的考试工作。

第七条　坚持考试和培训分开、培训自愿的原则，不得强迫考生参加培训。

第八条　经考试合格的，由组织考试的旅游行政管理部门在考试结束之日起 30 个工作日内颁发《导游人员资格证》。

获得资格证 3 年未从业的，资格证自动失效。

第九条　获得导游人员资格证、并在一家旅行社或导游管理服务机构注册的，持劳动合同或导游管理服务机构登记证明材料向所在地旅游行政管理部门申请办理导游证。

所在地旅游行政管理部门是指直辖市、计划单列市、副省级旅游行政管理部门以及有相应的导游规模、有相应的导游管理服务机构、有稳定的执法队伍的地市级以上旅游行政管理部门。

第十条　取得《导游人员资格证》的人员申请办理导游证，须参加颁发导游证的旅游行政管理部门举办的岗前培训考核。

第十一条　《导游人员资格证》和导游证由国务院旅游行政管理部门统一印制，在中华人民共和国全国范围内使用。

任何单位不得另行颁发其他形式的导游证。

第三章　导游人员的计分管理

第十二条　国家对导游人员实行计分管理。

国务院旅游行政管理部门负责制定全国导游人员计分管理政策并组织实施、监督检查。

省级旅游行政管理部门负责本行政区域内导游人员计分管理的组织实施和监督检查。

所在地旅游行政管理部门在本行政区域内负责导游人员计分管理的具体执行。

第十三条　导游人员计分办法实行年度 10 分制。

第十四条　导游人员在导游活动中有下列情形之一的，扣除 10 分：

(一) 有损害国家利益和民族尊严的言行的；

(二) 诱导或安排旅游者参加黄、赌、毒活动项目的；

(三) 有殴打或谩骂旅游者行为的；

(四) 欺骗、胁迫旅游者消费的；

(五) 未通过年审继续从事导游业务的；

(六) 因自身原因造成旅游团重大危害和损失的。

第十五条　导游人员在导游活动中有下列情形之一的，扣除 8 分：

(一) 拒绝、逃避检查，或者欺骗检查人员的；

(二) 擅自增加或者减少旅游项目的；

(三) 擅自终止导游活动的；

(四) 讲解中掺杂庸俗、下流、迷信内容的；

（五）未经旅行社委派私自承揽或者以其他任何方式直接承揽导游业务的。

第十六条　导游人员在导游活动中有下列情形之一的，扣除6分：

（一）向旅游者兜售物品或购买旅游者物品的；

（二）以明示或者暗示的方式向旅游者索要小费的；

（三）因自身原因漏接漏送或误接误送旅游团的；

（四）讲解质量差或不讲解的；

（五）私自转借导游证供他人使用的；

（六）发生重大安全事故不积极配合有关部门救助的。

第十七条　导游人员在导游活动中有下列情形之一的，扣除4分：

（一）私自带人随团游览的；

（二）无故不随团活动的；

（三）在导游活动中未佩带导游证或未携带计分卡；

（四）不尊重旅游者宗教信仰和民族风俗。

第十八条　导游人员在导游活动中有下列情形之一的，扣除2分：

（一）未按规定时间到岗的；

（二）10人以上团队未打接待社社旗的；

（三）未携带正规接待计划；

（四）接站未出示旅行社标识的；

（五）仪表、着装不整洁的；

（六）讲解中吸烟、吃东西的。

第十九条　导游人员10分分值被扣完后，由最后扣分的旅游行政执法单位暂时保留其导游证，并出具保留导游证证明，并于10日内通报导游人员所在地旅游行政管理部门和登记注册单位。正在带团过程中的导游人员，可持旅游执法单位出具的保留证明完成团队剩余行程。

第二十条　对导游人员的违法、违规行为除扣减其相应分值外，依法应予处罚的，依据有关法律给予处罚。

导游人员通过年审后，年审单位应核销其遗留分值，重新输入初始分值。

第二十一条　旅游行政执法人员玩忽职守、不按照规定随意进行扣分或处罚的，由上级旅游行政管理部门提出批评和通报，本级旅游行政管理部门给予行政处分。

第四章　导游人员的年审管理

第二十二条　国家对导游人员实行年度审核制度。导游人员必须参加年审。

国务院旅游行政管理部门负责制定全国导游人员年审工作政策，组织实施并监督检查。

省级旅游行政管理部门负责组织、指导本行政区域内导游人员年审工作并监督检查。

所在地旅游行政管理部门具体负责组织实施对导游人员的年审工作。

第二十三条　年审以考评为主,考评的内容应包括:当年从事导游业务情况、扣分情况、接受行政处罚情况、游客反映情况等。考评等级为通过年审、暂缓通过年审和不予通过年审三种。

第二十四条　一次扣分达到10分,不予通过年审。

累计扣分达到10分的,暂缓通过年审。

一次被扣8分的,全行业通报。

一次被扣6分的,警告批评。

暂缓通过年审的,通过培训和整改后,方可重新上岗。

第二十五条　导游人员必须参加所在地旅游行政管理部门举办的年审培训。培训时间应根据导游业务需要灵活安排。每年累计培训时间不得少于56小时。

第二十六条　旅行社或导游管理服务机构应为注册的导游人员建立档案,对导游人员进行工作培训和指导,建立对导游人员工作情况的检查、考核和奖惩的内部管理机制,接受并处理对导游人员的投诉,负责对导游人员年审的初评。

第五章　导游人员的等级考核

第二十七条　国家对导游人员实行等级考核制度。导游人员分为初级、中级、高级、特级四个等级。

第二十八条　初级导游和中级导游考核由省级旅游行政管理部门或其委托的地市级旅游行政管理部门组织评定;高级导游和特级导游由国务院旅游行政管理部门组织评定。

第二十九条　由省部级以上单位组织导游评比或竞赛获得最佳称号的导游人员,报国务院旅游行政管理部门批准后,可晋升一级导游等级。

导游等级评定标准和办法由国务院旅游行政管理部门另行制定。

第六章　附则

第三十条　本办法自2002年1月1日起施行。

第三十一条　本办法由国家旅游局负责解释。

6.《中华人民共和国食品安全法》

《中华人民共和国食品安全法》已由中华人民共和国第十一届全国人民代表大会常务委员会第七次会议于2009年2月28日通过,现予公布,自2009年6月1日起施行。

中华人民共和国主席　胡锦涛

2009年2月28日

第一章　总则

第一条　为保证食品安全，保障公众身体健康和生命安全，制定本法。

第二条　在中华人民共和国境内从事下列活动，应当遵守本法：

（一）食品生产和加工（以下称食品生产），食品流通和餐饮服务（以下称食品经营）；

（二）食品添加剂的生产经营；

（三）用于食品的包装材料、容器、洗涤剂、消毒剂和用于食品生产经营的工具、设备（以下称食品相关产品）的生产经营；

（四）食品生产经营者使用食品添加剂、食品相关产品；

（五）对食品、食品添加剂和食品相关产品的安全管理。

供食用的源于农业的初级产品（以下称“食用农产品”）的质量安全管理，遵守《中华人民共和国农产品质量安全法》的规定。但是，制定有关食用农产品的质量安全标准、公布食用农产品安全有关信息，应当遵守本法的有关规定。

第三条　食品生产经营者应当依照法律、法规和食品安全标准从事生产经营活动，对社会和公众负责，保证食品安全，接受社会监督，承担社会责任。

第四条　国务院设立食品安全委员会，其工作职责由国务院规定。

国务院卫生行政部门承担食品安全综合协调职责，负责食品安全风险评估、食品安全标准制定、食品安全信息公布、食品检验机构的资质认定条件和检验规范的制定，组织查处食品安全重大事故。

国务院质量监督、工商行政管理和国家食品药品监督管理部门依照本法和国务院规定的职责，分别对食品生产、食品流通、餐饮服务活动实施监督管理。

第五条　县级以上地方人民政府统一负责、领导、组织、协调本行政区域的食品安全监督管理工作，建立健全食品安全全程监督管理的工作机制；统一领导、指挥食品安全突发事件应对工作；完善、落实食品安全监督管理责任制，对食品安全监督管理部门进行评议、考核。

县级以上地方人民政府依照本法和国务院的规定确定本级卫生行政、农业行政、质量监督、工商行政管理、食品药品监督管理部门的食品安全监督管理职责。有关部门在各自职责范围内负责本行政区域的食品安全监督管理工作。

上级人民政府所属部门在下级行政区域设置的机构应当在所在地人民政府的统一组织、协调下，依法做好食品安全监督管理工作。

第六条　县级以上卫生行政、农业行政、质量监督、工商行政管理、食品药品监督管理部门应当加强沟通、密切配合，按照各自职责分工，依法行使职权，承担责任。

第七条　食品行业协会应当加强行业自律，引导食品生产经营者依法生产经营，推动行业诚信建设，宣传、普及食品安全知识。

第八条　国家鼓励社会团体、基层群众性自治组织开展食品安全法律、法规以及食品安全标准和知识的普及工作,倡导健康的饮食方式,增强消费者食品安全意识和自我保护能力。

新闻媒体应当开展食品安全法律、法规以及食品安全标准和知识的公益宣传,并对违反本法的行为进行舆论监督。

第九条　国家鼓励和支持开展与食品安全有关的基础研究和应用研究,鼓励和支持食品生产经营者为提高食品安全水平采用先进技术和先进管理规范。

第十条　任何组织或者个人有权举报食品生产经营中违反本法的行为,有权向有关部门了解食品安全信息,对食品安全监督管理工作提出意见和建议。

第二章　食品安全风险监测和评估

第十一条　国家建立食品安全风险监测制度,对食源性疾病、食品污染以及食品中的有害因素进行监测。

国务院卫生行政部门会同国务院有关部门制定、实施国家食品安全风险监测计划。省、自治区、直辖市人民政府卫生行政部门根据国家食品安全风险监测计划,结合本行政区域的具体情况,组织制定、实施本行政区域的食品安全风险监测方案。

第十二条　国务院农业行政、质量监督、工商行政管理和国家食品药品监督管理等有关部门获知有关食品安全风险信息后,应当立即向国务院卫生行政部门通报。国务院卫生行政部门会同有关部门对信息核实后,应当及时调整食品安全风险监测计划。

第十三条　国家建立食品安全风险评估制度,对食品、食品添加剂中生物性、化学性和物理性危害进行风险评估。

国务院卫生行政部门负责组织食品安全风险评估工作,成立由医学、农业、食品、营养等方面的专家组成的食品安全风险评估专家委员会进行食品安全风险评估。

对农药、肥料、生长调节剂、兽药、饲料和饲料添加剂等的安全性评估,应当有食品安全风险评估专家委员会的专家参加。

食品安全风险评估应当运用科学方法,根据食品安全风险监测信息、科学数据以及其他有关信息进行。

第十四条　国务院卫生行政部门通过食品安全风险监测或者接到举报发现食品可能存在安全隐患的,应当立即组织进行检验和食品安全风险评估。

第十五条　国务院农业行政、质量监督、工商行政管理和国家食品药品监督管理等有关部门应当向国务院卫生行政部门提出食品安全风险评估的建议,并提供有关信息和资料。

国务院卫生行政部门应当及时向国务院有关部门通报食品安全风险评估的结果。

第十六条　食品安全风险评估结果是制定、修订食品安全标准和对食品安全实施监督管理的科学依据。

食品安全风险评估结果得出食品不安全结论的,国务院质量监督、工商行政管理和国家食品药品监督管理部门应当依据各自职责立即采取相应措施，确保该食品停止生产经营，并告知消费者停止食用；需要制定、修订相关食品安全国家标准的，国务院卫生行政部门应当立即制定、修订。

第十七条　国务院卫生行政部门应当会同国务院有关部门，根据食品安全风险评估结果、食品安全监督管理信息，对食品安全状况进行综合分析。对经综合分析表明可能具有较高程度安全风险的食品，国务院卫生行政部门应当及时提出食品安全风险警示，并予以公布。

第三章　食品安全标准

第十八条　制定食品安全标准，应当以保障公众身体健康为宗旨，做到科学合理、安全可靠。

第十九条　食品安全标准是强制执行的标准。除食品安全标准外，不得制定其他的食品强制性标准。

第二十条　食品安全标准应当包括下列内容：

（一）食品、食品相关产品中的致病性微生物、农药残留、兽药残留、重金属、污染物质以及其他危害人体健康物质的限量规定；

（二）食品添加剂的品种、使用范围、用量；

（三）专供婴幼儿和其他特定人群的主辅食品的营养成分要求；

（四）对与食品安全、营养有关的标签、标识、说明书的要求；

（五）食品生产经营过程的卫生要求；

（六）与食品安全有关的质量要求；

（七）食品检验方法与规程；

（八）其他需要制定为食品安全标准的内容。

第二十一条　食品安全国家标准由国务院卫生行政部门负责制定、公布，国务院标准化行政部门提供国家标准编号。

食品中农药残留、兽药残留的限量规定及其检验方法与规程由国务院卫生行政部门、国务院农业行政部门制定。

屠宰畜、禽的检验规程由国务院有关主管部门会同国务院卫生行政部门制定。

有关产品国家标准涉及食品安全国家标准规定内容的，应当与食品安全国家标准相一致。

第二十二条　国务院卫生行政部门应当对现行的食用农产品质量安全标准、食品卫生标准、食品质量标准和有关食品的行业标准中强制执行的标准予以整合，统一公布为食品安全国家标准。

本法规定的食品安全国家标准公布前，食品生产经营者应当按照现行食用农产品质量安全标准、食品卫生标准、食品质量标准和有关食品的行业标准生产经营食品。

第二十三条　食品安全国家标准应当经食品安全国家标准审评委员会审查通过。食品安全国家标准审评委员会由医学、农业、食品、营养等方面的专家以及国务院有关部门的代表组成。

制定食品安全国家标准,应当依据食品安全风险评估结果并充分考虑食用农产品质量安全风险评估结果,参照相关的国际标准和国际食品安全风险评估结果,并广泛听取食品生产经营者和消费者的意见。

第二十四条　没有食品安全国家标准的,可以制定食品安全地方标准。

省、自治区、直辖市人民政府卫生行政部门组织制定食品安全地方标准,应当参照执行本法有关食品安全国家标准制定的规定,并报国务院卫生行政部门备案。

第二十五条　企业生产的食品没有食品安全国家标准或者地方标准的,应当制定企业标准,作为组织生产的依据。国家鼓励食品生产企业制定严于食品安全国家标准或者地方标准的企业标准。企业标准应当报省级卫生行政部门备案,在本企业内部适用。

第二十六条　食品安全标准应当供公众免费查阅。

第四章　食品生产经营

第二十七条　食品生产经营应当符合食品安全标准,并符合下列要求:

(一)具有与生产经营的食品品种、数量相适应的食品原料处理和食品加工、包装、贮存等场所,保持该场所环境整洁,并与有毒、有害场所以及其他污染源保持规定的距离;

(二)具有与生产经营的食品品种、数量相适应的生产经营设备或者设施,有相应的消毒、更衣、盥洗、采光、照明、通风、防腐、防尘、防蝇、防鼠、防虫、洗涤以及处理废水、存放垃圾和废弃物的设备或者设施;

(三)有食品安全专业技术人员、管理人员和保证食品安全的规章制度;

(四)具有合理的设备布局和工艺流程,防止待加工食品与直接入口食品、原料与成品交叉污染,避免食品接触有毒物、不洁物;

(五)餐具、饮具和盛放直接入口食品的容器,使用前应当洗净、消毒,炊具、用具用后应当洗净,保持清洁;

(六)贮存、运输和装卸食品的容器、工具和设备应当安全、无害,保持清洁,防止食品污染,并符合保证食品安全所需的温度等特殊要求,不得将食品与有毒、有害物品一同运输;

(七)直接入口的食品应当有小包装或者使用无毒、清洁的包装材料、餐具;

(八)食品生产经营人员应当保持个人卫生,生产经营食品时,应当将手洗净,穿戴清洁的工作衣、帽;销售无包装的直接入口食品时,应当使用无毒、清洁的售货工具;

(九)用水应当符合国家规定的生活饮用水卫生标准;

(十)使用的洗涤剂、消毒剂应当对人体安全、无害;

(十一)法律、法规规定的其他要求。

第二十八条　禁止生产经营下列食品：

（一）用非食品原料生产的食品或者添加食品添加剂以外的化学物质和其他可能危害人体健康物质的食品，或者用回收食品作为原料生产的食品；

（二）致病性微生物、农药残留、兽药残留、重金属、污染物质以及其他危害人体健康的物质含量超过食品安全标准限量的食品；

（三）营养成分不符合食品安全标准的专供婴幼儿和其他特定人群的主辅食品；

（四）腐败变质、油脂酸败、霉变生虫、污秽不洁、混有异物、掺假掺杂或者感官性状异常的食品；

（五）病死、毒死或者死因不明的禽、畜、兽、水产动物肉类及其制品；

（六）未经动物卫生监督机构检疫或者检疫不合格的肉类，或者未经检验或者检验不合格的肉类制品；

（七）被包装材料、容器、运输工具等污染的食品；

（八）超过保质期的食品；

（九）无标签的预包装食品；

（十）国家为防病等特殊需要明令禁止生产经营的食品；

（十一）其他不符合食品安全标准或者要求的食品。

第二十九条　国家对食品生产经营实行许可制度。从事食品生产、食品流通、餐饮服务，应当依法取得食品生产许可、食品流通许可、餐饮服务许可。

取得食品生产许可的食品生产者在其生产场所销售其生产的食品，不需要取得食品流通的许可；取得餐饮服务许可的餐饮服务提供者在其餐饮服务场所出售其制作加工的食品，不需要取得食品生产和流通的许可；农民个人销售其自产的食用农产品，不需要取得食品流通的许可。

食品生产加工小作坊和食品摊贩从事食品生产经营活动，应当符合本法规定的与其生产经营规模、条件相适应的食品安全要求，保证所生产经营的食品卫生、无毒、无害，有关部门应当对其加强监督管理，具体管理办法由省、自治区、直辖市人民代表大会常务委员会依照本法制定。

第三十条　县级以上地方人民政府鼓励食品生产加工小作坊改进生产条件；鼓励食品摊贩进入集中交易市场、店铺等固定场所经营。

第三十一条　县级以上质量监督、工商行政管理、食品药品监督管理部门应当依照《中华人民共和国行政许可法》的规定，审核申请人提交的本法第二十七条第一项至第四项规定要求的相关资料，必要时对申请人的生产经营场所进行现场核查；对符合规定条件的，决定准予许可；对不符合规定条件的，决定不予许可并书面说明理由。

第三十二条　食品生产经营企业应当建立健全本单位的食品安全管理制度，加强对职工食品安全知识的培训，配备专职或者兼职食品安全管理人员，做好对所生产经营食品的检验工作,依法从事食品生产经营活动。

第三十三条 国家鼓励食品生产经营企业符合良好生产规范要求,实施危害分析与关键控制点体系,提高食品安全管理水平。

对通过良好生产规范、危害分析与关键控制点体系认证的食品生产经营企业,认证机构应当依法实施跟踪调查;对不再符合认证要求的企业,应当依法撤销认证,及时向有关质量监督、工商行政管理、食品药品监督管理部门通报,并向社会公布。认证机构实施跟踪调查不收取任何费用。

第三十四条 食品生产经营者应当建立并执行从业人员健康管理制度。患有痢疾、伤寒、病毒性肝炎等消化道传染病的人员,以及患有活动性肺结核、化脓性或者渗出性皮肤病等有碍食品安全的疾病的人员,不得从事接触直接入口食品的工作。

食品生产经营人员每年应当进行健康检查,取得健康证明后方可参加工作。

第三十五条 食用农产品生产者应当依照食品安全标准和国家有关规定使用农药、肥料、生长调节剂、兽药、饲料和饲料添加剂等农业投入品。食用农产品的生产企业和农民专业合作经济组织应当建立食用农产品生产记录制度。

县级以上农业行政部门应当加强对农业投入品使用的管理和指导,建立健全农业投入品的安全使用制度。

第三十六条 食品生产者采购食品原料、食品添加剂、食品相关产品,应当查验供货者的许可证和产品合格证明文件;对无法提供合格证明文件的食品原料,应当依照食品安全标准进行检验;不得采购或者使用不符合食品安全标准的食品原料、食品添加剂、食品相关产品。

食品生产企业应当建立食品原料、食品添加剂、食品相关产品进货查验记录制度,如实记录食品原料、食品添加剂、食品相关产品的名称、规格、数量、供货者名称及联系方式、进货日期等内容。

食品原料、食品添加剂、食品相关产品进货查验记录应当真实,保存期限不得少于二年。

第三十七条 食品生产企业应当建立食品出厂检验记录制度,查验出厂食品的检验合格证和安全状况,并如实记录食品的名称、规格、数量、生产日期、生产批号、检验合格证号、购货者名称及联系方式、销售日期等内容。

食品出厂检验记录应当真实,保存期限不得少于二年。

第三十八条 食品、食品添加剂和食品相关产品的生产者,应当依照食品安全标准对所生产的食品、食品添加剂和食品相关产品进行检验,检验合格后方可出厂或者销售。

第三十九条 食品经营者采购食品,应当查验供货者的许可证和食品合格的证明文件。

食品经营企业应当建立食品进货查验记录制度,如实记录食品的名称、规格、数量、生产批号、保质期、供货者名称及联系方式、进货日期等内容。

食品进货查验记录应当真实，保存期限不得少于二年。

实行统一配送经营方式的食品经营企业，可以由企业总部统一查验供货者的许可证和食品合格的证明文件，进行食品进货查验记录。

第四十条　食品经营者应当按照保证食品安全的要求贮存食品，定期检查库存食品，及时清理变质或者超过保质期的食品。

第四十一条　食品经营者贮存散装食品，应当在贮存位置标明食品的名称、生产日期、保质期、生产者名称及联系方式等内容。

食品经营者销售散装食品，应当在散装食品的容器、外包装上标明食品的名称、生产日期、保质期、生产经营者名称及联系方式等内容。

第四十二条　预包装食品的包装上应当有标签。标签应当标明下列事项：

（一）名称、规格、净含量、生产日期；

（二）成分或者配料表；

（三）生产者的名称、地址、联系方式；

（四）保质期；

（五）产品标准代号；

（六）贮存条件；

（七）所使用的食品添加剂在国家标准中的通用名称；

（八）生产许可证编号；

（九）法律、法规或者食品安全标准规定必须标明的其他事项。

专供婴幼儿和其他特定人群的主辅食品，其标签还应当标明主要营养成分及其含量。

第四十三条　国家对食品添加剂的生产实行许可制度。申请食品添加剂生产许可的条件、程序，按照国家有关工业产品生产许可证管理的规定执行。

第四十四条　申请利用新的食品原料从事食品生产或者从事食品添加剂新品种、食品相关产品新品种生产活动的单位或者个人，应当向国务院卫生行政部门提交相关产品的安全性评估材料。国务院卫生行政部门应当自收到申请之日起六十日内组织对相关产品的安全性评估材料进行审查；对符合食品安全要求的，依法决定准予许可并予以公布；对不符合食品安全要求的，决定不予许可并书面说明理由。

第四十五条　食品添加剂应当在技术上确有必要且经过风险评估证明安全可靠，方可列入允许使用的范围。国务院卫生行政部门应当根据技术必要性和食品安全风险评估结果，及时对食品添加剂的品种、使用范围、用量的标准进行修订。

第四十六条　食品生产者应当依照食品安全标准关于食品添加剂的品种、使用范围、用量的规定使用食品添加剂；不得在食品生产中使用食品添加剂以外的化学物质和其他可能危害人体健康的物质。

第四十七条 食品添加剂应当有标签、说明书和包装。标签、说明书应当载明本法第四十二条第一款第一项至第六项、第八项、第九项规定的事项,以及食品添加剂的使用范围、用量、使用方法,并在标签上载明"食品添加剂"字样。

第四十八条 食品和食品添加剂的标签、说明书,不得含有虚假、夸大的内容,不得涉及疾病预防、治疗功能。生产者对标签、说明书上所载明的内容负责。

食品和食品添加剂的标签、说明书应当清楚、明显,容易辨识。

食品和食品添加剂与其标签、说明书所载明的内容不符的,不得上市销售。

第四十九条 食品经营者应当按照食品标签标示的警示标志、警示说明或者注意事项的要求,销售预包装食品。

第五十条 生产经营的食品中不得添加药品,但是可以添加按照传统既是食品又是中药材的物质。按照传统既是食品又是中药材的物质的目录由国务院卫生行政部门制定、公布。

第五十一条 国家对声称具有特定保健功能的食品实行严格监管。有关监督管理部门应当依法履职,承担责任。具体管理办法由国务院规定。

声称具有特定保健功能的食品不得对人体产生急性、亚急性或者慢性危害,其标签、说明书不得涉及疾病预防、治疗功能,内容必须真实,应当载明适宜人群、不适宜人群、功效成分或者标志性成分及其含量等;产品的功能和成分必须与标签、说明书相一致。

第五十二条 集中交易市场的开办者、柜台出租者和展销会举办者,应当审查入场食品经营者的许可证,明确入场食品经营者的食品安全管理责任,定期对入场食品经营者的经营环境和条件进行检查,发现食品经营者有违反本法规定的行为的,应当及时制止并立即报告所在地县级工商行政管理部门或者食品药品监督管理部门。

集中交易市场的开办者、柜台出租者和展销会举办者未履行前款规定义务,本市场发生食品安全事故的,应当承担连带责任。

第五十三条 国家建立食品召回制度。食品生产者发现其生产的食品不符合食品安全标准,应当立即停止生产,召回已经上市销售的食品,通知相关生产经营者和消费者,并记录召回和通知情况。

食品经营者发现其经营的食品不符合食品安全标准,应当立即停止经营,通知相关生产经营者和消费者,并记录停止经营和通知情况。食品生产者认为应当召回的,应当立即召回。

食品生产者应当对召回的食品采取补救、无害化处理、销毁等措施,并将食品召回和处理情况向县级以上质量监督部门报告。

食品生产经营者未依照本条规定召回或者停止经营不符合食品安全标准的食品的,县级以上质量监督、工商行政管理、食品药品监督管理部门可以责令其召回或者停止经营。

第五十四条　食品广告的内容应当真实合法，不得含有虚假、夸大的内容，不得涉及疾病预防、治疗功能。

食品安全监督管理部门或者承担食品检验职责的机构、食品行业协会、消费者协会不得以广告或者其他形式向消费者推荐食品。

第五十五条　社会团体或者其他组织、个人在虚假广告中向消费者推荐食品，使消费者的合法权益受到损害的，与食品生产经营者承担连带责任。

第五十六条　地方各级人民政府鼓励食品规模化生产和连锁经营、配送。

第五章　食品检验

第五十七条　食品检验机构按照国家有关认证认可的规定取得资质认定后，方可从事食品检验活动。但是，法律另有规定的除外。

食品检验机构的资质认定条件和检验规范，由国务院卫生行政部门规定。

本法施行前经国务院有关主管部门批准设立或者经依法认定的食品检验机构，可以依照本法继续从事食品检验活动。

第五十八条　食品检验由食品检验机构指定的检验人独立进行。

检验人应当依照有关法律、法规的规定，并依照食品安全标准和检验规范对食品进行检验，尊重科学，恪守职业道德，保证出具的检验数据和结论客观、公正，不得出具虚假的检验报告。

第五十九条　食品检验实行食品检验机构与检验人负责制。食品检验报告应当加盖食品检验机构公章，并有检验人的签名或者盖章。食品检验机构和检验人对出具的食品检验报告负责。

第六十条　食品安全监督管理部门对食品不得实施免检。

县级以上质量监督、工商行政管理、食品药品监督管理部门应当对食品进行定期或者不定期的抽样检验。进行抽样检验，应当购买抽取的样品，不收取检验费和其他任何费用。

县级以上质量监督、工商行政管理、食品药品监督管理部门在执法工作中需要对食品进行检验的，应当委托符合本法规定的食品检验机构进行，并支付相关费用。对检验结论有异议的，可以依法进行复检。

第六十一条　食品生产经营企业可以自行对所生产的食品进行检验，也可以委托符合本法规定的食品检验机构进行检验。

食品行业协会等组织、消费者需要委托食品检验机构对食品进行检验的，应当委托符合本法规定的食品检验机构进行。

第六章　食品进出口

第六十二条　进口的食品、食品添加剂以及食品相关产品应当符合我国食品安全国家标准。

进口的食品应当经出入境检验检疫机构检验合格后,海关凭出入境检验检疫机构签发的通关证明放行。

第六十三条 进口尚无食品安全国家标准的食品,或者首次进口食品添加剂新品种、食品相关产品新品种,进口商应当向国务院卫生行政部门提出申请并提交相关的安全性评估材料。国务院卫生行政部门依照本法第四十四条的规定作出是否准予许可的决定,并及时制定相应的食品安全国家标准。

第六十四条 境外发生的食品安全事件可能对我国境内造成影响,或者在进口食品中发现严重食品安全问题的,国家出入境检验检疫部门应当及时采取风险预警或者控制措施,并向国务院卫生行政、农业行政、工商行政管理和国家食品药品监督管理部门通报。接到通报的部门应当及时采取相应措施。

第六十五条 向我国境内出口食品的出口商或者代理商应当向国家出入境检验检疫部门备案。向我国境内出口食品的境外食品生产企业应当经国家出入境检验检疫部门注册。

国家出入境检验检疫部门应当定期公布已经备案的出口商、代理商和已经注册的境外食品生产企业名单。

第六十六条 进口的预包装食品应当有中文标签、中文说明书。标签、说明书应当符合本法以及我国其他有关法律、行政法规的规定和食品安全国家标准的要求,载明食品的原产地以及境内代理商的名称、地址、联系方式。预包装食品没有中文标签、中文说明书或者标签、说明书不符合本条规定的,不得进口。

第六十七条 进口商应当建立食品进口和销售记录制度,如实记录食品的名称、规格、数量、生产日期、生产或者进口批号、保质期、出口商和购货者名称及联系方式、交货日期等内容。

食品进口和销售记录应当真实,保存期限不得少于两年。

第六十八条 出口的食品由出入境检验检疫机构进行监督、抽检,海关凭出入境检验检疫机构签发的通关证明放行。

出口食品生产企业和出口食品原料种植、养殖场应当向国家出入境检验检疫部门备案。

第六十九条 国家出入境检验检疫部门应当收集、汇总进出口食品安全信息,并及时通报相关部门、机构和企业。

国家出入境检验检疫部门应当建立进出口食品的进口商、出口商和出口食品生产企业的信誉记录,并予以公布。对有不良记录的进口商、出口商和出口食品生产企业,应当加强对其进出口食品的检验检疫。

第七章 食品安全事故处置

第七十条 国务院组织制定国家食品安全事故应急预案。

县级以上地方人民政府应当根据有关法律、法规的规定和上级人民政府的食品安全事故应急预案以及本地区的实际情况,制定本行政区域的食品安全事故应急预案,并报上一级人民政府备案。

食品生产经营企业应当制定食品安全事故处置方案,定期检查本企业各项食品安全防范措施的落实情况,及时消除食品安全事故隐患。

第七十一条　发生食品安全事故的单位应当立即予以处置,防止事故扩大。事故发生单位和接收病人进行治疗的单位应当及时向事故发生地县级卫生行政部门报告。

农业行政、质量监督、工商行政管理、食品药品监督管理部门在日常监督管理中发现食品安全事故,或者接到有关食品安全事故的举报,应当立即向卫生行政部门通报。

发生重大食品安全事故的,接到报告的县级卫生行政部门应当按照规定向本级人民政府和上级人民政府卫生行政部门报告。县级人民政府和上级人民政府卫生行政部门应当按照规定上报。

任何单位或者个人不得对食品安全事故隐瞒、谎报、缓报,不得毁灭有关证据。

第七十二条　县级以上卫生行政部门接到食品安全事故的报告后,应当立即会同有关农业行政、质量监督、工商行政管理、食品药品监督管理部门进行调查处理,并采取下列措施,防止或者减轻社会危害:

(一)开展应急救援工作,对因食品安全事故导致人身伤害的人员,卫生行政部门应当立即组织救治;

(二)封存可能导致食品安全事故的食品及其原料,并立即进行检验;对确认属于被污染的食品及其原料,责令食品生产经营者依照本法第五十三条的规定予以召回、停止经营并销毁;

(三)封存被污染的食品用工具及用具,并责令进行清洗消毒;

(四)做好信息发布工作,依法对食品安全事故及其处理情况进行发布,并对可能产生的危害加以解释、说明。

发生重大食品安全事故的,县级以上人民政府应当立即成立食品安全事故处置指挥机构,启动应急预案,依照前款规定进行处置。

第七十三条　发生重大食品安全事故,设区的市级以上人民政府卫生行政部门应当立即会同有关部门进行事故责任调查,督促有关部门履行职责,向本级人民政府提出事故责任调查处理报告。

重大食品安全事故涉及两个以上省、自治区、直辖市的,由国务院卫生行政部门依照前款规定组织事故责任调查。

第七十四条　发生食品安全事故,县级以上疾病预防控制机构应当协助卫生行政部门和有关部门对事故现场进行卫生处理,并对与食品安全事故有关的因素开展流行病学调查。

第七十五条　调查食品安全事故,除了查明事故单位的责任,还应当查明负有监督管理和认证职责的监督管理部门、认证机构的工作人员失职、渎职情况。

第八章　监督管理

第七十六条　县级以上地方人民政府组织本级卫生行政、农业行政、质量监督、工商行政管理、食品药品监督管理部门制定本行政区域的食品安全年度监督管理计划,并按照年度计划组织开展工作。

第七十七条　县级以上质量监督、工商行政管理、食品药品监督管理部门履行各自食品安全监督管理职责,有权采取下列措施:

(一)进入生产经营场所实施现场检查;

(二)对生产经营的食品进行抽样检验;

(三)查阅、复制有关合同、票据、账簿以及其他有关资料;

(四)查封、扣押有证据证明不符合食品安全标准的食品,违法使用的食品原料、食品添加剂、食品相关产品,以及用于违法生产经营或者被污染的工具、设备;

(五)查封违法从事食品生产经营活动的场所。

县级以上农业行政部门应当依照《中华人民共和国农产品质量安全法》规定的职责,对食用农产品进行监督管理。

第七十八条　县级以上质量监督、工商行政管理、食品药品监督管理部门对食品生产经营者进行监督检查,应当记录监督检查的情况和处理结果。监督检查记录经监督检查人员和食品生产经营者签字后归档。

第七十九条　县级以上质量监督、工商行政管理、食品药品监督管理部门应当建立食品生产经营者食品安全信用档案,记录许可颁发、日常监督检查结果、违法行为查处等情况;根据食品安全信用档案的记录,对有不良信用记录的食品生产经营者增加监督检查频次。

第八十条　县级以上卫生行政、质量监督、工商行政管理、食品药品监督管理部门接到咨询、投诉、举报,对属于本部门职责的,应当受理,并及时进行答复、核实、处理;对不属于本部门职责的,应当书面通知并移交有权处理的部门处理。有权处理的部门应当及时处理,不得推诿;属于食品安全事故的,依照本法第七章有关规定进行处置。

第八十一条　县级以上卫生行政、质量监督、工商行政管理、食品药品监督管理部门应当按照法定权限和程序履行食品安全监督管理职责;对生产经营者的同一违法行为,不得给予二次以上罚款的行政处罚;涉嫌犯罪的,应当依法向公安机关移送。

第八十二条　国家建立食品安全信息统一公布制度。下列信息由国务院卫生行政部门统一公布:

(一)国家食品安全总体情况;

(二)食品安全风险评估信息和食品安全风险警示信息;

（三）重大食品安全事故及其处理信息；

（四）其他重要的食品安全信息和国务院确定的需要统一公布的信息。

前款第二项、第三项规定的信息，其影响限于特定区域的，也可以由有关省、自治区、直辖市人民政府卫生行政部门公布。县级以上农业行政、质量监督、工商行政管理、食品药品监督管理部门依据各自职责公布食品安全日常监督管理信息。

食品安全监督管理部门公布信息，应当做到准确、及时、客观。

第八十三条　县级以上地方卫生行政、农业行政、质量监督、工商行政管理、食品药品监督管理部门获知本法第八十二条第一款规定的需要统一公布的信息，应当向上级主管部门报告，由上级主管部门立即报告国务院卫生行政部门；必要时，可以直接向国务院卫生行政部门报告。

县级以上卫生行政、农业行政、质量监督、工商行政管理、食品药品监督管理部门应当相互通报获知的食品安全信息。

第九章　法律责任

第八十四条　违反本法规定，未经许可从事食品生产经营活动，或者未经许可生产食品添加剂的，由有关主管部门按照各自职责分工，没收违法所得、违法生产经营的食品、食品添加剂和用于违法生产经营的工具、设备、原料等物品；违法生产经营的食品、食品添加剂货值金额不足1万元的，并处2 000元以上5万元以下罚款；货值金额1万元以上的，并处货值金额五倍以上十倍以下罚款。

第八十五条　违反本法规定，有下列情形之一的，由有关主管部门按照各自职责分工，没收违法所得、违法生产经营的食品和用于违法生产经营的工具、设备、原料等物品；违法生产经营的食品货值金额不足1万元的，并处2 000元以上5万元以下罚款；货值金额1万元以上的，并处货值金额五倍以上十倍以下罚款；情节严重的，吊销许可证：

（一）用非食品原料生产食品或者在食品中添加食品添加剂以外的化学物质和其他可能危害人体健康的物质，或者用回收食品作为原料生产食品；

（二）生产经营致病性微生物、农药残留、兽药残留、重金属、污染物质以及其他危害人体健康的物质含量超过食品安全标准限量的食品；

（三）生产经营营养成分不符合食品安全标准的专供婴幼儿和其他特定人群的主辅食品；

（四）经营腐败变质、油脂酸败、霉变生虫、污秽不洁、混有异物、掺假掺杂或者感官性状异常的食品；

（五）经营病死、毒死或者死因不明的禽、畜、兽、水产动物肉类，或者生产经营病死、毒死或者死因不明的禽、畜、兽、水产动物肉类的制品；

（六）经营未经动物卫生监督机构检疫或者检疫不合格的肉类，或者生产经营未经检验或者检验不合格的肉类制品；

（七）经营超过保质期的食品；

（八）生产经营国家为防病等特殊需要明令禁止生产经营的食品；

（九）利用新的食品原料从事食品生产或者从事食品添加剂新品种、食品相关产品新品种生产，未经过安全性评估；

（十）食品生产经营者在有关主管部门责令其召回或者停止经营不符合食品安全标准的食品后，仍拒不召回或者停止经营的。

第八十六条　违反本法规定，有下列情形之一的，由有关主管部门按照各自职责分工，没收违法所得、违法生产经营的食品和用于违法生产经营的工具、设备、原料等物品；违法生产经营的食品货值金额不足1万元的，并处2 000元以上5万元以下罚款；货值金额1万元以上的，并处货值金额二倍以上五倍以下罚款；情节严重的，责令停产停业，直至吊销许可证：

（一）经营被包装材料、容器、运输工具等污染的食品；

（二）生产经营无标签的预包装食品、食品添加剂或者标签、说明书不符合本法规定的食品、食品添加剂；

（三）食品生产者采购、使用不符合食品安全标准的食品原料、食品添加剂、食品相关产品；

（四）食品生产经营者在食品中添加药品。

第八十七条　违反本法规定，有下列情形之一的，由有关主管部门按照各自职责分工，责令改正，给予警告；拒不改正的，处2 000元以上2万元以下罚款；情节严重的，责令停产停业，直至吊销许可证：

（一）未对采购的食品原料和生产的食品、食品添加剂、食品相关产品进行检验；

（二）未建立并遵守查验记录制度、出厂检验记录制度；

（三）制定食品安全企业标准未依照本法规定备案；

（四）未按规定要求贮存、销售食品或者清理库存食品；

（五）进货时未查验许可证和相关证明文件；

（六）生产的食品、食品添加剂的标签、说明书涉及疾病预防、治疗功能；

（七）安排患有本法第三十四条所列疾病的人员从事接触直接入口食品的工作。

第八十八条　违反本法规定，事故单位在发生食品安全事故后未进行处置、报告的，由有关主管部门按照各自职责分工，责令改正，给予警告；毁灭有关证据的，责令停产停业，并处二千元以上十万元以下罚款；造成严重后果的，由原发证部门吊销许可证。

第八十九条　违反本法规定，有下列情形之一的，依照本法第八十五条的规定给予处罚：

（一）进口不符合我国食品安全国家标准的食品；

（二）进口尚无食品安全国家标准的食品，或者首次进口食品添加剂新品种、食品相关产品新品种，未经过安全性评估；

（三）出口商未遵守本法的规定出口食品。

违反本法规定，进口商未建立并遵守食品进口和销售记录制度的，依照本法第八十七条的规定给予处罚。

第九十条　违反本法规定，集中交易市场的开办者、柜台出租者、展销会的举办者允许未取得许可的食品经营者进入市场销售食品，或者未履行检查、报告等义务的，由有关主管部门按照各自职责分工，处2 000元以上5万元以下罚款；造成严重后果的，责令停业，由原发证部门吊销许可证。

第九十一条　违反本法规定，未按照要求进行食品运输的，由有关主管部门按照各自职责分工，责令改正，给予警告；拒不改正的，责令停产停业，并处2 000元以上5万元以下罚款；情节严重的，由原发证部门吊销许可证。

第九十二条　被吊销食品生产、流通或者餐饮服务许可证的单位，其直接负责的主管人员自处罚决定作出之日起五年内不得从事食品生产经营管理工作。

食品生产经营者聘用不得从事食品生产经营管理工作的人员从事管理工作的，由原发证部门吊销许可证。

第九十三条　违反本法规定，食品检验机构、食品检验人员出具虚假检验报告的，由授予其资质的主管部门或者机构撤销该检验机构的检验资格；依法对检验机构直接负责的主管人员和食品检验人员给予撤职或者开除的处分。

违反本法规定，受到刑事处罚或者开除处分的食品检验机构人员，自刑罚执行完毕或者处分决定作出之日起十年内不得从事食品检验工作。食品检验机构聘用不得从事食品检验工作的人员的，由授予其资质的主管部门或者机构撤销该检验机构的检验资格。

第九十四条　违反本法规定，在广告中对食品质量作虚假宣传，欺骗消费者的，依照《中华人民共和国广告法》的规定给予处罚。

违反本法规定，食品安全监督管理部门或者承担食品检验职责的机构、食品行业协会、消费者协会以广告或者其他形式向消费者推荐食品的，由有关主管部门没收违法所得，依法对直接负责的主管人员和其他直接责任人员给予记大过、降级或者撤职的处分。

第九十五条　违反本法规定，县级以上地方人民政府在食品安全监督管理中未履行职责，本行政区域出现重大食品安全事故、造成严重社会影响的，依法对直接负责的主管人员和其他直接责任人员给予记大过、降级、撤职或者开除的处分。

违反本法规定，县级以上卫生行政、农业行政、质量监督、工商行政管理、食品药品监督管理部门或者其他有关行政部门不履行本法规定的职责或者滥用职权、玩忽职守、徇私舞弊的，依法对直接负责的主管人员和其他直接责任人员给予记大过或者降级的处分；造成严重后果的，给予撤职或者开除的处分；其主要负责人应当引咎辞职。

第九十六条　违反本法规定,造成人身、财产或者其他损害的,依法承担赔偿责任。

生产不符合食品安全标准的食品或者销售明知是不符合食品安全标准的食品,消费者除要求赔偿损失外,还可以向生产者或者销售者要求支付价款十倍的赔偿金。

第九十七条　违反本法规定,应当承担民事赔偿责任和缴纳罚款、罚金,其财产不足以同时支付时,先承担民事赔偿责任。

第九十八条　违反本法规定,构成犯罪的,依法追究刑事责任。

第十章　附则

第九十九条　本法下列用语的含义:

食品,指各种供人食用或者饮用的成品和原料以及按照传统既是食品又是药品的物品,但是不包括以治疗为目的的物品。

食品安全,指食品无毒、无害,符合应当有的营养要求,对人体健康不造成任何急性、亚急性或者慢性危害。

预包装食品,指预先定量包装或者制作在包装材料和容器中的食品。

食品添加剂,指为改善食品品质和色、香、味以及为防腐、保鲜和加工工艺的需要而加入食品中的人工合成或者天然物质。

用于食品的包装材料和容器,指包装、盛放食品或者食品添加剂用的纸、竹、木、金属、搪瓷、陶瓷、塑料、橡胶、天然纤维、化学纤维、玻璃等制品和直接接触食品或者食品添加剂的涂料。

用于食品生产经营的工具、设备,指在食品或者食品添加剂生产、流通、使用过程中直接接触食品或者食品添加剂的机械、管道、传送带、容器、用具、餐具等。

用于食品的洗涤剂、消毒剂,指直接用于洗涤或者消毒食品、餐饮具以及直接接触食品的工具、设备或者食品包装材料和容器的物质。

保质期,指预包装食品在标签指明的贮存条件下保持品质的期限。

食源性疾病,指食品中致病因素进入人体引起的感染性、中毒性等疾病。

食物中毒,指食用了被有毒有害物质污染的食品或者食用了含有毒有害物质的食品后出现的急性、亚急性疾病。

食品安全事故,指食物中毒、食源性疾病、食品污染等源于食品,对人体健康有危害或者可能有危害的事故。

第一百条　食品生产经营者在本法施行前已经取得相应许可证的,该许可证继续有效。

第一百零一条　乳品、转基因食品、生猪屠宰、酒类和食盐的食品安全管理,适用本法;法律、行政法规另有规定的,依照其规定。

第一百零二条　铁路运营中食品安全的管理办法由国务院卫生行政部门会同国务院有关部门依照本法制定。

军队专用食品和自供食品的食品安全管理办法由中央军事委员会依照本法制定。

第一百零三条　国务院根据实际需要，可以对食品安全监督管理体制作出调整。

第一百零四条　本法自2009年6月1日起施行。《中华人民共和国食品卫生法》同时废止。

7.《旅游投诉处理办法》

《旅游投诉处理办法》已经2010年1月4日国家旅游局第1次局长办公会议审议通过。现予公布，自2010年7月1日起施行。

国家旅游局局长　邵琪伟

二〇一〇年五月五日

第一章　总则

第一条　为了维护旅游者和旅游经营者的合法权益，依法公正处理旅游投诉，依据《中华人民共和国消费者权益保护法》、《旅行社条例》、《导游人员管理条例》和《中国公民出国旅游管理办法》等法律、法规，制定本办法。

第二条　本办法所称旅游投诉，是指旅游者认为旅游经营者损害其合法权益，请求旅游行政管理部门、旅游质量监督管理机构或者旅游执法机构（以下统称"旅游投诉处理机构"），对双方发生的民事争议进行处理的行为。

第三条　旅游投诉处理机构应当在其职责范围内处理旅游投诉。

地方各级旅游行政主管部门应当在本级人民政府的领导下，建立、健全相关行政管理部门共同处理旅游投诉的工作机制。

第四条　旅游投诉处理机构在处理旅游投诉中，发现被投诉人或者其从业人员有违法或犯罪行为的，应当按照法律、法规和规章的规定，作出行政处罚、向有关行政管理部门提出行政处罚建议或者移送司法机关。

第二章　管辖

第五条　旅游投诉由旅游合同签订地或者被投诉人所在地县级以上地方旅游投诉处理机构管辖。

需要立即制止、纠正被投诉人的损害行为的，应当由损害行为发生地旅游投诉处理机构管辖。

第六条　上级旅游投诉处理机构有权处理下级旅游投诉处理机构管辖的投诉案件。

第七条　发生管辖争议的，旅游投诉处理机构可以协商确定，或者报请共同的上级旅游投诉处理机构指定管辖。

第三章 受理

第八条 投诉人可以就下列事项向旅游投诉处理机构投诉：

(一) 认为旅游经营者违反合同约定的；

(二) 因旅游经营者的责任致使投诉人人身、财产受到损害的；

(三) 因不可抗力、意外事故致使旅游合同不能履行或者不能完全履行，投诉人与被投诉人发生争议的；

(四) 其他损害旅游者合法权益的。

第九条 下列情形不予受理：

(一) 人民法院、仲裁机构、其他行政管理部门或者社会调解机构已经受理或者处理的；

(二) 旅游投诉处理机构已经作出处理，且没有新情况、新理由的；

(三) 不属于旅游投诉处理机构职责范围或者管辖范围的；

(四) 超过旅游合同结束之日 90 天的；

(五) 不符合本办法第十条规定的旅游投诉条件的；

(六) 本办法规定情形之外的其他经济纠纷。

属于前款第(三)项规定的情形的，旅游投诉处理机构应当及时告知投诉人向有管辖权的旅游投诉处理机构或者有关行政管理部门投诉。

第十条 旅游投诉应当符合下列条件：

(一) 投诉人与投诉事项有直接利害关系；

(二) 有明确的被投诉人、具体的投诉请求、事实和理由。

第十一条 旅游投诉一般应当采取书面形式，一式两份，并载明下列事项：

(一) 投诉人的姓名、性别、国籍、通讯地址、邮政编码、联系电话及投诉日期；

(二) 被投诉人的名称、所在地；

(三) 投诉的要求、理由及相关的事实根据。

第十二条 投诉事项比较简单的，投诉人可以口头投诉，由旅游投诉处理机构进行记录或者登记，并告知被投诉人；对于不符合受理条件的投诉，旅游投诉处理机构可以口头告知投诉人不予受理及其理由，并进行记录或者登记。

第十三条 投诉人委托代理人进行投诉活动的，应当向旅游投诉处理机构提交授权委托书，并载明委托权限。

第十四条 投诉人 4 人以上，以同一事由投诉同一被投诉人的，为共同投诉。

共同投诉可以由投诉人推选 1 至 3 名代表进行投诉。代表人参加旅游投诉处理机构处理投诉过程的行为，对全体投诉人发生效力，但代表人变更、放弃投诉请求或者进行和解，应当经全体投诉人同意。

第十五条 旅游投诉处理机构接到投诉，应当在 5 个工作日内作出以下处理：

（一）投诉符合本办法的，予以受理；

（二）投诉不符合本办法的，应当向投诉人送达《旅游投诉不予受理通知书》，告知不予受理的理由；

（三）依照有关法律、法规和本办法规定，本机构无管辖权的，应当以《旅游投诉转办通知书》或者《旅游投诉转办函》，将投诉材料转交有管辖权的旅游投诉处理机构或者其他有关行政管理部门，并书面告知投诉人。

第四章　处理

第十六条　旅游投诉处理机构处理旅游投诉，除本办法另有规定外，实行调解制度。

旅游投诉处理机构应当在查明事实的基础上，遵循自愿、合法的原则进行调解，促使投诉人与被投诉人相互谅解，达成协议。

第十七条　旅游投诉处理机构处理旅游投诉，应当立案办理，填写《旅游投诉立案表》，并附有关投诉材料，在受理投诉之日起5个工作日内，将《旅游投诉受理通知书》和投诉书副本送达被投诉人。

对于事实清楚、应当即时制止或者纠正被投诉人损害行为的，可以不填写《旅游投诉立案表》和向被投诉人送达《旅游投诉受理通知书》，但应当对处理情况进行记录存档。

第十八条　被投诉人应当在接到通知之日起10日内作出书面答复，提出答辩的事实、理由和证据。

第十九条　投诉人和被投诉人应当对自己的投诉或者答辩提供证据。

第二十条　旅游投诉处理机构应当对双方当事人提出的事实、理由及证据进行审查。

旅游投诉处理机构认为有必要收集新的证据，可以根据有关法律、法规的规定，自行收集或者召集有关当事人进行调查。

第二十一条　需要委托其他旅游投诉处理机构协助调查、取证的，应当出具《旅游投诉调查取证委托书》，受委托的旅游投诉处理机构应当予以协助。

第二十二条　对专门性事项需要鉴定或者检测的，可以由当事人双方约定的鉴定或者检测部门鉴定。没有约定的，当事人一方可以自行向法定鉴定或者检测机构申请鉴定或者检测。

鉴定、检测费用按双方约定承担。没有约定的，由鉴定、检测申请方先行承担；达成调解协议后，按调解协议承担。

鉴定、检测的时间不计入投诉处理时间。

第二十三条　在投诉处理过程中，投诉人与被投诉人自行和解的，应当将和解结果告知旅游投诉处理机构；旅游投诉处理机构在核实后应当予以记录并由双方当事人、投诉处理人员签名或者盖章。

第二十四条　旅游投诉处理机构受理投诉后，应当积极安排当事双方进行调解，提出调解方案，促成双方达成调解协议。

第二十五条 旅游投诉处理机构应当在受理旅游投诉之日起60日内,作出以下处理:

(一) 双方达成调解协议的,应当制作《旅游投诉调解书》,载明投诉请求、查明的事实、处理过程和调解结果,由当事人双方签字并加盖旅游投诉处理机构印章;

(二) 调解不成的,终止调解,旅游投诉处理机构应当向双方当事人出具《旅游投诉终止调解书》。

调解不成的,或者调解书生效后没有执行的,投诉人可以按照国家法律、法规的规定,向仲裁机构申请仲裁或者向人民法院提起诉讼。

第二十六条 在下列情形下,经旅游投诉处理机构调解,投诉人与旅行社不能达成调解协议的,旅游投诉处理机构应当做出划拨旅行社质量保证金赔偿的决定,或向旅游行政管理部门提出划拨旅行社质量保证金的建议:

(一) 旅行社因解散、破产或者其他原因造成旅游者预交旅游费用损失的;

(二) 因旅行社中止履行旅游合同义务、造成旅游者滞留,而实际发生了交通、食宿或返程等必要及合理费用的。

第二十七条 旅游投诉处理机构应当每季度公布旅游者的投诉信息。

第二十八条 旅游投诉处理机构应当使用统一规范的旅游投诉处理信息系统。

第二十九条 旅游投诉处理机构应当为受理的投诉制作档案并妥善保管相关资料。

第三十条 本办法中有关文书式样,由国家旅游局统一制定。

第五章 附则

第三十一条 本办法由国家旅游局负责解释。

第三十二条 本办法自2010年7月1日起施行。《旅行社质量保证金暂行规定》、《旅行社质量保证金暂行规定实施细则》、《旅行社质量保证金赔偿暂行办法》同时废止。

8.《绿色旅游饭店》标准(LB/T007-2006)

前言

由于全球生态环境的日益恶化,保护环境、保障人类健康已受到全世界的关注。各国、各地区、各行业都颁布了相应的法律、法规,出台了各种政策、措施,制定了相应的行业准则以约束并促进组织的环境行为。因此,各类组织越来越重视自身活动、产品和服务对环境的影响。

旅游业的发展依赖于当地的环境状况,饭店业作为旅游业的支柱产业,在有效保护环境和合理利用资源方面的努力直接关系到旅游业的健康发展,并影响到社会的可持续发展。所以,饭店的环境管理工作被提上议事日程,而创建"绿色旅游饭店"是饭店环境管理的重要环节。

绿色旅游饭店是一种新的理念，它要求饭店将环境管理融入饭店经营管理中，以保护为出发点，调整饭店的发展战略、经营理念、管理模式、服务方式，实施清洁生产，提供符合人体安全、健康要求的产品，并引导社会公众的节约和环境意识、改变传统的消费观念、倡导绿色消费。它的实质是为饭店宾客提供符合环保要求的、高质量的产品，同时，在经营过程中节约能源、资源、减少排放，预防环境污染，不断提高产品质量。绿色饭店是一种方向和目标，是一个不断发展的概念，为指导现阶段的实践，本标准把绿色旅游饭店定义为：以可持续发展为理念，坚持清洁生产，倡导绿色消费，保护生态环境的饭店，其核心就是在生产经营过程中加强对环境的永续保护和资源的合理利用。

绿色旅游饭店的创建、实施与保持是一个不断发展的过程，在实践过程中应于饭店其他管理体系的运行相协调，是一个与饭店各方面的发展相互促进的过程。

饭店建成的年代有长短、经营的规模有大小、建筑的形式各不同，设备设施技术性能也有差别，因此在创建、实施过程中，需要根据饭店各自的实际情况采取不同的措施，并积极引入先进的环保技术和设备，获得环境绩效的持续改进。

本标准专为创建绿色旅游饭店、实施环境管理提供指导。并对创建绿色旅游饭店、实施和加强环境管理提供切实可行的建议。

由于环境保护技术的发展、对环境问题研究的深入以及饭店环境管理水平的提高和环境绩效的改善，本标准将根据实际情况不断修订和完善。

本标准的制定主要参考版本为浙江省地方标准《绿色饭店》(DB33/T326-2001)。

本标准由国家旅游局提出。2006 年 3 月 23 日发布。

本标准起草单位：国家旅游局质量规范与管理司、浙江省旅游局。

本标准主要起草人：满宏卫、刘士军、贺静、许澎、肖歌、王建平、朱海燕、徐晓村、谭湘萍、汪笑柏、杜觉祥、刘锦宏、鲁凯麟、张源。

1. 范围

本标准规定了创建绿色旅游饭店、实施和改进环境管理的要求。

本标准适用于任何要求创建绿色旅游饭店、实施和改进环境管理的旅游饭店。

2. 规范性引用文件

下列文件中的条款通过本标准的引用而成为本标准的条款。凡是注明日期的引用文件，其随后所有的修改单(不包括勘误的内容)或修订版均不适用于本标准，然而，鼓励根据本标准达成协议的各方面研究是否可使用这些文件的最新版本。凡是不注明日期的引用文件，其最新版本适用于本标准。

GB 12941-91	景观娱乐用水水质标准
GB 3095-1996	环境空气质量标准
GB/T 18883-2002	室内空气质量标准

GB 3096-93	城市区域环境噪声标准
GB 8978-1996	污水综合排放标准
GB 5749-1985	生活饮用水卫生标准
GB/T 12455-1990	宾馆、饭店合理用电
GB 13271-2001	锅炉大气污染物排放标准(GWPB3-1999)
GWPB5-2000	饮食业油烟排放标准
GB/T 9001-2004	质量管理体系　原则、体系和支持技术通用指南
GB/T 24001-2004	环境管理体系　原则、体系和支持技术通用指南

3. 定义

本标准采用下列定义。

3.1　绿色旅游饭店(Green Hotel)

以可持续发展为理念,坚持清洁生产(见 3.2)、倡导绿色消费(见 3.4),保护生态环境和合理使用资源的饭店。

3.2　清洁生产(Cleaner Production)

清洁生产是指不断采取改进设计、使用清洁的能源和原料、采用进行的工艺技术与设备、改善管理、综合利用等措施,从源头消减污染,提高资源利用效率,减少或者避免生产、服务和产品使用过程中污染物的产生和排放,以减轻或消除对人类健康和环境的危害。

3.3　绿色设计(Green Design)

绿色设计是指在设计阶段就将环境因素和预防污染的措施纳入产品设计之中,将环境性能作为产品的设计目标和出发点,力求使产品对环境的影响最小。在饭店设计中表现为饭店在建筑设计、室内设计和设施配置等方面充分考虑能源节约和生态环境保护,采用先进的技术和材料,使饭店符合绿色旅游饭店的相应标准。

3.4　绿色消费(Green Consumption)

指人们在购买物品和消费时,关注商品在生产、使用和废弃后对环境的影响问题,并在消费过程中关注环境保护的问题。

3.5　绿色客房(Green Room)

指无建筑、装修、噪声污染,室内环境符合人体健康要求的客房;客房内所有物品、用具及对它们的使用都符合环保要求。

3.6　绿色食品(Green Food)

指遵循可持续发展原则,按照特定的生产方式,经专门机构评定,许可使用绿色食品标志商标的无污染的安全、优质、营养类食品。

3.7　有机食品(Organic Food)

有机食品是指根据有机农业和有机食品生产、加工标准而生产出来的,经有机食品颁证组织颁发证书的食品。

3.8 环境标志(Environment Label)

环境标志是所在或贴在产品或其包装上宣传环境品质或特征的用语或象征符号。环境标志标明产品从生产、使用以及回收处置的整个过程符合环保要求,对生态环境无害或损害极小,有利于资源再生和回收利用。

3.9 绿色照明(Green Lighting)

安全、高效、紧凑型的以节电、保护环境为原则而设计的科学、有益健康的照明器具。

3.10 绿色服务(Green Service)

是指在服务过程中使用环保型的设施、设备、用具,并倡导绿色消费(见 3.4)的服务。

3.11 环境方针(Environment Policy)

组织对其全部环境表现的意图与原则的陈述,它为组织行为及环境目标和指标的建立提供了一个框架。

3.12 环境绩效(Environment Performance)

组织基于其环境方针、目标和指标,对其环境问题进行控制所取得的可测量的管理结果。

4. 基本原则

4.1 减量化原则

饭店在不影响产品及服务质量的前提下,尽量用较少的原料和能源投入。通过较小产品体积、减轻产品重量、简化产品包装,以达到降低成本、减少垃圾的目的,从而实现既定的经济效益和环境效益目标。

4.2 再使用原则

在确保不降低饭店的设施和服务的标准的前提下,物品要尽可能地变一次性使用为多次使用或调剂使用,不要轻易丢弃,减少一次性用品的使用范围和用量。

4.3 再循环原则

物品在使用后回收处理,成为可利用的再生资源。

4.4 为节约资源、减少污染,饭店使用无污染的物品或再生物品,作为某些物品的替代。

5. 管理的基本要求

5.1 饭店最高管理者承诺持续改进环境绩效和预防污染,并遵守有关环保、节能、卫生、防疫、规划等法律法规和其他要求。

5.2 最高管理者指定一名管理者分管绿色旅游饭店的创建、实施与运行,各部门设有负责环境管理的分管人员,形成管理网络,创造能使员工充分参与创建绿色饭店的内部环境。

5.3 饭店应制订环境方针,明确"创绿"目标和指标,建立并实施有关节能、环保和倡导绿色消费的规章制度。

5.4 各级管理者要定期检查饭店各部门的运行情况,有记录、有整改的措施,并有成效。

5.5 饭店主要公共场所和部门应有体现保护环境、注重生态的装饰,有倡导绿色消费的告示和文字说明,有相关的报刊杂志展示。

5.6 应对饭店全体员工进行全面的环境意识的培训和教育,使培训与实施办法同步进行。特别是对环境可能发生重大影响的工作岗位的员工要进行相应的技术培训。

6. 绿色旅游饭店等级与划分

绿色旅游饭店分金叶级和银叶级两个等级。

6.1 金叶级应具备

6.1.1 饭店建立绿色管理机构,形成管理网络;

6.1.2 自觉遵守国家有关节能、环保、卫生、防疫、规划等法律法规;

6.1.3 分区域、分部门安装水、电、汽计量表,并有完备的统计台账;

6.1.4 锅炉安装除尘处理设备;

6.1.5 厨房安装油烟净化装置,并运行正常;

6.1.6 污水处理设施完备或接入城市排污管网,不直接向河流等自然环境排放超标废水;

6.1.7 室内空气质量符合GB/T18883-2002《室内空气质量标准》的要求;

6.1.8 不加工和出售以野生保护动物为原料的食品;

6.1.9 一年内未出现重大环境污染事故,无环境方面的投诉;

6.1.10 达到附录B评定细则240分以上。

6.2 银叶级应具备

6.2.1 饭店建立绿色管理机构,形成管理网络;

6.2.2 自觉遵守国家有关节能、环保、卫生、防疫、规划等法律法规;

6.2.3 主要区域安装有水、电计量表,并建立台账或记录;

6.2.4 锅炉有除尘处理措施;

6.2.5 厨房有烟净化处理措施;

6.2.6 不直接向河流等自然环境排放超标废水;

6.2.7 不加工和出售以野生保护动物为原料的食品;

6.2.8 一年内未出现重大环境污染事故,无环境方面的投诉;

6.2.9 达到附录B评定细则180分以上。

7. 绿色设计

7.1 环境设计

7.1.1 饭店设计中有保护当地自然景观和生物多样性的设计。

7.1.2 饭店建设未造成当地植被、水系及生态的破坏。

7.2 建筑设计

7.2.1 饭店设计充分考虑自然采光的设计与运用。

7.2.2　设计中考虑隔热、保温材料的设计与运用。

7.2.3　饭店门窗和隔墙有减少噪音的设计。

7.2.4　采用新型墙体材料和环保装饰材料。

7.3　新能源的设计与运用

饭店在设计时能够根据当地实际情况，实现太阳能、生物质能、风能和地热等新能源及可再生能源的利用。

7.4　节水设计和其他

7.4.1　采用冷热电联供、集中供热等能源梯级利用技术。

7.4.2　饭店设计中有雨水收集利用系统。

7.4.3　饭店卫生间采用节水型坐便器。

7.4.4　饭店有中水系统设计。

7.4.5　饭店有减少污染排放的设计。

8. 能源管理

8.1　基础管理

8.1.1　建立耗能设备分类与计量仪表台账。

8.1.2　按部门或系统安装水、电、汽计量仪表，并设立计量仪表的数量、分布台账。

8.1.3　建立能源统计工作制度，有比较、分析、建议报告。

8.1.4　建立能耗定额、考核制度及奖惩办法。

8.1.5　管理者掌握饭店用能详细情况，问题清楚，目标明确，节能措施可行有效。

8.2　主要用能设备运行效率应遵循附录B的规定。

8.3　积极应用节能新技术（太阳能、风能、生物质能、海洋能、地热等），并保持运行良好。

8.4　积极采用多种节水措施。

9. 环境保护

9.1　污染控制

9.1.1　各类污水处理设备完备且运行正常。

9.1.2　污水排放符合GB 8978-1996《污水综合排放标准》的要求。

9.1.3　锅炉烟尘排放符合GB 13271-2001《锅炉大气污染物排放标准》（GWPB3-1999）的要求或使用集中供热。

9.1.4　厨房安装油烟净化设备且油烟排放符合GWPB5-2000《饮食业油烟排放标准》的要求。

9.1.5　饭店边界噪声符合GB 3096-93《城市区域环境噪声标准》。

9.1.6　固体废弃物处理符合国家有关法律法规的规定。

9.2　积极采用环保型设备、用品和材料

9.2.1　使用溴化锂吸收式等环保型的冷水机组。

9.2.2 使用环保型(无氟)空调。

9.2.3 使用环保型(无氟)冰箱。

9.2.4 不使用哈龙(F1211)灭火器。

9.3 室内环境

9.3.1 室内空气质量符合 GB/T 18883-2002《室内空气质量标准》的要求。

9.3.2 改造或新装修后的客用设施投入使用前,应采取必要的措施,减少有害物质。

9.3.3 采用有环境标志的装修材料。

9.4 绿化

9.4.1 以保护生态的原则做好室外绿化工作。

9.4.2 做好室内绿化,为宾客提供良好的消费环境。

10. 降低物资消耗

10.1 物资的使用总要求

饭店有降低及控制各类物品使用的措施,尽量做到减量使用、多次使用和替代使用。

10.2 降低客房物资消耗

10.2.1 减少客房各类棉织品洗涤次数。

10.2.2 客用品减量使用、多次使用。

10.2.3 取消、改变或简化客房生活、卫生用品的包装。

10.3 降低餐饮物资用品消耗

10.3.1 不使用一次性餐具、清洁用品。

10.3.2 合理利用食品加工中边角料的有效部分,减少浪费。

10.4 节约各类消耗品

10.4.1 节约用纸。

10.4.2 用分类洗涤等措施,节约使用清洁剂。

10.4.3 节约其他各类物资。

11. 提供绿色产品与服务

11.1 提供绿色客房

11.1.1 设有无烟客房楼层或无烟小楼。

11.1.2 客房楼层有新风系统。

11.1.3 积极采取措施降低客房物资用品耗量。

11.1.4 服务指南中有相关说明,服务程序或岗位职责中有具体规范要求。

11.1.5 配备空气清洁设备。

11.1.6 供应洁净饮用水。

11.1.7 放置对人体有益的绿色植物。

11.2 餐厅提供绿色服务

11.2.1　有绿色服务规范。

11.2.2　积极提供绿色食品。

11.2.3　零点餐厅和早餐厅设无烟区。

11.2.4　提供安全食品。

11.2.5　不以野生保护动物为食品原料。

11.2.6　拒绝使用损害环境的企业和厂家生产的产品。

12. 社会环境经济效益

12.1　社会环境效益

12.1.1　有系统的宣传措施。

12.1.2　得到社会的良好反映(有各种报道)。

12.1.3　得到宾客的支持和赞同(有反馈信函)。

12.1.4　宾客对饭店环境的满意程度达到80%以上(根据征求意见表统计)。

12.1.5　绿色客房出租率呈上升趋势,或绿色客房平均出租率超过饭店平均出租率。

12.2　经济效益

12.2.1　年能耗(电、水、燃料)费用占总营业收入的比例比上年下降或达到先进指标。

12.2.2　消耗品费用占总营业收入的比例比上年下降或达到先进指标。

12.3　建立绿色饭店管理体系

12.3.1　饭店设立绿色旅游饭店管理组织,建立绿色管理网络。

12.3.2　制定环境管理的目标和方针,建立健全节能环保等制度与措施。

12.3.3　遵守国家有关节能、环保、卫生、防疫等法律法规。

12.3.4　开展绿色环保活动,营造绿色氛围。

12.3.5　组织节能环保培训。

12.3.6　参加质量、环境、安全管理体系的认证。

13. 绿色旅游饭店的评定

13.1　参加评定资格

全国范围内,正式开业一年以上的旅游饭店。

13.2　评定机构和权限

13.2.1　全国旅游星级饭店评定机构统筹负责绿色旅游饭店的组织、领导、评定工作,制定评定工作的实施办法和评定细则,授权、督导省级以下旅游星级饭店评定机构开展绿色旅游饭店的评定工作,保有对各级旅游星级饭店评定机构所评绿色旅游饭店的否决权,并接受国家旅游局监督。

13.2.2　省、自治区、直辖市旅游星级饭店评定机构按照全国旅游星级饭店评定机构的授权和督导,组织本地区绿色旅游饭店的评定与复核工作,保有对本地区下级旅游星级饭店评定机构所评绿色旅游饭店的否决权。同时,负责将本地区所评绿色旅游饭店的批复和评定检查资料上报全国旅游星级饭店评定机构备案。评定机构应吸收有关专业技术部门代表参加,并接受各省、自治区、直辖市旅游局监督。

13.2.3 其他城市或行政区域旅游星级饭店评定机构按照全国旅游星级饭店评定机构的授权和所在地区省级旅游星级饭店评定机构的督导,实施本地区绿色旅游饭店的推荐、评定和复核工作。同时,负责将本地区绿色旅游饭店的推荐或评定检查资料上报省级旅游星级饭店评定机构。评定机构应吸收有关专业技术部门代表参加,并接受各城市或行政区域旅游局监督。

13.3 评定程序

13.3.1 饭店向所在城市或行政区域旅游星级饭店评定机构提交评定申请报告及有关表单。

13.3.2 饭店所在城市或行政区域旅游星级饭店评定机构(见13.2.3)向省级旅游星级饭店评定机构推荐申报饭店,或根据授权对申报饭店进行评定,并将有关评定检查情况上报省级旅游星级饭店评定机构备案。

13.3.3 省级旅游星级饭店评定机构对申报饭店进行评定。

13.3.4 评定后,达到标准要求的予以通过并公告,同时,上报全国旅游星级饭店评定机构备案,并由全国旅游星级饭店评定机构颁发证书及绿色旅游饭店标志牌。未达到标准要求的,不予通过。

13.4 人员资质

13.4.1 熟悉旅游以及相关行业的法律、法规和政策,精通环境管理基本知识。

13.4.2 思想品德好,能做到严格要求,认真负责,秉公办事,不谋私利。

13.4.3 了解饭店工程设备运行与管理,具有较丰富的饭店经营管理或行业管理经验。

13.4.4 具有较强的分析、研究能力,有一定的协调组织能力和口头、文字表达能力。

13.4.5 通过培训取得绿色饭店评定员资格。

13.5 标志管理

13.5.1 绿色旅游饭店标志实行自愿申请,强制管理制度。

13.5.2 经评定的绿色旅游饭店授予相应的标志,并颁发证书。

13.5.3 绿色旅游饭店标志牌由全国旅游星级饭店评定机构统一制作、核发,任何单位或个人未经授权或许可,不得擅自使用。

13.5.4 经评定的绿色旅游饭店,由省级旅游星级饭店评定机构每三年进行一次复核。复核结果上报全国旅游星级饭店评定机构备案。

13.5.5 标志的有效期为五年(自颁发证书之日起计算)。到期必须重新申请、评定。

13.5.6 企业在使用标志期间,一经发现与标准不符或给消费者带来直接的、间接的利益损害的行为即予以取消标志的使用权,并且在有关媒体予以公告。

13.5.7 凡标志使用有效期满而不继续申请的,不得继续使用标志。

9.《旅游安全管理暂行办法》

（国家旅游局令第1号　1990年2月20日发布）

第一章　总则

第一条　为加强旅游安全管理工作，保障旅游者人身、财物安全，根据有关法律、法规，制定本办法。

第二条　旅游安全管理工作应当贯彻“安全第一，预防为主”的方针。

第三条　本办法适用于从事经营旅游业务的企、事业单位。

第四条　各级旅游行政管理部门负责组织实施本办法。

第二章　安全管理

第五条　旅游安全管理工作应遵循统一指导、分级管理、以基层为主的原则。

第六条　各级旅游行政管理部门，必须建立和完善旅游安全管理机构。

第七条　各级旅游行政管理部门，在当地政府的领导下，会同有关部门，对旅游安全进行管理。

第八条　旅游安全管理机构的职责：

（一）指导、督促、检查本地区旅游企、事业单位贯彻执行本办法及国家制定的涉及旅游安全的各项法规的情况；

（二）组织、实施旅游安全教育和宣传；

（三）会同有关部门对旅游企、事业单位进行开业前的安全设施检查验收工作；

（四）督促、检查旅游企、事业单位落实有关旅游者人身、财物安全的保险制度；

（五）受理旅游者有关安全问题的投诉，并会同有关部门妥善处理；

（六）建立和健全安全检查工作制度，定期召开安全工作会议；

（七）参与涉及旅游者人身、财物安全的事故处理。

第三章　事故处理

第九条　事故发生单位在事故发生后，应按下列程序处理：

（一）陪同人员应当立即上报主管部门，主管部门应当及时报告归口管理部门；

（二）会同事故发生地的有关单位严格保护现场；

（三）协同有关部门进行抢救、侦查；

（四）有关单位负责人应及时赶赴现场处理；

（五）对特别重大事故，应当严格按照国务院《特别重大事故调查程序暂行规定》进行处理。

第十条　处理外国旅游者重大伤亡事故时，应当注意下列事项：

（一）立即通过外事管理部门通知有关国家驻华使领馆和组团单位；

（二）为前来了解、处理事故的外国使领馆人员的组团单位及伤亡者家属提供方便；

(三) 与有关部门协调,为国际急救组织前来参与对在国外投保的旅游者(团)的伤亡处理提供方便;

(四) 对在华死亡的外国旅游者严格按照外交部《外国人在华死亡后的处理程序》进行处理。

第十一条　对于外国旅游者的赔偿,按照国家有关保险规定妥善处理。

第十二条　事故处理后,立即写出事故调查报告,其内容包括:

(一) 事故经过及处理;

(二) 事故原因及责任;

(三) 事故教训;

(四) 今后防范措施。

第四章　奖励与惩罚

第十三条　在旅游安全工作中做出显著成绩或有突出贡献的单位或个人,给予表彰或奖励。

第十四条　对违反有关安全法规而造成旅游者伤亡事故和不履行本办法的,由旅游行政管理部门会同有关部门分别给予直接责任人和责任单位以下处罚:

(一) 警告;

(二) 罚款;

(三) 限期整改;

(四) 停业整顿;

(五) 吊销营业执照。

触犯刑律者,由司法机关依法追究。

第五章　附则

第十五条　本办法由国家旅游局负责解释。

第十六条　各省、自治区、直辖市旅游局可根据本办法,结合本地区的实际情况制定实施办法,并报国家旅游局备案。

第十七条　本办法自1990年3月1日起施行。

10.《保护世界文化和自然遗产公约》

(联合国教育、科学及文化组织大会第十七届会议于1972年11月16日在巴黎通过)

联合国教育、科学及文化组织大会于1972年10月17日至11月21日在巴黎举行的第十七届会议,注意到文化遗产和自然遗产越来越受到破坏的威胁,一方面因年久腐变所致,同时变化中的社会和经济条件使情况恶化,造成更加难以对付的损害或破坏现象,考虑到任何文化或自然遗产的坏变或丢失都有使全世界遗产枯竭的有害影响,考虑到国家一级保护这类遗产的工作往往不很完善,原因在于这项工作需要大量投入,而列为保护对象的财产的所在国却不具备充足的经济、科学和技术力量。回顾本组织《组织法》规定,本组织将通过保存和维护世界遗产和建议有关国家订立必要的国际公约来维护、增进和传播知识。而现有的关于文化和自然遗产的国际公约、建议和决议表明:保护不论属于哪国人民的这类罕见且无法替代的财产,对全世界人民都很重要,考虑到部分文化或自然遗产具有突出的重要性,因而需作为全人类世界遗产的一部分加以保护,考虑到鉴于威胁这类遗产的新危险的规模和严重性,整个国际社会有责任通过提供集体性援助来参与保护具有突出的普遍价值的文化和自然遗产,这种援助尽管不能代替有关国家采取的行动,但将成为它的有效补充;考虑到为此有必要通过采用公约形式的新规定,以便为集体保护具有突出的普遍价值的文化和自然遗产建立一个根据现代科学方法制定的永久性的有效制度,在大会第十六届会议上曾决定应就此问题制订一项国际公约,于 1972 年 11 月 16 日通过本公约。

一、文化和自然遗产的定义

第 1 条　在本公约中,以下各项为"文化遗产":文物:从历史、艺术或科学角度看具有突出的普遍价值的建筑物、碑雕和碑画、具有考古性质成份或结构、铭文、窟洞以及联合体;建筑群:从历史、艺术或科学角度看在建筑式样、分布均匀或与环境景色结合方面具有突出的普遍价值的单立或连接的建筑群;遗址:从历史、审美、人种学或人类学角度看具有突出的普遍价值的人类工程或自然与人联合工程以及考古地址等地方。

第 2 条　在本公约中,以下各项为"自然遗产",从审美或科学角度看具有突出的普遍价值的由物质和生物结构或这类结构群组成的自然面貌;从科学或保护角度看具有突出的普遍价值的地质和自然地理结构以及明确划为受威胁的动物和植物生境区;从科学、保护或自然美角度看具有突出的普遍价值的天然名胜或明确划分的自然区域。

第 3 条　本公约缔约国均可自行确定和划分上面第 1 条和第 2 条中提及的、本国领土内的文化和自然财产。

二、文化和自然遗产的国家保护和国际保护

第 4 条　本公约缔约国均承认,保证第 1 条和第 2 条中提及的、本国领土内的文化和自然遗产的确定、保护、保存、展出和遗传后代,主要是有关国家的责任。该国将为此目的竭尽全力,最大限度地利用本国资源,必要时利用所能获得的国际援助和合作,特别是财政、艺术、科学及技术方面的援助和合作。

第 5 条　为保护、保存和展出本国领土内的文化和自然遗产采取积极有效的措施,本公约各缔约国应视本国具体情况尽力做到以下几点:

(a) 通过一项旨在使文化和自然遗产在社会生活中起一定作用并把遗产保护纳入全面规划计划的总政策;

(b) 如本国内尚未建立负责文化和自然遗产的保护、保存和展出的机构，则建立一个或几个此类机构，配备适当的工作人员和为履行其职能所需的手段；

(c) 发展科学和技术研究，并制订出能够抵抗威胁本国自然遗产的危险的实际方法；

(d) 采取为确定、保护、保存、展出和恢复这类遗产所需的适当的法律、科学、技术、行政和财政措施；

(e) 促进建立或发展有关保护、保存和展出文化和自然遗产的国家或地区培训中心，并鼓励这方面的科学研究。

第 6 条　1. 本公约缔约国，在充分尊重第 1 条和第 2 条中提及的文化和自然遗产的所在国的主权，并不使国家立法规定的财产权受到损害的同时，承认这类遗产是世界遗产的一部分。因此，整个国际社会有责任合作予以保护。

2. 缔约国根据本公约的规定，应有关国家的要求帮助该国确定、保护、保存和展出第 11 条第 2 和第 4 段中提及的文化和自然遗产。

3. 本公约各缔约国不得故意采取任何可能直接或间接损害本公约其他缔约国领土内的第 1 条和第 2 条中提及的文化和自然遗产的措施。

第 7 条　在本公约中，世界文化和自然遗产的国际保护应被理解为建立一个旨在支持本公约缔约国保存和确定这类遗产的努力的国际合作的援助系统。

三、保护世界文化和自然遗产政府间委员会

第 8 条　1. 在联合国教育、科学及文化组织内，现建立一个保护具有突出的普遍价值的文化和自然遗产政府间委员会，称为“世界遗产委员会”。由联合国教育、科学及文化组织大会常会期间召集的本公约缔约国大会选出的 15 个缔约国组成。委员会成员国的数目将在至少 40 个缔约国实施本公约之后的大会常会之日起增至 21 个。

2. 委员会委员的选举须保证均衡地代表世界的不同地区和不同文化。

3. 国际文物保护与修复研究中心(罗马中心)的一名代表、国际古迹遗址理事会的一名代表以及国际及资源保护联盟的一名代表可以咨询者身份出席委员会的会议。此外，应联合国教育、科学及文化组织大会常会期间举行大会的本公约缔约国提出的要求，其他具有类似目标的政府间或非政府组织的代表亦可以咨询者身份出席委员会的会议。

第 9 条　1. 世界遗产委员会成员国的任期自当选之应届大会常会结束时起至应届大会后第三次常会闭幕时止。

2. 但是，第一次选举时指定的委员中，有三分之一的委员的任期应于当选之应届大会后第一次常会闭幕时截止；同时指定的委员中，另有三分之一的委员的任期应于当选之应届大会后第二次常会闭幕截止。这些委员由联合国教育、科学及文化组织大会主席在第上次选举后抽签决定。

3. 委员会员国应选派在文化或自然遗产方面有资历的人员担任代表。

第 10 条　1. 世界遗产委员会应通过其议事规则。

2. 委员会可随时邀请公共或私立组织或个人参加其会议，以就具体问题进行磋商。

3. 委员会可设立它认为为履行其职能所需的咨询机构。

第 11 条　1. 本公约备缔约国应尽力向世界遗产委员会递交一份关于本国领土内适于列入本条第 2 段所述《世界遗产目录》的、组成文化和自然遗产的财产的清单。这份清单不应当看作是齐全的，它应包括有关财产的所在地及其意义的文献资料。

2. 根据缔约国按照第 1 段规定递交的清单，委员会应制订、更新和出版一份《世界遗产目录》中所列的均为本公约第 1 条和第 2 条确定的文化遗产和自然遗产的组成部分，也是委员会按照自己制订的标准认为是具有突出的普遍价值的遗产。一份最新目录应至少每两年分发一次。

3. 把一项财产列入《世界遗产目录》需征得有关国家同意。当几个国家对某一领土的主权或管辖权均提出要求时，将该领土内的一项财产列入《目录》不得损害争端各方的权利。

4. 委员会应在必要时制订、更新和出版一份《处于危险的世界遗产目录》其中所列财产均为载于《世界遗产目录》之中、需要采取重大活动加以保护并为根据本公约要求给予援助的财产。《处于危险的世界遗产目录》应载有这类活动的费用概算，并只可包括文化和自然遗产中受到下述严重的特殊危险威胁的财产，这些危险是，蜕变加剧、大规模公共或私人工程、城市或旅游业迅速发展计划造成的消失威胁；土地的使用变动或易主造成的破坏；未知原因造成的重大变化、随意摈弃武装冲突的爆发或威胁；灾害和灾变；严重火灾、地震、山崩；火山爆发、水位变动、洪水和海啸等。委员会在紧急需要时随时在《处于危险的世界遗产目录》中增列新条目并立即予以发表。

5. 委员会应确定属于文化或自然遗产的财产可被列入本条第 2 和第 4 段中提及的目录所依据的标准。

6. 委员会在拒绝一项要求列入本条第 2 和第 4 段中提及的目录之一的申请之前，应与有关文化或自然财产所在缔约国磋商。

7. 委员会经与有关国家商定，应协调和鼓励为拟订本条第 2 和第 4 段中提及的目录所需进行的研究。

第 12 条　未被列入第 11 条第 2 和第 4 段提及的两个目录的属于文化或自然遗产的财产，决非意味着在列入这些目录的目的之外的其他领域不具有突出的普遍价值。

第 13 条　1. 世界遗产委员会应接收并研究本公约缔约国就已经列入或可能适于列入第 11 条第 2 和第 4 段中提及的目录的本国领土内成为文化或自然遗产的财产要求国际援助而递交的申请。这种申请的目的可能是保证这类财产得到保护、保存、展出或恢复。

2. 本条第1条中提的国际援助申请还可能涉及鉴定哪些财产属于第1和第2条确定的文化或自然遗产,当初步调查表明此项调查值得进行下去。

3. 委员会应该对这些申请所需采取的符动作出决定,必要时应确定其援助的性质和程度,并授权以它的名义与有关政府作出必要的安排。

4. 委员会应制订其活动的优先顺序并在进行这项工作时应考虑到需予保护的财产对世界文化和自然遗产各具的重要性、对最能代表一种自然环境或世界各国人民的才华和历史的财产给予国际援助的必要性、所需开展工作的迫切性、拥有受到威胁的财产的国家现有的资源、特别是这些国家利用本国资源保护这类财产的能力大小。

5. 委员会应制订、更新和发表已给予国际援助的遗产目录。

6. 委员会应就本公约第15条下设立的基金的资金使用问题作出决定。委员会应设法增加这类资金,并为此目的采取一切有益的措施。

7. 委员会应与拥有与本公约目标相似的目标的国际和国家级政府组织和非政府组织合作。委员会为实施其计划和项目,可约请这类组织,特别是国际文物保护与修复研究中心(罗马中心)、国际古迹遗址理事会和国际自然及自然资源保护联盟并可约请公共和私立机构及个人。

8. 委员会的决定应经出席及参加表决的委员的三分之二多数通过。委员会委员的多数构成法定人数。

第14条　1. 世界遗产委员会应由联合国教育、科学及文化组织总干事任命组成的一个秘书处协助工作。

2. 联合国教育、科学及文化组织总干事应尽可能充分利用国际文物保护与修复研究中(罗马中心)、国际古迹遗址理事会和国际自然资源保护联盟在各自职权范围内提供的服务,以为委员会准备文件资料,制定委员会会议议程,并负责执行委员会的决定。

四、保护世界文化和自然遗产基金

第15条　1. 现设立一项保护有突出的普遍价值的世界文化和自然遗产基金,称为"世界遗产基金"。

2. 根据联合国家教育、科学及文化组织《财务条例》的规定,此项基金应构成一项信托基金。

3. 基金的资金来源应包括:

(a) 本公约缔约国义务捐款和自愿捐款。

(b) 下列方面可能提供的捐款、赠款或遗赠:

(i) 其他国家;

(ii) 联合国教育、科学及文化组织、联合国系统的其他组织(特别是联合国开发计划署)或其他政府间组织;

(iii) 公共或私立机构或个人。

(c) 基金款项所得利息。

(d) 募捐的资金和为本基金组织的活动的所得收入。

(e) 世界遗产委员会拟订的基金条例所认可的所有其他资金。

4. 对基金的捐款和向委员会提供的其他形式的援助只能用于委员会限定的目的。委员会可接受仅用于某个计划或项目的捐款,但以委员会业已决定实施该计划或项目为条件。对基金的捐款不得带有政治条件。

第 16 条 1. 在不影响任何自愿补充捐款的情况下,本公约缔约国每两年定期向世界遗产基金纳款,本公约缔约国大会应在联合国教育、科学及文化组织大会届会期间开会确定适用于所有缔约国的一个统一的纳款额百分比。缔约国大会关于此问题的决定,需由未作本条第 2 段中所述声明的、出席及参加表决的缔约国的多数通过。本公约缔约国的义务纳款在任何情况下都不得超过对联合国教育、科学及文化组织正常预算纳款的百分之一。

2. 然而,本公约第 31 条或第 32 条中提及的国家均可在交存批准书,接受书或加入书时声明不受本条第 1 段规定的约束。

3. 已作本条第 2 段中所述声明的本公约缔约国可随时通过通知联合国教育、科学及文化组织总干事收回所作声明。然而,收回声明之举在紧接的一届本公约缔约国大会之日以前不得影响该国的义务纳款。

4. 为使委员会得以有效规划其活动,已作本条第 2 段中所述声明的本公约缔约国应至少每两年定期纳款,纳款不得少于它们如受本条第 1 段规定约束所须交纳的款额

5. 凡拖延交付当年和前一日历年的义务纳款或自愿捐款的本公约缔约国不能当选为世界遗产委员会成员,但此项规定不适用于第一次选举。属于上述情况但已当选委员会成员的缔约国的任期应在本公约第 8 条第 1 段规定的选举之时截止。

第 17 条 本公约缔约国应考虑或鼓励设立旨在为保护本公约第 1 和第 2 条中所确定的文化和自然遗产募捐的国家、公共及私立基金会或协会。

第 18 条 本公约缔约国应对在联合国教育、科学及文化组织赞助下为世界遗产基金所组织的国际募款运动给予援助。它们应为第 15 条第 3 段中提及的机构为此目的所进行的募款活动提供便利。

五、国际援助的条件和安排

第 19 条 凡公约缔约国均可要求对本国领土内组成具有突出的普遍价值的文化或自然遗产之财产给予国际援助。它在递交申请时还应按照第 21 条规定所拥有的有助于委员会作出决定的文件资料。

第 20 条 除第 13 条第 2 段、第 22 条(c)分段第 23 条所述情况外,本公约规定提供的国际援助仅限于世界遗产委员会业已决定或可能决定列入第 11 条第 2 和第 4 段中所述目录的文化和自然遗产的财产。

第 21 条 1. 世界遗产委员会应制定对向它提交的国际援助申请的审议程序，并应确定申请应包括的内容，即打算开展的活动、必要的工程、工程的预计费用和紧急程度以及申请国的资源不能满足所有开支的原因所在。这类申请须尽可能附有专家报告。

2. 对因遭受灾难或自然灾害而提出的申请，由于可能需要开展紧急工作，委员会应立即给予优先审议，委员会应掌握一笔应急储备金。

3. 委员会在作出决定之前，应进行它认为必要的研究和磋商。

第 22 条 世界遗产委员会提供的援助可采取下述形式：

(a) 研究在保护、保存、展出和恢复本公约第 11 条第 2 和第 4 段所确定的文化和自然遗产方面所产生的艺术、科学和技术性问题；

(b) 提供专家、技术人员和熟练工人，以保证正确地进行已批准的工作；

(c) 在各级培训文化和自然遗产的鉴定、保护、保存、展出和恢复方面的工作人员和专家；

(d) 提供有关国家不具备或无法获得的设备；

(f) 在例外和特殊情况下提供无偿补助金。

第 23 条 世界遗产委员会还可向培训文化和自然遗产的鉴定、保护、保存、展出和方面的各级工作人员和专家的国家或地区中心提供国际援助。

第 24 条 在提供大规模的国际援助之前，应先进行周密的科学、经济和技术研究。这些研究应考虑采用保护、保存、展出和恢复自然和文化遗产方面最先进的技术，并应与本公约的目标相一致。这些研究还应探讨合理利用有关国家现有资源的手段。

第 25 条 原则上，国际社会只担负必要工程的部分费用。除非本国资源不许可，受益于国际援助的国家承担的费用应构成用于各项计划或项目的资金的主要份额。

第 26 条 世界遗产委员会和受援国应在它们签订的协定中确定享有根据本公约规定提供的国际援助的计划或项目的实施条件。应由接受这类国援助的国家负责按照协定制定的条件对如此卫护的财产继续加以保护、保存和展出。

六、教育计划

第 27 条

1. 本公约缔约国应通过一切适当手段，特别是教育和宣传计划，努力增强本国人民对本公约第 1 和第 2 条中所确定的文化和自然遗产的赞赏和尊重。

2. 缔约国应使公众广泛了解对这类遗产造成威胁的危险和根据本公约进行的活动。

第 28 条 接受根据本公约提供的国际援助的缔约国应采取适当措施，使人们了解接受援助的财产的重要性和国际援助所发挥的作用。

七、报告

第 29 条 1. 本公约缔约国在按照联合国教育、科学及文化组织大会确定的日期和方式向该组织大会递交的报告中，应提供有关它们为实行本公约所通过的法律和行政规定和采取的其他行动的情况，并详述在这方面获得的经验。

2. 应提请世界遗产委员会注意这些报告。

3. 委员会应在联合国教育、科学及文化组织大会的每届常会上递交一份关于其活动的报告。

八、最后条款

第 30 条　本公约以阿拉伯、英文、法文、俄文和西班牙文拟订，五种文本同一作准。

第 31 条　1. 本公约应由联合国教育、科学及文化组织会员国根据各自的宪法程序予以批准或接受。

2. 批准书或接受书应交存联合国教育、科学及文化组织总干事。

第 32 条　1. 所有非联合国教育、科学及文化组织会员的国家，经该组织大会邀请均可加人本公约。

2. 向联合国教育、科学及文化组织总干事交存一份加入书后，加人方才有效。

第 33 条　本公约须在第二十份批准书、接受书或加入书交存之日的三个月之后生效，但这仅涉及在该日或之前交存备各自批准书、接受书或加入书的国家。就任何其他国家而言，本公约应在这些国家交存其批准书、接受书或加人书的三个月之后生效。

第 34 条　下述规定须应用于拥有联邦制或非单一立宪制的本公约缔约国。

(a) 关于在联邦或中央立法机构的法律管辖下实施的本公约规定，联邦或中央政府的义务应与非联邦国家的缔约国的义务相同；

(b) 关于在无需按照联邦立宪制采取立法措施的联邦备个国家、地区、省或州法律管辖下实施的本公约规定，联邦政府应将这些规定连同其关于予以通过的建议一并通告备个国家、地区、省或州的主管当局。

第 35 条　1. 本公约缔约国均可通告废除本公约。

2. 废约通告应以一份书面文件交存联合国教育、科学及文化组织的总干事。

3. 公约的废除应接到废的通告书一年后生效。废约在生效日之前不得影响退约国承担的财政义务。

第 36 条　联合国教育、科学及文化组织总干事应将第 31 和第 32 条规定交存的所有批准书、接受书或加入书和第 35 条规定的废约等事通告本组织会员国、第 32 条中提及的非本组织会员的国家以及联合国。

第 37 条　1. 本公约可由联合国教育、科学及文化组织的大会修订。但任何修订只对将成为修订的公约缔约国具有约束力。

2. 如大会通过一项全部或部分修订本公约的新公约，除非新公约另有规定，本公约应从新的修订公约生效之日起停止批准、接受或加入。

第 38 条　按照《联合国宪章》第 102 条，本公约须应联合国教育、科学及文化组织总干事的要求在联合国秘书处登记。

参考文献

一、专著

徐云松:《旅行社服务案例分析》,高等教育出版社,2000 年。
云南旅游局:《政策与法规》,云南大学出版社,2000 年。
全国导游人员资格考试教材编撰组:《旅游法规常识》,旅游教育出版社,2001 年。
段国强:《旅游投诉案例与分析》,中国旅游出版社,2003 年。
蒋炳辉:《旅游案例分析与启示》,中国旅游出版社,2003 年。
杨达源:《自然灾害学》,测绘出版社,1999 年。
张莉莉:《旅游行政管理》,高等教育出版社,2002 年。
郑向敏:《旅游安全学》,中国旅游出版社,2003 年。
许纯玲、李志飞:《旅游安全实务》,科学出版社,2000 年。
王健:《中国旅游业发展中的法律问题》,广东旅游出版社,1999 年。
王莉霞编著:《旅游法概论》,西北大学出版社,2004 年。
卢世菊主编:《旅游法规》,武汉大学出版社,2003 年。
祁颖主编:《旅游法规》,哈尔滨工业大学出版社,2004 年。
韩玉灵主编:《旅游法规教程》,东北财经大学出版社,2004 年。
韩玉灵:《旅游法教程》,高等教育出版社,2003 年。
中国法制出版社:《合同法及其配套规定》,中国法制出版社,2001 年。
中国法制出版社:《旅游合同文本及相关法律规定》,中国法制出版社,2003 年。

郭明瑞:《合同法学案例教程》,知识产权出版社,2003 年。
邓旭:《涉外合同案例评析》,知识产权出版社,2004 年。
傅强等:《合同法教程》,人民法院出版社,2004 年。
贺小电:《担保合同案例评析》,知识产权出版社,2004 年。
韩世远:《合同法总论》,法律出版社,2004 年。
黄恢月:《旅游合同纠纷实务解析》,中国旅游出版社,2004 年。
苏号朋:《格式合同条款研究》,中国人民大学出版社,2004。
刘娜娜:《合同法实务与案例评析(第 2 版)》,工商出版社,2004 年。
肖伟:《合同法案例精解》,厦门大学出版社,2004 年。
[英]史密斯:《合同法(第 4 版)》,法律出版社,2004 年。
隋彭生:《合同法要义(第 2 版)》,中国政法大学出版社,2005 年。
戴斌、杜江主编:《旅行社管理》,高等教育出版社,2002 年。
刘敢生主编:《旅游服务纠纷精选案例分析》,中国旅游出版社,2004 年。
胡旭晟、蒋先福主编:《法理学》,湖南人民出版社、湖南大学出版社,2001 年。
闫国智主编:《法理学》,山东大学出版社,2003 年。
葛洪义主编:《法理学》,中国人民大学出版社,2003 年。
张文显主编:《法理学》,高等教育出版社、北京大学出版社,1999 年。
赵林余、赵勤编著:《旅游政策与法规》,上海三联书店,1999 年。
全国导游人员资格考试教材编撰组:《旅游法规常识》,旅游教育出版社,2002 年。
韩寿祥主编:《旅游法规教程》,中国商业出版社,2003 年。
焦承华:《旅游法教程》,高等教育出版社,1998 年。
袁正新:《旅游法规》,机械工业出版社,2004 年。
许欣编著:《旅游纠纷》,中国法制出版社,2004 年。
全国导游人员资格考试教材编撰组:《旅游法规常识》,旅游教育出版社,2002 年。
张建萍:《旅游环境保护学》,旅游教育出版社,2003 年。
谈锋:《安全预警:关注中国面临的紧要问题》,经济日报出版社,2004 年。
潘建民:《中国创建与发展优秀旅游城市研究》,中国旅游出版社,2004 年。
王健:《旅游法教程》,南开大学出版社,2002 年。
崔凤军:《风景旅游区的保护与管理》,中国旅游出版社,2001 年。
中国法制出版社:《环境保护法及其配套规定》,中国法制出版社,2001 年。
后智钢、王倩:《旅游法规和政策》,福建人民出版社,2000 年。
刘敢生:《WTO 与旅游服务贸易的法律问题》,广东旅游出版社,2000 年。
向三久:《旅游法规概论》,高等教育出版社,2001 年。
向三久编著:《旅游管理法规教程》,暨南大学出版社,2004 年版。

李本森:《WTO与国际服务贸易法律实务》,吉林人民出版社,2001年。
肖云南、李南、胡峰松:《世贸组织概论》,北方交通大学出版社,2002年。
姚晓玲:《旅游法规与实务》,旅游教育出版社,2002年。
韩福文、毛金凤:《旅游法规常识》,旅游教育出版社,2002年。
孙子文:《旅游法规教程》,郑州大学出版社,2002年。
孙子文主编:《旅游法规教程(第二版)》,东北财经大学出版社,2002年。
罗明义:《国际旅游发展导论》,南开大学出版社,2002年。
[美]慕嘉模著:《工作、生活、学习在美国:顺利进入美国法律指南》,现代出版社,2002年。
杜炜、张建梅编著:《导游业务》,高等教育出版社,2002年。
陈吉瑞等:《旅游职业道德(第二版)》,旅游教育出版社,2003年。
郭赤婴编著:《导游员职业道德实证分析》,中国旅游出版社,2003年。
梁杰著:《导游服务成功秘诀》,中国旅游出版社,2006年。
田勇主编:《旅游法规实务》,江西人民出版社,2005年。
张伯双主编:《旅游政策与法规》,科学出版社,2005年。
全国导游人员资格考试教材编撰组编:《旅游法规常识》,旅游教育出版社,2005年。
浙江省旅游局编:《旅游政策与法规》,中国旅游出版社,2004年。
乜瑛等编著:《旅游政策与法规》,浙江大学出版社,2005年。
宋才发、杨富斌主编:《旅游法教程》,知识产权出版社,2006年。
董玉明、陈耀东、孟凡哲主编:《旅游法学论点述评》,知识产权出版社,2006年。
孙子文主编:《旅游法规教程(第三版)》,东北财经大学出版社,2007年。
赵利民主编:《旅游法规教程(修订版)》,科学出版社,2008年。
《中华人民共和国旅游法》,2013年10月1日。
《〈中华人民共和国旅游法〉解读》,中国旅游出版社,2013年。
王世瑛:《旅游政策与法规》,旅游教育出版社,2011年。
李飞:《中华人民共和国旅游法解读/高端释法》,中国法制出版社,2013年。

二、论文

《旅游事故一览》,《近年来国内外缆车事故一览》,《南方周末》,1999年10月15日。
袁铁成:《世界环境评级　中国倒数第14》,《深圳商报》,2005年1月29日。
聂晓民:《加入WT0旅游业承诺文件要点》,《中国旅游报》,2002年1月28日。
张怀友:《入世与中国国际旅游业》,《西安建筑科技大学学报》,2002年第21期。
卢舜茜:《谁来为"出境游"保驾护航》,《中国消费者》,2003年第12期。
许雄奇、洪瑛:《〈服务贸易总协定〉与中国国际旅游业发展》,《重庆工学院学报》,2003年第17期。

田喜洲:《入世背景下的中国国际旅游服务贸易》,《社会科学家》,2003年第2期。
范能船:《世界旅游新发展和旅游基本法建设》,《旅游科学》,2004年第18期。
杨林:《谈〈中国优秀旅游城市检查标准〉》,《中国标准化》,2002年第2期。
张进福、郑向敏:《旅游安全表现形态与时空特征简析》,《桂林旅游高等专科学校学报》,2001年第1期。
董蕴琳:《关于完善我国旅行社法律法规体系的思考——兼与日本旅行业的比较》,《商业研究》,2003年第21期。
姚延波:《我国旅行社分类制度及其效率研究》,《旅游学刊》,2003年第2期。
李宏:《欧美旅行社行业分工进程与内在机制研究》,《旅游学刊》,2001年第3期。
窦群:《关于旅行社质量保证金制度的回顾与思考》,《旅游学刊》,1996年第4期。
林刚:《旅行社责任保险初探》,《旅游学刊》,2001年第4期。
湛宇燕、夏文斌:《旅行社业务年检实行量化考核的尝试》,《旅游学刊》,1996年第6期。
王保顺、陈万本:《旅行社的安全保障义务》,《北京第二外国语学院学报》,2005年第1期。
张西林:《旅游安全事故成因机制初探》,《经济地理》,2003年第4期。
邹巍:《论旅游业遭遇风险的冲击及其对策研究》,《理论界》,2004年第3期。
文军、魏美才:《中国自然保护区旅游开发的生态风险及对策》,《中南林业规划调查》,2003年第4期。
苏杨:《改善中国自然保护区管理的对策》,《调查研究报告(国务院发展研究中心)》,2003年第198期。
何乃鸿、李军:《风景名胜区的审核》,《中国质量认证》,2003年第8期。
匡吉:《保护与发展——风景名胜区的永恒主题》,《长江建设》,2003年第6期。
范英杰:《旅行社信用问题的经济学分析》,《桂林旅游高等专科学校学报》,2004年第6期。
戴斌、杜江:《论分工与交易对旅行社生产职能的解说》,《南开经济研究》,1997年第6期。
刘敢生:《论旅行社侵权的民事责任》,《旅游学刊》,1997年第4期。
周仁杰:《导游是旅行社服务的灵魂》,《旅游学刊》,2001年第5期。
肖佑兴、吴玉琴:《导游人员违规行为的经济学分析》,《江苏商论》,2003年第10期。
黄菡:《对〈导游人员管理条例〉的思考》,《琼州大学学报》,2000年第1期。
陈小春:《从导游回扣问题谈整顿规范旅游市场秩序》,《湖南商学院学报》,2002年第4期。
杜凯:《导游的业务素质与职能规范》,《云南民族学院学报(哲学社会科学版)》,2001年第2期。
蒲阳:《以广东为例:导游公司实践及发展对策研究》,《江苏商论》,2005年第2期。
国家旅游局劳动人事教育司:《全国导游人员,旅行社经理人员人力资源状况调查报告》,《旅游调研》,2004年第3期。
任春:《加强对导游人员的管理提高导游人员的素质》,《中山大学学报论丛》,2002年第

4 期。
温锦英:《旅行社企业导游员心理活动规律研究》,《商讯商业经济文荟》,2004 年第 6 期。
龙婷:《当前导游薪金制度中的主要问题及对策》,《价格月刊》,2004 年第 9 期。
尹敏、朱湘辉:《导游人员职业道德水平提高的途径与对策》,《井冈山师范学院学报》,2004 年第 2 期。
邹龙妹、熊文钊:《旅游法的社会法属性诌议》,《河北法学》,2013 年第 2 期。
姜润山:《旅游市场呼唤〈旅游法〉》,《中国国情国力》,1995 年第 7 期。
刘敢生:《再谈旅游法立法去从》,《旅游学刊》,2011 年第 2 期。
孟凡哲:《中国首部旅游法应定位为“硬法”》,《旅游学刊》,2011 年第 3 期。
王莉霞:《基于公民权利实现与保障的旅游法构建思考》,《旅游学刊》,2011 年第 1 期。
曾坚:《略论旅游法的立法定位》,《旅游学刊》,2011 年第 2 期。
张力毅:《比较与定位:中国法上旅游辅助服务者概念与责任体系解构》,《旅游学刊》,2012 年第 12 期。
秦岭南:《谈谈〈旅游法(草案)〉第一条》,《旅游学刊》,2012 年第 12 期。
熊文钊、吴旸:《〈旅游法(草案)〉几个热点问题》,《旅游学刊》,2012 年第 12 期。
吴必虎:《旅游规划与其他规划应相互协调而非单向服从》,《旅游学刊》,2012 年第 12 期。
孔令学:《旅游法——旅游者权益保护的纲领性文件》,《旅游学刊》,2012 年第 12 期。
宁红丽:《〈旅游法(草案)〉与旅游合同的有名化》,《旅游学刊》,2012 年第 12 期。
苏晓波:《旅游研究的边界》,《旅游学刊》,2012 年第 12 期。
高崇:《从文化角度探讨旅游研究的三个维度》,《旅游学刊》,2012 年第 12 期。
沈荣:《旅游法仍在“旅途”》,《人民法院报》,2010 年 11 月 1 日。
程芙蓉:《〈旅游法〉起草工作启动第二阶段调研》,《中国旅游报》,2011 年 4 月 25 日。
李保林、谢慧敏、陈永明、程芙蓉:《征求对旅游法立法的意见建议》,《湖北日报》,2011 年 4 月 24 日。
师兴:《专家建议〈旅游法〉取缔零团费》,《北京商报》,2010 年 9 月 30 日。
冯颖:《〈旅游法〉立法研讨会召开》,《中国旅游报》,2011 年 5 月 27 日。
石培华:《对旅游法(草案)三个热点的思考与建议》,《中国旅游报》,2012 年 10 月 17 日。
陈甦:《旅游法应当保障市场机制发挥作用》,《经济参考报》,2012 年 10 月 30 日。
《旅行社不得以“零负团费”招徕游客》,《新华每日电讯》,2012 年 8 月 28 日。
席锋宇:《背包客安全应纳入旅游法规范》,《法制日报》,2012 年 9 月 6 日。
马琳:《〈旅游法〉立法困局》,《中国房地产报》,2012 年 8 月 2 日。
席锋宇:《旅游概念过于宽泛应适当缩小》,《法制日报》,2012 年 9 月 15 日。
马海鹰:《应对旅游活动作出明确界定》,《法制日报》,2012 年 9 月 11 日。
李吉斌:《从法律视角看旅游业》,《中国旅游报》2012 年 9 月 28 日。

章国斌、戚潇琦、章一琳、蔡筱梦:《旅游法草案千呼万唤始出来》,《江南游报》,2012年8月30日。
傅林放:《论"零负团费"的法律治理》,《旅游学刊》,2010年第9期。
梁三利、郭明:《旅行社质量保证金使用去行政化原因、问题及完善对策》,《旅游学刊》,2010年第3期。
郑晶:《旅行社质量保证金赔偿问题研究》,《旅游学刊》,2010年第1期。
王玉松:《情势变更原则在旅游合同中的应用》,《旅游学刊》,2009年第12期。
周江洪:《旅游合同性质决定之局限性探讨——以日本的学说及裁判实践为例》,《旅游学刊》,2009年第11期。
张丽娜:《论我国旅游法律制度的建立与完善》,《广西政法管理干部学院学报》,2005年第2期。
纪思源:《试论情势变更原则在旅游合同中适用》,《法制博览(中旬刊)》,2014年第2期。
王蕾:《旅游法颁布实施对中国旅游企业发展的影响》,《商》,2013年第20期。
宋瑞:《产业发展视角下的〈旅游法〉》,《价格理论与实践》,2013年第8期。
赵鑫:《旅游法及对旅游者权益的保护》,《成都行政学院学报》,2014年第2期。
袁敏:《浅析我国的旅游法的调整对象》,《经营管理者》,2014年第7期。
肖华:《〈旅游法〉实施后导游薪酬变化及其保障》,《三明学院学报》,2014年第1期。
段婷:《国际软法的概念及作用分析》,《现代商贸工业》,2011年第13期。
周艳云:《国际法理念谱系》,《长春大学学报》,2010年第11期。
曾宪梅、江河:《GATS框架下中国旅游业的发展策略》,《教育理论与实践》,2010年第9期。
顾婷:《南极旅游:现实挑战与法律应对》,《政治与法律》,2010年第3期。
韩玉灵、武冰欣:《促进旅游业健康发展的重要保障——写在〈中华人民共和国旅游法〉出台之际》,《前线》,2013年第6期。
李小健:《旅游法诞生记》,《中国人大》,2013年第9期。
杨晓红、杨国良:《从理念到制度——我国旅游法研究综述》,《河北法学》,2012年第1期。
师守祥:《基本概念的明晰是旅游立法的基础》,《旅游学刊》,2008年第10期。
刘劲柳:《我国旅游法之路在何方?》,《旅游学刊》,2006年第1期。
刘行星:《旅游法:旅游业健康发展的根基》,《南方论丛》,2014年第1期。
裴倩敏:《导游工作的难与易》,《中国大学生就业》,2008年第11期。
李晓:《导游员职业压力成因及对策研究》,《现代企业教育》,2010年第24期。
李冉:《浅谈导游人员应具备的职业心理素质》,《泰安教育学院学报岱宗学刊》,2004年第3期。
王珍:《高校旅游专业教学中导游技能培养之我见》,《沈阳教育学院学报》,2007年第2期。

郑海明、陈智容:《中日旅游立法比较研究》,《全国商情(经济理论研究)》,2009年第12期。

三、政策与法规

广东省旅游局导游人员考评委员会办公室:《政策法规》,广东,2001年。
广东省旅游局导游人员考评委员会办公室:《政策法规与职业规范》,广东,2004年。
国务院:《娱乐场所管理条例》,北京,2006年1月29日。
国家旅游局:《中华人民共和国旅游涉外饭店星级评定检查员制度》,北京,1999年5月13日。
国家旅游局:《关于进一步加快饭店星级评定工作的通知》,北京,2000年3月31日。
第六届全国人民代表大会第四次会议:《中华人民共和国民法通则》,北京,1986年4月12日。
第八届全国人民代表大会常务会第十六次会议:《中华人民共和国民用航空法》,1995年10月30日。
国务院第31次常委会议:《国内航空运输旅客身体损害赔偿暂行规定》,1989年2月20日。
国务院:《国内航空运输承运人赔偿责任限额规定》,2006年3月28日。
国务院:《中国民用航空旅客、行李国内运输规则》,2004年8月12日。
国务院:《中国民用航空旅客、行李国际运输规则》,1998年4月1日。
铁道部:《铁路旅客运输损害赔偿规定》,1994年8月13日。
铁道部:《铁路旅客运输规程》,1997年12月1日。
中华人民共和国交通部:《汽车旅客运输规则》,1988年8月1日。
交通部、国家计划委员会:《中华人民共和国交通部汽车客运站收费规则》,1996年5月1日。
交通部:《水路旅客运输规则》,1996年6月1日。
国务院:《铁路交通事故应急救援和调查处理条例》,2007年9月1日。
铁道部:《铁路旅客人身伤害及自带行李损失事故处理办法》,2003年8月1日。
铁道部:《旅游专列运输管理办法》,2000年4月25日。
铁道部:《关于调整儿童票身高的通知》,2008年12月。
全国人大:《中华人民共和国道路交通安全法》,2008年5月1日。
国务院:《中华人民共和国道路交通安全法实施条例》,2004年5月1日。
国务院:《中华人民共和国道路运输条例》,2004年7月1日。
交通运输部:《道路旅客运输及客运站管理规定》,2005年8月1日。
国家旅游局制定:《旅游突发公共事件应急预案》,2005年7月。
国家质量监督检验检疫总局:《旅游规划通则》(GB/T18971-2003),2003年2月24日。

国家质量监督检验检疫总局:《旅游资源分类、调查与评价》(GB/T18972-2003),2003 年 2 月 24 日。
国家质量监督检验检疫总局:《旅游区(点)质量等级的划分与评定》(GB/T17775-2003),2003 年 2 月 24 日。
国家旅游局:《旅游资源保护暂行办法》,2007 年 9 月 4 日。
国家质量监督检验检疫总局:《旅游饭店星级的划分与评定》(GB/T14308-2003),2003 年 6 月 2 日。
国务院:《风景名胜区条例》,2006 年 9 月 19 日。
国家质量监督检验检疫总局:《旅游区(点)质量等级的划分与评定》(GB/T 17775-2003),2004 年 10 月 28 日。
国务院:《历史文化名城名镇名村保护条例》,2008 年 7 月 1 日。

修订后记

为了调整旅游活动中形成的复杂的社会关系，解决旅游业发展过程中遇到的各种矛盾和问题，保障旅游业的健康发展，近年来，我国政府陆续颁布、更新了一批有关旅游的法律、法规，尤其是2013年4月《中华人民共和国旅游法》的颁布实施，更是标志着中国旅游法律体系建设的重大进步。为了帮助院校学子与社会读者更好地学习理解这些旅游方面的法律、法规，巩固我国日新月异的法制化建设成果，为涉旅行业以及广大旅游者提供旅游法律、法规的专业帮助，格致出版社组织我们编写了《旅游法规与政策(第二版)》一书。

本书倾注了全体编写人员的热情与汗水，是集体智慧的结晶，也是我们多年从事旅游法规理论研究与教学实践的一个总结。本书由江西师范大学历史文化与旅游学院田勇教授负责框架设计和统稿工作。田勇教授还承担了第一、二、四、五、六、七、九、十、十一、十二、十三章约31万字的初稿编写工作，南昌大学旷天伟副教授承担了第三、八、十四章约2万字的编写工作，江西师范大学历史文化与旅游学院的研究生王珍、吕利云也参加了本书的部分统稿工作。

本书参考了大量的文献与资料，我们力争在参考文献中予以列出，但肯定还会有一部分难以寻找出处的，恳请参考文献的作者谅解。在此，向所有参考文献的作者以及所有关爱支持本书的人们表示真挚的感谢！对格致出版社编辑王亚丽的关爱与指导一并予以真挚的感谢！由于编者水平所限，加之时间比较仓促，书中错误在所难免，敬请读者不吝指教。

编者

2015年10月

图书在版编目(CIP)数据

旅游法规与政策/田勇主编.—2版.—上海：格致出版社：上海人民出版社，2015
高等院校旅游学科21世纪规划教材
ISBN 978-7-5432-2582-4

Ⅰ.①旅…　Ⅱ.①田…　Ⅲ.①旅游业-法规-中国-高等学校-教材 ②旅游业-方针政策-中国-高等学校-教材　Ⅳ.①D922.296 ②F592.0

中国版本图书馆CIP数据核字(2015)第253889号

责任编辑　顾　悦
装帧设计　路　静

高等院校旅游学科21世纪规划教材

旅游法规与政策(第二版)

田　勇　主编

出　版　世纪出版股份有限公司　格致出版社 世纪出版集团　上海人民出版社 (200001　上海福建中路193号　www.ewen.co) 编辑部热线　021-63914988 市场部热线　021-63914081 www.hibooks.cn	**印　刷**　上海商务联西印刷有限公司 **开　本**　787×1092　1/16 **印　张**　24.25 **插　页**　1 **字　数**　403,000 **版　次**　2016年1月第1版 **印　次**　2016年1月第1次印刷
发　行　上海世纪出版股份有限公司发行中心	

ISBN 978-7-5432-2582-4/F·895　　定价：48.00元